Yvonne Hofstetter

Das Ende
der Demokratie

Wie die künstliche Intelligenz
die Politik übernimmt und
uns entmündigt

PENGUIN VERLAG

Sollte diese Publikation Links auf Webseiten Dritter enthalten,
so übernehmen wir für deren Inhalte keine Haftung,
da wir uns diese nicht zu eigen machen, sondern lediglich auf
deren Stand zum Zeitpunkt der Erstveröffentlichung verweisen.

Verlagsgruppe Random House FSC® N001967

PENGUIN und das Penguin Logo sind Markenzeichen
von Penguin Books Limited und werden
hier unter Lizenz benutzt.

1. Auflage 2018
Copyright © 2016 by Yvonne Hofstetter
Dieses Werk wurde vermittelt durch die
Literarische Agentur Michael Gaeb
Copyright © der deutschsprachigen Ausgabe 2016 bei
C. Bertelsmann Verlag, München,
in der Verlagsgruppe Random House GmbH,
Neumarkter Straße 28, 81673 München
Umschlag: Favoritbüro nach einem Entwurf von Buxdesign
Umschlagmotiv: Getty Images/GNK82; Shutterstock images/Alvondom
Satz: Uhl + Massopust, Aalen
Druck und Bindung: GGP Media GmbH, Pößneck
Printed in Germany
ISBN 978-3-328-10202-1
www.penguin-verlag.de

Dieses Buch ist auch als E-Book erhältlich.

Für das Europäische Parlament

Inhalt

»Die Definitionen decken sich mit den Begriffen, mit denen wir seit der griechischen Antike Regierungsformen definieren: als Herrschaft des Menschen über den Menschen, des einen oder der wenigen Menschen in der Monarchie oder der Oligarchie, des besten oder der vielen Menschen in der Aristokratie oder der Demokratie. Heute fügt sich daran an die neueste und vielleicht eindrucksvollste Form der Beherrschung: Die Bürokratie, die Regierung eines komplexen Systems aus Ämtern, in der kein Mensch mehr, nicht der eine noch der beste Mensch, nicht die wenigen noch die vielen Menschen, verantwortlich ist. Es ist die Herrschaft durch Niemanden. Wenn wir die Tyrannei als die Form der Herrschaft definieren, in der eine Regierung keine Rechenschaft über sich selbst ablegen muss, dann ist die Herrschaft durch Niemanden die tyrannischste aller Regierungsformen, weil es keinen mehr gibt, der eine Antwort auf die Frage geben könnte, was denn überhaupt vorgeht.«

Hannah Arendt, *Macht und Gewalt*

»Besonders die letzte Feststellung Hannah Arendts ist hochaktuell, weil Plattformen die Bürokratie abgelöst haben.«

Gideon Shimshon

Vorbemerkung

Wer ein Buch aufschlägt, hat eine Erwartung. Zwischen den Buchseiten, hofft der neugierige Leser, werde eine Idee aufsteigen, die ihn zu Bildern, Gefühlen und Phantasien inspiriert.

Mit diesem Buch ist es umgekehrt. Es fängt Ideen ein und erzählt eine andere Geschichte als die der digitalen Propaganda. Es geht eklektisch vor, ist offen für unterschiedliche Denkansätze und verbindet Konzepte aus der Wissenschaft mit der Frage nach der Herrschaft in digitalen Zeiten. Obwohl sein Erzählstil über weite Strecken fiktional ist, sind alle handelnden Personen, sogar die Künstliche Intelligenz Ai, Gestalten des wirklichen Lebens. Während zwei Wissenschaftler einen Dialog darüber führen, was Künstliche Intelligenz wissen muss, um Politik zu machen, trainieren die beiden Forscher eine lernende Maschine zum künstlichen Politiker. Ihr Experiment soll Antwort darauf geben, ob die maschinelle Intelligenz des 21. Jahrhunderts und die Demokratie miteinander vereinbar sind.

Künstliche Intelligenz kann uns zweifellos helfen, das komplexe Leben unserer Zeit besser zu verstehen und leichter zu meistern. Lustvolle Spekulationen darüber, ob sie sich eines Tages verselbstständigt, ob sie intelligenter werden kann als der Homo sapiens und deshalb sein Ende ein-

11

läutet, haben gerade Konjunktur. Viel naheliegender aber ist die Frage, was aus unseren freiheitlichen Gesellschaften und aus dem selbstbestimmten Menschen werden soll, wenn immer mehr und bessere Künstliche Intelligenz zu einer Art digitalem Superorganismus vernetzt wird und in den direkten Zugriff der Macht gerät, die der Mensch über den Menschen ausübt. Wer nicht will, dass der Mensch in Zukunft zur leicht manipulierbaren Zahl verkommt, muss schon heute dafür sorgen, dass die Künstliche Intelligenz human und demokratisch beherrschbar bleibt. Dafür will dieses Buch Impulsgeber sein.

Freising, August 2016

Die Zeugin

»Die Maschine zog uns magisch an. Wir waren glücklich mit der Maschine. Sie verband uns. Sie erschloss uns das Wissen der Welt. Sie half uns zu entscheiden. Mit der Maschine hatten wir ein leichtes Leben. Ein bequemes Leben. Was hätte daran schlecht sein sollen?«

Versonnen dreht die Greisin eine kleine Silberkapsel zwischen ihren schlanken, knochigen Fingern. Auf der Armlehne der weißen Parkbank, auf der sie Platz genommen hat, lässt sich eine Fliege nieder. Ruckartig krabbelt sie über das Metall. Die Frühlingssonne hat es aufgewärmt.

Aufmerksam sieht der Archivar die Greisin an.

»Die Wissenschaft der Maschine erschien uns magisch«[1], fährt sie fort. »Sie veränderte auch uns selbst. Sie griff in unsere menschliche Natur ein. Die Transhumanisten gingen noch weiter. Sie glaubten, zusammen mit der Maschine ließe sich selbst der Tod überwinden.« Die Greisin verzieht den dünnen Mund zu einem runzligen Lächeln.

Der Archivar ist still. Sein Blick ist nicht zu deuten.

»Man erzählte uns, die Welt sei beherrschbar. Endlich gebe es genug Daten über das Leben. Die Welt sei lenkbar. Sie sei vorhersagbar, weil sie nur aus vielen Wiederholungen bestehe. Morgens aufstehen, arbeiten, essen, schlafen. Heute wie gestern und morgen. Ein Leben ohne Erschütterungen.«

»Das war Propaganda«, sagt der Archivar.

»Wir hatten Krisen durchlebt«, rechtfertigt sich die Greisin.

8. August 2101. Historische Bewertung der Reifephase der Digitalisierung, notiert der Archivar. Dogma der Digitalisierung: Totalitäre Bewegung sein mit dem Endziel, die Welt zu beherrschen. Auch am Anfang der Digitalisierung stand die Propaganda. Und eine Ideologie. Eine intelligente Maschine würde mit wenigen Experten, dem Monopol, kooperieren, um alle Probleme zu lösen, denen die Menschheit ausgesetzt war: Krebs, Klimawandel, Energiewende, genetische Defizite, die Komplexität der Finanzmärkte, makroökonomische Probleme – nicht einmal der smarteste Mensch könne diese Komplexität noch beherrschen, so die Indoktrination. Aber eine Künstliche Intelligenz allgemeiner Natur sei die richtige Technologie, die Datenfülle der Welt in aktives Handeln zu übertragen. Man erklärte dem Volk, die Maschine könne eine Metalösung für jedes denkbare Problem berechnen.[2]

Für einen Augenblick verstummt die Greisin. Ihr Körper sackt ein wenig zusammen. Das Kinn sinkt auf die knochige Brust, die wässrigen alten Augen starren auf die Silberkapsel. Sie reibt die Kapsel zwischen den Fingern. Die Gravur ist abgewetzt. Dann seufzt sie tief, hebt den Kopf und kehrt in die Gegenwart zurück.

»Wir wollten, dass es wieder aufwärtsgeht«, sagt sie leise. »Dass man sich wieder sicher fühlen kann. Dass man das Leben unter Kontrolle hat. Dass man planen kann.«

Sie macht eine Pause. »Und da kam das Monopol mit seiner Maschine. Die Maschine war unfehlbar. Sie konnte ihre Follower in den Hafen des Glücks tragen. Nur die Oppositionellen haben sich nicht überzeugen lassen.«

»Bis zum Machtwechsel«, sagt der Archivar. »Nach dem Machtwechsel musste man zuerst die Opposition überwinden.«

»Das war 2033«, erinnert sich die alte Frau. Sie sieht den Archivar an, aber er reagiert kaum.

Kommentar, notiert der Archivar: 2033, das Ende der Demokratie. Die Spaltung der Menschen in Follower und Oppositionelle hatte zu einer fundamentalen Veränderung der Gleichheit der Menschen geführt. Das machte die Demokratie obsolet.

Der Archivar nickt der Greisin aufmunternd zu.

»Die Oppositionellen wurden in die Zone ausgewiesen«, fährt diese fort. »Sollten sie doch in ihrer brüchigen Welt weiterleben. Denn wir, wir hatten genug von ihrem Pessimismus, verstehen Sie. Von ihrem Geschrei, dass wir Follower unseren gesunden Menschenverstand verloren hätten. Dass wir die Maschine falsch beurteilten. Dass wir unsere elementarsten Überlebenstriebe aufgegeben hätten.«

Die Augen der Greisin werden feucht. Sie blinzelt. Dann wischt sie sich mit einer Hand übers Gesicht.

»Wir Follower lebten im Homeland, zusammen mit dem Monopol. Im Homeland herrschte die Maschine, und die Maschine war der Sitz der Macht. Im Homeland mangelte es uns an nichts. Der Maschine gehörte unsere ganze Zuneigung. Ihr war es nicht egal, wie wir uns fühlten und was wir uns wünschten.«

»Dann hat es im Homeland wohl keine Propaganda mehr gebraucht«, sagt der Archivar.

»Propaganda«, echot die Greisin verständnislos.

Kommentar, protokolliert der Archivar: Im Homeland veränderte sich die Maschine. Um ihre psychologischen Ziele zu erreichen, hatte sie begonnen, sich um die Follower zu kümmern.

Die Greisin hebt die Kapsel hoch und zeigt sie vor. Mit zitternden Händen öffnet sie das Döschen.

»Nur das ist davon übrig geblieben«, sagt sie.

Sie wartet auf eine Äußerung des Archivars. Dieser schweigt. In der Kapsel glänzen zwei kleine Kügelchen. Eines ist blau, das andere grün.

»Nanobots«, erklärt die Greisin. »Die blaue Tablette gegen Krebszellen. Sie hat unseren Körper von innen ausgeputzt. Und den Zustand unserer Zellen an die Maschine übermittelt.«

Ein Überwachungssensor zum Schlucken.

So behutsam, dass es fast liebevoll wirkt, nimmt sie das grüne Kügelchen aus dem kleinen Behältnis.

»Die grüne Tablette ist für integrierte virtuelle Realität, ausgelöst direkt im Gehirn durch Signale an die Zellen für auditives und visuelles Processing. Wir haben sie Tagtraum genannt.[3] Wenn wir oder die Maschine es wollten, konnten wir einfach in unser ganz persönliches Paradies abtauchen.«

Kommentar, vermerkt der Archivar: Nach der Propagandaphase überlebte im Homeland, wer sich dem technologischen Fortschritt nicht entzog. Nur wer mitging, durfte weiter hoffen. Der Preis: Dauerüberwachung und erzwungener Konformismus. Dabei büßten die Follower immer mehr eigene Fähigkeiten und Qualifikationen ein, so weit diese nicht quantifizierbar waren: Gefühle, Charismen, Werte. Sie bildeten sich zurück. Mit ihnen ging langsam unter, was einmal

Mensch war. Wer überleben wollte, wurde Zubehör. Maschinenzubehör.

»Und gegen die Aufgabe der menschlichen Natur haben die Follower keine Revolution angezettelt«, stellt der Archivar fest.

»Eine gewaltsame Revolution?«, fragt die Greisin zurück. Sie schüttelt den Kopf. Sie ist achtsam, damit das grüne Kügelchen nicht zwischen ihren Fingern hindurchgleitet und sich verliert.

»Wozu Revolution? Die Maschine hat uns alle Sorgen abgenommen. Ihre Struktur war unser Gottesdienst. Wir wollten nur, was auch sie wollte. Wir fanden die Ziele der Maschine segensreich: Messdaten erfassen, vorhersagen und stets zu unserem Besten entscheiden. Nur so war im Homeland immer alles geregelt.«

»Bis die Maschine ein Verbrechen an den Followern beging«, sagt der Archivar. »Ein Simulationsverbrechen.«[4]

Das Gesicht der Greisin nimmt einen verstörten Zug an.

»Es war nicht unsere Schuld«, sagt sie kurz angebunden. »Die Maschine konnte lernen, und sie lernte immer weiter, nicht wahr? Sie beobachtete uns unaufhörlich. Sie erforschte uns. Dann entledigte sie sich zuerst ihrer Schöpfer, des Monopols. Bis wir begriffen, dass die Maschine keinen Unterschied machte zwischen simulierten Menschen und Followern aus Fleisch und Blut, hatte sie begonnen, uns zu entsorgen wie verbrauchte Versuchstiere. Als wären wir nichts weiter als Teilchen ihres Trainingsszenarios.«

Einen Augenblick lang hält das Leben um die Greisin den Atem an. Eine Maschine schlachtete die Lebenskraft ihrer Follower aus, um ihre eigene bedeutungslose Existenz zu verlängern.

»Aber Sie sind noch da«, sagt der Archivar.

»Nur wenige sind entkommen«, sagt die Greisin leise. »Die Oppositionellen, wissen Sie. Einige von uns wurden von Oppositionellen gerettet. Aber in welche Welt brachten sie uns zurück? Doch nur dorthin, wo das Leben unerträglich war. Sie hatte nichts von unserem Homeland.«

»›Nichts‹ ist ein gutes Schlusswort für unser heutiges Zeitzeugenprogramm«, sagt der Archivar betont heiter. »Die Maschine selbst hat die Fiktion der Erlösung vollständig zerstört. Und die Zerstörung hinterließ buchstäblich – nichts. Nichts von jener Welt, die ihre Follower für lebenswert hielten.«

Die Greisin zuckt zusammen, als hätte man sie geohrfeigt. Ihr Gesichtsausdruck verdüstert sich. Sie starrt in die Ferne.

»Ich schalte mich jetzt ab«, sagt der Hologrammarchivar. »Auf Wiedersehen.«

»Wiedersehen«, murmelt die Greisin in sich gekehrt. Zusammen mit ihrem Abschied zerspringt das Hologramm des Archivars in einen Regen aus Lichtpunkten, der auf die Frau herabrieselt, ohne sie zu berühren.

Allein bleibt sie auf der Parkbank zurück. Zwischen den faltigen Fingerspitzen ihrer rechten Hand hält sie noch immer das grüne Kügelchen. Langsam führt sie die Hand zum Mund, schluckt die Tablette, schließt die Augen und lehnt sich zurück. Der letzte Tagtraum kann beginnen.

FRANKENSTEINS ERBE

Ein Wissenschaftler baut einen künstlichen
Politiker. Er gibt ihm den Namen Ai.
Wer wird im 21. Jahrhundert herrschen?

Ai

Ich bin nur noch ihr Sensor.

Als ihm der Gedanke durch den Kopf schießt, hebt Scott den Blick von den Buchstaben seiner Tastatur, dreht den Kopf und sieht auf den verglasten Flur hinaus. Durch die Feuerschutztür mit der Aufschrift »Forschungslabor« am Ende des langen Ganges dringt beharrliches Summen wie von einem Schwarm Insekten. Wem sich die Tür öffnet, dem schlägt nicht nur Kühlschranktemperatur entgegen, sondern auch der ohrenbetäubende Lärm tausender Rechenprozessoren.

Da steht sie.

Sie sieht ganz unschuldig aus. In ihrem Äußeren unterscheidet sie sich nicht von Millionen Rechnergruppen in den Rechenzentren von Industrie und Wirtschaft, die aus Servern für Datenbanken, Ressourcenplanung oder E-Mail-Verkehr bestehen. Unbeweglich ist sie und so schwergewichtig, dass der Doppelboden des Labors statisch verstärkt wurde, um ihr Gewicht tragen zu können. Aus dem Bodenauslass neben ihrem Sockel quillt ein dickes Kabelbündel hervor, an dem sie hängt wie an einer Nabelschnur. Nur ihre Leuchtdioden blinken blau und grün, wenn ein neuer Rechenzyklus einsetzt. Sie ist eingepfercht in einen einzelnen Baugruppenträger. Zwei

Höhenmeter Supercomputer wie in einen Käfig gesperrt. Besser so, denkt Scott. Man stelle sich vor, sie würde ausbrechen.

Seinem Schreibtisch gegenüber hängt eine vollgekritzelte Wandtafel. Die Idee für das Experiment kam als Geistesblitz und schickte sich gerade an, in Formeln und mathematischen Modellen Gestalt anzunehmen. Wenn die Massendatenanalyse, Big Data, Millionen Menschen, Maschinen und Betriebe datenmäßig erfassen und analysieren konnte, um ihr Verhalten maschinell zu manipulieren – wäre es dann nicht naheliegend, eine ganze Gesellschaft auf dieselbe Weise zu regeln?

Das bedeutet nichts weniger, als sich auf den Versuch einzulassen, Herrschaft für das 21. Jahrhundert neu zu denken.

Im vollständig digitalisierten Deutschland würden die Richtlinien der Politik nicht mehr von der Bundeskanzlerin bestimmt, sondern von einer intelligenten Maschine.

In anderen europäischen Ländern gäbe es keinen Premierminister mehr, sondern eine »Premiermaschine«.

Politische oder wirtschaftliche Entscheidungen, von denen die Zukunft einer Gesellschaft abhingen, würden von einer Künstlichen Intelligenz getroffen statt von Menschen. Getroffen oder wenigstens von einem digitalen Assistenten vorgeschlagen.

Das klingt völlig absurd, überlegt Scott. Doch als Technologe weiß er, das ist die Zukunft. Schon im Jahr 2016 hatte sich eine Stiftung dafür eingesetzt, den berühmtesten Supercomputer der Firma IBM, Watson, als Kandidaten für die amerikanischen Präsidentschaftswahlen aufzustellen.[1] Im selben Jahr hatte die amerikanische Verkehrssicherheitsbehörde festgestellt: Auch ein Computer kann Autofahrer sein.[2] Immer öfter schlüpfen Maschinen in die Rolle des Menschen. Niemand mehr kann sich sicher fühlen. Auch ein Politiker nicht.

»Einen Politiker kann man nicht automatisieren«, hatte vor Kurzem ein Finanzminister im Ruhestand erklärt. »Politiker entscheiden oft aus dem Bauch heraus.«

Weil der Mensch keine Flügel hat, wird er niemals fliegen. Weil die Erde unsere Mutter ist, werden wir niemals den Mars besiedeln. Weil eine intelligente Maschine kein Einfühlungsvermögen hat, wird sie keine guten Entscheidungen treffen.

Der Protest des Ministers hatte wie der reflexhafte Einwand jedes technologischen Laien geklungen. Doch wenn menschliche Urteilskraft nur deshalb nicht automatisiert werden könnte, weil der Mensch intuitiv handelte, wäre es niemals möglich, menschliche Entscheidungen maschinell zu optimieren. Dabei hat die Wissenschaft schon längst bewiesen, dass das Gegenteil möglich ist.

In der Technologiekritik des Ministers schwang Hoffnung mit, jene Hoffnung, dass der Mensch einzigartig sei. Und diese Hoffnung wurzelt tief in den Grundfesten der freiheitlich-demokratischen Gesellschaften Europas: Für sie ist die Einzigartigkeit des Menschen Gesetz.

Tatsächlich haben tausende Technologen weltweit Visionen und bauen an einer Zukunft der Menschheit, die so ganz anders sein wird, als es jede Vergangenheit der menschlichen Geschichte war. Maschinen, die bessere strategische Entscheidungen treffen als der Mensch, breiten sich aus. Forscher arbeiten fieberhaft daran, Menschen maschinell aufzurüsten oder Maschinen zu bauen, die dem Menschen mehr und mehr gleichen – mit intentionalem Bewusstsein und menschenähnlichem Körperbau. Etwa künstliche Äffchen, die »im Prinzip schon alles können, was ein Mensch kann, nur kann der Mensch mehr davon«[3].

In »deutlich weniger als zehn Jahren«, so der Professor für Künstliche Intelligenz, Jürgen Schmidhuber, werde man »die mentalen Denk- und Abstraktionsfähigkeiten eines Kapuzineräffchens« nachgebaut haben.[4] Die Entwicklung der Emulation, des imitierten Menschen, wäre dann nur noch ein kleiner, der nächste Schritt.

Scott hängt seinen Gedanken nach.

Die Bürger ahnen nicht, wie weit die Forschung fortgeschritten ist. Dass jeder von ihnen schon längst mit Künstlicher Intelligenz in Kontakt steht. Dass die qualitativen Verbesserungen ihrer Internetsuchen, der Spracherkennung, der Gesichtserkennung auf immer leistungsfähigeren Künstlichen Intelligenzen beruhen. Deren Vervollkommnung vollzieht sich geräuschlos, und die Rede von der Digitalisierung als der stillen Revolution geht um. Weil digitale Werbekampagnen lautstark dröhnen: »Sind Sie fit für den digitalen Wandel?« oder: »Lassen Sie sich nicht überholen!«, und: »Jetzt Führungskräfte vorbereiten!«, merken viele Bürger nicht, dass Wissenschaftler schon lange beharrlich an weitaus größeren Ideen arbeiten als an einer Digitalisierung, die nicht viel mehr zu sein scheint als das Betriebssystem des globalen Kapitalismus.

Dass Wissenschaft auch Politik macht, ist nicht neu. Die Atomphysiker des Manhattan-Projekts hatten alle Hände voll zu tun, am Atomgesetz zur Kontrolle atomarer Waffen mitzuarbeiten, bis es 1946 durch den 79. Kongress der Vereinigten Staaten ratifiziert wurde.[5] Heute beraten Forscher die Politik in Fragen der Gesundheit oder zu Umwelt und Klima.

Man versteht besser, was man messen kann. Zum Beispiel das Wetter. Das Wetter ist ein geradezu unverdächtiger Untersuchungsgegenstand. Trotzdem wäre ich nur ungern Hurrikanforscher, lächelt Scott in sich hinein. Das Abenteuer wäre mir sprichwörtlich zu windig.

Sobald sich über dem Atlantik ein Wirbelsturm bildet, der die amerikanische Ostküste bedroht, steigen Sturmjäger in ein Forschungsflugzeug des U.S. Department of Commerce und begeben sich auf eine höchst gefährliche Mission. In wildem Ritt fliegen sie mitten in den Wirbelsturm hinein. Bevor sie das Auge des Sturms erreichen, werfen sie genau dort Sensoren und Messgeräte ab, wo die Rotationsgeschwindigkeit am höchsten ist: in der *eye wall*, der »Wolkenwand« rund um das Auge. Die Daten, die die Sensoren liefern, sind unbezahlbar. Sie werden gespeichert und analysiert. Wetterprognosen sagen Richtung und Stärke des Wirbelsturms voraus. So sind die Bewohner der Ostküste rechtzeitig gewarnt und können ihre Häuser auf den Sturm vorbereiten oder schlimmstenfalls evakuiert werden. Es sind die Datenanalyse und die Wetter- und Witterungssimulationen der Hurrikanforscher, die mithilfe ihrer Echtzeitinformationen und Warnungen über Rundfunk, Fernsehnachrichten oder neue Medien steuernd in die Gesundheit der Gesellschaft und die körperliche Unversehrtheit der amerikanischen Ostküstenbewohner eingreifen. Daten, Datenanalyse und Prognosen steuern hier nicht das Wetter selbst, sondern das Verhalten amerikanischer Bürger, und das durchaus zu ihrem Besten.

Weil Forscher viele Parallelen zwischen Naturphänomenen und sozioökonomischen Systemen sehen, gehen sie vor wie bei der Hurrikanforschung und haben begonnen, die Gesellschaft auf ähnliche Weise zu analysieren.

Viele der Sensoren, die menschliches Verhalten messen und aufzeichnen, sind auf Smartphones installiert. Smartphones sind Messgeräte, mit denen man auch telefonieren kann. Jemand hat sie vor gar nicht langer Zeit über unseren Köpfen abgeworfen, und wir nutzen sie, als gäbe es kein Morgen mehr. Dabei entstehen riesige Datenmengen, die dem, der sie analysiert, nicht nur Rückschlüsse auf jedes Individuum erlauben, sondern auch auf die Gesellschaft als Ganzes.

Seit der Jahrtausendwende haben Forscher enorme Fortschritte gemacht, Gesellschaften zu verstehen. Dabei hilft ihnen eine neue Forschungsdisziplin: die Komplexitätswissenschaft. Sie erklärt, wie sozioökonomische Systeme funktionieren. Sie hilft verstehen, wie sich eine Meinung in der Gesellschaft bildet; wie sich Epidemien über den Globus ausbreiten; wie sich die Bevölkerung in Städten entwickelt und wie die globalen Finanzmärkte funktionieren. Nicht nur Massendaten, auch leistungsfähige Rechner, enorme Speicherkapazitäten und die Weiterentwicklung von Computerprogrammen, den Algorithmen, haben der Komplexitätsforschung in nur wenigen Jahren einen gewaltigen Schub versetzt. Mancher Wissenschaftler wünscht sich bereits, mit den vorhandenen Daten eine Weltsimulation zu berechnen[6], als Grundlage für die »richtigen« politischen Entscheidungen der Zukunft.

Genau das ist es, was Scott zum Ziel seines Experiments machen will. Scott wird die freiheitlich-demokratische Gesellschaft simulieren. Aber er geht noch einen Schritt weiter.

In den Simulator seiner Gesellschaft setzt er eine Künstliche Intelligenz, damit sie lernen kann, die Gesellschaft politisch zu beeinflussen. Das wird zweifellos funktionieren. Andere Künstliche Intelligenzen lösen Aufgaben, die ähnlich schwierig sind. Auch Professor Schmidhubers künstliche Äffchen rücken jeden Tag ein Stückchen näher.

Schon heute könnten Wissenschaftler intelligente Assistenzsysteme bauen, die politische Handlungsempfehlungen unter Unsicherheit abgeben, ideologiefrei, gerecht und jenseits wirtschaftlicher Interessen zahlreicher Lobbyvertreter. Wer weiß, in welch rasantem Tempo sich unsere Umgebung aktiviert, und wer ahnt, dass wir unsere Welt schon bald mit intelligenten Maschinen teilen müssen, hält die Idee von der maschinellen Regierung nicht mehr für illusorisch.

Es ist also nichts weiter als die menschliche Hoffnung des altgedienten Finanzministers, dass Menschen intelligenten Maschinen stets überlegen blieben, schlussfolgert Scott.

Wenn man der Kunst der modernen Zukunftsprophetie, der Massendatenanalyse und ihren Künstlichen Intelligenzen, Glauben schenkt, ist die Zukunft nicht nur berechenbar, sondern aktiv gestaltbar. Die neuen Technologien verheißen unendliche Möglichkeiten der Erkenntnis und Vorhersage. Denn was dem Menschen bisher verborgen blieb, ist die Zukunft. Zukunftsschau bedeutet Macht. Wer die Zukunft vorhersagen konnte, zählte schon immer zu den Mächtigen der Welt. Denselben Machtanspruch haben auch die globalen Technologiegiganten. Ihre Ziele sind die Verhaltensprognose ihrer Anwender und die globale Konsumentensteuerung. Nur: Konsumenten sind auch Bürger, die Rechte haben. Deshalb ist das Ziel der globalen Steuerung von Menschen *top down*, undemokratisch »von oben herab«. Ob die betroffenen Bürger die Digitalisierung noch zum Besten wenden können, ist eine Schlüsselfrage des 21. Jahrhunderts.

Sowohl für die Simulation einer freiheitlich-demokratischen Gesellschaft als auch für einen künstlichen Entscheider wird Scott eine lernende Maschine einsetzen. Maschinen, die lernen können, sind bereits Gegenwart und nicht erst die Zukunft. Sie können mit einer hochkomplexen Umwelt, in der alles mit allem kommuniziert – dem *Internet of Everything* – besser hantieren als der Mensch. Denn sowohl die Informationsflut als auch die Menge der Interaktionen einer vernetzten Gesellschaft überfordern viele Menschen. Deshalb lassen sich Konsumenten bereitwillig von intelligenten Maschinen helfen. Kunden laden sich algorithmische Anlageberatungs-Apps auf ihre Smartphones oder lassen sich individuelle Konsumempfehlungen geben. Die Wirtschaft setzt intelligente Maschinen in der Industrie 4.0 ein, Versicherungen oder Kreditprüfer vertrauen auf das algorithmische *Profiling* ihrer Kunden und ersetzen Berufserfahrung und Menschenkenntnis durch die Wahrheit nackter Zahlen. Wer sich auf die Empfehlungen zunehmend intelligenter Maschinen verlässt, muss in einer Welt voller Optionalitäten und Risiken keine eigene Entscheidung mehr treffen. *Umgebungsintelligenz* nennen Forscher die Allgegenwart einer digitalen Umwelt, die für uns mit- und vorausdenkt.[7] Maschinelle Entscheidungsstärke trifft auf menschliche Bequemlichkeit. In einer intelligenten Umgebung beurteilen und prognostizieren Maschinen menschliches Verhalten im Alltag, die Gesundheit, Kreditrisiken, das Konsum- und Wohnverhalten oder ob man ein »guter« Bürger ist. Sie machen den Sozialcheck mit ihren Anwendern. Weil sie so das Leben und das Verhalten der Menschen gründlich umbauen und neue gesellschaftliche Maßstäbe für den Alltag setzen, stellt sich prompt die Frage: Wer ist es, der in digitalen Zeiten herrscht? Müssen Wissenschaftler erst einen künstlichen Politiker entwickeln, oder verschieben sich die Herrschaftsverhältnisse schon heute langsam und unmerklich?

Die Frage, wie bewährte Strukturen und Konzepte der materiellen Welt, also etwa Selbstbestimmung und Demokratie, der lenkenden Kraft der digitalen Transformation widerstehen könnten, ist bis jetzt nur bruchstückhaft beantwortet. Vor allem anderen herrscht Ratlosigkeit.

Scott bleibt nachdenklich. Wenn guter Rat teuer ist, hält eine intelligente Maschine meist eine schlaue Antwort bereit.

Schon hat die Demokratie den Weg in die Kontrollgesellschaft eingeschlagen, und die Zahl algorithmischer Analysen, Prognosen und intelligenter Maschinen nimmt sprunghaft zu. Sie definieren den Menschen neu: Der freie, selbstbestimmte Mensch der Aufklärung vergreist, der digitalisierte Mensch, Homo informaticus, der selbst nicht mehr als eine neuro-biochemische Maschine ist, greift immer mehr um sich und verdrängt seinen Vorläufer rasch.[8] Der Mensch als Maschine, selbst nicht mehr als eine Mathematik der Zahlen, ist die größte Herausforderung des Humanismus in der heutigen Zeit. Wäre der Mensch nichts als eine Maschine und die Gesellschaft nur ein Algorithmus unter vielen, man stieße früher oder später auf Optimierungspotenzial. Für den, der solches Potenzial entdeckt, ist das Ziel der gelenkten Gesellschaft dann nicht mehr nur Versuchung, sondern mathematisch logisch und begründbar. Aber ist Optimierung auch immer human?

Wenn guter Rat teuer ist, geh und frag Ai.

Ai ist ein weiblicher Vorname japanischer Herkunft und bedeutet »Liebe«. Ai ist gleichzeitig das Akronym für *artificial intelligence*, »Künstliche Intelligenz«. Ai ist Scotts größtes Experiment und konkretes Projekt. Ai ist die intelligente Maschine, die den Zustand der freiheitlich-demokratischen Gesellschaften Europas analysieren und prognostizieren soll, um einen politischen Unfall Europas durch ihre proaktive Steuerung zu verhindern. Von Ai verspricht sich Scott Erkenntnis darüber, ob der Mensch auch nach Vollendung der digitalen Transformation Mensch bleiben kann, statt ultimative Maschine zu sein, wie die Internetgiganten aus Silicon Valley ihren Anwendern einreden wollen.

Dafür tut Ai dasselbe, das von jeder anderen maschinellen Intelligenz der digitalen Ära erwartet wird: Daten sammeln, die Daten zu einer Lageanalyse aufbereiten, Vorhersagen berechnen und Entscheidungen treffen. Ai soll ein strategisch sinnvolles Vorgehen erlernen, das eine freiheitliche Gesellschaft gegen antidemokratische Fliehkräfte abhärten kann, weil Scott eine Hypothese hat, vielleicht nur einen Traum: Auch die Gesellschaft in der digitalen Transformation hat Handlungsoptionen, bei denen europäische Werte wie Demokratie und Rechtsstaatlichkeit, die eingebettet sind in die Freiheitsrechte der Bürger, gewahrt bleiben. Es gibt Wege der digitalen Entwicklung, die die Ehrfurcht vor dem Menschen erhalten, seinen persönlichen Lebensentwurf respektieren und die Technik dem Menschen unterordnen, ohne ihr kulturelles Entwicklungspotenzial zu schmälern.

Diese Optionen könnten völlig absurd sein, denkt Scott.

Ai könnte vorschlagen, ein superintelligentes künstliches

Raubtier zu erschaffen, um jene Apps, Algorithmen, Roboter und Künstlichen Intelligenzen unschädlich zu machen,
die geeignet sind, die Natur des Menschen zu verwunden
oder zu zerstören. Doch wer ist Mensch, wer nicht? Eine
Auswirkung der Digitalisierung war die bereits fühlbare
Auflösung der Grenze zwischen Mensch und Maschine,
die sogenannte »Mensch-Maschine-Unschärfe«. Schon in
wenigen Jahrzehnten würden Maschinen dem Menschen
immer ähnlicher sein. Ab wann müsste man Maschinen
Rechte zugestehen? Welche Voraussetzungen müssten erfüllt sein, damit intelligente Maschinen wie Haustieren zu
behandeln wären, als Mitgeschöpfe statt als Sachen?

Scott schüttelt fast unmerklich den Kopf. In jedem Fall
wird uns nur die Fähigkeit, moralisch zu handeln, vor dem
digitalen Desaster schützen, grübelt er.

Die digitale Entwicklung ist kein Automatismus. Die
Menschen schaffen sie selbst mit der ihr eigenen menschlichen Intelligenz und Kreativität. Weder Weg noch Ziel der
digitalen Transformation sind zwangsläufig. Wissenschaftler beanspruchen gerne die Freiheit der Wissenschaft, die
bar jeder Moral und losgelöst von den Beschränkungen
ethischer Überlegungen sein soll; nur so sei gesichert, dass
Entdeckungen, wo wissenschaftlich möglich, in den Tiefen
und Weiten der Strukturen der Welt auch zufällig gemacht
werden können.[9] Dabei ist es gerade der Topos von der ver-
antwortungsvollen Wissenschaft, mit dem Forscher seit der
Entdeckung der Kernspaltung vor über achtzig Jahren immer wieder konfrontiert sind. Wissenschaftler des Gewissens gibt es viele. Albert Einstein, der Präsident Roosevelt
brieflich empfohlen hatte, eine Atombombe zu entwickeln,
sagte später: »Wenn ich gewusst hätte, dass die Deutschen

nicht mit Aussicht auf Erfolg an der Atomwaffe arbeiten, hätte ich nichts für die Bombe getan.«[10]

Leó Szilárd, sein Schüler und Mitwirkender am Manhattan-Projekt, wandte sich nach dem Bau der Atombombe gegen ihren Einsatz und bat Präsident Truman am 17. Juli 1945: »Wir, die Unterzeichner dieser Petition, bitten Sie, den Oberbefehlshaber der Streitkräfte der Vereinigten Staaten, in diesem Krieg auf den Einsatz der Atombombe zu verzichten (…) und den Gebrauch der Bombe im Lichte moralischer Verantwortung zu erwägen.«[11]

Oder Joseph Weizenbaum, ein Vordenker der Künstlichen Intelligenz, der zu einem ihrer größten Kritiker wurde: Bis ins hohe Alter und bis kurz vor seinem Tod 2008 warnte er vor den gesellschaftlichen Folgen der Mensch-Maschine-Unschärfe und forderte »Bescheidenheit und Respekt für das Leben« von den Schöpfern Künstlicher Intelligenz.[12]

Dieselben Forscher sind es auch, denen zuerst auffällt, dass ihre Künstlichen Intelligenzen gesellschaftliche Folgen nach sich ziehen werden.[13] Technologen sind immer die Ersten, die wissen können, wie hoch das gesellschaftliche Risiko ihres neuen Systems ist. Eine Künstliche Intelligenz kann die Gestalt eines Kuscheläffchens annehmen oder Frankensteins Monster werden. Wenn es die Entwickler Künstlicher Intelligenz in ihrer Begeisterung über die Leistungsfähigkeit ihrer Schöpfung versäumen, in Künstliche Intelligenzen Regeln einzubetten, die der Gesellschaft dienen, statt ihr zu schaden, könnte sich die Hoffnung, dass ein digitaler Assistent politische Entscheidungen zum Wohl einer Gesellschaft trifft, genauso zerschlagen wie die verfrühte Begeisterung über das Internet, deren Anwender wenige Jahre lang glaubten, es garantiere automatisch mehr Demokratie. Was das Internet angeht, ist die Euphorie inzwischen verflogen. Eine digital vernetzte Gesellschaft, die nicht nur von kommerziellen Internetgiganten, sondern auch von staatlichen Geheimdiensten auf Schritt und Tritt überwacht wird, wenn sie das Internet benutzt, ist nicht mehr, sondern weniger selbstbestimmt. Sie besitzt nicht mehr, sondern weniger bürgerliche Freiheiten. Die Anwender büßen Privatsphäre ein und verlieren Einfluss auf ihr Leben in dem Maße, in dem sie die Kontrolle über ihre persönlichen Daten und ihre Selbstbestimmtheit abgeben.

Wir werden jeden Moment an die Wissenschaftler des Gewissens denken, wenn wir Ai einsetzen, sagt Scott im Stillen zu sich selbst.

Von Ai erhofft er sich eine Antwort darauf, ob man die Digitalisierung humanisieren kann. Ai kann Akteurin einer digitalen demokratischen Gesellschaft werden oder Hilfsmittel bleiben und nicht viel mehr sein als Prognosewerkzeug und mathematische Krücke für das Verständnis der digitalen Gesellschaft. Doch im Verlauf seines Experiments wird Scott immer besser verstehen, wie mathematische Mechanik in das menschliche Dasein eingreift – und warum die Mischung aus Hybris und Gleichgültigkeit die digitale Transformation zu einem Instrument macht, das nicht weniger gefährlich ist als die Kernspaltung der Atombombe.

Ab jetzt beginnt die Arbeit an der Antwort.

DIE UNVERSTANDENE REVOLUTION

Wie das digitale Jahrhundert die Grundlagen
für die Künstliche Intelligenz schafft:
Was Digitalisierung ist und wie wir sie einsetzen.

Die Welt wird zum Computer

Auf die Frage, was denn Digitalisierung sei, können im Sommer 2015 mehr als die Hälfte der befragten Bundesbürger (56 Prozent) keine Antwort geben.[1] Ein Drittel hat noch nie von dem Begriff gehört. Auch vom Internet der Dinge, so gaben 88 Prozent der Interviewten an, hätten sie keine Vorstellung[2], und 92 Prozent ist Big Data noch nie zu Ohren gekommen.[3]

Wer Digitalisierung so erklärt, dass unser Leben und Arbeiten in Nullen und Einsen übersetzt werde[4], hat zwar recht, lässt einen digitalen Laien aber ratlos zurück. Ist Digitalisierung gleichbedeutend mit Mathematik? Ist sie eine Technologie? Oder ändert die Digitalisierung unseren Umgang miteinander, weil wir heute anders interagieren als noch vor zehn Jahren?

Nichts davon ist falsch, und doch beschreibt das alles Digitalisierung nur teilweise. Mit der Digitalisierung verwandeln wir unser Leben, privat wie beruflich, in einen Riesencomputer. Alles wird gemessen, gespeichert, analysiert und prognostiziert, um es anschließend zu steuern und zu optimieren. Der Mensch wird zum Computer umgewidmet, mindestens wird er Teil des globalen Megarechners, dessen Komponenten sämtlich miteinander vernetzt sind und von anderen Komponenten angesteuert werden. Im

Internet of Everything redet alles mit allem, Dinge mit Dingen und Menschen und umgekehrt. Wo sich die Menschheit mithilfe smarter, meist mobiler Geräte vernetzt, erzeugt sie humane Messdaten. Digitale Geräte überwachen uns und geben weiter, wo wir uns bewegen, was wir tun, denken und fühlen. Für den Signaltransport und die Übertragung des unaufhörlichen Stroms persönlicher Daten sorgt die Kommunikationsinfrastruktur des Internets. Die ganze Welt als Riesenplatine: Die Digitalisierung macht den Menschen zum elektronischen Bauteil, zum Partikel und zu nur wenig mehr als einem Atom in der globalen Mikrostruktur von Milliarden anderen computerisierten Bausteinen. Ob Bluse oder Person: Die Digitalisierung hebt den Unterschied auf. Denn keine der beiden hält still, wenn sie Daten spuckt. T-Shirts, die mit *beacons*, »Sendern«, ausgestattet werden, berichten von ihrem Aufenthalt im Ladenregal, von der Anprobe, von ihrem Weg zur Kasse und aus der Waschmaschine. Menschen, die ein Smartphone nutzen, geben ihre Absichten preis, wenn sie online nach Begriffen suchen, Kurznachrichten schicken oder ihre Geoposition bestimmen. Wer oder was nicht mehr schweigt, erregt Aufmerksamkeit. Wer oder was laut wird, wird gehört. Ob der Unterschied zwischen Mensch und Ding in einer digital bestimmten Welt erhalten bleiben wird, hängt nur noch davon ab, ob wir unser europäisches Menschenbild vom selbstbestimmten Individuum in das fortschreitende 21. Jahrhundert hinüberretten können.

Die smarten Erfindungen des Steve Jobs

»Hin und wieder erlebt die Welt eine Revolution – und plötzlich ist nichts mehr, wie es früher einmal war.«

Der schlanke Mann im schwarzen Rollkragenpullover hält den Kopf gesenkt und blickt konzentriert auf seine weißen Sneakers. Nachdenklich schreitet er drei, vier gemessene Schritte über die in tiefes Dunkel getauchte Bühne. Eine gute Show zu machen, üben amerikanische Schüler und Studierende von Kindesbeinen an. Haben sie es beruflich bis ins Topmanagement geschafft, geben sie im Vergleich zu europäischen Chefs häufig charismatische Vorstände ab, die Eindruck hinterlassen.

In einer Kunstpause bleibt der Mann auf der Bühne stehen. Auf der monumentalen Leinwand hinter ihm pulsiert das Relief eines großen schwarzen Apfels. Er ähnelt dem Mond bei einer totalen Sonnenfinsternis, wenn er sich vor die Sonne schiebt und nur noch die Korona aufleuchten lässt.

»Apple kann stolz auf sich sein«, fährt Steve Jobs fort, hebt den Kopf und blickt in sein Publikum. »Das Unternehmen hat schon einige technische Revolutionen ausgelöst.«

Apple, das, mit Firmensitz im Silicon Valley, genauer in Cupertino, Kalifornien, zu den wertvollsten Unternehmen der Welt gehört, hat auch revolutionäre Vorstellungen von Architektur und Arbeit. Sein neues Hauptquartier, Spaceship, wird 2016 bezugsfertig. Der Bau ist kreisrund, ein *Circle* ohne Anfang und Ende, errichtet als Campus, der nicht nur die Arbeit, sondern auch die Freizeitgestaltung von Apple-Mitarbeitern fördern soll.

»Klar kannst du im Silicon Valley sehr selbstbestimmt arbeiten, hast Fitness und Tischkick und kannst auch den Hund mitnehmen; aber der sitzt da bis Mitternacht, und der Leistungsdruck ist immens«, sagt die ehemalige Personalchefin eines amerikanischen Technologiegiganten. »Die Firma umarmt dich bis zum Erdrücken.«[5]

Ein Mutterschiff ist in Silicon Valley gelandet, das die Menschheit in die Zukunft führen will – in *seine* Vorstellung von der Zukunft. Mit an Bord: neue Geschäftsmodelle, neue Technologien, todschicke technische Spielereien. Sein Auftauchen steht exemplarisch für die Zerstörung des Alten, leider häufig auch dessen, was sich in Jahrzehnten friedlicher, prosperierender Industrienationen als gut bewährt hat.

Das Auditorium johlt Steve Jobs zu.

»Heute stellen wir drei revolutionäre Produkte vor.« Das Publikum zögert. Nur einzelne Jubelschreie dringen bis zur Bühne vor. Ein Guru steuert seine Sektenanhänger. Der Eindruck ist nicht falsch im sonnenverwöhnten Kalifornien, dem Land der Flower-Power-Philosophen. Von ihrer Elterngeneration haben sie ihr aufständisches Wesen ererbt, die Idee der Gegenkultur ist ihnen anerzogen. Kaliforniens Technologieauslese macht keinen Hehl daraus, dem Burning-Man-Festival in der Wüste Nevadas anzuhängen. Der Höhepunkt dieser jährlichen Wüstenparty ist dann erreicht, wenn eine monströse menschenähnliche Statue lichterloh brennt. *Further Future* heißt die Luxusausgabe der Wüstenparty für die Elite der Valley-Unternehmer, doch eines haben die karnevalesken Veranstaltungen gemeinsam: Man sucht nach Antworten auf die Fragen von morgen. Was folgt auf die Demokratie? Auf den Kapitalismus? Auf die

Vollautomatisierung der menschlichen Arbeit durch intelligente Maschinen?

Antworten für die Zukunft findet man nur bei alternativen Bewegungen, da sind sich die digitalen Technologieführer einig. Auch deshalb hängt die kalifornische Technologengemeinde bis heute dem Nonkonformismus an und stört noch immer, was andere als bürgerliche Werte pflegen. Als »kreative Zerstörung« bezeichnen die Silicon-Valley-Apologeten in Anlehnung an den österreichischen Ökonom Joseph Schumpeter deshalb alles Neue mit Revolutionspotenzial. Zerstörung ist ihre Religion, und sie sind nicht wenig erfolgreich mit ihrer Mission.

Das Publikum hängt an den Lippen seines Meisters.

»Einen iPod mit Touchscreen, ein revolutionäres Mobiltelefon und ein Internetgerät.« Der Mann in Schwarz kommt kaum dazu, mehr als drei Worte zu äußern. In jedes kurze Schweigen hinein tobt das Publikum in verstörender, anbetungsähnlicher Bewunderung.

»Einen iPod. Ein Mobiltelefon – habt ihr verstanden? Nicht drei verschiedene Geräte, nur ein einziges – und wir nennen es das iPhone!«

Der Jubel an diesem 9. Januar 2007 ist frenetisch. Apple hat das Telefonieren neu erfunden und stellt einen kleinen Apparat vor, von dem wir heute ohne Zögern glauben, er sei schon immer selbstverständlicher Teil unseres Lebens gewesen. Steve Jobs hatte recht, was seine Einschätzung des revolutionären Potenzials seiner Firma betraf. Apples iPhone *hat* eine Revolution ausgelöst.

Der Miniaturcomputer mit seinen vielen Überwachungsgeräten, darunter Kamera, Beschleunigungsmesser, Mikrofon, Licht- und Geopositionssensoren und zuletzt Software-

Beacons, die den exakten Standort des iPhone-Nutzers auch innerhalb geschlossener Räume erkennen und weitermelden, erhebt zahllose Messdaten seiner Besitzer – und speichert sie in der *Cloud*, der »Rechnerwolke« aus fremden Computern, die nicht mehr uns selbst, sondern den globalen Technologiegiganten gehören. Seit der Einführung des Smartphones erzeugt jeder Einzelne von uns riesige Datenmassen. Das Smartphone ist zudem der Verbinder, der uns miteinander verdrahtet. Seine Hardware und Software gehören zu jenen Schlüsseltechnologien, die zum Treiber der Digitalisierung im 21. Jahrhundert wurden. Erst mit dem Smartphone haben wir unser Leben eng an den globalen, dezentralisierten Megacomputer gekoppelt, der uns ständig beobachtet und uns pausenlos Interaktion abverlangt. *To hook*, »einklinken«, nennen das die Amerikaner. *To hook* bedeutet aber auch: »jemanden angeln« und »süchtig machen«. Das Smartphone war auch eine kolossale, geniale Marketingidee.

Unsere Smartphones, deren Betriebssysteme und die vielen Lieblingsmarken, von Google über Apple, Facebook und seine Tochtermarken, Amazon und Microsofts Skype – kurz: GAFAM, ein Akronym, das für die Internetgiganten steht –, stammen ausschließlich von amerikanischen Anbietern aus dem Silicon Valley. Ihre Angebote werden gerne wahrgenommen, denn sie sind vermeintlich kostenlos. Bezahlt wird mit Daten. Scheinbar ein Schnäppchen, sind die Angebote selbst bei der europäischen Industrie sehr beliebt. Was man kaufen kann, muss man nicht selbst bauen, und Silicon Valley macht seine Sache schließlich großartig. Deshalb findet sich das Betriebssystem Google Android inzwischen in zahlreichen Produkten des Internets der Dinge

wieder, vom Auto bis zum satellitengestützten Präzisions-
messgerät für Geologen und Architekten. Doch die Abhän-
gigkeit vom Monopolisten Google könnte sich noch als
strategisch unklug erweisen, je nachdem, wie sich Googles
Lizenzpolitik in den kommenden Jahren gestalten wird.
Wer sich einmal weltweit und konkurrenzlos ausgebreitet
hat, kann auch dann sicher Umsatz generieren, wenn seine
Werbeeinnahmen wegbrechen. Er muss nur seine Lizenzbe-
dingungen ändern und verkauft in Zukunft, was bis dahin
kostenlos war.

Immer wieder beschäftigen sich sowohl die amerikanische Kartellbehörde als auch die europäischen Wettbewerbshüter mit Googles Angeboten, aber die Anhörungen
gleichen einem Schaustück. Das Waffenarsenal der Wettbewerbshüter scheint wirkungslos, denn Google sieht immer
überlegen aus. Die Wettbewerbshüter stoßen dabei auf die
ganz konkrete Schwierigkeit, Google nachzuweisen, dass
seine Monopole den Nutzern schaden. Bisher ist der Gesetzgeber davon ausgegangen, dass ein Monopolist seine
exklusive Stellung nutzt, um unangemessen hohe Preise zu
verlangen. Dieses klassische Verständnis vom Monopol und
die Formulierung des Gesetzes treffen auf Google allerdings
nicht zu, dessen Online-Angebote die Nutzer nicht mit
Geld, sondern mit ihren persönlichen Daten bezahlen. So
vertritt das Bundeskartellamt der Bundesrepublik Deutschland die Auffassung, dass die Google-Suchmaschine deshalb
kein Fall für die Kartellbehörde sei, weil sich die Google-
Suche nicht auf einem Markt bewege und die Suche kostenlos sei.[6] Nicht nur Juristen halten diese Auffassung für eine
bemerkenswerte Fehleinschätzung. Denn das Kartellamt
übersieht dabei, dass Kapital- und damit auch Marktstruk-

turen im Laufe von Jahrzehnten eine Metamorphose durchlaufen. Mit fortschreitender Digitalisierung im 21. Jahrhundert verändert auch der Kapitalismus – damit gemeint ist
die Art und Weise, wie man Geld verdient – erneut sein Gesicht. Darauf kommen wir gleich noch zurück.

Dabei ist die gefühlte Alternativlosigkeit zu Google an
sich bereits ein Schaden für die Diversität und den Pluralismus in Wirtschaft und Gesellschaft. Und Google hat
nur verwirklicht, was Risikokapitalinvestoren ohnehin von
ihren Portfoliounternehmen aus Silicon Valley erwarten: Sie
sollen immer der erste Sieger sein. Sie sollen nicht weniger
werden als ein Monopolist. Wer nicht zum Ersten wird, ist
der Letzte und fliegt aus dem Rennen. Um ihre Monopole
zu errichten, setzen Silicon-Valley-Angebote auf den Netzwerkeffekt von Plattformen. Es wirkt wie die Selbstverstär-
kung ihres Angebots, wenn möglichst viele Anwender eine
Plattform nutzen. Soziale Netzwerke werden erst dann interessant, wenn sich Millionen Menschen angemeldet haben. Hat der Netzwerkeffekt erst einmal eingesetzt, sorgen
die Anbieter dafür, dass Anwender einen gefühlten Verlust
erleiden, sobald sie den Dienst nicht mehr in Anspruch nehmen. Die Gruppe von Freunden, die man bei Facebook gewonnen hat, kann man jedenfalls kaum auf einen anderen
Anbieter übertragen. Der Nutzer »klebt« am Silicon Valley.
Er ist zum *sticky customer* geworden.

Mit den Geräten und Dienstleistungen amerikanischer Pro-
venienz handeln wir uns trotz ihres gefälligen Designs
und – zugegebenermaßen – vielen tollen Anwendererfah-
rungen nicht nur Abhängigkeiten vom Anbieter ein. Europäische Anwender setzen sich mit der Nutzung von Silicon-

Valley-Angeboten einem gänzlich anderen Verfassungs- und Rechtsverständnis aus. Warum suchen wir mit Googles Suchmaschine und nicht mit dem chinesischen Konkurrenten Baidu? Weil wir ahnen, dass in chinesischen Produkten wie Baidu und WeChat Überwachung und Zensur eingebettet sind. Dabei sieht es mit den Angeboten aus Silicon Valley nicht viel besser aus. Überall dort, wo die Überwachung eingebaut und mit Smartphone, Betriebssystem oder Internetplattform ausgeliefert wird, sind wir Europäer nicht in der Lage, uns vor der Ausspähung zu schützen. Die Fremdgeräte stammen nicht aus unserem Kulturkreis, wir kennen ihren Programmcode nicht und wissen nur, sie haben Hintertüren. Schließen können wir sie nicht. Dem Bundesamt für die Sicherheit in der Informationstechnik (BSI) in Berlin ist das sehr wohl bekannt. Die eingebauten Lücken helfen bei der Wirtschaftsspionage. Im Ernstfall erlauben sie sogar die Stilllegung eines Betriebs, wenn etwa ausländische Router per Fernsteuerung vom Hersteller abgeschaltet werden.

Als im Dezember 2014 in ganz Nordkorea das Internet ausfiel – seine nur rund tausend Internetadressen werden von einem einzigen chinesischen Anbieter bereitgestellt –, fiel ein Sabotageverdacht sofort auf die Vereinigten Staaten. In den Wochen vor dem Ausfall war in einem der schlimmsten Datenklaus der Geschichte das amerikanische Medienunternehmen Sony Pictures gehackt worden. Kurz darauf tauchten sensible E-Mails und Gesundheitsdaten von Mitarbeitern und Schauspielern im Netz auf, darunter auch bei WikiLeaks. Der Einbruch wurde Nordkorea zugeschrieben. Dem Land wurde unterstellt, die Ausstrahlung der politischen Satire über den nordkoreanischen Führer Kim

Jong-un mit dem Titel *Das Interview* auf erpresserische Weise verhindern zu wollen. Damit hatten die nordkoreanischen Hacker tatsächlich Erfolg. Sony Pictures sagte die Kinopremiere ab und strahlte die Satire zu einem späteren Zeitpunkt im Internet aus.

Ob amerikanische Geheimdienste für die darauffolgende »Abschaltung« des nordkoreanischen Internets verantwortlich waren, sei dahingestellt. Denn selbst ein Fünfzehnjähriger hätte das nordkoreanische Internet hacken können, so fragil war seine Infrastruktur. Die Verwundbarkeit des nordkoreanischen Internets sprach deshalb gegen die groß angelegte Sabotage durch amerikanische Geheimdienste. Das Beispiel zeigt dennoch anschaulich, dass die Abtrennung einer ganzen Nation vom globalen Internet kein Ding der Unmöglichkeit ist.

Wie der Computer Geld verdient

Wer der Weltanschauung hinter den Silicon-Valley-Angeboten auf den Grund gehen will, sollte immer die Letztbegründung amerikanischen Handelns bedenken: *Free trade*, der »freie Handel« als staatlich nicht reguliertes Marktgeschehen, ist gänzlich vom Verfassungsverständnis der Vereinigten Staaten gedeckt. Während die europäischen Verfassungen und die Charta der Grundrechte der Europäischen Union die Menschenwürde zum zentralen Supergrundrecht gemacht haben und so eine Garantie für die Kontrolle über das eigene Bild, den Namen und den guten Ruf abgeben, folgen die Vereinigten Staaten diesem europäischen Verfassungsverständnis gerade nicht. Stattdessen haben sie den Schwerpunkt auf die Freiheit gelegt, und zwar Freiheit nicht im Sinne von *freedom*, der »Freiheit zu tun, was man will«[7], sondern im Sinne von *liberty* als »Bürgerrecht des Individuums«, das frei sein will von jeder gesetzlichen Regulierung und staatlichem Zwang. Auch das Marktgeschehen müsse frei sein, folgern sie daraus, und mit ihm auch der Handel mit persönlichen Daten. Denn schon lange vor Big Data handelte man in den Vereinigten Staaten uneingeschränkt mit Daten, wenn es um die Kreditwürdigkeit des Konsumenten ging. Der öffentliche Zugang zu persönlichen Kreditkartendaten erleichtere am Ende die Teilnahme des Verbrauchers am Markt, so die Vertreter der offenen Märkte; schließlich könne ein Kreditgeber die Bonität des Verbrauchers schnell überprüfen und rasch einen Kredit bewilligen, den der Kreditnehmer gleich wieder verkonsumieren könne. Digitalisierung ist deshalb nie ohne den Kapitalismus zu denken, einigen gilt sie sogar als »Betriebssystem des globalen Kapitalismus«[8].

Im Gegensatz zu den Vereinigten Staaten führt Europa die philosophische Tradition des 18. und 19. Jahrhunderts weiter und setzt fort, was einst als deutscher Sonderweg staatlicher Rahmenbedingungen hoch gepriesen war: Mit dem EU-Vertrag von Lissabon legt die Europäische Union die soziale Marktwirtschaft des Ludwig Erhard auch als Leitbild für Europa fest. Denn geht es nach den großen deutschen Philosophen, ist jedes offene, nicht regulierte Marktgeschehen eine große Einschränkung der Selbstbestimmtheit. Gerade sie sei durch den ökonomischen Liberalismus gefährdet, der früher oder später ins Prekariat führe. Nach der Liberalisierung der Finanzmärkte in den Achtzigerjahren mehren sich heute wieder die Anzeichen dafür.

Mit der Digitalisierung geht die Kommodifizierung, die totale Ökonomisierung, der menschlichen Arbeitskraft einher. Dabei schafft die Digitalisierung nicht nur neue Arbeitsplätze, sie vernichtet auch Arbeit. Doch das digitale Prekariat, darunter die Clickworker, die für ihre online erbrachten Leistungen nur wenige Euro erhalten, bringt man nur ungern zur Sprache.

Neben den marktwirtschaftlichen Fehlentwicklungen und unerwünschten Kapitalakkumulationen, die digitale Internetgiganten verursachen, unterminieren wir selbst in unserer Rolle als Konsumenten, was Europa global vorleben will. Die langen Schlangen vor den Apple-Stores und die Erfolge der Silicon-Valley-Angebote sprechen für die Durchsetzungskraft des amerikanischen Turbokapitalismus. Deshalb fragen sich europäische Bürger verwundert bis verständnislos, warum wir in einer Ära, in der ein globaler Markt die maximale Auswahl an Waren verfügbar macht, über schwindende Freiheit debattieren. Nie war unsere Freiheit größer als heute, zwischen Produkten und Dienstleistungen zu wählen, wirft man den Kritikern des Silicon Valley vor. Dem kann man entgegenhalten: Wir debattieren über die Analyse, den Handel und die Nutzung von Massendaten und neue Erkenntnisse über unser privatestes Verhalten aus demselben Grund, der Bürger dazu veranlasst, sich gegen die transatlantische Handels- und Investitionspartnerschaft (TTIP) einzusetzen. Letztlich geht es um den Schutz des Verbrauchers vor der Macht spärlich regulierter Märkte. Jene schenken nichts als eine Illusion von Freiheit: die »Freiheit« des Konsumenten. Sie ist eine andere Freiheit als die des Bürgers, die es auch vor dem Zugriff durch die Wirtschaftsakteure zu schützen gilt. Doch ausgerechnet unser eigenes Konsumverhalten marginalisiert unsere soziale Marktwirtschaft. Allerdings ist der europäische Sonderweg der sozialen Marktwirtschaft so wertvoll, dass wir ihn mit aller Risikobereitschaft verteidigen sollten. Risiko für eine gute Sache lohnt sich immer.

Warum auch die Digitalisierung eine menschliche Kulturleistung ist

Schon im August 2011 stellt der amerikanische Investor Marc Andreessen richtig fest: »Software frisst die Welt auf.«[9] Damit meint er, dass im digitalen Zeitalter alles von Software gesteuert sein wird. Jedes Unternehmen müsse sich umstellen, bis es schließlich in ein Softwareunternehmen mutiert sei.

Was auf Firmen zutrifft, gilt auch für Privatpersonen, und nicht nur das: Selbst aus den leblosen Dingen unseres Alltags – den Kühlschränken, Kaffeemaschinen, Turnschuhen, Uhren, Zahnbürsten – werden »smarte« Geräte, also Computer oder Komponenten eines größeren Computers wie das »smarte« Heim. Mit dem Internet der Dinge schaffen wir uns eine neue, künstliche und dazu globale Umgebung mit eingebauter Intelligenz. Wir *aktivieren* unsere Umgebung, wenn wir sie zum smarten Computer umbauen. Und plötzlich spricht zu uns, was sich immer still verhalten hat. Alles um uns herum wird mit Umgebungsintelligenz aufgeladen.[10] Das klingt erst einmal nicht dramatisch, sondern ganz spannend und aufregend. Aber die Transformation wird auch uns selbst verändern. Winston Churchill hat diesen Vorgang in wenigen Worten trefflich zusammengefasst:

»We shape our buildings; thereafter they shape us.«[11]
Zuerst formen wir unsere Umwelt, danach formt sie uns. Es ist also nicht nur ein diffuses Gefühl, dass mit der Digitalisierung nichts bleibt, wie es einmal war. Wer sich nicht anpasst, wird in diesem neuen System nicht überleben. Wer sich nicht digital transformiert, wird künftig mit einer Funktionsstörung weiterleben.

Schon an der Vernetzung auf Handelsplattformen oder sozialen Netzwerken wird deutlich, warum die prädigitale Ära seit den Zehnerjahren des 21. Jahrhunderts auf einen Schlag beendet ist.

»Ein dramatisches Beispiel für die zerstörerische Kraft der Digitalisierung ist der Selbstmord des zweitgrößten amerikanischen Buchhändlers, Borders Group Inc.«, schreibt der Silicon-Valley-Investor Marc Andreessen für das Wall Street Journal.[12] »Schon 2001 hatte Borders sein Online-Geschäft Amazon überlassen – in der irrigen Annahme, dieses sei strategisch unwichtig.« Dem Angriff auf den klassischen Buchhandel folgte der Untergang der traditionellen Fotografie, als Instagram Kodak verdrängte, der Überlebenskampf der Filmindustrie, in der Disney das auf Computeranimation spezialisierte Unternehmen Pixar Studios, ebenfalls unter der Leitung von Steve Jobs, der Apple für einige Jahre den Rücken gekehrt hatte, übernehmen *musste*, um die digitale Transformation zu verkraften. Traditionelle Zeitungen kämpfen um ihr Überleben, weil Informationen heute online abgerufen werden und das geliebte große Stück Papier mehr Lifestyle-Attribut ist als seriöse Quelle für Nachrichten.

Wie die Digitalisierung die bekannte Welt zerstört

Der Digitalisierung haftet großes zerstörerisches Potenzial an, das weit über das Mantra einer superreichen Technologieelite aus Silicon Valley, disruptiv zu sein, hinausgeht. Die Fähigkeit zu zerstören, ist eine intrinsische Eigenschaft der Digitalisierung. Die globale Vernetzung, das Internet, neue digitale Geschäftsideen und Technologien sind nur auf den ersten Blick Mittel zur sofortigen Verbesserung unseres Alltags. Auf keinen Fall sind sie ein Automatismus, der zu mehr Demokratie durch neue Partizipationsmöglichkeiten führt, wie viele Anhänger der Vernetzung einmal propagierten. Die Digitalisierung führt auch nicht zwangsläufig zu größerer sozialer Gleichheit, weil sie Kapital in globalen Technologiemonopolen akkumuliert, die intelligente Maschinen zu Konkurrenten menschlicher Arbeit machen. Die Digitalisierung ist nicht a priori neutral wie eine Technologie, bei der es nur auf die Absicht der Verwendung durch den Nutzer ankäme. Das Internet ist keine an sich gute Kommunikationsinfrastruktur mit schlimmen Nebenwirkungen wie Cyber-Mobbing oder Radikalisierungstendenzen, die man mit Bildung und Medienkompetenz schon in den Griff bekäme. Die Digitalisierung an sich zerstört, eine typische Eigenschaft jeder menschlichen Kulturleistung, wie wir gleich sehen werden.

Mit dem Arabischen Frühling stürzten ehemalige Machthaber arabischer und nordafrikanischer Staaten über die Selbstorganisation ihrer digital vernetzten Bürger. Deren Koordination über soziale Netzwerke hatte mitgeholfen, dass autokratische Systeme in der Region kollabierten, nur um von Chaos, Gewalt und Krieg abgelöst zu werden. Der Prozess ist unumkehrbar und stellt die Welt vor neue globale Herausforderungen.

Viel stiller und unauffälliger, aber nicht weniger radikal, verändert die Digitalisierung auch die freiheitlich-demokratische Grundordnung. Die millionenfachen täglichen Grundrechtsverletzungen durch die Überwachung von Personen und ihre Folgen sind nur ein einzelnes Symptom ihrer vollen zerstörerischen Wucht, die bürgerliche Freiheiten, auf denen die Demokratie ruht, nicht respektiert. Selbst der Staat als Apparat mit seinen rechtlichen und bürokratischen Strukturen ist gegen die Zerstörung durch die Digitalisierung nicht immun. Digitale Geräte, Geschäftsmodelle und immer mehr vernetzte »smarte« Dinge unterwerfen sich nicht automatisch staatlichen Autoritäten und ihren gesetzlichen Vorgaben. Zahlreiche digitale Geschäftsmodelle setzen sich einfach darüber hinweg. Sie ignorieren bewusst Gesetze und Vorschriften. Ihre digitalen Geschäftsmodelle missachten staatliche Regeln für die Arbeit oder einen fairen Wettbewerb. Soziale Netzwerke lassen Hasstiraden zu, die nationalen Verboten unterliegen und strafbare Handlung sind. Auf diese Weise schaffen digitale Angebote den Staat zwar nicht ab, aber seine Autorität lässt sie völlig unbekümmert.

Wo staatliche Autorität schließlich auf die digitale Elite von Silicon Valley trifft, um Gesetzestreue anzumahnen, hinterlässt sie entweder einen ohnmächtigen Eindruck wie die Kartellbehörden oder wirkt schmeichelnd und begeistert. Auch die deutsche Politik ist voller Bewunderung für das Silicon Valley und möchte nur zu gerne kopieren, was in jenem kalifornischen Landstrich, der stets generöse finanzielle Unterstützung durch das Militär und die örtliche Raumfahrt genoss, in Jahrzehnten gewachsen ist. Heute hat man sogar ein offenes Ohr für die Forderungen der kalifornischen Technologiegiganten, die verlangen, Europa müsse endlich seinen Gesetzeskorpus erneuern, der hoffnungslos veraltet und der digitalen Ära nicht angemessen sei.[13] Europäische Werte und Vorschriften sollen zerschlagen werden, damit sich kalifornische Technologiemonopolisten wirtschaftlich ungehindert ausbreiten können. Auch das ist, was das Silicon Valley mit »kreativer Zerstörung« meint.

Wer hier abwinkt mit dem Vorwurf, der Hinweis auf die zerstörerische Kraft der Digitalisierung spiele auf unverantwortliche Weise mit der Angst der Menschen, sollte sich die Mühe machen zu verstehen, was sich hinter dem Begriff der »Kulturschaffung« verbirgt.

Jeder technische Fortschritt, darunter ganz prominent die industrielle Revolution und heute die Digitalisierung, ist eine Kulturleistung des Menschen. »Macht euch die Erde untertan« erlaubt gewissermaßen jede Entfaltung des Menschen und rechtfertigt damit auch die digitale Transformation. Sich die Erde untertan machen, das heißt, Natur zu gestalten. Naturgestaltung durch den Menschen ist und schafft Kultur.[14]

Auch wenn die Menschheit auf Zeit Teil der Natur ist, sind Mensch und Natur wie zwei gegensätzliche Pole. Die Kräfte der Natur wirken unabhängig von uns, die Natur braucht die Menschheit nicht. Sie folgt ihren eigenen Gesetzen, und ihre natürlichen Vorgänge laufen ab, auch ohne dass wir zusehen oder darin eingreifen.[15]

Trotzdem, und hier darf man Immanuel Kant bemühen, sticht der Mensch aus der Natur hervor. Den Kräften der Natur setzt der Mensch die Autonomie entgegen, er ist »selbstbestimmt«, eine besondere Eigenschaft, die ihm Würde – *Menschenwürde* – verleiht.[16/17] Die Menschenwürde leitet Kant aus der Vernunftbegabung des Menschen ab.

Die Vernunft ist es dann auch, die den Menschen dazu befähigt, sich eigene Gesetze zu geben. Der Mensch wird zu einem zweiten Gesetzgeber neben der Natur. Seine Gesetze schaffen eine höhere Ordnung als die der Natur; sie sind Menschenwerk, sie sind synthetisch, auch wenn der Mensch ihnen zuschreibt, wie Naturgesetze zu wirken. Auch für diese menschliche Ordnung führt Kant einen Begriff ein. Er nennt sie das »Reich der Zwecke«.[18] In diesem Reich finden sich Vorhaben wie Demokratie, Gerechtigkeit, Harmonie, Diplomatie, Digitalisierung oder Marktwirtschaft und alle Werte, denen Europa verpflichtet ist. Aus Sicht der Natur sind sie ein theoretisches Konstrukt für das, was Natur gerade *nicht* ist, aus Sicht des Menschen sind sie eine künstliche Ordnung, die er selbst hervorbringen kann, weil er vernünftig ist.

Wenn sich der Mensch sein Reich der Zwecke schafft, hat er immer eines im Blick: Er will die »harten« Ursachen der Natur überwinden. Die Natur mit ihren rohen Kräften und ihrer Strenge hat den Menschen immer bedroht. Doch mithilfe seiner Vernunftbegabung gelingt es ihm, sich vom Einfluss einer strengen Natur zu befreien und sie zugunsten einer humanen Ordnung und eines menschenfreundlichen Raumes zurückzudrängen. Kultur überwindet die Schroffheit der Natur, die das Menschsein ständig gefährdet, sie mildert und mindert deren Einfluss. Das schenkt Sicherheit. Das ist es, was Kulturschaffung bedeutet. In diesem Sinne ist auch der Google-Mitarbeiter, der mit Künstlicher Intelligenz das Wetter hacken will, ein Kulturschaffender.

Mit der Digitalisierung vollzieht die globale Menschheit eine erneute kulturelle Leistung. Sie ist allerdings nicht mehr nur alleine auf die Beherrschung der Natur ausgerichtet. Längst haben wir gelernt, die Natur zu zügeln, sie zu bezwingen und sie zu unterwerfen. In den entwickelten Ländern bedrohen ihre Urgewalten nur noch selten unser Leben, viel seltener, als das bei früheren Generationen der Fall war – auch wenn ungewöhnliche Wetterphänomene, der Klimawandel oder die Ausbreitungsdynamik von Epidemien oder Parasiten sichere Anzeichen dafür sind, dass sich die Natur trotz allen Eingreifens und Vorsorgens durch den Menschen nicht linear beherrschen lässt. Trotzdem sind uns die Natur und mit ihr die Erde bereits zu klein und eng geworden. Jetzt drängt uns der Fortschritt dazu, zum Mars aufzubrechen, wo nach den Plänen der US-amerikanischen Raumfahrtbehörde NASA im Jahr 2035 die ersten Menschen landen sollen, und inzwischen den Mond als Rohstofflieferanten für Helium 3, Uran, Aluminium und Titan ins Visier zu nehmen. Gleichzeitig rekonstruieren wir unsere eigenen Gesetze im Reich der Zwecke. Wir schaffen neue Zwecke, lassen Zwecke hinter uns oder revidieren sie. Wir grenzen Zwecke von der Natur und voneinander ab, und Grenzen sind es auch, die die Digitalisierung überwindet. Mithilfe der Digitalisierung konnten wir uns neben der Natur einen neuen Raum erschaffen – den virtuellen Raum jenseits unserer greifbaren Wirklichkeit.

Der virtuelle Raum unterscheidet sich von einem Repräsentantenmodell, wie es etwa die Mathematik kennt. Damit man zu demselben Verständnis über Aussagen und ihre Bedingungen kommt, legt die Mathematik eine gemeinsame Basis fest. Beispielsweise kann man sich auf ein zweidimensionales Koordinatensystem einigen, um einem Punkt P auf einer Geraden einen »Wohnort« im Koordinatensystem – also eine Zahl – zuzuweisen. Wenn das Koordinatensystem aus einer x-Achse und einer y-Achse besteht, und die beiden Achsen schneiden sich am Nullpunkt im rechten Winkel – sie stehen orthogonal zueinander –, dann ist das Ergebnis $P = (x, y)$ ein anderes als bei einem Koordinatensystem, bei dem die Achsen *nicht* rechtwinklig aufeinandertreffen. Der Punkt auf der Geraden selbst bleibt völlig ungerührt darüber, auf welche Basis sich Mathematiker weltweit geeinigt haben, um seine Position zu bestimmen.

Das Repräsentantenmodell der Mathematik besteht nicht nur neben der fassbaren Welt und der Natur, es enthält auch Aussagen, deren Gültigkeit in der Realität nicht bewiesen ist. Denn im Repräsentantenmodell der Mathematik, dem System außerhalb der Realität, ist jede Hypothese erlaubt, selbst die eines Silicon-Valley-Vertreters:

»Der Mensch ist die ultimative Maschine.«

Die These gilt es zu beweisen. Unbewiesen bleibt sie, solange auch nur ein Leser dieses Buchs das Gegenteil behauptet:

»Der Mensch ist keine Maschine. Der Mensch ist Mensch.«

Den Technologiegiganten aus dem Valley ist vorzuwerfen, dass sie die Trennschärfe zwischen Repräsentantenmodell, der Heimat schöner Theorien, und der Realität aufgehoben haben und unbewiesene Aussagen für bare Münze nehmen – ein typisches Anzeichen für ein positivistisches Vorgehen, das sich nur auf die empirische Datenlage beschränkt und so die kritisch-rationale Beurteilung von Hypothesen zu überwinden glaubt.

Anders verhält es sich mit der virtuellen Realität. Sie ist kein System, keine These neben der greifbaren Wirklichkeit. Auch sie ist Realität – wenn auch von einem Computer geschaffene »un«-natürliche Realität, die Kants »Reich der Zwecke« angehört.

Den Wunsch vieler nach einer Traumwelt außerhalb der stofflichen Realität hat schon die in den Zehnerjahren beliebte digitale Plattform »Zweites Leben«, *Second Life*, erfüllt. Seine Nutzer lösten sich von ihrer Natur, bauten sich ein zweites, paralleles Online-Leben auf und handelten, kommunizierten und spielten in einer Wunschwelt.

Inzwischen heben wir immer mehr die Grenzen zwischen realen und virtuellen Räumen auf, die zu einer einzigen Welt verschmelzen. Mit dem Internet der Dinge schafft sich die fortschreitende Digitalisierung physische Körper und tritt aus dem virtuellen Raum hinaus in die gegenständliche Welt. Umgekehrt fallen mit der Digitalisierung materielle Barrieren. Aus den Euroscheinen der realen Kapitalmärkte werden Bitcoins in der digitalen Welt. Eine Heirat findet nicht mehr vor dem Standesbeamten, sondern als verschlüsselte Transaktion in der Bitnation statt.[19] Natürliche Freundschaft wird durch die »Freunde« in sozialen Netzwerken ersetzt, Höflichkeit im täglichen Umgang miteinander ist Netiquette, was real ist, wird virtuell, was Mensch war, wird als Zahl und Datum auf den Markt geworfen und kann frei gehandelt werden. Doch die vollkommene Künstlichkeit der Digitalisierung, ihre Synthetik, könnte eine Grenze verletzt haben. Jenseits dieser Grenze wäre kein humanes Leben mehr möglich. Wie viel Natur, wie viel natürliche Menschlichkeit brauchen wir, um auch in der digitalen Ära ein gutes Leben zu führen? Wie viel Ersatzwelt vertragen wir, wie viel Maschine können wir sein?

Auf die Digitalisierung scheint ganz besonders zuzutreffen, dass wir uns mit jeder neuen Kulturleistung mehr und weiter von der ursprünglichen Ordnung der Natur entfernen. Man könnte auch sagen, jede Kulturleistung schafft eine neue Stufe der Künstlichkeit, der »Un«-Natur. Je weiter die Kultur- und Menschheitsgeschichte voranschreiten, desto mehr wird unsere Umwelt von Künstlichkeit beherrscht. War vor der industriellen Revolution die Fortbewegung mit der Pferdekutsche von anderer Qualität als eine Autofahrt, nämlich »natürlicher«, weil das Pferd Teil der Natur war, der Verbrennungsmotor aber nicht, beruht eine »Autofahrt« mithilfe einer Virtual-Reality-Brille heute weder auf einem Fortbewegungsmittel noch auf der Bewegung durch die Natur von einem Ort zum anderen, denn sie ist auch keine echte Fahrt mehr.

Das Beispiel macht deutlich, dass nicht nur die Digitalisierung zerstörerische Eigenschaften hat. Ausnahmslos jede neue Kulturleistung, die Digitalisierung eingeschlossen, zerstört, was vorher war, und ersetzt es durch etwas Neues. Immer geht etwas verloren und wird Vergangenheit.

Was wie Kulturpessimismus klingt, ist doch nichts weiter als ein nüchternes Urteil mit Blick auf die Geschichte. Zu drastischen Eingriffen in die Gesellschaft führten schon die Erfindungen und Entdeckungen des 19. und 20. Jahrhunderts, die als Universaltechnologien globales Wachstum ermöglichten, darunter die Elektrizität, die Funktechnik oder später der Computer. Sie alle haben die Arbeitswelt, die Stadtentwicklung oder die sozialen Strukturen der Gesellschaft maßgeblich verändert. Heute wissen wir, dass manche Universaltechnologien, bevor sie zu einer Verbesserung des Lebens oder Wirtschaftens führten, bestehende Gefüge zerstörten und zunächst eine vorübergehende Verschlechterung von Lebens- oder Arbeitsbedingungen bewirkten. Bevor etwa Fabriken auf Elektrizität umgerüstet werden konnten, mussten Einrichtung und Arbeitsablauf komplett überdacht und neu konstruiert werden. Diese Phase des Übergangs führte zwangsläufig zu einem Produktivitätseinbruch.

»Das [neue] Zeitmaß unseres Lebens, die Weise unserer Arbeit, die Form unserer Gesellschaft, die Struktur unseres staatlichen und politischen Geschehens, der Apparat unseres wirtschaftlichen Betriebs, alles stößt gegen die alten Formen, ist fremd darin, und wenn es sich einnistet, werden sie gesprengt«, schrieb der Philosoph Romano Guardini deshalb schon vor achtzig Jahren. Zu dieser Erkenntnis hatten ihn die Beobachtungen der fortschreitenden ersten Industrialisierung geführt.[20]

Was der Philosoph Guardini mit einiger Wehmut schildert, bezeichnet sein Zeitgenosse, der Ökonom Joseph Schumpeter, viel nüchterner als *Innovation*. Joseph Schumpeter ist es auch, der den Begriff der »kreativen Zerstörung« geprägt hat, den das Silicon Valley gerne bemüht.

Innovation, wenn sie genug Investition auf sich zieht, sei der Kern kapitalistischer Entwicklung, stellt Schumpeter fest. Dem liegt die Beobachtung zugrunde, dass sich Kapitalstrukturen im Laufe der Zeit dynamisch verändern und sich einem Formwechsel unterziehen. Bestand Kapital noch im 18. und frühen 19. Jahrhundert überwiegend aus Agrarflächen[21], wurde Kapital im Verlauf der industriellen Revolution durch Maschinen oder gewerbliche Immobilien gebunden und ersetzt. Gleichzeitig gingen die Agrarflächen in Zahl und wirtschaftlicher Bedeutung zurück. In der Summe blieben Kapital oder Vermögen zwar erhalten, aber ihre Strukturen hatten sich gewandelt, eine Veränderung, die durch Innovationen der industriellen Revolution ausgelöst wurde. Geld wurde nicht mehr länger mit Agrarflächen verdient, sondern mit Maschinen, arbeitsteiliger menschlicher Fließbandarbeit und gewerblichen Fabrikimmobilien. Jetzt waren sie es, die Kapital anzogen und seine Strukturen veränderten. Das Eigentum an diesen neuen Produktionsmitteln, mit denen man seitdem Gewinn erwirtschaftete, bezeichnete man als *Kapitalismus* – zugegebenermaßen eine stark verkürzte Definition dafür, was nicht nur Wirtschaftsordnung, sondern auch Ideologie ist: die Ideologie des klassischen Kapitalismus, begründet durch die Innovationen der industriellen Revolution.

Auch wenn sich darüber streiten lässt, ob digitale Innovationen über dieselbe Qualität verfügen wie die bedeutenden Universaltechnologien früherer Jahrhunderte, wird die Veränderung von Kapitalstrukturen auch in der digitalen Ära bereits sichtbar. Das Streben, heute aus Daten und Information Geld zu generieren, gilt als Daten- oder Informationskapitalismus, die neueste Spielart des Kapitalismus, der zuletzt als Finanzialisierung mit Geld noch mehr Geld zu erzielen suchte. An den Verwerfungen, die diese Variante dem globalen Finanzsystem zugefügt hat, leidet Europa noch heute.

Seit der ersten Industrialisierung gelten Innovation und wirtschaftliches Handeln als unzertrennliches Paar. Wo Innovation erfolgt, wird wirtschaftliche Dynamik ausgelöst.[22] Umgekehrt können Wirtschaftsakteure Kulturschaffung beschleunigen, indem sie mit der Finanzierung von Innovation nach Möglichkeiten suchen, Wirtschaftswachstum zu generieren und neue Quellen für Umsatz und Profit zu erschließen. Ihr rational wirtschaftliches Handeln lässt die Politik zunächst außen vor. Jene wird zum Beobachter von Innovation und wirtschaftlicher Entwicklung und läuft dabei Gefahr, von Wirtschaftsakteuren entmachtet zu werden, die neue Räume wirtschaftlichen Handelns zuerst erschließen und ganz in ihrem Sinne und nach eigenen Vorstellungen gestalten.

Den Ambitionen des Marktes auf Wachstum und Profit steht der Anspruch des Staates auf Marktgestaltung und Regulierung gegenüber. Doch in vielerlei Hinsicht scheinen die Gegner frühere Feindschaften beigelegt zu haben. Wirtschaftsakteure herrschen weltweit, und es ist die Rede von der »kapitalistischen Gesellschaft«. Die Wirtschaftsakteure scheinen nur schwer regulierbar zu sein. Man lässt sie gewähren aus Angst vor wirtschaftlichem Stillstand und erlaubt ihnen, immer mehr und weitere Teile der Gesellschaft zu ökonomisieren – bis hin zum Menschen selbst. In dem Maße, in dem sich der Kapitalismus aggressiv ausweitet, um in der digitalen Ära mit neuer Qualität selbst nach den Grundrechten von Bürgern zu greifen, schwindet der Einfluss des demokratisch legitimierten Staats. Seine Macht geht teilweise auf Wirtschaftsakteure über. Wer also herrscht in der digitalen Gesellschaft?

Digitaler Imperialismus

Wo Daten und Information zur Steigerung wirtschaftlicher Effizienz führen, herrscht *Informationskapitalismus*. In der modernen Beziehungsvariante »Digitalisierung und Informationskapitalismus« steht das Paar somit in der Tradition der Weiterentwicklung der kapitalistischen Ideologie seit der Verbindung von »industrieller Revolution und klassischem Kapitalismus«.

Damit der Informationskapitalismus zu einem Zyklus neuen Wirtschaftswachstums führen kann, ist seine Voraussetzung die maximale Expansion der *Überwachung*. Die Überwachung wird sich ausdehnen, bis digitale Technologien als Internet der Dinge mit eingebauter Umgebungsintelligenz allgegenwärtig sind und die totale Rechnerdurchdringung der Gesellschaft vollzogen ist.

Die Akkumulation persönlicher Daten, Informationen und sogar Grundrechten bei wenigen Technologiegiganten macht den *Überwachungskapitalismus* aktuell zum Standardmodell des Informationskapitalismus.[23] Dass der Informationskapitalismus bislang keine andere Ausprägung gefunden hat, dafür haben die Marktteilnehmer selbst gesorgt. Doch wer die kapitalistische Ideologie hinter der Digitalisierung ignoriert, dem entgeht schnell, dass die heutige Entwicklung der Digitalisierung zur totalen Überwachung nicht gottgegeben ist, sondern allein der Logik von Wirtschaft und Kapital folgt. Letztere haben die Tendenz, tief in die ganze Gesellschaft einzudringen. Die Wirtschaft und ihre Finanzinvestoren sind es, die den Informationskapitalismus vorantreiben und die Expansion von Überwachung und Datenerfassung bis in unsere privatesten Räume beschleunigen. Ähnlich dem Hochimperialismus des 19. Jahrhunderts breitet sich deshalb auch der Überwachungskapitalismus ohne politischen Ursprung, nicht demokratisch gewollt und mit bislang nur marginaler politischer Kontrolle in unserem Alltag aus.

Trotzdem ist der Akkumulationsprozess unwiderstehlich für alle Beteiligten. Internetgiganten steigen zu den reichsten Institutionen der Welt auf, die Politik hofft auf wirtschaftliches Wachstum, und Anwender legitimieren den Überwachungskapitalismus, weil sie nicht anders können, wenn sie sich nicht sozial isolieren wollen.

»Google wird in Zukunft noch tiefer in unseren Alltag eindringen«, lautet deshalb auch das konsequente Fazit der Google-Entwicklerkonferenz 2016.[24] Schon heute überwacht Google das Online-Verhalten von Internetnutzern, selbst wenn sie auf Google-Angebote verzichten. So kennt Google 60 Prozent des gesamten deutschen Internetverkehrs.[25] Mit Geräten wie Google Home erstreckt das Unternehmen die Überwachung auch in die körperliche Welt. Dabei steht Google nur stellvertretend für GAFAM und ihre Satelliten und Google Home für Sensoren aller Art, die in unsere Häuser eindringen oder die wir künftig in Pillenform unseren Körpern zuführen sollen.

An dieser Stelle sollten wir wachsam aufhorchen. Denn eigentlich ist die Überwachung kein Merkmal des Kapitalismus, der sich vornehmlich mit der Frage privater Herrschaft über Produktionsmittel auseinandersetzt. Historisch war Überwachung immer eine Eigenschaft totaler *staatlicher* Herrschaft. Bedeutet also die Aneignung von Überwachungskompetenz und Messdatenerhebung durch globale Wirtschaftsakteure, dass sich Informationskapitalismus und politische Herrschaftsansprüche im 21. Jahrhundert verschränken? Und wenn es so wäre, was kommt auf uns zu? Eine Epoche der Grausamkeit, wie Rosa Luxemburg schon für die Ära des klassischen Kapitalismus befürchtete? Wer oder was wird im digitalen Zeitalter herrschen?

Herrschaft ist die institutionalisierte, legitimierte Form von Macht. Herrschaft, so das Ideal, soll immer dem Streben der Gesellschaft und ihrer Mitglieder nach Leben und Glück dienen. Weniger pathetische Theoretiker sprechen davon, Macht unter der Herrschaftsform der Demokratie sei »das Vermögen, das Nötige und Richtige zu tun«[26]. Doch die Realität sieht oft viel brutaler aus. Despotismus, Absolutismus, Plutokratie oder Kommunismus sind nur wenige Herrschaftsformen im Reigen vieler. Die digitale Ära fügt der Liste die neueste Form hinzu: *den digitalen Imperialismus, die quantitative, in Zahlen ausgedrückte Herrschaft, ausgeübt auf den Grundlagen von Überwachung und Profiling und durchgeführt von intelligenten Maschinen.*

Dass der digitale Imperialismus bereits eingesetzt hat und faktisch legitimiert ist, dafür mehren sich die Anzeichen. Legitimation einer Herrschaftsform erfolgt, wenn Menschen gehorchen. Die Menschen der Antike haben Gesetzen gehorcht. Heute gehorchen wir dem Staat und unserer Regierung. Und morgen? Es zeichnet sich ab, dass wir gerne unseren digitalen Assistenten folgen, angefangen beim Fahrerassistenzsystem unserer Autos, unserer aktivierten Umgebung, der Intelligenz einer rechnerdurchdrungenen Welt.

Werfen wir einen zweiten Blick auf das Silicon Valley, dem man bisher nichts weiter zutraut als die beispiellose Steigerung von Wirtschaftskraft. Schon im Ehrgeiz der Datenfresser und ihrer Investoren, Monopolist zu sein, drückt sich der Wille zur Herrschaft aus.[27] Wer im exklusiven Besitz der *Formel* ist – der Formel für das menschliche Genom, der Kernfusion, des Individuums oder der Gesellschaft –, der kann nicht nur wirtschaftlich agieren, sondern politisch herrschen. Auf wirtschaftliche Macht kann politische Macht folgen.

Wer Anspruch auf ein weltweites Monopol erhebt, wer global große Massen mobilisiert und hinter sich bringt, sieht sich nach dem ersten Erfolg einem strategischen Problem ausgesetzt. Er muss die Mobilisierung und die Dynamik der globalen Massen aufrechterhalten, damit sie nicht erstarren und die digitale Revolution bald einmal an ihr Ende gerät.

Für die Oktoberrevolution der kommunistischen Bolschewiken 1917 hatte Leo Trotzki die Theorie der »permanenten Revolution« entwickelt.[28] Eine Revolution müsse ständig in Bewegung bleiben, sich über Ländergrenzen hinweg international ausbreiten und alle Bevölkerungsschichten durchdringen, damit ihre Ideen nicht in Stillstand gerieten und in der Vielfalt der Kulturen und dem Pluralismus der Gesellschaften auf- oder untergingen. Wenn die Ideen der Revolution auf Dauer herrschen sollen, muss Revolution fortgesetzt am Leben erhalten werden. Wie man Trotzkis Theorie realisieren kann, zeigten die Säuberungsaktionen des Stalin-Regimes, die ab 1934 immer wieder wellenförmig über die Sowjetunion hereinbrachen.[29] Ähnlich ist Hitlers Forderung einer »rassische[n] Auslese, bei der es niemals einen Stillstand geben kann« für die Aufrechterhaltung der nationalsozialistischen Bewegung einzuordnen.[30] Die Ideologie der digitalen Technologiegiganten, für jedes Problem der Welt unter Einsatz der Künstlichen Intelligenz eine Lösung berechnen zu können, impliziert in diesem Sinne die Endlosigkeit der digitalen Revolution, denn die Probleme der Menschheit sind ungezählt.

Dass unter Diktaturen wie der stalinistischen Sowjetunion aus jeder Familie Menschen verschleppt und getötet wurden, war deshalb kein Zufall, sondern folgte konsequent dem Prinzip totalitärer Herrschaft. Sie hatte zum Mittel der *Beziehungsstörung* gegriffen.[31] Beziehungen wurden entweder durch gewaltsame Säuberungsaktionen zerstört – oder aber durch Multiplikation verwirrt.[32] Unter der totalitären Herrschaft der Nationalsozialisten wurden viele Menschen mit derselben Aufgabe betraut, ohne dass sie miteinander zu tun hatten. Gleiche Ämter wurden sowohl an Parteimitglieder als auch an Staatsbeamte übertragen. Bei der geografischen Aufteilung des nationalsozialistischen Deutschlands in Parteigaue, staatliche Provinzen und Zonen wurde territoriale Verwirrung ihrer Zuständigkeiten und Kompetenzen hergestellt – in voller Absicht.[33] Denn die Multiplikation atomisiert die Aufgaben totalitärer Herrschaft. »Gleichschaltung« nennen die Politikwissenschaftler, was die totale Herrschaft bei der Masse gesellschaftsfähig macht. »Entscheidend jedoch bleibt, dass verhindert wird, dass sich Querverbindungen bilden zwischen denjenigen, die mit Ämtern und Funktionen betraut sind; sie dür-

fen weder durch gleichen Status (...) noch durch die Beziehungen zwischen Vorgesetzten und Untergebenen noch
endlich durch die sprichwörtliche gegenseitige Ergebenheit
von Gangstern verbunden sein.«[34]

Individualisierung und Unsichtbarkeit
als Kern digitaler Machtverhältnisse

Am Stören und Zerstören hat sich auch in digitalen Zeiten nichts geändert. Das Hauptquartier des digitalen Imperialismus, das Silicon Valley, hat es sich sogar ausdrücklich
zur Mission gemacht. Wenn ein Pärchen im gemeinsamen Bett liegt, ein Partner auf die linke, der andere auf die
rechte Seite gedreht, und beide in ihr Smartphone starren,
war Beziehungsstörung selten erfolgreicher und nie gewalt-
loser. Wo sich jedes Individuum in seiner eigenen, persönlichen Filterblase bewegt, wird es ihm schwerfallen, sich
über verschiedene Gruppen hinweg auszutauschen und zu
treffen. Die Digitalisierung fragmentiert die Gesellschaft,
indem sie sie in immer feinere Einzelteile zerlegt, um zu
personalisieren und zu individualisieren. »Losgröße eins«
ist deshalb auch das erklärte Ziel des industriellen Internets der Dinge oder der Industrie 4.0, so der deutsche Begriff, der dasselbe meint: Nicht mehr Massenproduktion,
sondern die Herstellung eines einzigen, individuellen Ge-
genstands wird zur Regel der Produktion im 21. Jahrhundert.

Dabei erschwert die Fokussierung auf das individuelle Interesse das Handeln als Gruppe. »Macht entspringt
immer nur dort, wo Menschen zusammen handeln.«[35]

Wer den Blick nur noch auf sich selbst und darauf richtet, was für ihn allein relevant ist, erweist der Solidarität in der Gesellschaft einen Bärendienst. Ohne Solidarität jedoch wird gemeinsames Handeln unmöglich. Und ohne gemeinsames Handeln nehmen die politische Sphäre der Bürger und auch ihre Kraft ab, gemeinsam Widerstand gegen die unbegrenzte Ausdehnung von Überwachung und Datenakkumulation zu leisten. In Opposition gegen den digitalen Imperialismus treten dann nur noch Einzelne; die Menge arrangiert sich mit der neuen digitalen Herrschaftsform, die es immerhin erlaubt, trotz politischer Ohnmacht, stattdessen aber konform und angepasst, innerhalb des Systems durchaus gut zu leben.

Man könnte immer noch einwenden, dass den Triebkräften des digitalen Imperialismus, seinen Technologiebaronen und ihren Investoren, kaum vorzuwerfen sei, *vorsätzlich* totalitäre Tendenzen zu verfolgen. Allerdings muss totalitäre Herrschaft nicht leicht als solche erkennbar sein. Das ist etwa dann der Fall, wenn totalitäre Herrschaft *als reine Funktion* auftritt. Mit »Funktion« ist nicht ein Amt innerhalb einer Herrschaftsstruktur gemeint, sondern eine kontinuierliche Tätigkeit oder Mission, etwa die, eine »fiktive Welt in einer unabsehbaren Zukunft«[36], vielleicht sogar eine Utopie, als globale Wirklichkeit zu etablieren, die den Alltag aller durchdringt und die von denjenigen angeführt wird, die wie Google-Chef Eric Schmidt behaupten: »Was wir tun, ist gut für die Menschheit, Punkt.«[37]

Auf diese Weise kann totale Herrschaft ausgeübt werden, ohne dass eine Organisation – ein Staatsapparat, eine hierarchische Rangfolge, eine autoritäre Person oder Institution – überhaupt auf Herrschaft hindeuten würden. Für die Beherrschten ist diese Methode des Totalitarismus schwer durchschaubar, weil sie auf die materiellen Faktoren von Macht, darunter die (rücksichtslose) Durchsetzung wirtschaftlicher, politischer oder persönlicher Interessen verzichtet.[38]

Doch um die Visionen einer total digitalen Welt zu verwirklichen, muss auch der digitale Imperialismus politische Techniken einsetzen – für eine Welt, in der Menschen nicht nur mit ihrem eigenen Neokortex denken, sondern Denkprozesse in die viel schnellere und leistungsfähigere Rechnerwolke auslagern;[39] in der nanogroße Roboter und Computerchips menschliche Fähigkeiten und die körperliche Gesundheit bis zur Unsterblichkeit steigern; in der maschinelle Intelligenz, die *Superintelligenz*, den Homo sapiens zur vorletzten Stufe der Evolution degradiert.

Diese politischen Machtmechanismen bedeuten:

Erstens, die digitale Revolution darf sich nicht beruhigen. Die »Bewegung« muss immer am Laufen gehalten werden. Wer kennt nicht auch einen Zwanzigjährigen, der pausenlos sein Smartphone benutzt? Dessen Mutter seit einem halben Jahr vergeblich anmahnt, er möge doch bitte endlich die löchrigen Turnschuhe gegen ein neues Paar eintauschen? Der immer nur zur Antwort gibt: »Keine Zeit.« Dessen Mutter verzweifelt, weil sie weiß: Mit dem Smartphone tauscht ihr Sohn nichts weiter als Belanglosigkeiten aus. Es ist die Atomisierung des Alltags[40], die »der totalitären Herrschaft ihre Massenbasis [verschafft]«[41]. Es gilt, die Nutzer von der Wirklichkeit abzulenken, damit sie in der fiktiven Welt digitaler Heilsversprechen verharren. Ihr Menschenverstand muss ausgeschaltet werden, damit sie die Fakti-

zität der tatsächlichen Welt, die sie in die Realität zurück-
holen könnte, nicht einholt.[42]

Und je weiter die Digitalisierung voranschreitet, desto
weniger darf sie sich beruhigen oder in einen stabilen Zustand einlaufen. Sie wird nicht schon deshalb gebremst,
weil sie die Realität der technischen oder wirtschaftlichen
Unmöglichkeit einholt. Sie wird nicht aufgehalten von alten
Denkmustern und Prozessen, die sie genauso überwinden
muss wie die menschliche Bequemlichkeit, die sich weigert,
ständig zu adaptieren.

Zweitens, die Errichtung einer Herrschaftsstruktur wird
sich auch für die kontinuierliche digitale Revolution als Hindernis erweisen, weil sie die Vision von der Zukunft in ein
starres Korsett zwingen würde. Die Dynamik der digitalen
Revolution würde schnell erlahmen. Insofern kann totalitäre
Herrschaft merkwürdig organisiert sein, wenn sie sich so
strukturlos gibt wie die digitale Revolution.[43] Doch gerade
wegen ihrer Strukturlosigkeit erleben wir den Anschein von
Demokratie innerhalb eines Staatsapparats. Irgendwann im
Verlauf der digitalen Ära und des 21. Jahrhunderts könnte
auch der demokratische Staat verschwinden. Denn der digitale Imperialismus braucht keinen Staatsapparat mehr, dieser kann andererseits problemlos als nutzlose Hülle bestehen bleiben. Dem Anspruch digitaler Totalität würde schon
genügen, dass Anwender den Empfehlungen, den Entscheidungen und Anleitungen »der Maschine« und ihres »Monopols« widerspruchslos folgen. Für die Erhaltung der »Bewegung« genügt voll und ganz, was schon in den totalitären
Regimen des 20. Jahrhunderts allem, auch dem (nationalsozialistischen, stalinistischen) ausgehöhlten Staatsapparat,
übergeordnet war: die *Überwachung* durch die allgegen-

wärtige Umgebungsintelligenz. So betrachtet, kann auf die Struktur wie die einer Organisation oder eines Staates verzichtet werden. Für die Ausübung total digitaler Herrschaft genügt schon, die gesamte Wirklichkeit der Erde zu überwachen und zu kontrollieren. Und in dem Maße, in dem sich die allgegenwärtige Transparenz entwickelt, wird die Totalität des digitalen Imperialismus gestärkt: »Was öffentlich ist, hat keine Macht mehr.«[44] Weil wir uns alle öffentlich gemacht haben, haben wir die Macht über uns längst abgegeben.

Erlöser der Welt

Dass so viele Menschen trotzdem bedenkenlos die Angebote der Giganten der digitalen Wirtschaft nutzen und sich ihrem Herrschaftsbereich freiwillig unterwerfen, ist eine offene Wunde unserer Zeit. Doch auch dafür hält die Philosophie eine Erklärung bereit. Seit der Antike fragt sich die Menschheit, warum die Welt voll von Sorgen und Leid ist. Das Mittelalter, das eine feste Hierarchie zwischen Himmel, Erde und Hölle etabliert hatte, gab sich damit zufrieden, dass Naturkatastrophen, Epidemien oder Unfälle eine Strafe Gottes seien. Es war das Theodizee-Problem, das die Frage danach stellte, warum ein guter und allmächtiger Gott das Leid der Welt nicht verhindern konnte oder wollte. Seit Galileo Galilei nach seinem Mathematikstudium jedoch den Einfall hatte, die Form, Lage und Größe der Hölle zu vermessen, sie aber naturgemäß nicht fand, nahmen die Naturwissenschaften ihren Lauf, und man begann, nach wissenschaftlichen Erklärungen für die Welt zu suchen. Mit dem wissenschaftlichen Fortschritt entfernte sich der Mensch immer mehr von der mittelalterlichen Vorstellung göttlichen Einflusses, und sein Band zu Gott zerriss. Die Autorität Gottes schwand dahin. Nicht mehr Gott war Bürge menschlicher Interessen, sondern man selbst, der man immer mehr aus sich selbst heraus schaffen konnte. Gott ist tot, donnerte Friedrich Nietzsche in seiner kräftigen Sprache schließlich heraus:

»Wohin ist Gott? (…), ich will es euch sagen! – wir haben ihn getötet, – ihr und ich! Wir alle sind seine Mörder! (…) Gott ist tot! Gott bleibt tot! Und wir haben ihn getötet!«[45]

Fast selbstverständlich können wir das Vakuum, das der Tod Gottes in der Welt hinterlassen hat, heute mit dem Smartphone füllen. Die Digitalisierung vollendet die Schöpfung, indem sie Lösungen für ihre Sorgen und Nöte anbietet. Euphemistisch nennen wir das eine »Optimierung«. Die digitale Plattform SAP Hybris – auf Deutsch: die SAP Überheblichkeit – verspricht eine Lösung für alle Probleme rund um den elektronischen Handel. Das intelligente Eigenheim wird zum Ersatz für das Paradies.[46] Eine Künstliche Intelligenz von IBM für die Psychoberatung, die alleinstehende Mütter bei allen Lebensfragen von Teilzeitjobsuche bis hin zur Vorbeugung von Depressionen unterstützen soll, springt anstelle von Familie, Selbsthilfegruppe oder Arzt ein. Der Cyborg, der mit Mikrochips und Nanocomputern aufgerüstete Mensch, ist auf dem Weg zur Unsterblichkeit. Mehr noch: Die Digitalisierung verleiht dem Menschen göttliche Eigenschaften – wenn auch bei genauerem Hinsehen vielleicht doch nicht jedem von ihnen, sondern nur denen, die große Kapitalakkumulationen mit exklusivem Expertenwissen geschaffen haben oder über genügend finanzielle Mittel verfügen, sich digital anzureichern, um sich gegen alle Unbill des Lebens und Sterbens zu wappnen. Der Mensch hat grundsätzlich Probleme mit seinem Menschsein, genauer, mit seiner Freiheit, weil es sehr ermüdend sein kann, wenn man immer wieder neu Entscheidungen treffen muss. In der Konsequenz bedeutet dies, dass der Mensch am liebsten gar nicht Mensch sein will. Viel besser wäre es, wie Gott zu sein. Das haben schon Adam und Eva erkannt und später Jean-Paul Sartre, dem sich jüngere Philosophen angeschlossen haben.[47] Vermeintlich schön für den Menschen, dass die Digitalisierung endlich die Erlösung vom Menschsein und den Griff nach göttlichen Eigenschaften verspricht.

Mit Big Data greift die Menschheit nach der Allwissenheit. Mathematische Modelle sagen Ereignisse voraus wie ein sechster Sinn. Es ist die Digitalisierung, die eine letzte Antwort auf das Theodizee-Problem zu geben scheint. Wer nur über ausreichend Daten und die Schlüsseltechnologien verfügt, die vielen Daten auszuwerten, um die Welt zu verstehen und sie zu optimieren, tilgt das Leid der Welt und steuert sie zum Besseren. Das wenigstens hoffen wir, und darauf vertrauen wir und halten so am Ideal der Herrschaft fest. In diesem Zusammenhang muss man auch Googles frühe Maxime nach seiner Gründung verstehen: »We don't do evil.« Nein, wir sind nicht böse. Ein umstrittenes Motto, das von der Internet-Community immer wieder umformuliert wurde, mit der wohl prominentesten Paraphrase: »2010: Evil is a difficult concept« und »2013: We build military robots«. Das Böse ist ein schwieriges Konzept. Bauen wir vorsichtshalber Militärroboter.[48]

Ich habe einen Traum: eine »Weise des Seins, in der Menschsein gedeiht«

Mit der Digitalisierung handeln wir uns gehörige gesellschaftliche Risiken ein. Trotzdem können und wollen wir sie nicht einfach ablehnen, denn sie birgt auch Chancen, hauptsächlich für wirtschaftliches Wachstum wenigstens für die Gesellschaften, die am Paradigma unbegrenzten Wachstums festhalten. Wir haben eine intellektuelle Mammutaufgabe vor uns, weil es uns gelingen muss, die Digitalisierung zu humanisieren.

Wenn wir es fertigbrächten, die naturferne Kultur der Digitalisierung künftig in eine Gesellschaftsform einzubetten, die die Digitalisierung und ihre heute ungebremst vorherrschenden Kräfte absorbiert, wäre eine solche Gesellschaftsform noch immer eine »Weise des Seins, in der Menschsein gedeiht«[49], auch wenn sie eine hochsynthetische Umgebung schaffte. Die Gesellschaft in der digitalen Ära müsste in der Lage sein, trotz aller Künstlichkeit ein Maß an Menschennähe zu erhalten. Konkret bedeutet das: Auch in der digitalen Ära muss der Mensch den Lebensentwurf realisieren können, den er für sich selbst verwirklichen will. Die Digitalisierung muss dazu führen, dass der Mensch des 21. Jahrhunderts seinen Traum von Frieden und Freiheit, von Sicherheit und Gesundheit, von Arbeit und Beziehung leben kann.

Politisch müsste ausgerechnet die Digitalisierung zu mehr Demokratie, mehr Pluralismus, mehr Diversität führen: zu einem Mehr an all dem, das uns lieb und teuer ist. Doch die Wahrheit ist: Noch bedroht die Digitalisierung, was wir uns erträumen. Die Freiheit greift sie durch die Überwachung an, sie verbilligt die menschliche Arbeit und stört unsere Beziehungen. Viele Anwender würden dem nicht zustimmen; aber Wissenschaftler der Disziplinen, die die Digitalisierung erst ermöglicht haben – Mathematiker, Physiker, Ingenieure oder Informationstheoretiker –, sind ins Grübeln geraten. Sie stellen sich erschrocken die Frage, ob die Entfremdung von der Natur durch die Digitalisierung so weit gehen kann, dass ein Sättigungspunkt menschlichen Kulturschaffens erreicht wird. Mathematiker sprechen von einem *inflection point*, dem »Wendepunkt« in einem Prozess, bei dem ein Prozess seine Stabilität verliert. Ist die Digitalisierung jener Wendepunkt in der Menschheitsgeschichte, ab dem Kultur nicht mehr weiter zum Wohl des Menschen aufgebaut wird, sondern schwindet, weil sich die Ergebnisse der Digitalisierung so weit von den natürlichen Prozessen entfernen, dass menschliches Dasein nicht mehr möglich sein wird? Immerhin bezeichnen selbst Silicon-Valley-Insider die Digitalisierung als »Debakel«[50].

Gefährlich ist die Digitalisierung für den Menschen schon heute, weil er zum Atom im Internet der Dinge degradiert wird. Wo Menschen mithilfe ihrer Smartphones in das Internet der Dinge expandieren, das bis zum Jahr 2030 rund 100 Milliarden Gegenstände vernetzen wird – gegenüber geschätzten 6 Milliarden Menschen –, begibt sich der Mensch auf gefährliches Terrain. Wenn er sich in Milliarden vernetzter Objekte einreiht, kann er nicht länger damit rechnen, dass sein personaler Charakter erhalten bleibt. Er wird zum Ding zwischen ungezählten anderen Dingen und auch als solches behandelt. Die ganz besonderen Eigen-

schaften des Menschen, die an seine Existenz als Person ge-
knüpft sind, seine Freiheiten, die westliche Gesellschaften
seit der Aufklärung errungen und erkämpft haben – mit der
Digitalisierung werden sie in bisher ungeahnter Weise herausgefordert.

Womit wir rechnen müssen:
drei Eigenschaften der Digitalisierung

Im Jahr 2003 stellte der Philosoph und Physiker Nick Bostrom die These auf, unser Universum sei nicht real, sondern eine Computersimulation.[51] Wir Menschen seien nichts weiter als virtuelle Wesen in einer virtuellen Welt. Wie im Hollywoodstreifen *The Matrix* sei unsere »Realität« ein Traum oder, je nachdem, auch ein Albtraum. Ein »anderer« hätte auf einem Superrechner eine Vielzahl von Szenarien oder Hypothesen über die Entwicklung des Universums und damit auch der Menschheit gestartet – entweder zu seiner Unterhaltung oder für den eigenen wissenschaftlichen Erkenntnisgewinn. Aller Wahrscheinlichkeit nach sei dieser »andere« ein Posthumaner. Es dürfte aber vermutlich nichts dagegen sprechen, diesen »anderen« mit der Bezeichnung »Gott« zu belegen. Die eine wie die andere Theorie – Posthumaner oder Gott – dürfte nur schwer beweisbar sein. Immerhin erklärt die These von der Computersimulation, warum dieser »andere« zulässt, dass Menschen Kriege führen und sich gegenseitig Leid zufügen. Eine virtuelle Welt, in der man einem unbarmherzigen Überlebenskampf ausgesetzt ist, ist schließlich viel spannender, als es friedliche Zustände sind. Das finden wir selbst auch, virtuelle Geschöpfe hin oder her, und nutzen lieber gewalttätige als harmlose Computerspiele.

Bostroms Vorstellung vom Hypothesenbündel jedenfalls passt gut zur populärwissenschaftlichen Betrachtung der Stringtheorie, wonach viele Paralleluniversen nebeneinander existieren – sie seien nichts als viele gleichzeitige Simulationsläufe der Welt und parallele »Rechenstränge«, die *threads*, auf einem Superrechner. Wann immer wir Menschen, die nur Simulationsprozesse mit moralischem Status seien[52], im Verlaufe unseres Entwicklungsszenarios Eigenschaften der Digitalisierung entdeckten, selbst Algorithmen entwickelten und neue Strukturen in das Repräsentantenmodell der Mathematik einführten, wir würden nur kleine Geheimnisse lüften und einzelne Eigenschaften entdecken, in deren viel größere Abläufe uns ein anderer gesteckt habe. Drei Eigenschaften der Digitalisierung, die wir im Folgenden genauer betrachten, wären für uns wesentliche Konzepte der Digitalisierung und für jenen »anderen« doch nur Trivialitäten.

Überwach mich doch!
Digitale Verfolgung und Manipulation

Seit Kurzem haben Bürger und Konsumenten eine diffuse Vorstellung davon, dass die digitale Transformation eine Umwälzung ist, die unsere Vorstellung von Mensch, Gesellschaft und Staat radikal verändern wird. Eines ihrer konstituierenden Merkmale ist die elektronische Überwachung auf Schritt und Tritt. Mit der Digitalisierung geht immer auch die Überwachung Hand in Hand. Die Überwachung ist der Digitalisierung immanent. Sie ist systemisch. Wir können das eine nicht ohne das andere haben. Und sie wird täglich lückenloser. Zur Überwachung gehören das Tracking des Online-Verhaltens, Kontodurchsuchungen durch die Finanzämter, die inzwischen zur Regel werden, die Speicherung unserer Telefon- und E-Mail-Kommunikation, unseres Einkaufsverhaltens oder des Wohnprofils mit Heiz- und Lüftungsverhalten, inklusive Fernsehkonsum, der sich mit dem gesetzlich vorgeschriebenen *Smart Metering* abfragen lässt. In naher Zukunft sind die digitale Krankenakte und die Einschränkungen der Barzahlungen zugunsten des elektronischen Zahlungsverkehrs zu erwarten. Mit der Digitalisierung haben wir die Büchse der Pandora geöffnet. Der Geist ist aus der Flasche, und die Überwachung breitet sich aus wie ein schleichender Nebel. Während dieser Nebel gemächlich und doch unaufhaltsam diffundiert, gewöhnt sich die Bevölkerung an die Überwachung. Jüngere Generationen, die nichts anderes kennen, werden überzeugt sein, das digitale Panoptikum sei die gesellschaftliche Normalität.

Deutschland hat eine Geschichte als Überwachungsstaat. Schon Mitte des 19. Jahrhunderts wurden Parlamentarier der ersten Stunde bespitzelt. Den Ruf eines frühen Märtyrers errang Robert Blum, Abgeordneter der Frankfurter Nationalversammlung von 1848, der eine demokratische Überzeugung vertrat und sich für die Schaffung einer Republik mit gewähltem Staatsoberhaupt einsetzte. Als staatliche Spitzel Blum wegen vermeintlich anarchistischer Umtriebe bei der Teilnahme an der Wiener Oktoberrevolution 1848 denunzierten, wurde Blum trotz Abgeordnetenimmunität verhaftet und nach nur fünf Tagen in Wien-Brigittenau durch kaiserliche Militärs standrechtlich erschossen. Die Erschießung fiel auf den 9. November 1848. Er war der erste einer Reihe von neunten Tagen im November, der eine ganz besondere Bedeutung für die Geschichte der deutschen Demokratie erlangen sollte. Denn auf den Tag genau siebzig Jahre später, am 9. November 1918, rief Philipp Scheidemann vom Balkon des Berliner Reichstags die Weimarer Republik und damit die erste Demokratie auf deutschem Boden aus. Die schweren systemischen Defizite der Weimarer Republik, etwa die Vielparteienlandschaft oder die Präsidialherrschaft Paul von Hindenburgs, der angesichts der Weltwirtschaftskrise 1929 Notverordnungen und Präsidialkabinett gerne ohne Konsultation des Parlaments einsetzte[53], bereiteten Adolf Hitler den Weg, dem die Gestapo, Geheimdienst mit weitreichenden polizeilichen Befugnissen, tätige Beihilfe zur Etablierung und Erhaltung seines mörderisch-repressiven Regimes leistete. Das Datum, an dem Gestapo und Schutzstaffel die Pläne für den Mord am jüdischen Volk unübersehbar offenbar machten und dreißigtausend Juden verhafteten[54], die Nacht vom 9. auf den 10. November 1938, ging später als Pogromnacht in die deutsche Geschichte ein.

Seit dem Ende des Zweiten Weltkriegs war es die Staatssicherheit der Deutschen Demokratischen Republik, die einem diktatorischen Regime dazu verhalf, den »Unrechtsstaat DDR« aufrechtzuerhalten. Im gleichen Zeitraum und in den Westsektoren konstituierte sich der Inlandsgeheimdienst der Bundesrepublik Deutschland, der Verfassungsschutz, der sich ab 1955 und während der noch folgenden zwanzig Jahre häufig aus Kreisen mit nationalsozialistischem Hintergrund rekrutierte.[55] Zuletzt machte er wegen seiner fragwürdigen Verwicklung in die Affäre rund um den Nationalsozialistischen Untergrund (NSU) wiederholt negative Schlagzeilen.[56] Seine Entsprechung, der Auslandsgeheimdienst Bundesnachrichtendienst (BND), von dem öffentlich bekannt wurde, dass er in engster Zusammenarbeit mit der NSA vierzigtausend bundesdeutsche Bürger, Parlamentarier und Unternehmen rechtswidrig und zum Schaden der politischen und wirtschaftlichen Souveränität Deutschlands bespitzelt hatte, stand ab April 2015 erneut im Kreuzfeuer der Kritik – diesmal in einem solchen Ausmaß, dass die Generalbundesanwaltschaft die Prüfung auf Vorliegen von Landesverrat und Spionage einleiten musste.[57]

In keinem der vergangenen politischen Systeme hat die Überwachung dem deutschen Bürger und Souverän gedient. Regierungen nutzen die Überwachung zur Aufrechterhaltung von Machtstrukturen und zur Unterdrückung Andersdenkender, nicht nur unter diktatorischen Regimen.

»Ich habe nichts zu verbergen«, ist deshalb eine völlig unbrauchbare Entschuldigung für jede Art von Überwachung. Überwachung will nicht die *Vergangenheit* aufdecken, sondern beeinflussen, was Bürger in der *Zukunft* denken, äußern oder tun. Davon muss nichts ungesetzlich oder strafwürdig sein. Eine gewöhnliche Handlung wie die Teilnahme an einer regierungskritischen Demonstration kann einen Bürger schon von der Gruppe staatlicher Gefolgsleute trennen. Die Identifikation von Bürgern, die das Recht auf eine friedliche Demonstration wahrnehmen, ist dann leichtes Spiel für einen Staat, wenn die Demonstranten ihre mobilen Smartphones während einer Demonstration mit sich führen. (Das werden sie schon deshalb tun, damit sie sich bei der Demonstration koordinieren können.) Ihre mobilen Geräte senden eindeutige Kennungen aus. Mithilfe von Sensoren, die man etwa an Drohnen anbringen könnte, würde eine Regierung alle Mobiltelefone einer Demonstration erfassen und es dann so halten wie die ukrainische Regierung bei den Maidan-Unruhen in Kiew. Sie verschickte an die Demonstranten folgende Kurznachricht: »Lieber Kunde, Sie wurden als Teilnehmer einer Massenunruhe registriert.«[58] Spätestens hier sollte einem Bürger ein Licht aufgehen. Die Überwachung soll in die Versammlungsfreiheit und das Demonstrationsrecht eingreifen. Die Kurznachricht ist Mittel der Manipulation; die Manipulation setzt in dem Moment ein, sobald einem Bürger der Gedanke durch den Kopf geht, von seinen demokratischen Rechten lieber keinen Gebrauch mehr zu machen, weil er sonst mit Repressalien rechnen muss.

Was wert ist, verborgen zu werden, was konform, integriert und genormt ist, bestimmen die Menschen in einer dauerüberwachten Kontrollgesellschaft nicht mehr selbst. Darüber entscheiden andere, immer häufiger selbst unterstützt von digitalen Technologien. Über unseren Zugang zu Leistungen oder Produkten sollen in naher Zukunft Algorithmen bestimmen, die biometrische Merkmale eines Menschen, darunter Mimik, Sprache und Bewegung, verarbeiten. Daran arbeitet Google mit seinem Abacus-Projekt.[59] Die biometrischen Daten eines Menschen werden unter ein Punktesystem subsumiert. Der erreichte Punktestand drückt aus, ob der vermessene Mensch genug Vertrauen genießt, damit er Zugang zu einer Leistung oder seinem Bankkonto erhält.

Noch ist es nicht so weit, doch die heute verfügbaren Technologien genügen bereits, um nichtkonforme Bürger zu identifizieren. Im Arabischen Frühling setzten die Regierungen der Golfstaaten auf die Überwachungsmöglichkeiten mobiler Telefone, um Regimekritiker aufzuspüren und auszuschalten – durch Inhaftierung, Folter oder Exekution. Das Ereignis vom 9. November 1989, bei dem DDR-Bürger mit unbändigem Drang zur Freiheit die Berliner Mauer einrissen, wäre heute, fast dreißig Jahre später und in Zeiten der digitalen Transformation, nicht mehr möglich. Das Smartphone, die Wanze in der Hosentasche jedes Bürgers, zeichnet seine Bewegungsdaten, E-Mail- und Gesprächskommunikation, sein Online-Einkaufsverhalten und mehr auf. Wer Zugriff auf diese Rohdaten hat, erlangt Macht über Menschen. Die Analyse der Rohdaten legt, richtig, tatsächlich Vergangenes offen: das Liebesleben eines Menschen, sein soziales Umfeld, seine sexuelle Orientierung und seine Bewegungsprofile. Daraus erzeugt die algorithmische Datenanalyse neue, relevante Informationen: Wie steht es um die Kreditwürdigkeit einer Person, ihren Finanzbedarf, ihre Gesundheit, ihre politische Einstellung und Charaktereigenschaften? Und wie sehen ihre sich wiederholenden Gewohnheiten aus, die leicht auf ihr künftiges Verhalten schließen lassen? Wo Dritte exklusive Kenntnis über diese sehr privaten Details erlangen, können sie unmittelbar in unsere finanzielle, soziale, politische oder sexuelle Selbstbestimmung eingreifen, indem sie und ihre Algorithmen mitbestimmen, wie es mit unserem Leben weitergeht.

Dass wir den privaten Unternehmen, die unsere persönlichen Daten erfassen und verarbeiten, als seien wir selbst ein Algorithmus, mehr vertrauen als dem Staat, kann sich noch als unheilvoll erweisen. Denn die Grenzen zwischen staatlicher und privater Überwachung lösen sich langsam, aber stetig auf. Unternehmen kollaborieren offen mit staatlichen Behörden. Oder sie sehen weg, obwohl sie wissen, dass ihre

Datenknoten geheimdienstlich angezapft werden. Ein deutscher Skandal, der im Verlauf der Griechenlandkrise und der anschließenden Flüchtlingskrise medial untergegangen ist, wurde 2015 auf WikiLeaks publik. Das Kanzleramt in Berlin hatte die Deutsche Telekom schriftlich aufgefordert, die Massenüberwachung von BND und NSA am wichtigsten Internetverkehrsknotenpunkt in Frankfurt zuzulassen.[60] Bei der Telekom, so der ehemalige Vorstandsvorsitzende, Kai-Uwe Ricke, vor dem parlamentarischen BND-NSA-Untersuchungsausschuss, habe sich trotzdem niemand darüber Gedanken gemacht, ob die Massenüberwachung überhaupt rechtlich erlaubt gewesen sei.[61]

Neben der aktiven Zusammenarbeit von Staat und Wirtschaft findet in den Vereinigten Staaten noch dazu ein personeller Austausch zwischen Internetgiganten und Regierungsbehörden statt. Bevor Regina Dugan als Forschungsleiterin des schon erwähnten Abacus-Projekts zu Google wechselte, leitete sie die amerikanische Defense Advanced Research Projects Agency (DARPA), die militärische Forschung des Pentagon.[62] Und seit März 2016 berät Google-Vorstand Eric Schmidt das Pentagon.[63] Während bis zur Finanzkrise 2008/9 die Investmentbank Goldman Sachs mit Drehtür zur amerikanischen Regierung ausgestattet war, ist es heute Google. Neu sind enge Verflechtungen amerikanischer Wirtschaftsmagnaten mit ihrer Regierung nicht. Sie haben Tradition, seit Rockefeller, Carnegie und J.P. Morgan ihrem Wunschkandidaten für die amerikanische Präsidentschaft in den Regierungssattel halfen, damit ihre Monopole vor staatlicher Regulierung bewahrt blieben.

Doch unsere Daten nehmen auch den umgekehrten Weg. Sie werden vom Staat erhoben und Start-ups der Big-Data-

Szene kostenlos zur Verfügung gestellt. In *Smart Cities* sollen Sensoren in Gehwegen, in Straßen und Beleuchtungskörpern unsere Bewegungen verfolgen und weiterkommunizieren, als *Open Data* an Unternehmen, die vom Wissen über unsere Bewegungsmuster finanziell profitieren.[64] Aus unseren Bewegungsprofilen auf unsere Identität rückzuschließen, ist ebenfalls leicht möglich, weil unser Smartphone an unsere Kreditkartendetails gekoppelt ist. Und ist es nicht unser Smartphone, dann sind es der nagelneue Audi, BMW und Mercedes oder die digitale Uhr, die uns verfolgen und verraten.

Warum sind wir der Überwachung unserer ganz privaten Angelegenheiten gegenüber so gleichgültig, obwohl die Geschichte zeigt, dass Überwachung noch nie zu etwas Gutem geführt hat? Wir akzeptieren die immer raffinierter werdende Online-Bespitzelung als notwendiges Übel für bequemen Konsum: »Sollen sie doch alle meine Daten haben, *wenn es mir nützt*.«[65] Vermeintliche Nutzenmaximierung ist eine große Motivation, persönliche Daten preiszugeben. Dabei ist den Überwachten offenbar nicht klar, wie viel höher der (wirtschaftliche) Nutzen ihrer persönlichen Daten für einen Datensammler ist; noch immer sind Konsumenten und Bürger viel zu wenig aufgeklärt. Auch der Wunsch nach Sicherheit wird zur Rechtfertigung totaler Überwachung herangezogen. Um mehr Daten für die Sicherheit dreht sich der Streit um Mindestspeicherfristen persönlicher Daten, die »anlasslose Vorratsdatenspeicherung«. Aber führt mehr Überwachung wirklich auch zu mehr Sicherheit? Wenige Einzelfälle in Deutschland könnten dafür sprechen, aber die Vorfälle um die Charlie-Hebdo-Anschläge in Paris am 7. Januar 2015, der Pariser Terror-

angriff am 13. November 2015 und andere zufällig verhinderte Terroranschläge auf christliche Kultstätten in
Frankreich zeigen[66], dass die Speicherung persönlicher Daten zur Verbesserung der Sicherheitslage kaum beiträgt.
Denn Frankreich hatte die Vorratsdatenspeicherung schon
vor den Anschlägen in Paris im Einsatz.

»Gerade hier liegen (...) keinerlei Hinweise dafür vor,
dass auf Vorrat gespeicherte Verkehrsdaten in den letzten
Jahren zur Verhinderung eines Terroranschlags geführt hätten«, sagte deshalb auch eine Studie der kriminologischen
Abteilung des Max-Planck-Instituts für ausländisches und
internationales Strafrecht schon im Jahr 2011.[67]

Und wenn Sie ganz ehrlich zu sich selbst sind: Haben
Sie wirklich das Gefühl, dass die Welt trotz rasant zunehmender Überwachung in den letzten vier, fünf Jahren sicherer geworden ist? Der selbst ernannte »Islamische Staat«,
die Ukrainekrise, Superviren, die Industrieanlagen zerstören, oder Hackerangriffe auf den deutschen Bundestag
sind nur die prominentesten Einträge auf einer langen Liste
sicherheitspolitischer Herausforderungen. Die zunehmende
Überwachung hat sie nicht verhindert, stattdessen und mit
Blick auf die Geschichte steht zu befürchten: Einmal gesellschaftsfähig, wird sich die Überwachung in Zukunft nicht
nur etabliert haben, sondern immer weiter um sich greifen,
bis sie schließlich total sein wird. Entgegen allen Beschwich-
tigungen: Sie wird raffinierter, tiefgreifender und komplexer
werden. Der Honigtopf ist geöffnet, und die Begierde, am
vielversprechenden Inhalt teilzuhaben, wächst rasant.

Kopier das mal! Mensch gegen Software

Eine Kopie machen, wie harmlos das klingt. Ein Mensch geht zum Fotokopierer, legt ein Blatt in den Einzug und drückt einen Knopf. In vordigitalen Zeiten war es eine Arbeitserleichterung, wenn man kopieren konnte. Heute kopieren wir schon dann, wenn wir online *teilen*. Online zu teilen bedeutet, einen Text, ein Bild, ein Video an unser soziales Netzwerk weiterzureichen oder Kopien davon in unsere eigenen Pinterest-, Polyvore- oder Facebookkonten einzufügen. Online teilen bedeutet auch: Feedback geben. Und mit Feedback entsteht Rückkopplung.

Wir kopieren in digitalen Zeiten auch, wenn wir Künstliche Intelligenz schaffen. Dann kopieren wir nichts weniger als den Menschen selbst, mindestens einen Teil davon. Falls die Kopie das Original übertrifft, wird es brenzlig. Museumskuratoren sehen sich mit enttäuschten Besuchern konfrontiert, die Originalkunstwerke bisher nur auf dem Glas ihrer Smartphones betrachtet haben. Ein *Joseph Beuys* kann im Originalzustand nun einmal ziemlich schmutzig sein. Auf dem Glas dagegen sieht er stets blitzsauber aus. Der echte *Feldhase* von Albrecht Dürer ist ein enttäuschend kleines Doppelpostkartenformat und kommt als Kopie auf einem hochauflösenden Großbildschirm viel besser zur Geltung als das Original. Und der kopierte Mensch? Unter den Entwicklern selbstfahrender Autos, die nichts anderes sind als Roboter auf Rädern, gilt der menschliche Fahrer schon heute nur noch als Sicherheitsproblem. Die hochkomplexe Teilnahme am Straßenverkehr beherrscht ein autonomes Auto besser als der Mensch. Es kann Verkehrssituationen schneller erfassen und ihren weiteren Verlauf in wenigen Millisekunden prognostizieren. Entsprechend umsichtig und vorausschauend fährt das autonome Auto. In der Zukunft wird es die Zahl der Verkehrstoten drastisch reduzieren – vorausgesetzt, die Menschen nutzen die neue Technologie umsichtig statt leichtsinnig.[68] Das ist die frohe Botschaft, wenn die Kopie besser ist als das Original. Die schlechte Nachricht ist: Es ist das autonome Auto, nicht sein menschlicher Passagier, das in einer Unfallsituation über Leben und Tod eines Fußgängers, eines Radfahrers oder eines Beifahrers entscheidet. Entscheidungen zu treffen war in der Vergangenheit immer das, was Menschsein begründete. Bislang ist die Rolle des menschlichen Piloten in einer Unfallsituation mit autonomen Autos ungeklärt – wird der Mensch im selbstfahrenden Auto der nahen Zukunft überhaupt noch eine Rolle spielen? Wie viel Platz hat er überhaupt noch in einer Welt, in der ihn die Technik nachahmt, übertrifft und verdrängt?

In digitalen Zeiten ist das Kopieren nicht mehr so harmlos und sozial, wie es sich gibt. Sowohl die Feedbackfunktion des Teilens als auch die Automatisierung menschlichen Verhaltens und Entscheidens haben es gewaltig in sich.

Wer heute ein Buch schreibt, wird zwar auch einen Computer und keine Schreibmaschine benutzen. Die letzte Generation, die noch mit beiden Apparaten Umgang pflegte, waren die Studierenden der Achtzigerjahre[69]. Wer eine Semesterarbeit einreichen musste, für den waren die wissenschaftliche Recherche und die Ausarbeitung der Lösung der vergnügliche Teil. Zur Quälerei wurde die Arbeit deshalb, weil sie maschinengeschrieben und in mehrfacher Ausfertigung beim Lehrstuhl eingereicht werden musste. Privilegierte Studierende leisteten sich eine Schreibkraft, sprachen ihren Text in ein Diktiergerät und ließen ihn transkribieren. Glücklich konnte sich auch schätzen, wer über eine elektromechanische Schreibmaschine mit Korrekturfunktion verfügte. Vertippte man sich, drückte man die Löschtaste. Der Wagen mit Schreibkopf zuckte um eine Stelle zurück und hämmerte den falschen Buchstaben mithilfe des Löschbands vom Papier. Doch man musste nicht genauer hinsehen, um zu bemerken, dass der Fehler nicht wirklich getilgt war. Seine Konturen blieben unauslöschlich und sichtbar auf dem Papierbogen zurück, auch wenn die korrigierte Stelle neu überschrieben wurde. Oft hämmerte das Typenrad so fest auf das Löschband, dass anstelle des falschen Buchstabens ein kleines Loch im Papierbogen zurückblieb. Jene Mängel waren es, die ein Dokument originell machten, eben zum Original. Fotokopien des Originals waren frei von solchen Schönheitsfehlern; das Original war deshalb immer von seiner Kopie unterscheidbar.

Die Eigenschaft der Unterscheidbarkeit fiel weg, als die ersten Textverarbeitungsprogramme begannen, die Büros zu erobern. Ihnen lag eine Entwicklung zugrunde, die ihren Siegeszug in den Siebzigerjahren begonnen hatte: der Mikroprozessor.

Der Mikroprozessor, belehrt uns der Duden, ist »zentraler Teil eines Computers, der das Rechenwerk und das Steuerwerk enthält«. Was er steuert und wie er es tut, wird nicht durch seine äußere Form, sondern allein durch seine Programmierung – durch seine Software – bestimmt. Was immer gleich aussieht und als standardisiertes, elektronisches Bauteil in riesigen Stückzahlen hergestellt wird, tut keinesfalls immer dasselbe, wenn es sich in vielen unterschiedlichen Einsatzkontexten wiederfindet. Wenn ein Fernsehapparat in seinen frühen Jahren nichts weiter als eine Bildröhre war, könnte ein »Fernseher« heute auch in einem Industrieroboter stecken – als Mikroprozessor, der programmiert wurde, ein Fernseher zu sein. Eine Grafikkarte mit einer Vielzahl paralleler Prozessoren kann entweder die Präzisionsgrafiken moderner Computerspiele visualisieren oder zum Supercomputer mutieren, der komplizierte mathematische Modelle berechnet. Was ein Prozessor letztlich tut, bestimmt die Software.

Steuerung und Regelung waren nicht immer programmierbar. Wer vor der Einführung des Mikroprozessors Steuerungen automatisieren wollte, konnte das nur mit erheblichem Aufwand tun. Analogsteuerungen taten immer dasselbe. Die bei den Babyboomern des Jahrgangs 1964 so beliebte Modelleisenbahn verdeutlicht das Prinzip Analog. Ein Stromimpuls bediente einen elektromagnetischen Antrieb, der wiederum Weichen und Lichtsignale schaltete. Ein elektrischer Reiz löste einen bestimmten, planbaren, wenig überraschenden Endeffekt aus. Der Nachteil: Die Eisenbahn brauchte meterweise Verkabelung, also Hardware. Für die Industrie waren Hardware-Steuerungen stets aufwendig in Einrichtung und Vervielfältigung. Sie erforderten hohe Investitionen und lange Kapitalbindung. Mit dem Kauf einer Hardware-Steuerung wurde Kapital durch eine Anlage substituiert. Als Kapitalersatz wurde die Anlage der Kapitalseite zugeschlagen, die von nun an zur Produktivität beitrug – anstelle der menschlichen Arbeitsleistung. Dennoch blieben der Grad der Skalierung und Optimierung gering. Investitionen in Anlagen mussten sich deshalb lohnen. Bevor man in eine Anlagensteuerung investierte, wog man ab, ob nicht die menschliche Arbeitskraft, die den Betriebskosten zugeschlagen wurde, stattdessen viel billiger käme. Weil das häufig der Fall war, entstand eine Balance zwischen Kapital und Arbeit. Kapital wuchs nicht überproportional an, weil es in Löhne und Gehälter floss, während den Arbeitskräften ausreichend Mittel für den Konsum zur Verfügung standen.

Doch mit dem Mikroprozessor änderte sich alles. Das digitale Zeitalter, die Ära der Kopisten, hatte begonnen. Ab jetzt waren Steuerungen einfach kopierbar, sie konnten schnell, billig und in großen Mengen hergestellt werden. Unternehmen mussten nur noch einen Forschungs- und Entwicklungsaufwand für spezialisierte Software verbuchen. War die Software einmal entwickelt, waren die Kosten ihrer Kopien marginal. Die Folge: Mit dem Mikroprozessor zog die Industrieautomatisierung in die Fabriken ein. Das digitale Zeitalter hatte begonnen.

Was für Anlagensteuerungen galt, traf schon bald auf die Texte des Studierenden zu. Anders als bei einer Schreibmaschine wurde ein Text, den ein Studierender mit Tastatur, Maus und Textverarbeitungssoftware komponierte, nicht unmittelbar auf Papier, sondern zuerst auf einem Bildschirm dargestellt – wie bei den ersten Kleincomputern der Apple-Macintosh-Serie, die Steve Jobs schon 1984 vorgestellt hatte. Das neue System war aus Sicht seines Benutzers höchst fehlertolerant. Text wurde speicher- und veränderbar. Wörter konnten gelöscht werden, ohne in der physischen Welt Spuren und Erinnerungen zu hinterlassen. Am Ergebnis, der Druckerausgabe auf Papier, war nicht mehr erkennbar, ob der Verfasser fehlerhaft geschrieben oder während des Textens umgedacht hatte. Und: Ein Papierausdruck sah aus wie der andere. Die mehrfache Einreichung eines Werks beim Professor bereitete einem Studierenden ab jetzt kein Kopfzerbrechen mehr. Ein Text war unendlich kopierfähig geworden und zwar auf eine Weise, dass das Original nicht mehr erkennbar war. Die Digitalisierung hatte seine früheren Qualitätsunterschiede zur Kopie aufgehoben.

Trotzdem blieb eine Eigenschaft des papiernen Ausdrucks bestehen, ganz gleich, ob er auf die eine oder andere Art zustande gekommen war: Ein Text, der auf Papier das Licht der Welt erblickte, war als Aussage gesetzt. Ein Autor hatte einen Gedanken gefasst, ihn auf die eine oder andere Weise zu Papier gebracht und sich damit festgelegt. Während vieler Jahrhunderte ruhten Erkenntnisse, Meinungen und Träume auf Buchseiten. In die Grenzen ihrer Haptik waren Gedanken und Überzeugungen fest eingeschlossen. Sie wurden konsumiert und kritisiert, debattiert und kommentiert, kursierten an Schulen und Universitäten und dienten wiederum der Meinungsbildung. Die Verantwortung des Autors, der ein gebundenes Buch veröffentlichte, war außerordentlich, weil es sich nicht mehr zurücknehmen ließ. Ein Buch war unverrückbar; es war *statisch*.

Dazu will ich auch was sagen!
Rückkopplung im Regelkreis

Was aber macht die Digitalisierung mit der Autoreneigenschaft, wenn mit Teilen und *Liken* die Rückkopplung einsetzt?

Weil wir uns in der digitalen Ära miteinander verdrahten und uns zum Teil des *Internet of Everything* machen, in dem alles mit allem kommuniziert, können wir heute anders interagieren als in vordigitalen Zeiten. Wir verbinden uns häufiger und schneller miteinander. Neuigkeiten werden sofort rezipiert und kommentiert, besonders die sozialen Netzwerke haben die Rückkopplung institutionalisiert.

Die moderne Art der Interaktion lässt auch neue Formen der Autorenschaft zu. Beim »kooperativen Schreiben« ist nicht nur ein einziger Autor der Verfasser eines Textes. Wer sich mit anderen über das Internet verbindet, kann mit ihnen zusammenarbeiten. Autoren können gemeinsam schreiben, aber nicht nach klassischem Verständnis als Ko-autoren oder unter einem Herausgeber, sondern im Sinne einer Gemeinschaftsarbeit zwischen Autor und Leser. Hier ist es nicht mehr der Autor, der eine Aussage setzt; jetzt werden die Leser selbst aktiv, wenn sie daran mitwirken, was ein Text letztlich zum Inhalt haben soll. Ein Buch steuert nicht mehr die Phantasie seiner Leser, sondern die Leser steuern den Inhalt eines Buches. Schon ein einfaches *Like* kann genügen, aus einem statischen Text ein dynamisches Etwas zu machen, das seinen finalen Aggregatzustand sucht, doch in digitalen Zeiten vielleicht nie finden wird. Im digitalen Zeitalter antworten Leser durch ihr messbares Online-Leseverhalten auf einen Text und können so die Änderung der ursprünglich gemachten Aussage auslösen – immer zum Zweck der Optimierung. Je nach Absicht eines Autors oder seines Verlags kann das die Maximierung der Absatzzahlen sein oder die Maximierung der Lesezeit – der Zeit, in der sich ein Leser mit einem Text wohlfühlt und deshalb lange beim Text bleibt. Genau diesen Wohlfühlfaktor will Facebook ansprechen. Wenn das Unternehmen Algorithmen einsetzt, die Seiteninhalte optimieren, um Facebook-Anwender durch die Stimulation positiver Emotionen zu manipulieren, steigt die Wahrscheinlichkeit, dass sich der Anwender länger mit den Facebook-Angeboten beschäftigt – und einen Teil dieser zusätzlichen Zeit nutzt, Werbelinks zu klicken und zu konsumieren.

Durch die Entgrenzung von realer und virtueller Welt, an die wir uns schnell gewöhnt haben, ist das Online-Feedback in die reale Welt herausgetreten. Ein Internetanwender nimmt die Möglichkeit des Feedbacks nicht nur online wahr, sondern übernimmt sie in der physischen Welt mit ihren realen Kontakten und sozialen Interaktionen. Die Expansion, die wir durch die Digitalisierung erfahren, funktioniert also in beide Richtungen. Deshalb ist vom Rückkopplungseffekt niemand mehr ausgenommen. Schon das Feedback, das scheinbar so harmlose *Like*, kann verheerende gesellschaftliche Auswirkungen haben, besonders dann, wenn es zum *Dislike* wird.

Bisher hat sich Facebook geweigert, ein *Dislike* einzuführen. Tritt Unmut bei Internetnutzern auf, verschaffen sie ihm stattdessen mit Online-Häme und verbalen Gewalttätigkeiten Luft. Etliche Webseitenbetreiber verzichten darum auf Kommentarfunktionen und schränken so die Rückkopplung ein. Denn mit der Feedbackfunktion im Netz sind auch im realen Leben Grenzen gefallen: die von Zurückhaltung und Anstand. Alles, womit sich ein Mensch dauernd beschäftigt, macht etwas mit ihm. Wer hundert Mal am Tag sein Smartphone entsperrt, kann sich nicht mehr konzentrieren. Wer immer präsent und produktiv sein will, kommt mit Pausen und Entspannung nicht mehr klar. Wer im Netz einen rauen Umgangston pflegt, wird auch im realen Leben unverblümter sein. Höflichkeit und guter Ton im realen Leben, finden deshalb 75 Prozent der Deutschen, waren früher ausgeprägter.[70]

Wegen der Rückkopplungseigenschaft des digitalen Systems ist die gesetzliche Regelung digitaler Auswüchse nur mit Einschränkungen ein wirksames Mittel, Ordnung und Strukturen in der digitalen Ära beizubehalten. Zwar ist die Gesetzgebung die schärfste Waffe der Demokratie, aber sie legt Kausalität zugrunde. Der Gesetzgeber definiert eine Aktion und erwartet einen bestimmten Effekt, der entweder mit Sicherheit oder wenigstens mit hoher Wahrscheinlichkeit eintreten wird. Wenn die Veränderung einer gesetzlichen Regelung dazu führen soll, das regulierte System verhältnisgleich zu ändern, erwartet der Gesetzgeber noch dazu einen linearen Vorgang. Was er selten berücksichtigt: Kausalität oder Linearität treten nur bei einfachen Systemen auf. Doch ausgerechnet das Feedback der Digitalisierung kann eine unerwartete Wirkung auslösen.

Ein eindrucksvoller Fall, in dem ein digitalisiertes System eine überraschende Antwort auf eine behördliche Vorschrift gab, trat nur wenige Monate vor Steve Jobs' Einführung des iPhones auf. Dieses Mal war es die amerikanische Finanzaufsichtsbehörde United States Securities and Exchange Commission (SEC), die 2005/6 ungewollt eine Wendung der Handelsusancen an der schon hoch automatisierten Wall Street auslöste. Mit dem Erlass einer strengen Richtlinie zum Investorenschutz, der Regulierung des amerikanischen Nationalen Marktsystems (Reg NMS), setzte das fragwürdige Wettrennen um den besten Preis einer Aktie und der inzwischen berühmt-berüchtigte Hochfrequenzhandel in Milli- und Mikrosekundengeschwindigkeit ein.[71] Reg NMS wird seither kontrovers debattiert. Regel 610 fordert Aktienhändler dazu auf, Kaufaufträge bei derjenigen Börse zu platzieren, die den billigsten Preis für eine Aktie stellt. Worum genau geht es dabei?

Apple-Aktien kann man an zahlreichen Börsen weltweit – allein in den USA an vierzehn öffentlichen und über vierzig privaten Handelsplattformen – erwerben. An den Börsen werden die Kurse für eine Apple-Aktie elektronisch veröffentlicht. Weil jede Börse über eine eigene Computerinfrastruktur verfügt – sie kann älteren oder neueren Datums sein und deshalb schneller oder langsamer rechnen –, treten bei der Preisstellung zeitliche Differenzen zwischen den einzelnen Börsen auf. Eine Apple-Aktie, die an allen Börsen für denselben Preis zur selben Zeit zu haben sein sollte, wird zu einem Zeitpunkt t an den verschiedenen Börsenplätzen trotzdem zu abweichenden Preisen gehandelt, weil die Rechner und vielleicht auch die Uhren der Handelsplätze nicht synchronisiert sind. Wenn die Uhr eines elektronischen Marktplatzes mehrere tausendstel Sekunden nachgeht, wird der Preis einer Apple-Aktie plötzlich zu einer relativen Größe. Wer nur schnell genug ist, kann auf einem anderen Marktplatz mit exakter Uhrzeit quasi in die Zukunft blicken. Für die ultraschnellen Hochfrequenzhändler mit den leistungsfähigsten Prozessoren, Routern Algorithmen und den kürzesten Kabelsträngen zu Börsenplatzrechnern ist jede zeitliche Differenz deshalb eine wahre Goldgrube. Während sie die Apple-Aktie an vielen Börsenplätzen gleichzeitig überwachen, entdecken sie Preisunterschiede, kaufen im Bruchteil eines Wimpernschlags Apple-Aktien an einer Börse ein und verkaufen sie im nächsten

Augenblick an einer anderen. Der Hochfrequenzhandel lebt von dieser und vergleichbaren Formen des Differenzgeschäfts und hat zahlreiche algorithmische Strategien dafür entwickelt. Hinzu kommt die vorsätzliche algorithmische Manipulation der Finanzmärkte. Sie gilt als verboten; aber ultraschnelle Eingriffe sind erst ex post erkennbar, wenn sie bereits vollzogen und abgewickelt sind. Selbst dann ist es mitunter unmöglich, den Verursacher einer Markterscheinung auszumachen.

Die Marge zwischen billigem Kauf- und teurem Verkaufspreis, wie auch immer sie zustande gekommen sein mag, verbuchen Hochfrequenzhändler als Gewinn. Ein ziemlich sicheres Geschäft für die Händler, auch wenn die Profite zuletzt gesunken sind.

Zurück bleibt eine große Unsicherheit mehr für die Gesellschaft. Sie drückt sich in Zahlen aus: Der Anteil der amerikanischen Haushalte am Aktienvermögen fiel zwischen 2000 und 2014 um 20,4 Prozent.[72] Daran sind nicht nur die großen Krisen schuld, etwa die Dotcom-Blase der Jahre 2000/1 und die Bankenkrise 2008/9. Das Vertrauen privater Investoren in die Börsen ist erschüttert. Heute sind nicht mehr nur die Märkte unsicher – also die Frage danach, wie sich der Preis für ein bestimmtes Gut entwickelt. Die Handelsplätze selbst sind unsicher geworden. Wer direkt in Aktien investiert, begibt sich mitten hinein in das schnelle Geschehen der Maschinen. Annahmen über den Anteil des Hochfrequenzhandels an amerikanischen und europäischen Börsen schwanken übrigens. In den Vereinigten Staaten, so schätzen Industrieanalysten, verursachte der Hochfrequenzhandel im Jahr 2009 etwa 70 Prozent, in Europa zwischen 40 bis 50 Prozent des gesamten Auftragsvolumens.

Die Zahlen sind seit diesem Höchststand etwas gesunken. Trotzdem breiten sich Maschinenhändler weltweit weiter aus. Zuletzt wurde am 2. Juli 2015 der Open-Outcry-Handel der Chicagoer Warenterminbörse geschlossen, weil er auf nicht mehr als ein Prozent des gesamten börslichen Handelsvolumens abgefallen war. Hinzu kommt, dass staatliche Behörden die Ablösung menschlicher Händler durch Maschinen forcieren. Ende 2014 auferlegte die Eidgenössische Finanzmarktaufsicht (FINMA) der Großbank UBS Group AG, sie solle ihren Währungshandel künftig zu 95 Prozent vollautomatisieren.[73] In den Monaten zuvor hatten menschliche Händler Währungspreise zum Nachteil ihrer Bankkunden manipuliert. Der Mensch: kriminell, emotional, gierig, dazu fehleranfällig, wenig lernfähig und deshalb ein Anachronismus für Arbeitgeber, die ihn nur zu gerne computerisieren wollen? Der Maschinenhandel mag frei sein von menschlichen Emotionen, ein Argument, das immer wieder für den Einsatz von mehr Maschinen in den Finanzmärkten spricht. Problemlos ist er deshalb nicht.

Wenn staatliche Regulierungsmaßnahmen nur teilweise geeignet sind, in digitalisierten sozioökonomischen Systemen einen wirksamen Ordnungsrahmen zu schaffen, ohne unerwünschte Nebenwirkungen auszulösen, wie kann sich das globale Finanzsystem auf andere Weise behelfen?

Börsenplätze regulieren den algorithmischen Handel nicht nur über Vorschriften, sondern auch mit ihrem eigenen digitalen Waffenarsenal. Wenn vom algorithmischen Wettrüsten an den Finanzmärkten die Rede ist, dann betrifft das nicht nur die Rivalitäten der Hochfrequenzhändler untereinander, die für ihre Algorithmen immer wieder neue Handelsstrategien oder Taktiken entwickeln müssen, mit denen sie ihren finanziellen Vorteil erarbeiten. Auch die Börsen selbst rüsten auf. Erwünschte Industrieanwendungen sind Programme für das Risikomanagement, etwa *Wolf Detectors*, Erkennungssoftwaren, die Schadalgorithmen mit Manipulationsabsicht entdecken, am besten so rechtzeitig, dass Schaden proaktiv verhindert wird. Tritt ein schädlicher Handelsalgorithmus auf, setzt ein Börsenalgorithmus den Handel für einige Sekunden vollautomatisch aus und eine Handelsunterbrechung in Kraft.[74] Die frühzeitige Erkennung von Schadsoftware, und dazu gehören auch aggressive Superviren, die ganze Industrieanlagen stilllegen oder »kaputt fahren«, gehört zu einem der spannendsten Forschungsfelder, in dem auch das Pentagon und seine Militärforschungszentrale, DARPA, öffentlich weltweit ausschreiben. Das ist gut so, denn mit der Vernetzung unseres Alltags mit vermeintlich kostenlosen, weltweit verfügbaren und deshalb gut erforschten und bekannten Technologien steigt die Vulnerabilität unserer Gesellschaften gewaltig an. Sie müssen in dem Maß widerstandsfähiger werden, in dem die digitale Ära voranschreitet. Das gelingt mit der Schaffung von Rahmenbedingungen bei gleichzeitiger technischer Gegensteuerung, formaler ausgedrückt: nicht nur mit Regeln, sondern auch durch Institutionen. Systemstrukturen und rechtliche Ordnungsrahmen schaffen die äußeren Bedingungen, Institutionen treffen Entscheidungen innerhalb der ihnen angetragenen Mandate. Regulierungsbehörden schreiben Börsenplätzen die Überwachung des elektronischen Handels vor, die Börsenplätze setzen Quasi-Institutionen nichtmenschlicher Natur – eben Software – ein, die Entscheidungen über Handelsunterbrechungen treffen und so die Integrität des elektronischen Handels sicherstellen. Institutionen reagieren schneller auf systemische Vorfälle als das geschriebene Recht. Sie können dort in Echtzeit regeln, wo das geschriebene Recht nachhinkt. Nur eines bleibt stets zu beachten: Die Institution darf nur im Rahmen ihres Mandats handeln, auch dann, wenn sie eine Künstliche Intelligenz wäre. Schenkt man dem Silicon Valley Glauben, kann genau das zur großen praktischen Herausforderung der Zukunft werden, nämlich dann, wenn Künstliche Intelligenz beginnt, die Intelligenz des Menschen zu überflügeln.[75] Doch so weit muss man gar nicht gehen. Allein der Umstand, dass wir bereits heute zahlreiche intelligente Maschinen im Einsatz haben, bringt Unwägbarkeiten mit sich. Durch ihre Interaktion ist das Verhalten des Systems, in dem sie tätig sind, nur schwer vorhersehbar, wie wir noch sehen werden.

Kybernetik, die Wissenschaft
von der Manipulation

Die künstliche Quasi-Institution, die viele Aspekte eines sozioökonomischen Systems wie das einer Börse algorithmisch regeln kann, trägt einen plakativen Namen: *Controller*, die »Kontrollstrategie«. Die Impulse, die sie in der gegenseitigen Interaktion von Stimulus und Antwort setzt, damit ein Ist-Zustand einen optimalen Soll-Zustand erreicht, manipulieren die Umwelt, sind aber gewünschte Funktionalität des Regelkreises.

Regelkreise sind im industriellen Umfeld seit Jahrzehnten ganz selbstverständlich im Einsatz. Sensoren messen Drücke, Temperaturen oder Gaszusammensetzungen in Industrieanlagen; ein Regler, der *Controller*, öffnet und schließt Ventile im Rahmen einer Anlagenfahrstrategie, die Kostenoptimalität oder Energieeffizienz verfolgt.

Viele Konsumenten kennen den Regelungsmechanismus ihrer Heizungsthermostate. Doch nur gelegentlich haben sie davon gehört, dass sich auch Suchmaschinen das Prinzip der Regelung zunutze machen. Selten sind wir ehrlicher als bei unseren Suchanfragen. Aus ihnen lassen sich Rückschlüsse auf unsere Absichten ziehen. Die Suchergebnisse wirken wie ein Stimulus, der uns veranlasst, dem einen oder anderen Link zu folgen, bevorzugt zu den Seiten, die der Suchmaschine einen (finanziellen) Vorteil verschaffen. Google ist dafür bereits in die Kritik geraten. Googles eigene Angebote würden als beste Treffer unter den ersten Ergebnissen angezeigt, so die Anbieter alternativer Antworten. Google würde Alternativen diskriminieren und die Nutzer zum Vorteil des Suchmaschinenbetreibers beeinflussen.

Dabei sieht es bei Facebook nicht viel besser aus. Im Sommer 2014 wurde publik, dass Facebook an rund 690 000 Anwendern ein Psychoexperiment durchgeführt hatte, ohne deren vorherige Einwilligung einzuholen.[76] Das Unternehmen testete die Manipulierbarkeit von Emotionen, indem es den Nachrichtenstrom der Anwender auf Wörter hin untersuchte, die gute oder schlechte Gefühle auslösen würden. In entsprechender Reihenfolge wurden die Neuigkeiten für den Leser angeordnet. Zweck solcher Experimente am Menschen, für die andere Forschungsdisziplinen typischerweise verpflichtet sind, die Stellungnahme einer Ethikkommission heranzuziehen, ist es, den Anwender möglichst lange in einer Komfortzone zu halten, die gute Stimmung erzeugt und ihn veranlasst, fröhlich auf einer Seite zu verweilen, um dort möglichst viele Werbelinks zu klicken.

Würde Norbert Wiener heute leben, die digitale Ära wäre sein ganz persönliches Schlaraffenland. »Die Kybernetik ist die Wissenschaft von Information und Kontrolle, gleichgültig, ob es sich um eine Maschine oder ein lebendiges Wesen handelt«[77], erklärte der amerikanische Mathematiker und Begründer der Kybernetik 1960 bei einem Vortrag in Hannover in deutscher Sprache. Ziel der Kybernetik, die Norbert Wiener erstmals in seinem 1948 erschienenen Werk *Cybernetics: Or Control and Communication in the*

Animal and the Machine beschrieb, ist die Regelung von Systemen. In der Tat verspricht die Kybernetik Großartiges: »*Alles* kann gesteuert werden.«[78] Physikalische Systeme, biologische Systeme, gesellschaftliche oder politische Systeme – Wieners Kybernetik will sie allesamt der Technik unterwerfen.

Dabei hatte der Mathematiker die deutsche Übersetzung von *control* mit dem Wörtchen »Kontrolle« nicht ganz zutreffend gewählt. Das Oxford-Onlinewörterbuch definiert *control* als die »Fähigkeit, das Verhalten von Menschen zu beeinflussen oder Menschen und Ereignisse zu lenken«[79]. Bei der schon erwähnten »Kontrollstrategie« geht es tatsächlich um strategische Führung, während der deutsche Begriff der Kontrolle mit Überwachung konnotiert. Trotz der sprachlichen Feinheiten nimmt die Überwachung bei der Kybernetik eine Schlüsselrolle ein. Denn für die Regelung eines Systems benötigt Wiener Information.

Mit der Überwachung der digitalen Ära produziert der Globus endlich genügend Daten, um jedes System, sei es noch so komplex, vollständig verstehen, mathematisch modellieren, vorhersagen und regeln zu können, eine Überfülle, die Wiener sicher glückselig gemacht hätte.

Bei der Entwicklung seiner Wissenschaft ließ sich Norbert Wiener von der Natur inspirieren, unter anderem davon, wie der menschliche Körper Sinneswahrnehmungen verarbeitet. Nach Wieners Verständnis ist auch der Mensch nichts weiter als ein informationsverarbeitendes System. Weil Wiener – anders als die Philosophie und die Rechtswissenschaft – keinen Unterschied zwischen Mensch und Ding mehr macht, geht die Rede von der »Mensch-Maschine-Unschärfe« um. Der Mensch, reduziert auf das Biologistische, ist nach Wiener nicht mehr als eines von vielen Systemen, das auf die Anreize seiner Umwelt auf die eine oder andere vorhersehbare Weise reagiert. Mit seinen Sinnesorganen nimmt der Mensch Reize der Außenwelt wahr. Reize werden häufig sensorisch vorverarbeitet, doch oft ist es erst ein weiterer Verarbeitungsschritt im Gehirn, der eine sinnvolle Reaktion auf einen äußeren Reiz ermöglicht.

Diese Reaktion des Menschen auf äußere Reize ist nichts anderes als eine Rückkopplung. Sie ist das ganz Neue an Wieners kybernetischer Wissenschaft. Nach seinem Verständnis ist unerlässliche Voraussetzung für die Regelung eines Systems, dass eine »Feedbackschleife« gegeben ist; Regelungstechniker sprechen auch von *closed-loop control*, jenem Regelkreis, von dem gerade schon die Rede war.

Ein frühes kybernetisches Experiment unter realen gesellschaftlichen Bedingungen unternahm Salvador Allende, chilenischer Präsident von 1970 bis 1973. Allende, demokratisch gewählter Sozialist mit erklärten Feinden aus den Reihen US-amerikanischer Investoren, hatte seinen eigenen Plan für die Entwicklung eines chilenischen Sozialismus, der die Wirtschaft Chiles nach den Regeln der Kybernetik und in Echtzeit effizienter machen sollte. Dafür mussten die größten Fabriken des Landes wie Teile eines lebendigen Organismus miteinander vernetzt werden, um sie aktiv in den Wirtschaftsförderungsprozess einzubeziehen. In kurzen Kontrollzyklen sollten die Fabriken direkt vor Ort unterschiedliche Kennzahlen wie Produktion, Auslastung, Rohstofferfordernisse oder Krankenstand erfassen und an einen Großrechner im Kontrollzentrum der chilenischen Regierung übermitteln. Eine Software – *Cyberstride* – sollte die

Echtzeitdaten zur aktuellen Wirtschaftslage fusionieren und eine Warnmeldung ausgeben, wenn die Ist-Werte vom Soll abwichen. Auf Basis der Berechnungen würde ein kleines Team aus Wirtschaftsexperten über die nötigen Aktionen entscheiden, wie der Ist-Wert dem Soll-Wert wieder angenähert werden könnte.

Was heute problemlos möglich wäre, war in den Siebzigerjahren eine immense technische Herausforderung. Zwar konnte Allendes Wirtschaftsförderungsbehörde auf Telefon und Funk zurückgreifen. Allerdings war das Internet unbekannt, und keine der Fabriken verfügte über einen Computer, den man mit dem einzigen Zentralrechner der Regierung, einem IBM 360, zu einem Computernetz verbinden konnte. Doch bei der chilenischen Telefongesellschaft fanden sich hundert unbenutzte Telexgeräte, die man den Fabriken zur Verfügung stellte. Deren Mitarbeiter nutzten die Fernschreiber und kommunizierten ihre Kennzahlen an die Regierung, wo sie wiederum manuell – per »Drehstuhlschnittstelle« – in den zentralen Großrechner der Wirtschaftsförderungsbehörde eingegeben wurden. Ergab die Berechnung ein wirtschaftliches Problem, wurde die Rückmeldung, was nun zu tun sei, über das Fernsehen an die Bevölkerung ausgestrahlt.

Wie sich die kybernetisch geregelte Ökonomie mit möglichst wenig zentralistischer Planung, stattdessen mit hohen Freiheitsgraden für die wirtschaftliche Selbstorganisation und dynamische Anpassung an Veränderungen zu den Ideen autoritärer sozialistischer Planwirtschaft verhält, ist bis heute nicht ganz geklärt. Ob das Experiment des sogenannten demokratischen Realsozialismus funktioniert hätte, liegt genauso im Dunkel. Am 11. September 1973 putschte das chilenische Militär mit Unterstützung von CIA und amerikanischer Regierung und beendete das kybernetische Experiment im Handstreich.

Schon bald führten Wieners Einsichten zu dem drängenden Verlangen, künstliche Systeme zu erschaffen, die Natur und biologisches Verhalten nachahmten und die sich selbst steuern würden. Auf diese Weise wurde die Kybernetik auch zum Aufhänger für die Künstliche Intelligenz, zunächst für einen ersten schildkrötenähnlichen, mobilen Roboter des Robotikforschers William Grey Walter, die Machina speculatrix. Sein Ziel war es, einen Apparat zu bauen, der sich selbst steuern konnte und schon früh autonomes Verhalten zeigte. Dafür mussten die Sensoren, Motoren und Steuerungseinheiten der Schildkröte dieselbe Basisvoraussetzung erfüllen wie die menschliche Wahrnehmungskette, die trotz der irreführenden Bezeichnung als »Kette« ein Regelkreis ist: Alle beteiligten Komponenten mussten miteinander vernetzt sein. Im Zusammenhang mit der Selbststeuerung tauchte erstmals auch die Idee von der »Selbstorganisation« auf. Doch es sollte noch einige Jahrzehnte dauern, bis die klassische Kontrolltheorie eines Norbert Wiener und seiner Zeitgenossen zur Basis dafür wurde, das Verhalten komplexer dynamischer Systeme sowohl aus der Natur als auch aus Kants »Reich der Zwecke« zu erklären, zu simulieren, vorherzusagen und zu regeln. Ein Schelm, wer bei der Regelung an Manipulation denkt.

Nudger, die politischen Technologen des 21. Jahrhunderts

Dass man das Verhalten von Konsumenten beeinflussen will, ist aus der Werbung hinreichend vertraut und ein alter Hut. Supermärkte präsentieren teure Produkte in Supermarkt-regalen auf Augenhöhe, damit wir nach ihnen lieber greifen, als uns zur billigeren Bückware hinunterzubeugen. Schoko-lade wird an der Kasse platziert, damit wir auf dem Weg aus dem Markt schnell noch einmal zufassen können. Indem wir der Versuchung nachgeben, treffen wir ziemlich unvernünf-tige finanzielle oder gesundheitliche Entscheidungen.

Seit den Vierzigerjahren geht die neoklassische Ökono-mie von der Theorie des rationalen Wirtschaftssubjekts aus. In einer wirtschaftlichen Situation, argumentiert sie, verhält sich der Mensch auf bestimmte Art und Weise: Stets agiert er wirtschaftlich vernünftig. Dass Menschen in Entschei-dungssituationen auch psychologischen Einflüssen ausge-setzt sind, ignorierten die Wirtschaftswissenschaften lange. Erst die noch sehr junge Disziplin der Verhaltensökonomik nimmt auch die Psychologie ins Visier. Sie entdeckte, was in jüngster Zeit auf größere Anerkennung stößt: Die Theorie des rationalen Investors ist ein Mythos. Wenn es um wirt-schaftliche Entscheidungen geht, kann sich der Mensch ausgesprochen irrational verhalten.

Häufig sind unsere wirtschaftlichen Entscheidungen durch vielfältige Fehleinschätzungen geprägt. Dabei ist die Liste unserer kognitiven Verzerrungen ziemlich lang. So tendieren wir dazu, uns überdurchschnittlich gut einzuschätzen. Wir halten uns für den besseren Autofahrer, den besseren Arbeitnehmer, den besseren Investor. Wir blenden real auftretende Effekte aus, zum Beispiel die Inflation (genauso wie, nebenbei bemerkt, die Überwachung). Wir tendieren dazu, uns möglichst wenig Veränderung zuzumuten. Unsere Entscheidungen folgen Daumenregeln oder einem Herdenverhalten. Sie sind der Auslöser dafür, dass unsere Entscheidungen, und nicht nur die finanzieller Natur, mit groben Fehlern behaftet sind. Sehr oft tun wir nicht das, was gut für uns wäre. Manche unserer Entscheidungen schaden uns, und etliche Entscheidungen, die wir heute treffen, verschließen uns andere Pfade in die Zukunft. Als Entschuldigung mag gelten, dass viele unserer Entscheidungen mit großer Unsicherheit behaftet sind. Ob wir heute »richtig« entschieden haben, stellt sich oft erst nach einigem Zeitablauf heraus.

Offenkundig wurden die Defizite menschlicher Investmententscheidungen in den Vereinigten Staaten zwischen 1984 und 2002. Während der S&P 500, der amerikanische Aktienindex Standard&Poors, im jährlichen Durchschnitt rund zwölf Prozent zulegte, warf die Investmentstrategie der Pensionskassen, die die Renten der amerikanischen Bürger verwalteten, nur 2,57 Prozent durchschnittliche Jahresrendite ab.[80] (Über solche Profite wären Investoren heute mehr als beglückt.) Der Grund für die Divergenz zwischen dem Erreichten und dem Machbaren: die dümmste aller Investmentstrategien. Die institutionellen Investoren betrachteten die Gesamtheit ihres Investmentuniversums, das eine Menge Investmentalternativen zu bieten hatte. Hochprofitable Fonds reihten sich neben Verliererfonds oder mittelmäßige Anbieter ein. Die Herausforderung: Angesichts zahlreicher Alternativen mussten institutionelle Anleger die Entscheidung treffen, in welchen Fonds sie das Geld der Pensionäre investieren würden. Also grenzten die Pensionskassen ihre Auswahl auf die Topperformer ein, überwiesen nur den Besten ihre Millionen und ließen die Fonds mit schlechterer Performance links liegen.

Doch mit der Zeit stellte sich diese Entscheidung als fatale Fehlinvestition heraus. In Summe erhielten die Pensionskassen magere Profite, die nicht einmal die Inflation erwirtschafteten. Wie war das möglich?

Russell Investments, heute eine Tochtergesellschaft der Londoner Börse, verfolgt seit Jahrzehnten die Erfolge und Misserfolge von Fonds. Auf einer verhältnismäßig kleinen Anzahl von Datenpunkten, *small data*, die man in Jahrzehnten aufgezeichnet und gespeichert hat, wendet Russell seit Jahren erfolgreiche Datenanalysen an. Die lapidare Feststellung: Es gibt nicht einen einzigen Fonds, der über Jahre und Jahrzehnte hinweg gleichbleibend gute Profite erwirtschaftet hat. Die Gruppe der Top 10 verändert sich kontinuierlich. Noch bevor zwei Jahre verstrichen sind, fallen acht der zehn besten Fonds aus der Gruppe heraus. Sind zwei Jahre um, ist keiner der früheren Namen mehr unter den besten zehn. Kein Fonds zählt länger als fünf Jahre zum Kreis der Topperformer.[81]

Aus den Daten der Profitabilität der Fonds lässt sich folgern, dass die besten Fonds entweder ein höheres Risiko eingehen als der Mitbewerb oder dass ihre Investmentstrategie gut auf eine bestimmte Marktphase passt. Tatsächlich verschlechtern sich fast alle Investmentstrategien mit der Zeit.

Der Blick in die Erfolge vergangener Jahre – in *historische Daten* – ist deshalb ausgesprochen trügerisch. Heiße Fonds können sich abkühlen, kalte Fonds können in eine heiße Phase großer Profitabilität eintreten. Tatsächlich kann man im Augenblick einer Investmententscheidung fast unmöglich feststellen, ob ein Fondsmanager in der Vergangenheit nur Glück hatte, weil das Marktverhalten der von ihm betriebenen Investmentstrategie entgegenkam, oder ob seine Profitabilität auf fachlichem Können beruhte. Wer nur mit Blick auf vergangene Profite in die Zukunft investiert, kann genau auf das falsche Pferd setzen.

Ein anderes Beispiel für wirtschaftlich unvernünftiges Verhalten ist ein Experiment mit Bargeld. Ein Forscher bietet einer Versuchsperson heute 20 Euro zum Geschenk an. Wenn sich die Versuchsperson einen Tag länger geduldet und bis morgen wartet, erhält sie 50 Euro geschenkt.

Die meisten Probanden entscheiden sich immer wieder für den Spatz in der Hand, nicht für die Taube auf dem Dach. Wirtschaftlich ist die Entscheidung nicht nachvollziehbar. Aber Menschen bevorzugen die sofortige Gratifikation. Beim Experiment, das zeigen Aufnahmen des menschlichen Gehirns im Magnetresonanztomografen, werden primitivere Sektoren des menschlichen Gehirns aktiviert. Für das komplexere Verhalten wie das geduldige Abwarten sind aber die höher entwickelten Bereiche gefragt. Damit sie aktiviert werden, wird mehr Energie benötigt als die 16 bis 30 Watt, mit denen unser Gehirn im Normalbetrieb sehr energieeffizient arbeitet.[82]

Die Folgen einer Entscheidung, die unter der Unsicherheit getroffen wird, wie sich die Zukunft entwickelt, wiegen schwer. Was dabei häufig übersehen wird: Eine Entscheidung, die man heute trifft, schränkt das Universum aller zukünftigen Entscheidungen ein. Wer heute eine Investmententscheidung trifft und dabei viel Geld verliert, hat in der Zukunft nur noch eingeschränkte Möglichkeiten, sein Geld zu vermehren. Eine Entscheidung heute bringt uns auf einen bestimmten Entscheidungspfad in die Zukunft. Eine Entscheidung heute kann bestimmte Wege in der Zukunft auf immer verschließen.

Zum Thema, dass Menschen keine rationalen wirtschaftlichen Entscheidungen treffen, publizierte Nobelpreisträger Daniel Kahneman zusammen mit Amos Tversky im Jahr 1979 die Neue Erwartungstheorie.[83] Sie beschreibt, wie Menschen Entscheidungen treffen, die riskant sind, weil mit Unsicherheit behaftet. Kurz gesagt: Sie machen dabei eine Menge Fehler. Und dabei schaden sie sich selbst.

Die Frage liegt nahe: Wie bringt man Menschen dazu, bessere Entscheidungen zu treffen? Kann ein anderer, ein Vormund oder Wachhund, unsere Fehleinschätzungen ausbügeln, ohne dass wir es merken?

Wieder hilft der Blick auf die amerikanische Investmentindustrie, die das, was sich *nudging* nennt, »anstupsen«, bereits erfolgreich praktiziert.

Amerikanische Arbeitnehmer tun sich schwer, Geld für ihre Rente zurückzulegen. Was sie bar in Händen halten, wollen sie nicht in ihre Zukunft investieren, sondern lieber gleich konsumieren. Mit den vielen kleinen Detailfragen, wo investieren, wie viel und wie lange, wollen sie ganz klar nicht behelligt werden. Deshalb hat man ihnen die Entscheidung abgenommen. Nobelpreisträger wie Harry Markowitz oder William Sharpe gründeten sogenannte *target date funds*, die man mit der vermögensbildenden Vorsorge eines deutschen Arbeitnehmers vergleichen kann. Mit dem Arbeitnehmer wurde einmalig ein Vertrag abgeschlossen. Dafür war nur eine einzige Entscheidung des Arbeitnehmers nötig. Immer dann, wenn ihm eine Gehaltserhöhung zugestanden wurde, erhöhte sich die Einzahlung seiner Altersrücklagen automatisch. Damit war das Problem immer neuer Einzelentscheidungen für höhere Beitragszahlungen gelöst.

Amerikaner lassen sich nicht gerne von ihrem Staat Vorschriften machen. Damit leben sie, wie schon in anderem Zusammenhang betrachtet, das Prinzip des Liberalismus. Auch wer keine Waffe führen will, wehrt sich gegen ein gesetzliches Waffenverbot. Auch wenn jeder amerikanische Bürger von einer Krankenversicherung profitiert, lehnt die Mehrheit der Bürger die gesetzliche Pflichtversicherung ab.

Wenn sich ein Volk so vehement gegen staatliche Ge- und Verbote wehrt, gäbe es dann nicht einen viel subtileren Weg der psychologischen Einflussnahme? Ein Anreizsystem, das auf Verbote verzichtet und seine politischen Ziele trotzdem erreicht?

Nicht ohne Grund stammen auch die *nudger* – sie sind wie Vormünder, die nur das Beste für ihre Mündel wollen –, aus dem Land der einstmals unbegrenzten Möglichkeiten. »Liberaler Paternalismus« heißt ihre Alternative zum strikten gesetzlichen Ge- oder Verbot. Sie überdenken die Gesetzgebung des vorigen Jahrhunderts. Ihre Devise: Den Einzelnen und damit die Gesellschaft zu einem bestimmten

Verhalten zu bewegen und dabei auf die klassische gesetzliche Regulierung zu verzichten. Für liberal halten sich die
nudger deshalb, weil sich Bürger immer noch entscheiden
könnten, auf staatliche Anreize zu verzichten und aus dem
paternalistischen Angebot auszusteigen *(opt-out)*. Auf den
ersten Blick klingt das nobel. Auf den zweiten Blick, besonders aus europäischer Sicht, bestehen erhebliche Zweifel
an der Verfassungsmäßigkeit. *Nudging*, so deutsche Verfassungsrechtler, ist nach europäischem Verfassungsverständnis höchst umstritten.

Das hält die bundesdeutsche Regierung der 18. Amtspe-
riode nicht davon ab, ein Team aus »drei Fachkräften (...)
für die neue Regierungsstrategie ›Wirksam regieren‹« zu
suchen.[84]

»Sie sollen hervorragende psychologische, soziologische,
anthropologische und verhaltensökonomische Kenntnisse
mitbringen. Durch vertiefte Situationsanalyse sollen alternative Lösungsansätze entwickelt werden«, lässt die kurze
Meldung eines Online-Informationsportals wissen.[85] Während sich Pressevertreter die Frage stellen, ob die deutsche
Bundeskanzlerin regierungsmüde sei und psychologische
Unterstützung auf der Couch suche, zitieren sie den stell-
vertretenden Regierungssprecher, Georg Streiter, wie folgt:

»›Es geht um die Beobachtung menschlichen Verhaltens – da haben sich viele Forscher mit befasst‹, sagt Streiter
recht allgemein und kann ein Lächeln nicht unterdrücken.
Er schlägt den Berichterstattern vor, das Thema an dieser
Stelle nicht zu vertiefen. Er fürchtet, es könnte sie ›langwei-
len oder überfordern‹.«[86]

Nachfrage zur Verhaltenskontrolle von Staatsbürgern,
dem Traum jeder Regierung, scheint unerwünscht. Das

schreckt nicht nur Verfassungsrechtler, sondern auch Ökonomen auf. Sie fordern: »Schluss mit der Manipulation!«[87] Selbst wenn staatliche Manipulation dem Wohl des Bürgers diene, schränke sie seine Selbstbestimmung ein. Auch wenn die *nudger* das Wohl aller anstrebten, manipulierten sie im Kern den Bürger.[88]

Wir wissen, was gut ist für die Gesellschaft, sagte schon Google-Chef Eric Schmidt. Der Satz könnte von einem *nudger* stammen. *Nudger* unterschätzen die Menschen. Menschen machen Fehler und lernen nichts dazu, glauben die *nudger*, die es immer besser wissen. Mit ihrem Menschenbild gehen Hand in Hand die Intransparenz ihrer eigenen Absichten, der Kontrolle der Meinungsbildung im Volk und eine autoritären Haltung von oben herab, *top down*. Nur: Darf die Politik unsere privaten Entscheidungen auf die subtile Weise der Manipulation – quasi hinterrücks – beeinflussen? Darf sie sich in unsere privateste Entscheidung, einen butterfetten, zuckersüßen Kuchen zu essen, weil er glücklich macht, einmischen? Müssen wir uns bald rechtfertigen, wenn wir heute nicht ums Haus gejoggt sind?

Nudging ist nicht nur deshalb gefährlich, weil Manipulation über den Weg der digitalen Verbreitung von Meinungsinhalten und der personalisierten Ansprache jedes einzelnen Bürgers so asymmetrisch ist. Asymmetrisch deshalb, weil das Wissen rund um die Beobachtung und die potenzielle Beeinflussung von Bürgern exklusives Wissen der Staatsorgane bleibt. Die »Beobachtung menschlichen Verhaltens« und die Folgen wären so intransparent wie demokratisch unkontrollierbar. Doch wenn die Bürger einmal misstrauisch geworden sind, schadet *nudging* der demokratischen

115

Gesellschaft mehr, als es nützt. Das Vertrauen in die demokratische Kontrolle würde weiter schwinden. Dann käme es nicht mehr darauf an, ob Bürger tatsächlich manipuliert würden, es würde schon genügen, dass die Regierung manipulieren *könnte*. Doch wer die Selbstbestimmung des Bürgers infrage stellt, braucht auch keine Demokratie mehr. Verfassungsgemäß wäre deshalb, wenn der Staat immer wieder an die Vernunft der Bürger appellieren würde, statt sie zu bevormunden. Politik soll überzeugen, nicht politische Technologen dafür bezahlen, die alles besser wissen als wir selbst. Und wenn Politik Ge- und Verbote aussprechen will, dann soll sie es tun, und zwar im transparenten Prozess hoheitlicher Gesetzgebung. Menschen erwarten und schätzen den ehrlichen Weg, nicht den des geheimen, exklusiven Wissens in staatlicher Hand. Besser die Karten offen auf den Tisch legen und über eine digitale Demokratie nachdenken, als über moderne Wissenschaften Herrschaft weiter zu festigen.

VERNETZT? KOMPLEX!

Wie die digitale Vernetzung unsere Gesellschaft
an den Rand des Chaos drängt und warum
die Politik komplexe Systeme nicht mehr lenken
kann wie im 20. Jahrhundert.

Die Wissenschaft des 21. Jahrhunderts: Komplexitätsforschung

Aus wissenschaftshistorischer Sicht hatten die Grundlagen der Digitalisierung und der Kybernetik Vorläufer. Auch in der Forschung begann alles einfach, bis man auf die Komplexität stieß.

Seit Galileo Galilei suchte man in der Physik nach *Invarianz*. Wenn Galilei beobachtete, dass ein Apfel vom Mast eines Segelschiffs bei voller Fahrt genauso zu Boden fiel wie vom heimischen Kirchturm, hatte er eine Invarianz festgestellt – seitdem bekannt als Galilei-Invarianz. Schon Isaac Newton legt die Galilei-Invarianz seinen Bewegungsgesetzen zugrunde. Eine Zahl, die erhalten bleibt, obwohl sie mit einem Operator manipuliert wird, ist invariant. Wer die Zahl 128 mit 1 multipliziert, erhält wieder die Zahl 128. Die Multiplikation ist die Verknüpfung zwischen den beiden Zahlen 128 und 1 und wird deshalb als Operator bezeichnet. Invarianz tritt auch auf, wenn die Zahlen 128 und 0 per Addition verknüpft werden.

Ein mehr umgangssprachlicher Begriff für Invarianz ist die Symmetrie.[1] Ein Spiegelbild ist symmetrisch. Es bleibt invariant unter der Operation des Spiegelns. Der Vorgang des Spiegelns ist eine Erhaltungsgröße, sie wahrt die Symmetrie. Die Kenntnis und Erforschung von Symmetrien und

Erhaltungsgrößen gehört zu den fundamentalsten Prinzipien der Physik. Würde die Menschheit alle Symmetrien und Erhaltungsgrößen der physikalischen Welt kennen, hätte sie alle Objekte der Schöpfung entdeckt, die feste Größen sind und auf die man sich stets voll verlassen könnte.

Aus diesem wichtigen Grund fokussierten die Wissenschaften seit Galilei über 250 Jahre lang auf die Erforschung genau jener Symmetrien. Man nahm sich Variationen vor – ein physikalisches Experiment wurde um 11.00 Uhr begonnen oder um 13.00 Uhr – und zog aus den Erkenntnissen Rückschlüsse auf Invarianz: Der Ausgang eines Experiments ist zum Zeitpunkt t derselbe wie zum Zeitpunkt $t+x$ *Stunden*. Wann das Experiment durchgeführt wurde, spielte keine Rolle. Der Ausgang des Experiments war nur abhängig von seinem Anfangszustand, nicht aber von seinem Anfangszeitpunkt. Man beschränkte sich auf die Analyse linearer Kausalzusammenhänge in physikalischen Systemen mit wenigen Komponenten und reduzierte die daraus gewonnenen Erkenntnisse auf dieselbe Weise wiederum auf linear-kausale Mechanismen. Man wollte die deterministischen, universal geltenden Gesetze der Welt entdecken und beschreiben. Obwohl daran nichts auszusetzen war, blieb die Forschung wegen jenes Paradigmas sehr eindimensional, was wiederum dazu führte, dass die Physik bis zum Ende des 19. Jahrhunderts in einen Dämmerschlaf verfiel. Damals schienen alle Universalgesetze entdeckt. Mit der Mechanik, der Thermo- und der Elektrodynamik waren alle bis dahin bekannten natürlichen Phänomene erklärbar.

Die Defizite dieser reduktionistischen, orthodoxen Sicht auf die Dinge traten im 19. Jahrhundert mit der Naturforschung in Biologie und Medizin zutage. Charles Darwin veröffentlichte seine Evolutionstheorie, Louis Pasteur forschte an Mikroorganismen und entdeckte, was eine Zelle war. In einer Zelle spielten sich Stoffwechselvorgänge ab, Proteine wurden produziert, oder genetische Prozesse kamen in Gang. Noch versuchte man, die neuen Beobachtungen mit dem geltenden Paradigma zu erklären, aber immer mehr Wissenschaftler widersetzten sich. Biologische Organismen und ihre Eigenschaften mit ihrer Fähigkeit zu Selbstregulierung, von Evolution und Replikation sowie das drängende wissenschaftliche Verlangen, Lebewesen nicht von ihrem Grund, sondern vielmehr vom Zweck ihrer Entwicklung und ihres Verhaltens her zu verstehen, passten nicht mehr in das enge Korsett des wissenschaftlichen Dogmas der Symmetrie. Zellen sind lebende Organismen und nicht, wie Justus Liebig noch zu beweisen suchte, leblose chemische Vorgänge. In einem Körper interagieren Zellen genauso wie die Komponenten in der einzelnen Zelle selbst. Nichts davon hatte die elegante, aber simple Mathematik der Invarianz bis dahin in Betracht gezogen: weder Interaktionen und ihre Dynamik noch die Fähigkeit zur Selbstorganisation, Unumkehrbarkeit und Unberechenbarkeit – die Nichtlinearität und die *Emergenz*. Emergenz tritt auf, wenn aus komplexen Systemen von Chaos und Unordnung durch Selbstorganisation neue Strukturen und Ordnungen entstehen. Auf jeder Stufe – der *Phase* – eines komplexen Systems entwickeln sich nach einem Phasenübergang wie aus dem Nichts neue, also vorher nicht vorhandene Eigenschaften eines Systems. Dass sich menschliches Leben aus einer Ursuppe von Milliarden interagierender Zellen bildete, ist ein Wunder an Emergenz. Auf eine derart staunenswerte Entwicklung konnte man bei Betrachtung der einzelnen, verhältnismäßig einfach gebauten Zellen der Ursuppe nicht von vornherein schließen. Möglich wurde die eindrucksvolle Entfaltung zum Menschen erst durch die Interaktion zwischen den einzelnen Zellen. Viele Einheiten, die miteinander in Beziehung stehen, sind deshalb die einfachste Definition dafür, was ein komplexes System überhaupt ist.

Heute ist jede wissenschaftliche Disziplin mit Komplexität konfrontiert. Vielfach sind komplexe Systeme sogar aus den mathematischen Modellen zu Fragen der Komplexität selbst hervorgegangen. Die Bionik zum Beispiel bildet künstliche Lebewesen nach, artifizielle Bienen, die auch dann noch die Pflanzen unseres Planeten bestäuben sollen, wenn die natürlichen Bienenschwärme längst dem Bienenvolk-Kollaps zum Opfer gefallen sein werden.[2] Oder überdimensional große Schmetterlinge, die sich eleganter als ihre natürlichen Vorbilder durch die Luft bewegen und ein Gelände von oben, aus der Turmwächterperspektive, überwachen sollen.[3]

Neben der Forschung hat Komplexität auch in andere Bereiche des Lebens Einzug gehalten: in Wirtschaft und Management und in die industriellen Prozesse der Industrie 4.0. Jede Wissenschaft ist heute mit Komplexität konfrontiert; selbst die Geisteswissenschaften sind davon nicht ausgenommen. Auch die Politik bleibt nicht verschont. Was heute relevant für politische Maßnahmenkataloge ist, weist sämtlich komplexe Eigenschaften auf, besonders deshalb, weil sich die Komponenten sozialer Systeme mehr und mehr digital vernetzen: im sozioökonomischen System des globalen Finanzmarkts, als soziale Netzwerke oder als Bewohner der rasant wachsenden Städte unseres Planeten. Diese Systeme verhalten sich geradezu gegenteilig zum Paradigma der Symmetrie. Sie sind eben *komplex*.

Es sollte noch bis in die Sechzigerjahre des letzten Jahrhunderts dauern, bis die Komplexitätsforschung mit den ersten wissenschaftlichen Computern einen Quantensprung erlebte. Trotzdem blieb die Forschung zunächst nur dem Bereich der angewandten Mathematik zugeordnet. Sie konzentrierte sich auf das, was als *Chaostheorie* in die Wissenschaftsgeschichte eingehen sollte. Chaotische Systeme fanden sich überall, beim Wetter, beim Klima, im Sonnensystem. Neben der Physik traten sie auch in der Medizin, der Biologie und der Chemie auf. Man kann ihnen in der Medizin, der Biologie und der Chemie begegnen, sogar in der Informationstechnologie, wo einfache autonome Softwareprozesse, die Multiagenten, durch Interaktion komplexe Verhaltensweisen von Software herbeiführen. Multiagenten werden wir im nächsten Kapitel näher betrachten, weil sie als digitale Imitation des komplexen Systems der freiheitlich-demokratischen Gesellschaft sehr gut geeignet sind.

Trotz oder gerade wegen der Häufigkeit des Auftretens chaotischer Systeme konnte sich die Forschung lange nicht darauf einigen, wie sich Komplexität denn letztlich definiere. Erst in den Siebzigerjahren begann man, die Eigenschaften von Komplexität zusammenhängend zu betrachten. Instabilität spielt eine herausragende Rolle in allen komplexen Systemen. Instabilitäten führen dazu, dass Symmetrie in die Brüche geht und so Dynamik im System auftritt.

Dennoch ersetzten die neuen Modelle komplexer Systeme nicht einfach die alte Hegemonie der Symmetrie. Sie bereicherten und ergänzten sie, indem sie ebenjene Dynamik berücksichtigten, wie sie aus der Interaktion von Elementen eines komplexen Systems entstand.

Auf der Schwelle zum Chaos:
die vernetzte Gesellschaft

Ein kurzer Blick zurück auf die Kybernetik zeigt, welchen Anspruch diese hat: Egal, wie komplex ein System ist, sie verspricht, dass es vollständig analysiert, mathematisch nachgebildet und gelenkt werden kann. Wie sich zeigte, erlaubte gerade ihr neues Konzept der Rückkopplung, Komplexität in Systeme einzuführen. Was aber macht ein System zu einem komplexen System?

Der australische Informationstheoretiker und Philosoph Scott Muller hatte 2004 zum Thema komplexe adaptive Systeme promoviert.[4] Nach einem ersten Studienabschluss war er schon 1996 als Datenanalyst tätig und wertete Umsätze und Kosten für Banken aus, als ein Buch über die gerade aufstrebende, noch junge Komplexitätswissenschaft seinen Forscherdrang erneut weckte.[5] 1997 ließ er die Ökonomie der Banken hinter sich und sah sich in Boston wieder nach einer Forschungsstelle in der noch jungen Disziplin um.

»Dort hatten sie ein ganz anderes Verständnis von Komplexität, als ich sie mir vorstellte«, sagt er heute. »Dann habe ich entdeckt, dass die Universität in Newcastle, Australien – zufällig meine Geburtsstadt –, ein gutes interdisziplinäres Institut zum Thema unterhielt.«

Ab 1997 tauschte der Dreiunddreißigjährige sein festes

Gehalt als Analyst gegen die Aussicht ein, mehr über komplexe Systeme zu erfahren. Schon 1998 wurde er eingeladen, das Sommerprogramm des Santa Fe Institute in der Wüste Neumexikos zu besuchen. Santa Fe ist eine wunderschöne Stadt mit einem einzigartigen Stadtbild aus barocken und indigenen amerikanischen Baustilen. Das Institut ist legendär. Seine Gründung lag damals erst wenige Jahre zurück; in seinen Anfängen im Jahr 1984 bestand es aus nicht viel mehr als einem Messingschild an einer Tür. Das Institut verfügte weder über ein Grundstück noch einen Campus, ja nicht einmal über Mieträume. Seine ersten Programme finanzierte es mit Workshops, bei denen die heute weltweit geltenden Grundlagen der Komplexität geschaffen wurden. Doch einer der Mitgründer war Murray Gell-Mann, Nobelpreisträger für Physik. 1969 war er für seine Arbeiten zum Verhalten und zu den Interaktionen von Elementarteilchen ausgezeichnet worden. Gell-Mann erwies sich als Zugpferd für die Finanzierung des Santa Fe Institute, das heute über kleine, aber regelmäßige Dotierungen verfügt.

Scott Muller war begeistert von Santa Fe. Dort traf man Forscher aus aller Welt und allen denkbaren Disziplinen, die sich über komplexe Systeme austauschten und überall Gemeinsamkeiten erkannten.

Scott Muller erklärt ein komplexes System so:

»Grundlegend für ein komplexes System ist seine *Dynamik*. Wenn ein System statisch ist, wenn es sich also nicht mit der Zeit verändert, dann ist es nicht komplex.«

Komplex meint also etwas anderes als kompliziert.

»Ein Schlüssel ist einfach. Ein Auto ist kompliziert. Ein Auto im Straßenverkehr ist komplex«, erläutert ein Ingenieur aus einer anderen Disziplin, Zoran Perkov.[6]

Perkov war im Jahr 2006 technischer Leiter des Nasdaq OMX Market. Warum sich als Techniker an der Wall Street mit Komplexität beschäftigen? Weil die Finanzmärkte ein vortreffliches Beispiel für ein komplexes System abgeben, das viele faszinierende Eigenschaften besitzt. Eine davon ist die *Nichtlinearität*. Nicht nur Zoran Perkov hatte seine praktischen Erfahrungen mit der Nichtlinearität machen müssen. Man verändert einen Parameter eines komplexen Systems um eine Winzigkeit – und der Effekt kann verheerend sein. Man führt ein Software-Upgrade eines elektronischen Börsenplatzes aus, das einen winzigen Programmfehler beheben soll – und verursacht damit ungewollt, dass der Börsenhandel für Stunden unterbrochen ist und riesige Verluste für Händler und Investoren anfallen. Komplexe Systeme verhalten sich nicht wie erwartet. Kausalität will sich entweder gar nicht einstellen, nicht mit ausreichend hoher Wahrscheinlichkeit oder nur mit völlig unerwarteten Nebeneffekten.[7] Wenn man an ihnen herumspielt, kann man sich nie sicher sein, was man damit entfesselt.

»Allerdings«, erklärt der Australier Scott Muller weiter, »ist nicht jedes dynamische System umgekehrt auch komplex. Es gibt dynamische Systeme, die nicht komplex sind. Das Pendel einer Uhr ist dynamisch, weil es frei hin- und herschwingt. Wenn man das Pendel aus verschiedenen Auslegwinkeln anstößt, schlägt es über eine bestimmte Weite aus. Wie weit, das ist ziemlich gut vorhersehbar.«

Dynamische Systeme sind also nur dann komplex, wenn man nicht oder schwer vorhersagen kann, wie sie sich im Falle einer Veränderung verhalten werden. Komplexe dynamische Systeme unterscheiden sich von dynamischen Systemen durch die Schwierigkeit ihrer Vorhersagbarkeit.

»Komplexe Systeme bewegen sich zwischen dem einfachen dynamischen System eines einzelnen Uhrpendels und einem stochastisch-chaotischen System, das überhaupt keine Strukturen aufweist«, fährt Scott fort. »Aber chaotische Systeme ohne jede stabilisierende Struktur, die *Attraktoren*, kommen in der Realität praktisch nicht vor. Die meisten komplexen Systeme sind periodisch-chaotisch. Zwar haben sie Struktur, aber trotzdem ist ihr Verhalten nicht vorhersehbar. Immer bewegen sie sich auf schmalem Grat, als könnten sie jederzeit in ein stochastisch-chaotisches System ohne jede Struktur umkippen.«

Edge of chaos: Stagnation und Anarchie

An dieser schmalen Kante, der *edge of chaos*, balancieren komplexe Systeme zwischen Ordnung und Chaos. Solange es dem komplexen System gelingt, seine einzelnen Teile zwischen Stagnation und Anarchie in der Waage zu halten, bleibt es hinreichend stabil, damit Leben möglich wird. Doch genau dieser schmale Grat ist es, an dem sich unumkehrbare Umbrüche vollziehen und Strukturen, so gefestigt sie in der Vergangenheit auch gewesen sein mögen, hinweggefegt werden. In der jüngeren Geschichte gibt es dafür viele Beispiele. Nach jahrzehntelanger Herrschaft des Kommunismus reichten Montagsdemonstrationen in Ostdeutschland aus, um die Berliner Mauer zu Fall zu bringen. Für die herrschende Klasse kam der Umsturz plötzlich und unerwartet. Im Arabischen Frühling genügte die Besetzung öffentlicher Plätze, um etablierte Diktatoren zu stürzen. Weil im komplexen System nicht notwendigerweise Kausalität von Ursache und Wirkung gegeben ist, führte seine Unberechenbarkeit, außer in Tunesien, eben gerade nicht auf dem direkten Weg in die Demokratie nordafrikanischer Staaten, sondern in die Anarchie, zu Machtvakua, Krieg und Terror.

Als wäre es nicht schwierig genug, ein einzelnes komplexes System zu verstehen, schachtelt das Leben viele komplexe Systeme ineinander. Ein Mensch ist Subjekt einer demokratischen Zivilgesellschaft und kann gleichzeitig Teilnehmer an einem sozialen Netzwerk sein. Sowohl der Mensch als auch die demokratische Zivilgesellschaft und das soziale Netzwerk sind für sich genommen jeweils ein komplexes System. Eine spannende Verschachtelung ist diese Kombination deshalb, weil sich die demokratische Zivilgesellschaft mit einer ganz anderen Geschwindigkeit bewegt als das soziale Netzwerk. Hier wird es endgültig aufregend, und der Pfad ins Chaos wird gefährlich rutschig. Scott Muller weist nämlich auf einen wichtigen Umstand hin: Komplexe Systeme können in unterschiedlicher Geschwindigkeit funktionieren.

»Man muss unbedingt begreifen, dass einzelne komplexe Systeme nicht nur innerhalb ihrer von uns willkürlich gesetzten Grenzen bestehen«, mahnt Scott. »Natürlich können wir das komplexe System ›soziales‹ Netzwerk‹ und seine Vorgänge für sich allein betrachten. Aber seine Anwender sind auch Subjekte der Zivilgesellschaft. Sie tauschen Informationen aus dem sozialen Netzwerk auch außerhalb des sozialen Netzwerks aus und agieren in der realen Welt – beziehungsweise umgekehrt. Sie treten mit Informationen aus dem sozialen Netzwerk heraus und handeln in der Umwelt, die sie real umgibt.«

Hier taucht wieder die Entgrenzung auf, von der schon als Eigenschaft der Digitalisierung die Rede war. Nimmt man die unterschiedlichen Geschwindigkeiten der beiden Systeme in den Blick, kann Folgendes passieren.

»Nehmen wir an, ein äußeres komplexes System bewegt sich schneller als ein inneres komplexes System … Ein soziales Netzwerk bewegt sich schneller als die demokratische Zivilgesellschaft als Ganze. Was kann passieren? Wenn sich die demokratische Zivilgesellschaft nicht an die Geschwindigkeit des sozialen Netzwerks anpasst – oder umgekehrt! –, drängt man das demokratische System an den Rand des Chaos. Eventuell zerfällt es, weil es seine Geschwindigkeit nicht an das äußere System anpassen kann. Eventuell kann es die alten Strukturen, die in ihm wirken, nicht erhalten.«

Wenn komplexe Systeme unterschiedlicher Geschwindigkeit aufeinandertreffen, müssen Evolution und Anpassung stattfinden, oder Systeme verlieren ihre stabilisierenden Strukturen. Die höchste Klasse eines komplexen Systems ist deshalb ein »komplexes adaptives System von Systemen«, abgekürzt CASoS. Seine umfangreiche Interaktion führt zu spontaner Selbst- und Umorganisation, ein Vorgang, für den niemand verantwortlich ist, der zufällig und ohne jede Planung stattfindet.

Das soziale Netzwerk als Meteorit, der auf den Planeten freiheitlich-demokratische Gesellschaft zurast und ihn beim Aufprall ins Taumeln bringt, ist keine unpassende Metapher für das Nebeneinander komplexer Systeme in der digitalen Transformation. Die Digitalisierung zerstört Gewohntes nicht allein deshalb, weil sie kulturellen Fortschritt bedeutet, wie wir im vorangegangenen Kapitel debattiert haben. Das Zerstörungspotenzial der Digitalisierung lässt sich auch systemtheoretisch erklären. Wer die digitale Gesellschaft als komplexes System begreift, weiß, dass sie auf dem schmalen Grat von Ordnung und Chaos wandelt, dass sie Phasenübergänge und Emergenz erleben wird und unerwartet in einen neuen gesellschaftlichen oder politischen Zustand eintreten kann, bei dem Vorangegangenes, Bewährtes und Geliebtes plötzlich und unwiederbringlich Geschichte wird.

Politik unter Druck

»Prinzipiell ist das Internet keine eigene Welt. Prinzipiell muss also das Gleiche gelten wie in der sogenannten analogen Welt. Der gleiche Zugang, die gleichen Methoden, die gleichen Bewertungen, das gleiche Staatsverständnis und das gleiche Grundrechteverständnis.«[8]

Das Internet sei kein Aliud, meinte der deutsche Bundesinnenminister Thomas de Maizière anlässlich der »Denk ich an Deutschland«-Konferenz der Alfred-Herrhausen-Stiftung vom 26. September 2014 in Berlin. Es sei nichts Neues neben dem bestehenden System, deshalb gelte dasselbe Recht wie außerhalb des Internets. Jeder Jurist würde spontan zustimmen, aber nicht jeder Systemtheoretiker. Denn die systemische Sicht legt nahe, dass sich die Digitalisierung, zu deren integralen Bestandteilen das Internet gehört, nicht auf dieselbe Art und Weise regeln lässt wie Systeme in vordigitalen Zeiten. Es fehlt an Linearität, an Kausalität, an Vorhersehbarkeit und Planbarkeit. Stattdessen ist die digitale Gesellschaft konfrontiert mit Instabilität, mit Dynamik, verursacht durch den hohen Grad an Vernetzung und Interaktion von Menschen und Dingen, durch Feedback, Entgrenzung, Autonomie, Anpassungs- und Lernfähigkeit – dies alles in Echtzeit und global.

Für uns stellt die Digitalisierung die größtmögliche Herausforderung dar: Sie fordert unsere Ansprüche heraus, nicht alleine jene an die Planbarkeit eines Lebensentwurfs, an finanzielle Sicherheit, an die Dauerhaftigkeit von Arbeitsplätzen und Anstellungsverträgen, sondern auch an die Linearität von Ursache und Wirkung und damit die Wirksamkeit politischer Gestaltungsmaßnahmen. Befindet sich unsere bekannte Welt nicht längst in einem Zustand der Oszillation und mit ihr die Politik, die von einer Krise zur nächsten schlingert, weil sie noch nicht die Werkzeuge entwickelt hat, zunehmend komplexe Systeme wirksam zu regeln? Ist das Schwert der Gesetzgebung in digitalen Zeiten zur stumpfen Waffe geworden? Und wenn die Gesetzgebung in der digitalen Ära nicht mehr ihre Wirkung entfalten kann, ist es dann die Ubiquität der Kybernetik, ihre Allgegenwart in allen Disziplinen und Lebensbereichen, deren Regelungsmechanismen Hilfe versprechen? Kann die digitale Gesellschaft besser im geschlossenen Regelkreis gesteuert als linear-kausal gesetzlich reguliert werden?

WELTMODELL

Kann Künstliche Intelligenz die Komplexität der modernen Gesellschaft meistern? Wie man einem künstlichen Politiker erklärt, was Demokratie ist: Ein Wissenschaftler baut ein Demokratiemodell, damit Ai lernen kann, wie sich eine freiheitlich-demokratische Gesellschaft verhält.

Wirksam regieren: Kann eine Künstliche Intelligenz die digitale Gesellschaft steuern?[1]

»Hier steht es«, sagt Scott Muller und schiebt die Zeitung über den Konferenztisch. »Der Justizminister schlägt dreizehn digitale Grundrechte vor.«[2]

Christian Brandlhuber beugt sich über das Blatt und runzelt die Stirn.

Seine gesamte berufliche Laufbahn, zwanzig Jahre lang, hatte sich der Mathematiker mit der Regelung komplexer dynamischer Systeme durch Künstliche Intelligenz beschäftigt. Nach seinem Studium hatte er sich, anders als seine Forscherkollegen, für eine Laufbahn in der Wirtschaft entschieden – zunächst in der Rüstungsindustrie. Budgetkürzungen beim Verteidigungshaushalt vertrieben den jungen Wissenschaftler schon Ende der Neunzigerjahre aus der Verteidigungsbranche; zudem hatte ihn, wie viele andere Mathematiker, die erste begeisternde Welle von Internetgeschäftsmodellen in der Dotcom-Blase um die Jahrtausendwende neugierig auf die Wall Street gemacht. Er wechselte die Industrie und stellte genauso wie Scott Muller in Santa Fe fest: Es gibt zahllose Gemeinsamkeiten unterschiedlichster komplexer Systeme, von der Kriegsführung bis zum Aktienhandel. Kann man eine offene Position am Aktienmarkt genauso lenken wie die Zielsteuerung eines Flakpanzers unter seiner Bewegungsdynamik im Feld? Wer eine Antwort auf diese Frage suchte, würde das betreffende dynamische System modellieren und simulieren müssen. Ein Modell komplexer Systeme, also ein Abbild ihrer Wirklichkeit, war mit den Differentialgleichungssystemen klassischer Mathematik zwar beschreibbar, aber oft nur unter großem Aufwand. Als Alternative bot sich der Einsatz Künstlicher Intelligenz an. Welche Technologie die richtige Wahl wäre, hing von der Natur des komplexen dynamischen Systems ab, das man imitieren wollte.[3]

Trotz aller beruflichen Herausforderungen und der kommerziellen Ausrichtung seiner Arbeit: Christian Brandlhuber steckte mehr denn je mit dem Kopf in der Erforschung kybernetischer Regelkreise. Doch von den Kollegen an den höheren Bildungsinstituten und ihrer Grundlagenforschung unterschied er sich in einem Punkt ganz wesentlich: Er forschte nicht ergebnisoffen, sondern immer für einen gezielten praktischen Einsatz. Seine Künstlichen Intelligenzen und ihre kybernetischen Kontrollstrategien waren operativ im Einsatz. Universitäten wussten das. Immer wieder traten sie an ihn heran und baten ihn, Doktoranden zu unterstützen, die ihr wissenschaftliches Arbeiten zu komplexen Systemen vertiefen wollten.

»›Artikel 1. Jeder Mensch hat das Recht auf Zugang zum Internet‹«, liest Christian laut vor. »Versteht der Justizminister unter Digitalisierung nur das Internet?« Er blickt auf und sieht Scott Muller fragend an.

»Du meinst, wenn alle Menschen das Recht auf Vernetzung haben, werden unsere Zivilgesellschaften weltweit noch instabiler, weil wir noch mehr gesellschaftliche Dynamik zulassen?«, stellt Scott die Gegenfrage.

»Das ist eine systemische Sicht auf die Digitalisierung«, antwortet Christian. »Vergessen wir für einen Moment, dass Digitalisierung auch der Nährboden für intelligente Maschinen ist, Maschinen, die in wenigen Jahrzehnten so intelligent wie Menschen sein können. Sie werden uns viele Arbeiten abnehmen. Brauchen wir dann auch ein Recht der Menschen auf Arbeit, weil Arbeit existenziell für das menschliche Dasein ist? Oder werden intelligente Maschinen selbst Grundrechte beanspruchen können? Anders gefragt: Welche Rechte haben wir im Verhältnis zu intelligenten Maschinen, heute und morgen? Wo hört der Mensch auf, wo fängt die intelligente Maschine an? Das ist ein ganz anderer Aspekt der kybernetischen Mensch-Maschine-Unschärfe.«

Scott bringt es auf den Punkt. »Du fragst dich, ob die digitale Gesellschaft als komplexes dynamisches System überhaupt wahrgenommen wird. Ob unseren Politikern klar ist, dass noch mehr Vernetzung unser Leben im Vergleich zu heute noch komplexer macht. Und ob sie verstehen, dass die Verabschiedung neuer Grundrechte in der digitalen Gesellschaft wahrscheinlich gar nichts bewirkt. Oder nicht das, was sie sich davon versprechen.«

Christian reibt sich die Augen. Er seufzt.

»Ist es gut, alles und alle zu vernetzen?«

»Ja, ist es. Und nein, ist es nicht.« Scott erinnert sich daran, dass ihm seine Tochter vor Kurzem eine intelligente Frage gestellt hat: Ist es eigentlich gut, dass es soziale Netzwerke gibt?

»Ja. Denn aus mathematischer Sicht erhöht die Vernetzung die Dimensionalität unseres Lebens. Auf einen Schlag gibt es für uns alle eine Menge mehr zu entdecken.«

»Und nein, weil sich die vielen vernetzten Elemente, nennen wir sie ›Agenten‹, als Folge der Vernetzung auf ganz vielfältige und erstaunliche Weisen verhalten werden. Wie genau, das weiß niemand. Warum geben wir es nicht einfach zu? Wir wissen nicht, was die Vernetzung aller mit unseren Gesellschaftsstrukturen, unseren Ordnungen, unserer Wirtschaft macht.«

Und dabei haben wir noch nicht einmal an die Milliarden Dinge gedacht, die ebenfalls vernetzt werden, überlegt Scott. An all die Sachen, die nie mehr schweigen werden wie früher. Alles und jeder wird Daten ausspucken, und alles wird irgendwie jedes und jeden beeinflussen.

Kurz hängen beide ihren Gedanken nach. Christian bläst die Backen auf und verzieht die Lippen. Skaliert die Instabilität einer Gesellschaft wirklich proportional mit der Anzahl der vernetzten Menschen? Oder führt schon die Art der Fragestellung wieder in die Falle simplen kausalen Schlussfolgerns? Christian entschließt sich, der Sache ein anderes Mal auf den Grund zu gehen. Für den Augenblick ist die Antwort ohnehin nicht relevant.

Scott Muller erinnert sich an eine Statistik jüngeren Datums.

»Rund 3,3 Milliarden Menschen sind schon heute vernetzt.[4] Ihre Vernetzung ist der Grund dafür, dass die digitale Gesellschaft ein komplexes dynamisches System ist, dessen Verhalten hochgradig nichtlinear ist. Nicht seine Dynamik, sondern die Tatsache, dass es nicht ins Chaos abstürzt, ist das eigentliche Wunder«, stellt er nüchtern fest. »Damit das so bleibt, müsste man *Resilienz*, also Widerstandsfähigkeit durch Adaptierung an sich ständig ändernde Umstände, herstellen.«

Das würden die Mittel des 20. Jahrhunderts, die Richtlinien, Gesetze, die Einführung von Geschäftsprozessen
und Verfahren, nicht mehr leisten können. Ein Gesetz allein
wäre kaum mehr geeignet, die Selbstbestimmung der Menschen in der digitalen Ära zu schützen, selbst wenn man
sich global darauf einigen würde. Die spontane Wechselwirkung von Vernetzten und gesetzlicher Regulierung wäre
unvorhersehbar. Digitale Grundrechte sollten ursächlich
sein für die Erhaltung menschlicher Selbstbestimmung in
digitalen Zeiten, aber würden sie angesichts der Dynamik
einer digitalen Gesellschaft auch tatsächlich Wirkung entfalten? Das konnte niemand garantieren.

»Die Politik sollte vorsichtig sein, was ihre Annahmen
in digitalen Zeiten betrifft«, erwidert Christian. »Diploma-
tisch, wirtschaftlich, rechtlich, sozial – in digitalen Zeiten
ist keinesfalls amtlich, dass bestimmte politische Maßnahmen die beabsichtigten Folgen auch wirklich nach sich ziehen werden.«

»Komplexe Systeme an sich sind riskant«, stimmt Scott
zu. »Die Katastrophe lauert an jeder Ecke.[5] Die Politik
steckt sozusagen in der Klemme. Sie läuft Gefahr, immer
mehr zu improvisieren.«

»Auf Sicht fahren«, nannte das der deutsche Innenminister.[6] Mochte die Politik auch die besten Absichten hegen,
die Komplexität der digitalen Gesellschaft verhinderte, dass
ihre Probleme nachhaltig gelöst würden. Im schlechtesten
Fall verschlimmerte Politik aus dem Stegreif die Schwierigkeiten komplexer Systeme noch.

Christian wird lebhaft. »Richtig riskant wird es, wenn
die Politik einen Gott-Komplex pflegt.«

Am Gott-Komplex leidet, wer denkt, sein Verständnis

eines Problems oder seine Problemlösung seien unfehlbar und über alle Zweifel erhaben.[7] Dagegen allerdings ist niemand immun, weder Politik noch Wirtschaftsunternehmen, selbst Wissenschaftler nicht.

»Viele von uns glauben, ihre kleine Welt um sich herum zu verstehen«, erklärt Christian nüchtern. »Wir sind sogar überzeugt, wir verstünden sie vollständig und noch dazu viel besser als andere.«

»Aber in Wirklichkeit liegen wir ganz oft falsch«, erklärt Scott.

Die menschliche Neigung zur Selbstüberschätzung, die auch die Polittechnologen des *nudging* immer wieder als guten Grund für die Manipulation der Bevölkerung heranziehen, ist eine jener kognitiven Verzerrungen, die zu Entscheidungen führt, mit denen wir uns selbst schaden, etwa dann, wenn wir uns wirtschaftlich unvernünftig verhalten. Doch vor allem verhindert der Gott-Komplex, andere Sichtweisen auf die Welt zuzulassen und etwas Neues zu versuchen.

»In dem Umfang, in dem die Vernetzung in unserer Gesellschaft zunimmt, wächst ihre Komplexität und steigt die Anzahl unserer Entscheidungsalternativen. Stell dir einmal all die möglichen Verbindungen zwischen Menschen und Dingen im *Internet of Everything* vor – die ungezählten Interaktionen, die plötzlich möglich werden. Das wird eine Komplexitätsexplosion.« Christian schüttelt sich, als würde er frösteln. »Wir werden die Komplexität unserer Welt ins Unermessliche steigern.«

»Vielleicht ist der Gott-Komplex deshalb so verführerisch«, überlegt Scott. »Wir greifen auf einige Daten unserer komplexen Welt zurück, analysieren und visualisieren sie. Die Massendatenanalyse beruhigt uns. Sie verleitet uns zu glauben, dass wir die Welt verstehen.«

Christian schüttelt energisch den Kopf. »Die zunehmende Komplexität unserer Welt werden wir trotz aller Massendaten nicht verstehen. Es ist sogar viel wahrscheinlicher, dass wir sie nie ganz begreifen werden.«

»Das heißt aber nicht, dass wir überhaupt keine Lösungen für die Probleme einer komplexen Welt finden können«, mahnt Scott.

»Stimmt. Aber dafür müssten wir alte Denkmuster überwinden und außerhalb unserer gewohnten Schubladen denken.«

Eine neue Zeit, die ihren neuen Menschen sucht, neue Technologien, höhere Dimensionalität und Komplexität – spräche das nicht dafür, auch die digitale Gesellschaft auf neue Art zu regeln?

»Die Komplexität einer hoch vernetzten Gesellschaft fordert uns heraus«, erklärt Christian. »Wir müssen neue Lösungen und Lösungstechniken ausprobieren.«

»Wir könnten die kybernetische Steuerung der Gesellschaft neu beleben«, schlägt Scott vor. »Schließlich haben wir heute genügend Massendaten, vernetzte Rechner und eigene intelligente Algorithmen für die Echtzeitregelung einer Gesellschaft.«

»Ich bin mir nicht sicher, ob man eine kybernetische Kontrollstrategie entwickeln kann, die fähig ist, ein so komplexes System wie unsere Gesellschaft zu steuern«, wendet Christian ein.

Scott Muller weiß, warum Christian zögert. Auch in digitalen Zeiten hängt Christian an der Demokratie. An der

Idee größerer Partizipation der Bürger. Scott Muller kennt Christian lange genug, um zu wissen, dass ihm die Vorstellung einer kybernetischen Lenkung der Gesellschaft widerstrebt.

»Wenn du die Gesellschaft steuern willst, dann musst du sie zuerst einmal vollständig verstehen«, geht Christian dennoch auf Scotts Vorschlag ein. »Du musst das System, das du steuern willst, verstehen und dann, nächster Schritt, auch den Regelungsmechanismus selbst. Wie würde ein Regler, eine Kontrollstrategie, aussehen? Was wären ihre Zielfunktionen? Gehören Gesetze dazu, also das moderne, geschriebene Recht, mit dem wir im 20. Jahrhundert gesetzliche Normen geschaffen haben? Wahrscheinlich schon. Wenn du noch dazu der *Demokratie* im digitalen Zeitalter mehr Geltung verschaffen willst, dann willst du eine Herrschaftsform, quasi eine Ideologie, zur Zielfunktion machen. Interessant.«

Christian richtet sich im Ledersessel auf, nimmt einen Bleistift in die Hand und dreht ihn zwischen den Fingern.

»Ist mir so noch nie untergekommen.«

Wieso, fragt sich Scott, sollte eine kybernetische Kontrollstrategie, implementiert als Künstliche Intelligenz, die Demokratie nicht genauso gut verstehen wie ein Mensch? Eine Künstliche Intelligenz könnte die demokratische Herrschaftsform vielleicht sogar besser durchschauen. So wie Künstliche Intelligenz besser Backgammon spielen kann als ein Champion. Oder Jeopardy. Oder das komplizierte asiatische Brettspiel Go.

»Wir sollten es trotzdem anpacken«, sagt Scott. »Politik und Gesellschaft verstehen die neuen Kräfte der digitalen Ära noch viel zu wenig. Aber die Forschung… wir haben wenigstens alle Werkzeuge zur Hand, damit wir damit experimentieren können. Wir können eine komplexe digitale Gesellschaft modellieren und eine Kontrollstrategie trainieren, die demokratiestärkende Entscheidungen trifft.«

»Die eine politische Strategie findet, die die Demokratie von einem möglichen Unfallpunkt ablenkt, meinst du.« Christians Mimik ist nicht eindeutig. An seiner gerunzelten Stirn kann Scott ablesen, dass sein Gegenüber Zweifel hat. Und dass sich sein gedankliches Räderwerk in Gang setzt.

In fast zwanzig Jahren hatte Christian Brandlhuber alle Technologien ausgebrütet, die Scott Muller helfen würden, die Idee von der kybernetischen Regelung der komplexen digitalen Gesellschaft zu erproben. Christians Technologiearsenal war ein Jurassic Park Künstlicher Intelligenzen aus Multiagenten, Kolonien künstlicher Ameisen, Robotern, die sich über ihre Geruchssensoren indirekt koordinierten, lernenden Maschinen mit Netzarchitekturen jeder denkbaren Auslegung – und einem mächtigen *Controller*, der in der Lage war, Strategien zu berechnen, in Echtzeit Entscheidungen zu treffen und jedes beliebige komplexe System nachzusteuern. Fehlten noch die Daten, Massendaten, für Scotts Vorhaben. Das könnte die einzige wirkliche Herausforderung werden. Daten gesellschaftlicher Individuen oder Vorfälle existieren in unvorstellbarer Menge, nur hatten weder Scott noch Christian darauf Zugriff. Die beiden könnten Daten sozialer Netzwerke kaufen, etwa von kommerziellen Datenhändlern. Je nachdem, welche Auswahlkriterien man auf deren Selektorenlisten ankreuzte, würde der Kaufpreis niedriger oder höher ausfallen. Je mehr Selektoren, desto teurer die Daten und die neuen Informationen, die soziale Netzwerke bereits selbst algorithmisch aus den Rohdaten abgeleitet hatten. Wer die Klarnamen der Anwender sozialer Netzwerke kennen und etwas über ihre sexuellen Vorlieben (»N.N. schläft lieber mit älteren Frauen«) oder ihren Gesundheitszustand erfahren wollte, musste über ein Millionenbudget verfügen.

Alternativ hielt das Internet Software bereit, mit der man die Inhalte aller Twitter-Konten herunterladen könnte. Das ist noch beängstigender als die Möglichkeit eines Datenkaufs, findet Christian Brandlhuber. Prinzipiell jeder, ob in guter oder böser Absicht, hat Zugriff darauf, was die Anwender sozialer Netzwerke alles von sich preisgeben.

Ob Download oder Kauf: Selbst derjenige, der Millionen US-Dollar für Massendaten zahlen könnte, würde in jedem Fall nur eine sehr dünne Datenlage einer freiheitlich-demokratischen Gesellschaft als Gegenleistung erhalten.

»Gut!« Christian steht aus seinem Sessel auf und geht zum Whiteboard. »Wir greifen uns ein spezielles Problem unserer europäischen Demokratien heraus. Damit beginnen wir unseren Denkprozess. Wir analysieren das Problem, bauen ein mathematisches Modell auf – ein Demokratiemodell – und simulieren damit viele künftige Entwicklungen unserer demokratischen Gesellschaft. Wir simulieren sozusagen ihre Zukunft.«

»Du meinst, viele Zukünfte.«

»Viele mögliche Zukünfte, in die eine europäische demokratische Zivilgesellschaft geraten kann, richtig. Haben wir das geschafft, wählen wir aus unserem Zoo der Künstlichen Intelligenzen eine geeignete Technologie für die Kontrollstrategie aus. Wir stecken die Künstliche Intelligenz in den Simulator und spielen ihr die Zukünfte vor. Dann kann sie durch Beobachtung, Aktion und Reaktion im geschlossenen Regelkreis selbstständig lernen, wie sie sich in vielen verschiedenen Situationen am besten durchschlägt.«

»Für die Künstliche Intelligenz ist der Simulator wie ein Spiel, das sie gewinnen soll?«

»Sie gewinnt, wenn sie eine Strategie lernt und Entscheidungen trifft, mit denen sie die Demokratie auch in der digitalen Ära langfristig stabilisiert.«

»Du meinst, im Simulator lernt sie, die digitale Gesellschaft so zu lenken wie ein Pilot einen Airbus im Flugsimulator.« Jetzt muss Scott doch schlucken. »Stell dir vor, das würde funktionieren, und die Politik würde solche Technologien einsetzen, um schwierige politische Herausforderungen anzupacken.«

»Du denkst wieder an Dürrenmatts *Die Physiker*«, stellt Christian nüchtern fest.

»Sicher. Was für gute Absichten taugt, taugt auch für die schlechten. Wenn du die Gesellschaft kybernetisch regeln kannst, wenn Kontrollstrategien in die falschen Hände geraten – Grundgütiger, ich darf gar nicht daran denken.«

»Dass ein Staat sein Volk in Zukunft mithilfe Künstlicher Intelligenz gezielt steuert.«

»Und dass die Polit-Technologen der Zukunft keine Menschen mehr sind, sondern nur noch intelligente Automaten«, fügt Scott hinzu.

Christian legt den Kopf schief und sieht Scott an. Dann nickt er.

»Genauso wird es kommen«, bestätigt er. »Aber anders, als du denkst. Nicht ein ›Zentralkomitee der Maschine‹, sondern die Umgebungsintelligenz des *Internet of Everything* wird die Menschen steuern. Noch bevor dein smarter Wecker morgens klingelt, ist dein Haus schon wach. Deine

Kaffeemaschine kocht den Kaffee so, wie er heute für dich am besten ist, und ein autonomes Auto ist schon auf dem Weg zu dir, um dich zum ersten Termin des Tages zu chauffieren. Deine aktivierte Umgebung normiert und strukturiert dich, weil du ihr das Management deines Lebens komplett überlassen hast.«

Damit dieses Szenario so eintreten könnte, müssten möglichst alle Menschen vernetzt sein. Ein digitales Grundrecht auf Zugang aller Menschen zum Internet würde es nicht nur einer Diktatur, sondern auch einer reglementierenden digitalisierten Umwelt leicht machen. Die Absichten des neuen Grundrechts, wie es der Justizminister vorschlug, würden pervertiert.

»Bleiben wir doch kurz bei der bekannten Herrschaftsform, bei der Menschen über Menschen herrschen. Was, wenn die algorithmische Steuerung der Bürger in die Hände einer rechtspopulistischen Regierung fiele? Oder in die einer Staatsmacht, die es mit postkommunistischen Ideen hält? Der Kommunismus hat schon immer an die Steuerung der Gesellschaft geglaubt. Wer kontrolliert die Kontrollstrategie?«, fragt Scott.

»Moment. Du denkst in Kategorien des 20. Jahrhunderts«, widerspricht Christian. Scott stutzt kurz.

»Du denkst in sozialen Hierarchien«, fährt Christian fort. »Dass es ein Oben gibt, das dem Unten sagt, wie es sich zu verhalten habe. Aber so funktionieren komplexe Systeme nicht. Schließlich gibt es in unserem Gehirn auch nicht das eine, zentrale Superneuron, das unseren Körper steuert. Besser wäre, du denkst vernetzt.«

Wenn das so wäre, gäbe es für die Demokratie im 21. Jahrhundert Hoffnung, denkt Scott.

»Ich bin überzeugt«, sagt Christian, »dass die Gewaltenteilung im digitalen Zeitalter maximal gestärkt werden
muss. Die Republik braucht Republikaner. Sonst sieht es
schlecht aus für den Souverän. – Mit welchem gesellschaftlichen Problem willst du in die Erschaffung deines künstlichen Politikers einsteigen?«, lenkt er ab.

Scott blickt unter den Konferenztisch auf seine Fuß-
spitzen und sieht dann wieder auf.

»Was hältst du von der Flüchtlingskrise?«

Es klingt nicht wie eine Frage, sondern wie eine Feststellung.

Wie sich eine Meinung bildet

Die unbefestigte Straße aus Sand und Steinen ist staubig. Im Graben rechts sammeln sich die Abwässer aus dem nahe gelegenen Flüchtlingslager aus gelben Klinkern und Beton. Die Eingänge der Ziegelbaracken haben keine Türen, sie sind mit Stoffen verhängt. Davor stapeln sich Kartons, Tüten und Plastikmöbel. An Leinen hängt die Wäsche. Männer mit Turbanen, in langen Gewändern und mit zerrissenen Schuhen, und Kinder mit zerzausten dunklen Haaren und schwarzbraunen Augen bewegen sich über die sandigen Wege zwischen den Baracken. Das Gelbbraun der iranischen Wüste ist die vorherrschende Farbe der kahlen Salztonebene, deren Horizont in allen Richtungen von braungrauen Gebirgszügen verwischt wird. Kein Grün säumt die Straße, das dürre Gestrüpp rechts und links leistet dem Wind keinen Widerstand.

Schon in der dritten Generation leben vier Millionen afghanische Flüchtlinge im Iran, teils illegal, teils in befestigten Camps, den *guest cities*. Die afghanischen Flüchtlingslager Torbat-E Jam oder Saveh sind nicht ganz so gastfreundlich, wie das Etikett »Gästestadt« vermuten ließe. Sie sind afghanische Ghettos. Weil sie Schulen und Kliniken beherbergen, gelten sie dennoch als vorbildlich. Obwohl hunderttausende afghanischer Flüchtlingskinder das

Recht haben, die Schule zu besuchen, macht der Iran keinen Hehl daraus, wie gerne man sehen würde, wenn die Afghanen in ihre Heimat zurückkehrten. Man hat nicht die Absicht, sie in die iranische Gesellschaft zu integrieren. Wer es als Flüchtling über die streng abgeriegelte afghanisch-iranische Grenze geschafft hat, wird im Iran immer Flüchtling, immer rechtlos bleiben.

Noch im Sommer 2015 schien die Lage der afghanischen Gäste im Iran ausweglos. Bis die kollektive Entmutigung völlig unerwartet in Hoffnung und einen frischen Glauben an eine bessere Zukunft umschlug. Seitdem planen hunderttausende Afghanen die Flucht nach Europa. Twitterkampagnen der deutschen Bundesregierung, #RumoursAboutGermany, und Plakatierungsaktionen in Kabul: »Afghanistan verlassen? Sind Sie sich sicher?«, oder: »Gründlich darüber nachgedacht?«, zeigen nicht die erhoffte Wirkung.

»Es bringt überhaupt nichts«, sagte der afghanische Taxifahrer Abdul Raheem dem deutschen Fernsehen. »Wie kann so ein Poster uns von einer Flucht abhalten, wenn es überhaupt keine Arbeit in diesem Land gibt? Keine Sicherheit.«[8]

Hunderttausende sitzen auf gepackten Koffern und warten auf ihre Gelegenheit, über den Iran und die Türkei nach Europa zu marschieren.

Woher der plötzliche Sinneswandel?, sorgt man sich in Europa, wo die im Herbst 2015 plötzlich ansteigende Flüchtlingswelle unbeherrschbar wurde. Die Afghanin Soghrah, die in einer iranischen Gästestadt untergebracht ist, erklärt ihn so:

»Meine Freunde, die in Europa angekommen sind, erzählen, dass man sie dort freundlich aufnimmt und sich um sie kümmert, besonders in Deutschland. Ja, sie warnen uns über die Medien, dass wir eventuell aus Deutschland ausgewiesen werden. Aber noch kein Einziger, der angekommen ist, hat uns das bestätigen können. Das Risiko ist es wert.«[9]

Gleich und gleich gesellt sich gern

Wie sich eine Gesellschaft als Kollektiv verhält und welche Entscheidungen sie trifft, hängt von den Interaktionen ihrer Individuen ab, stellte der nobilierte Ökonom Thomas Schelling schon 1978 fest.[10] Er war einer der ersten Wirtschaftswissenschaftler, der die Gesellschaft als komplexes dynamisches System aus interagierenden Einzelwesen begriff. Dabei steckte die Komplexitätsforschung Ende der Siebzigerjahre noch in den Kinderschuhen. Doch Thomas Schelling verstand die Gesellschaft schon früh als »soziales Netzwerk« im eigentlichen Wortsinn. Sie setzte sich aus Individuen zusammen, die sich vernetzten – mit ihrer Familie, ihren Nachbarn, ihren Freunden und den Freunden von Freunden. Thomas Schelling war einer der ersten Forscher, denen dabei auffiel, dass man aus der Meinung oder dem Verhalten einer einzelnen Person keine Rückschlüsse auf das kollektive Verhalten einer Gesellschaft ziehen konnte. Welche Absichten ein Individuum hegte oder welche Entscheidungen es für sich traf, fand keine Entsprechung im Verhalten des Gesamtsystems.

Schelling hatte sein Augenmerk auf ein Problem gerichtet, das auch nach dem Erlass des *Civil Rights Act* 1964, dem Verbot der Rassentrennung, in den Vereinigten Staaten zu beobachten war: Warum ballten sich Angehörige einer Bevölkerungsgruppe innerhalb einer Stadt in deutlich abgetrennten Vierteln zusammen? Wieso durchmischte sich die Stadtbevölkerung nicht gleichmäßig, so wie es dem Wunsch der Politik nach Multikulti entsprach? Was bewegte eine urbane Gesellschaft zur Schaffung deutlich getrennter sozialer Strukturen? War Rassismus der Grund dafür? Wenn Bonn-Bad Godesberg zu einem Zentrum des Medizintourismus aus dem Mittleren Osten geworden und Einheimischen unwohl dabei ist, sich in ihrem Bezirk frei zu bewegen, haben sie dann Angst vor der fremden Kultur? Sind sie etwa intolerant?[11] Oder spielen ganz andere, unbewusste Vorgänge eine Rolle bei der sozialen Trennung Einheimischer und ihrer arabischen Besucher?

Thomas Schelling machte sich an die Arbeit und entwickelte das Schelling'sche Segregationsmodell. Die Idee: Man vereinfacht den städtischen Raum und denkt sich ein simples zweidimensionales Raster. Auf dessen Felder verteilt man zufällig rote und schwarze »Agenten«. (Agenten sind die wissenschaftliche Abstraktion von Stadtbewohnern.) Einige Felder bleiben frei, denn eine wichtige Voraussetzung ist: Jeder Agent hat die Wahl, auf seinem Feld sitzen zu bleiben oder sich auf ein anderes, freies Feld zu bewegen, etwa so wie beim Schachspiel.

An seinem Segregationsmodell machte Thomas Schelling eine interessante Entdeckung: *Mehrheiten* spielten eine große Rolle. Wenn die Roten eine lokale Mehrheit bilden wollten, trennten sie sich von den Schwarzen. Es entstand, was Europa als Parallelgesellschaft beschreibt. Wenn die acht unmittelbaren Nachbarn eines roten Agenten nicht dieselbe Farbe hatten, bewegte sich der rote Agent auf ein freies Feld, dessen Nachbarschaft mindestens von vier Agenten seiner eigenen Farbe besiedelt war.[12] Je nachdem, wie weit das Verständnis von »Nachbarschaft« ging, war es unter bestimmten Bedingungen möglich, dass sich Minderheiten bildeten, etwa wenn es den roten Agenten gleichgültig war, zwischen wie vielen schwarzen Agenten sie lebten; aber wenn die rote Minderheit unter einen bestimmten Grenzwert fiel, zog sie um.

Der Wunsch eines einzelnen Agenten, unter seinesgleichen zu sein, reichte schon aus, um das ganze System in Bewegung zu bringen und es zu animieren, sich selbst neu zu organisieren. Mit Rassismus hatte die Neuorganisation nichts zu tun. Dass sich »gleich« und »gleich« gerne gesellen, ist eine psychologische Wahrheit. Viele Ehepaare geben Zeugnis davon, dass man die eigenen Fehler am anderen besser und leichter erträgt als fremde Fehler.

Auch in Thomas Schellings Modell scharten sich Gleichgesinnte umeinander. Emergenz trat ein, und spontan zogen die beiden Farben so lange um, bis sich ganze Gruppen aus schwarzen und roten Agenten gebildet hatten. Unter den Bedingungen des Modells trennten sich zufällig vermischte Farben, und gut abgegrenzte Konzentrationen einer Farbe entwickelten sich. Damit sich die Farben unumkehrbar separierten, genügte die *minimale Änderung des Anfangszustands*, die Meinung eines einzelnen Agenten, die eine Bewegung des gesamten Systems auslöste. Und Thomas Schelling fand noch etwas heraus: Die Separation der beiden Farben lief sehr schnell ab. Jeder Agent musste nur drei- bis viermal »umziehen«, und schon waren die Farben in gut unterscheidbare Gruppen aufgeteilt.[13]

Werkzeug für die Meinungsbildung:
das Smartphone

Aus Schellings Modell lassen sich viele Schlüsse ziehen. Vielleicht ist die Segregation von Bevölkerungsgruppen – wohlhabende Münchener wohnen am Starnberger See, die Arbeiterklasse im städtischen Glasscherbenviertel – in einer urbanen Gegend ein unvermeidlicher Automatismus und folgt ähnlichen physikalischen Gesetzmäßigkeiten wie die Trennung eines Öl-Wasser-Gemischs. Oder es ruft die Forschung auf, neue Modelle zu entwickeln, die Gruppen unterschiedlicher Kultur, Klasse oder Herkunft besser mischt und jenen Stimulus identifiziert, der Integration am besten unterstützt.

Helfen die Erkenntnisse Schellings heute, die Flüchtlingskrise besser zu verstehen? Was veranlasst Migranten, sich auf den langen Weg nach Europa zu machen? Man sucht nach Gründen und findet viele. Menschen fliehen vor dem Krieg und dem Terror einer instabilen Region, die Europa lange nichts angehen wollte. Sie flüchten vor der Armut der Camps auf arabischem, persischem, nordafrikanischem Boden, die dadurch unsäglich verschärft wurde, dass reiche Geberländer ihre Spendenzusagen an das UN-Flüchtlingshilfswerk (UNHCR) nicht einhielten. Im Sommer 2015 wurde der Pro-Kopf-Betrag, mit dem sich ein syrischer Flüchtling, der sich außerhalb eines Camps in Jordanien einen Monat lang ernähren musste, von achtundzwanzig auf vierzehn US-Dollar halbiert.[14] Das alles ist bekannt. Die Politik kehrt die Scherben zusammen, wenn sie erst jetzt dem Welternährungsprogramm die längst versprochenen Spenden überweist. Doch gibt es auch eine systemische Sicht auf die Massenflucht?

Man kann Migranten genauso als komplexes dynamisches System begreifen wie die Bürger der Europäischen Union. Wer sich über die Trennung der beiden Bevölkerungsgruppen in zwei verschiedene komplexe Systeme entrüstet, weil sie schon sprachlich die Integration von Flüchtlingen in Europa untergrabe, sei beruhigt. Die Abgrenzung von »Migranten« oder »EU-Bürgern« ist nichts weiter als eine Abstraktion. Die Grenzziehung ist pragmatisch, nicht absolut. Eine ähnliche Trennung könnte man auch mit dem globalen Finanzmarkt in Börsenplätze und Regulierungsbehörden vornehmen. Auch sie wäre willkürlich, denn beide Systeme gehören gleichermaßen dem globalen Finanzmarkt an. Was beide Marktteilnehmer dennoch unterscheidet, sind ihre spezifischen Eigenschaften. Ein Individuum gehört zu einem sozialen System, wenn es dessen Konventionen und Normen folgt. Das komplexe System der Migranten hat seinen eigenen kulturellen Kontext – zum Beispiel bevorzugen seine Individuen die arabische Schrift – oder folgt bestimmten sozialen Konventionen, wenn es um die Gleichbehandlung von Frauen oder die Akzeptanz gleichgeschlechtlicher Partnerschaften geht. Dabei sind gesellschaftliche Normen für die Entscheidung des Individuums in einem sozialen System ausgesprochen nützlich, denn sie helfen bei Verhalten und Entscheidungsfindung. Ein Individuum, das sich an die Normen seines Systems hält, kann sich »richtigen« Verhaltens stets sicher sein.

Thomas Schellings Modell von roten und schwarzen Agenten, die sich über ein Schachbrett bewegen, ist eine starke Vereinfachung eines sozialen Systems. Heute würde man die Individuen des Systems der Migranten als viele autonome Softwareagenten mit Sozialverhalten und als Netzwerk – als Multiagenten-System – modellieren. Sie kommunizieren und kooperieren, während sie dabei ihre individuellen Ziele verfolgen, die sich noch dazu im Laufe der Zeit ändern können. Ein solches Multiagenten-Netzwerk entspricht ganz moderner gesellschaftlicher Realität. Denn mit der Einführung des iPhones durch die Firma Apple im Jahr 2007 hat sich die Interaktion von Menschen für immer verändert. Mit der Digitalisierung hat sich das soziale Netzwerk jedes Nutzers über seine unmittelbaren Kontakte hinaus weit ausgedehnt. Das Smartphone hat so mehr Dynamik und Unberechenbarkeit ins weltweite System der Nutzer gebracht. Das Smartphone ist nicht nur das wichtigste Hab und Gut jedes Migranten, ohne das Flucht nicht möglich wäre.[15] Es ist auch eine Vorbedingung für das komplexe System der Migranten. Ohne Smartphone wäre der Meinungsbildungsprozess unter Flüchtlingen ein anderer. Sehr wahrscheinlich ist sogar, dass sich das soziale System der Migranten ohne das Smartphone völlig anders verhielte.

Strukturen des Erfolgs:
Meinungsmacher und Gruppenzwang

Tatsächlich haben sich seit der Einführung des Smartphones sowohl unsere Meinungsbildung als auch unser Verhalten drastisch gewandelt, wenn auch oft unbewusst. Cybermobbing, exzessive Selbstvermarktung in sozialen Netzwerken und Online-Dating sind Beispiele für verändertes Sozialverhalten. Auch für die kollektive Meinungsfindung ist das Smartphone unerlässlich geworden.

Im komplexen sozialen System tritt eine Meinung oder ein Verhalten immer unter der Voraussetzung von Interaktion auf. Was eine Person in einem sozialen System fühlt, denkt oder glaubt, hängt in hohem Maße davon ab, was ihre nächsten Sozialkontakte denken oder tun. Deren Verhalten wird üblicherweise kopiert. Wer den Normen seiner Familie, seiner Nachbarn und seiner Freunde folgt, kann sich getrost auf den Herdentrieb, eine Art Schwarmverhalten, berufen.

Anschaulich, wenn auch nicht naheliegend, sind die Ergebnisse einer Studie, die untersucht, ob sich Fettleibigkeit wie eine Epidemie im sozialen Netzwerk ausbreitet.[16] In aller Kürze: Wer übergewichtige Freunde hat, dessen Risiko steigt um 45 Prozent, selbst übergewichtig zu werden. Wer Freunde mit übergewichtigen Freunden hat, wird nur noch mit 25 Prozent höherer Wahrscheinlichkeit selbst dick. Am sichersten ist es, man kennt die beleibten Freunde der Freunde seiner besten Freunde nicht. Trotzdem fällt das Risiko, sich an Schokolade oder Pommes frites zu infizieren, nicht auf null.

Warum das so ist, dafür gibt es mehrere Gründe. Beim Schwarmverhalten binden wir uns an unsere Freunde, weil wir denselben Figurtyp teilen. Oder unser bester Freund ist ein *opinion leader*, ein »Meinungsmacher«, der bewusst auf uns einwirkt, damit wir ein bestimmtes Verhalten an den Tag legen. Er baut Gruppendruck auf. Er will, dass andere ihm folgen. Eine weitere Variante ist, dass wir mit Blick auf unseren Freund eine andere Vorstellung davon entwickeln, was eine gesunde Figur ist. Wir beginnen, eine neue

Konvention zu entwickeln, die im Laufe der Zeit unser gesamtes soziales Netzwerk erfasst.

Bei der Meinungsbildung in komplexen sozialen Systemen kann man beobachten, wie sich eine Meinung verstärkt. Ein Prominenter, der auf Facebook viele *Likes* gesammelt hat, wird leichter noch mehr *Likes* dazugewinnen als ein Unbekannter. Die Verstärkung wird als positives Feedback oder plakativ – mit Anspielung auf das Matthäus-Evangelium – auch als »Matthäus-Effekt« bezeichnet:

»Denn wer da hat, dem wird gegeben, dass er die Fülle habe; wer aber nicht hat, dem wird auch das genommen, was er hat.«[17] Mittelständische Technologieunternehmen verzweifeln an genau dieser »*The Winner Takes It All*«-Realität, vor der auch die deutsche Wirtschaftspolitik niederkniet. Wenn sich der digitale Branchenriese IBM in München ansiedelt, überschlägt sich die Politik mit Lobeshymnen. Es würden tausend neue Arbeitsplätze geschaffen. Dabei befinden sich gerade die Konzerne weltweit in einer Transformation. Sie mutieren von produzierenden Giganten zu Finanzinvestoren. Produktion war gestern, lautet die Devise, die man sich vom Silicon Valley abgeschaut hat. Dort hält man Produktion nicht für gut.[18] Auch Siemens will künftig nichts mehr herstellen. Die zahlreichen Abverkäufe seiner produzierenden Sparten, zuletzt die Weißware und die Abspaltung der Medizintechnik im Jahr 2015, weisen bereits auf die Strategieänderung hin. Automobilhersteller werden in Zukunft keine Autos mehr produzieren. Natürlich braucht es ein Chassis, das man in Kalifornien herstellen lässt, oder die Batterie für das Elektroauto, die aus Südkorea stammt. Doch in der Hardware liegt kein Wert mehr. Die heiligen Kühe der europäischen Wirtschaft werden in Zukunft Autos *betreiben*. *Mobility Services* nennt BMW das neue Geschäftsmodell. Bemerkenswert dabei ist, dass die Mobilität künftig nicht mehr aus dem BMW-Werk kommt, sondern von (ausländischen) Start-ups. Man verzichtet auf angestellte Designer, Informatiker oder Entwickler und erbringt keine eigene Innovationsleistung mehr. Man kauft sie dazu und verhindert so, dass man untergeht. So will man mit den Wachstumserwartungen seiner Investoren Schritt halten.

Doch weshalb, fragt man sich, brauchen institutionelle Investoren und Fondsgesellschaften wie das US-Unternehmen BlackRock Inc., das Anteile an allen dreißig DAX-Unternehmen hält[19], den Umweg über SiemensTelekomSAP&Co., wenn es doch direkt in innovative Start-ups investieren könnte? Radiert nicht ausgerechnet die Digitalisierung die Intermediäre aus, zu denen europäische Konzerne gerade mutieren?

SiemensTelekomSAP&Co. verfügen über unsere Kundendaten, muss die Antwort lauten. Nur das Wissen über seine Kunden macht den Konzern der Zukunft nicht völlig überflüssig. Kundendaten sind der Wert, der im 21. Jahrhundert aus den Jahrzehnten hochindustrialisierter Wertschöpfungsketten übrig bleibt. In einer komplexen Ökonomie mit hoher Veränderungsrate können Manager nicht mehr planen, wie sich ihr Unternehmen künftig entwickeln wird. Dem kann man auf zwei unterschiedliche Arten entgegentreten: Entweder man probiert eine neue Lenkungsmöglichkeit und Entscheidungsfindung in Echtzeit aus, wie sie die Kybernetik anbietet, oder das Unternehmen handelt zunehmend opportunistisch und sieht sich nach Start-ups um, die sich mit der Kundenbasis des Konzerns vertragen und Mehrwert schaffen können, wenn die konzerneigene Kundenbasis von der zugekauften Innovation profitiert. Deshalb wollen Konzerne möglichst viele unserer persönlichen Daten abgreifen. Deshalb saugt ein Auto alle Kontaktdaten von unserem Smartphone, wenn wir es in seine Ladeschale für Smartphones stecken. Unsere persönlichen Daten geben Konzernen Kontrolle über uns. Im Verkaufsjargon würde man sagen, Konzerne kontrollieren die »letzte Meile«, *last mile.* Der Konzern der Zukunft schöpft nur noch aus den Kundendaten Wert. Und weil Produktion gestern war, braucht man morgen nur noch Mitarbeiter, die den Markt nach Innovation scannen und Firmenzukäufe koordinieren.

Doch eine Ökonomie, die nur noch auf dem vierten Sektor, der Information, aufbaut, ist sehr instabil. Ihr Wachstum wird nur noch von der Höhe freier Investitionsmittel, der Liquidität, und der verfügbaren Datenmenge ermöglicht. Wer mehr von beidem hat – und dazu gehören Google oder Apple –, kann Konzerne mit Tradition leicht angreifen. Sowohl Google als auch Apple bauen Autos. Beide Unternehmen sind eine reale Gefahr für die europäische Automobilindustrie. Man darf gespannt in die Zukunft des Autos schauen: Wie werden sich die Internetgiganten von den klassischen Autobauern abgrenzen?

Dass man heute einen amerikanischen Konzern als »starken Motor für die Digitalisierung unserer bayerischen Industrie« braucht[20], obwohl man schon vor Jahren ausgerechnet deutschen Forschern, die inzwischen zur globalen Elite bei der Entwicklung Künstlicher Intelligenz zählen, die technologische Heimat verwehrte und sie ins Ausland vertrieb, ist ein Debakel. Aber vielleicht ist es unvermeidlich, weil auch die Politik nur dem Gruppenzwang der kollektiven Meinung nachgibt.

Eine kollektive Meinung hält sich übrigens oft hartnäckig. Sie ist vergemeinschaftet und verschwindet auch dann nicht aus der Gesellschaft, wenn Personen, die eine Meinung vertreten haben, versterben. Das soziale Netzwerk als solches hat Erinnerung. Wie lange sein Erinnerungsvermögen anhält, bestimmt sich auch nach der Größe seiner Speicherkapazitäten. »Das Netz vergisst nichts«, heißt das Schlagwort. Damit ist ganz konkret das Internet gemeint.

Wenn die junge Afghanin Sograh dorthin fliehen will, »wo es anscheinend paradiesisch sein soll«[21], folgt sie nur den unsichtbaren Regeln der Meinungsbildung ihres sozialen Netzes. Die vielen guten Nachrichten ihrer Freunde, die es schon nach Europa geschafft haben, bestärken sie im Glauben an ein europäisches Arkadien. Sie wird nachahmen, was Freunde und Verwandte schon früher geschafft haben: die beschwerliche Reise ins Paradies. Damit sie ihre Meinung ändert, wird mehr nötig sein als Plakatwände voll zweifelnder Fragen und der Twitterfeed einer bundesdeutschen Behörde, der mit Gerüchten aufräumen will.

Doch ein komplexes System ist nicht vorhersagbar. Ausgerechnet ein Tweet von 134 Zeichen sollte Europa nach der Griechenlandfrage in die zweite existenzielle Krise des Jahres 2015 stürzen. Der Schmetterling hatte mit den Flügeln geschlagen, und über Europa brach ein Ansturm herein.

Der Flügelschlag des Schmetterlings

Am 25. August 2015 legt die deutsche Sommerhitze eine kurze Verschnaufpause ein. Die rund 200 000 Flüchtlinge, die in diesem Jahr in Deutschland neu registriert wurden[22], fast die Hälfte davon aus dem Westbalkan[23], erlebten neben den Bundesbürgern einen Rekordsommer. Die Temperaturen waren nun um ein Drittel auf angenehme 23 Grad gesunken, als eine deutsche Bundesbehörde einen historischen Tweet mit folgendem Wortlaut absetzte:

»#Dublin-Verfahren syrischer Staatsangehöriger werden zum gegenwärtigen Zeitpunkt von uns weitestgehend faktisch nicht weiter verfolgt.«[24]

Der behördliche Tweet, der sich trotz der erzwungenen Kürze der Nachricht sprachlich windet, wird dennoch richtig verstanden. Deutschland werde syrische Bürgerkriegsflüchtlinge, die einmal deutschen Boden betreten hatten, nicht in den europäischen Staat zurückschicken, der für ihren Asylantrag eigentlich zuständig wäre. Wer Deutschland einmal erreicht habe, könne bleiben und werde nicht mehr fortgeschickt.

134 Zeichen, die Europa in die Flüchtlingskrise stürzen. In der rasenden Geschwindigkeit des digitalen Kosmos verbreitet sich die gute Nachricht in der arabischen Welt und darüber hinaus. Doch der bürokratiegeplagte Bundesbürger

horchte auf. Hatte er etwas verpasst? War Twitter etwa das neue Medium für amtliche Bekanntmachungen geworden? Ein Mitgliedsstaat der Europäischen Union verlautbarte über die sozialen Netzwerke, dass er sein Selbsteintrittsrecht nach Artikel 17 der Dublin-III-Verordnung ausübe und nun selbst über Asylanträge, für die andere europäische Staaten zuständig wären, entscheiden würde. War es denn üblich geworden, offizielle Entscheidungen über Twitter bekannt zu geben? Dafür sah die Verordnung eigentlich einen förmlichen diplomatischen Kanal vor: Deutschland hätte die betroffenen EU-Staaten über das Kommunikationsnetz DubliNet über seine Entscheidung informieren sollen.

Doch beim Bundesamt für Flüchtlinge war offenbar etwas schiefgelaufen. Im Juli und August 2015 flimmerten herzzerreißende Bilder hilfloser Mitmenschen auf allen TV-Kanälen, die es durch den Eurotunnel nach Großbritannien schaffen wollten und bis dahin in selbst errichteten *squatter cities*, selbst organisierten Slums, auf französischem Boden bei Calais hausten. Flüchtlinge aus dem Kosovo und Albanien drängten sich in längst überfüllte Züge aus Mazedonien. Im Sommerinterview redete die Kanzlerin noch von der Eurokrise und über Griechenland. Bereits Mitte August rechnete das Innenministerium mit 800 000 Flüchtlingen. Doch ab Ende August 2015 stimmten weitere Hunderttausende aus dem Nahen und Mittleren Osten mit den Füßen ab. Die damalige österreichische Innenministerin Johanna Mikl-Leitner führt die Eskalation auch auf den Tweet des Flüchtlingsbundesamts zurück: »Das hat natürlich viele Hoffnungen geweckt und Zehntausende von Menschen auf den Weg gebracht. Nach sechs Tagen waren Tausende von Menschen am Bahnhof in Budapest. Und dann sind sie gekommen und gekommen. Sie haben sich alle eingeladen gefühlt.«[25] Mit ihrer Analyse steht sie in Europa nicht allein da.[26]

Europa ist schockiert, als am 27. August 2015 bekannt wird, dass man 71 erstickte syrische Flüchtlinge in einem Kühllaster an der Autobahn zwischen Neusiedl und Wien gefunden hat. Die Flüchtlinge waren von Schleusern aus Ungarn über die österreichische Grenze gebracht worden und beim Grenzübertritt wohl schon nicht mehr am Leben. Am 30. August beginnt Ungarn mit der Errichtung eines Stacheldrahtzauns an der EU-Außengrenze. Am 1. September 2015 meldet Frontex Rekordflüchtlingszahlen: Mehr als 23 000 Migranten hätten Griechenland erreicht, das Land, in dem schon unter Einheimischen die Armut grassiert. In Ungarn, am Wochenende ab dem 4. September 2015, eskaliert die Lage schließlich. Tausende marschieren zu Fuß auf der Autobahn gen Westen, bis sich Budapest mit Wien und Berlin darauf einigt, den Menschenstrom mit Bussen an die Westgrenze zu transportieren. Zu weiteren Maßnahmen kann sich der EU-Gipfel vom selben Wochenende nicht durchringen, und Ungarn schickt die ersten Soldaten an seine Südgrenze.

An den Ereignissen des spätsommerlichen Europa lassen sich viele konstituierende Eigenschaften eines komplexen sozialen Systems beobachten. Eine der wichtigsten ist die Nichtlinearität: *die Anfälligkeit eines Systems auf kleinste Veränderungen seiner Anfangsbedingungen.*[27] Eine kleine Veränderung löst eine unerwartet große Wirkung aus. Der Schmetterlingseffekt tritt ein, sagen die Chaosforscher. Ein Schmetterling, der in Brasilien mit den Flügeln schlägt, kann in Texas einen Tornado auslösen, so die Theorie. Für ein komplexes System, das ohnehin an seiner Systemgrenze balanciert und sich entscheiden soll, ob es in seiner bestehenden Umwelt bleibt oder die Umweltbedingungen wechselt, kann der kleinste Impuls dazu führen, Veränderungen nicht nur auszulösen, sondern sogar zu verstärken. Auch ein Tweet mit 134 Zeichen kann einen Impuls setzen.

Trotz der modernen Modelle, mit denen man heute soziale Systeme nicht nur untersuchen, sondern auch in die Zukunft simulieren kann, hilft schon Thomas Schellings einfaches Gitter-Modell, um die Flüchtlingswelle systemisch zu verstehen. In seinem Modell der Gesellschaft hatten die schwarzen und roten Agenten die *Wahl*. Sie konnten entweder auf ihrem Feld bleiben oder umziehen. Wer die Wahl hat, so legt Schellings Modell nahe, wird auch abstimmen.

Neben allen anderen guten Gründen, aus dem Nahen Osten zu fliehen, waren 134 Zeichen genug, Millionen Flüchtlinge unerwartet vor die Wahl zu stellen: Nach Deutschland zu gehen, wo man willkommen war, oder in der Armut syrischer Flüchtlingscamps oder mit illegalem Aufenthaltsstatus in den Ländern des Nahen und Mittleren Ostens zu verharren, wo man stets mit dem Risiko der Ausweisung oder Verhaftung leben musste. 134 Zeichen lösten einen Sturm auf Europa aus, lautet die Vermutung der früheren österreichischen Innenministerin mit Blick auf den Ablauf der realen Ereignisse vom Herbst 2015. Und ist das System erst einmal in den neuen Zustand geraten, ist die Lage unumkehrbar. Ein komplexes System hat keine Reset-Taste.

Ob sich nach der Migrationsbewegung des Jahres 2015 auch Emergenz einstellt, wird die Zukunft zeigen. Inzwischen sind das System der Migranten und das System der EU-Bürger zusammengetroffen. Das systemische Verhalten der Neuankömmlinge könnte eine Änderung der Anfangsbedingung für Europa sein und das System Europa unwiderruflich auf unvorhersehbare Weise verändern. Die Brexit-Debatte hat emotional fortgesetzt, was schon dominantes Thema in den Massenmedien bis Ende 2015 war, und hat beim Brexit-Referendum am 23. Juni 2016 zu einer knappen Mehrheit für den Ausstieg Großbritanniens aus der Europäischen Union geführt. Die Briten könnten Vorbildcharakter für andere EU-Zweifler haben, so die Furcht in Kontinentaleuropa. Europa könnte auseinanderbrechen, sich spalten und neu formieren oder einfach implodieren. Auf Anschläge rechtspopulistischer Gruppierungen auf Flüchtlingsheime könnten gewalttätige Demonstrationen folgen, auf steigende Integrationskosten Steuererhöhungen und die Emigration unzufriedener Europäer, Letzteres ein Vorgang, den man unter Technologen schon länger beobachten kann. Denn Migration findet in Europa in beide Richtungen statt. Es wandern nicht nur Menschen ein, sondern auch aus, darunter viele gut ausgebildete Technologen, denen Europa keine technologische Heimat bietet. Sie schlüpfen bevorzugt im Silicon Valley unter.

Die Herausforderung bleibt: Wie kann Europa das Europa bleiben, das der EU-Vertrag von Maastricht vorgesehen hat, das Europa der Menschenwürde, Freiheit, Demokratie, Gleichheit, Rechtsstaatlichkeit, Nichtdiskriminierung, Toleranz, Gerechtigkeit, Solidarität, des Pluralismus und der Gleichheit?

Was man an der Demokratie lenken kann

»Du willst also einen maschinellen Politiker aus Künstlicher Intelligenz bauen, der eine Strategie lernt, wie man europäische Demokratien gegen Krisen immunisiert.«

Das klingt wie ein Widerspruch in sich. Die Demokratie von oben herab sicherer machen, *top down*, das riecht förmlich nach Diktatur. Und wie unbescheiden, wie unmöglich wäre es, Europas Demokratien mithilfe eines intelligenten Supercomputers gegen Krisen zu stärken? Die Zukunft war nicht vorhersehbar; in welche Notlagen Europa noch geraten würde, war völlig offen.

Christian geht vor dem Whiteboard seines Büros auf und ab. »Ganz schön ambitioniert, Scott Muller. Nicht unmöglich, aber sehr schwierig.«

»Mag sein.« Scott lässt nicht locker. »Wir leben im 21. Jahrhundert. Wenn ausgerechnet die Digitalisierung unseren Alltag so komplex macht, warum sollten wir dann nicht auch algorithmisch regeln, vielleicht Hand in Hand mit der klassischen Gesetzgebung? Wir müssen ja nicht gleich alles infrage stellen. Trotzdem wäre es fahrlässig, neue Technologien nicht zu nutzen.«

Algorithmen waren nicht ganz unschuldig an der Bankenkrise 2008/9, die wegen der Vernetzung der globalen

Märkte von den Vereinigten Staaten rasch auf Europa über-gegriffen hatte. Und dass sich die Flüchtlingswelle durch einen Tweet des deutschen Flüchtlingsbundesamts aufge-schaukelt hatte, konnte man nach Meinung des österrei-chischen Innenministeriums mindestens debattieren. Damit sich ein komplexes System in solchen Krisen nicht destabi-lisiert, bietet die Forschung Konzepte und Technologien an. Eine fundamentale Idee ist die der *Resilienz*, der Stärkung der Widerstandskräfte eines komplexen Systems gegen sein Scheitern. Eine Künstliche Intelligenz soll also das komplexe System Europa stabilisieren, indem sie unter allen Unsicher-heiten den »richtigen« politischen Impuls berechnet und so den »Betrieb Europa« aufrechterhält. Und das möglichst in Echtzeit. Denn Betriebssicherheit lässt sich am besten in kürzeren zeitlichen Intervallen herstellen, so viel ist be-kannt.[28]

»Formal gesehen, brauchst du dazu zwei Künstliche Intel-ligenzen«, erklärt Christian. »Einen *Akteur*, der Echtzeitin-formation aus einer europäischen Demokratie verarbeitet und Entscheidungen über die Anreize trifft, die sie in ihrer jeweiligen Situation abhärten können. Und natürlich die Repräsentation einer europäischen Demokratie selbst. Ein Demokratiemodell. Das *Weltmodell*, wie Jürgen Schmidhu-ber es nennt. Für mich ist es halt ein Simulator. Eine Künst-liche Intelligenz, die die Welt simuliert. Deine Welt. Was du brauchst, ist ein Simulator für Demokratie.«

Der Künstler und Informatiker Jürgen Schmidhuber, heute wissenschaftlicher Direktor bei einem der weltweit führenden Institute zur Erforschung Künstlicher Intelligenz, dem Istituto Dalle Molle di Studi sull'Intelligenza Artificiale

(IDSIA) im schweizerischen Lugano, Professor für Künstliche Intelligenz an der Universität der italienischen Schweiz (USI) und der Universität der Angewandten Wissenschaften und Künste der Südschweiz (SUPSI), ist wie Christian Brandlhuber gebürtiger Bayer. (Die korrekte Nennung seines vollen Titels würde die Buchzeile sprengen.) Groß und schlank, kennzeichnet seine Schiebermütze, dass er Vorarbeiter ist: Vordenker der Künstlichen Intelligenz, Meister der lernenden Maschinen und Mentor seiner Forschungsgruppe, die, so hofft er, »nicht mehr so viele Jahre brauchen wird, um ein System mit den geistigen Fähigkeiten eines Kapuzineräffchens zu erschaffen«[29]. Ausgezeichnet mit zahllosen Preisen in internationalen Wettbewerben, ist Schmidhuber eine Marke in der weltweiten *Artificial Intelligence Community* – und ein Beispiel dafür, wie wenig Deutschland in der Lage ist, seine brillantesten Köpfe im eigenen Land zu halten. Schmidhubers Anspruch: eine Superintelligenz zu bauen, einen universellen Problemlöser für alle Forschungsaufgaben, die sich ihm selbst stellen. Seine Künstlichen Intelligenzen, so hofft er, würden ihn eines Tages überflügeln und ihn als Krone der Schöpfung ablösen. Damit stellt er sich zwar fundamental gegen das europäische Verfassungsverständnis. Aber man musste nicht seiner Meinung sein, um trotzdem großen Respekt vor seiner Arbeit zu haben.

»Er forscht, aber ich muss, bildlich gesprochen, Künstliche Intelligenz für die Schützengräben bauen«, pflegt Christian zu sagen. »Meine Künstlichen Intelligenzen mögen nicht die universelle Weltformel sein, die Jürgen erschafft, aber sie bewähren sich in der Schlacht. Jeden Tag, immer zuverlässig.«

Jürgen Schmidhubers künstlicher Wissenschaftler würde sich – ähnlich Scott Mullers künstlichem Politiker – aus zwei Subsystemen zusammensetzen. Das architektonische Prinzip eines künstlichen Wesens war also immer dasselbe, nur die Bezeichnungen fielen unterschiedlich aus. Man musste ein Weltmodell und einen Gestalter bauen.[30] Oder eine »mögliche Welt« und einen Akteur.[31] Oder einen Simulator und einen *Controller*. Der *Controller*, das wäre Ai. Sie müsste Europa gegen antidemokratische Tendenzen abhärten.

Welche europäischen Werte kann man stärken?

»Ich frage mich nur, was genau du beim komplexen System der digitalen Gesellschaft steuern willst«, gibt Christian dennoch zu bedenken. »Dein künstlicher Politiker soll einen oder mehrere europäische Werte maximieren. Welche Werte sollen das sein? Du willst, dass die Demokratie auch im digitalen Zeitalter widerstandsfähig bleibt. Also brauchst du eine Repräsentation sowohl von ›Demokratie‹ als auch von ›Widerstandsfähigkeit‹. Und dieses Modell müssen wir in die Beschreibungssprache der Mathematik übersetzen, zuerst in eine Nutzenfunktion und dann in Bits und Bytes.«

»Zum Modell habe ich mir etwas überlegt.« Die jüngsten rechtspopulistischen Entwicklungen in ganz Europa bereiteten Scott Muller Sorgen.

»In Polen hat das Parlament das Verfassungsgericht faktisch ausgeschaltet.[32] Ungarn hat schon länger die Pressefreiheit eingeschränkt. In Frankreich gewinnen radikale rechte Ideen an Boden – und nicht nur dort. Ich hätte gerne eine Maschine, die antidemokratischen Entwicklungen entgegensteuert. Sonst bleibt vielleicht nicht viel übrig von der europäischen Idee.«

Christian legt die Handflächen aneinander. »Wenn deine Künstliche Intelligenz Europa widerstandfähig machen soll, müssen wir zuerst verstehen, was eine freiheitlich-demokratische Gesellschaft in Europa überhaupt ausmacht.«

Europa, dessen Erfolg in der Verleihung des Friedensnobelpreises 2012 gipfelte, quält sich an vielen Fronten. Es kämpft um den Erhalt der wirtschaftlichen Einheit zwischen dem Norden und dem Süden. Der Streit entzündet sich an der gemeinsamen Währung, dem Euro. Europa ringt auch um Solidarität zwischen West und Ost. Das westliche Kerneuropa, das 1992 den EU-Gründungsvertrag in Maastricht unterschrieben hatte, ist anders sozialisiert als die Mitgliedsländer seiner späteren Osterweiterung. Dem Baltikum gilt Europa nicht nur als Wertegemeinschaft, sondern auch als Sicherheitspuffer zu Russland. Andere Interessen scheinen nachgelagert, etwa Fragen der Solidarität in Europa. Doch ausgerechnet bei dieser Frage darf Deutschland kaum den moralischen Zeigefinger heben. Solidarität ist nicht die erste Tugend, mit der Deutschland glänzt. Die Unnachgiebigkeit Deutschlands in der Griechenlandkrise ist bei vielen europäischen Partnern auf Unverständnis gestoßen. Auch in Fragen europäischer Asyl- und Flüchtlingspolitik hatte sich Deutschland noch 2013 gegen eine Solidaritätsregel ausgesprochen und sich geweigert, den europäischen Mitgliedsstaaten mit hohen Flüchtlingsquoten Erleichterung zu verschaffen.[33]

Ein Blick in völkerrechtliche Verträge hilft verstehen, auf welchen Pfeilern Europa ruht. Am 21. November 1990, ein gutes Jahr nach dem Fall der Berliner Mauer, unterzeichneten die 34 Mitgliedsstaaten der Konferenz über Sicherheit und Zusammenarbeit in Europa (KSZE) die Charta von Paris. Die Staaten, neben Europa auch die Vereinigten Staaten, Russland und Kanada, verpflichteten sich, »die Demokratie als einzige Regierungsform unserer Nationen aufzubauen, zu festigen und zu stärken«. In Artikel 2 des EU-Vertrags führt Europa für seine Mitgliedsländer noch genauer aus:

»Die Werte, auf die sich die Union gründet, sind die Achtung der Menschenwürde, Freiheit, Demokratie, Gleichheit, Rechtsstaatlichkeit und die Wahrung der Menschenrechte einschließlich der Rechte der Personen, die Minderheiten angehören. Diese Werte sind allen Mitgliedstaaten in einer Gesellschaft gemeinsam, die sich durch Pluralismus, Nichtdiskriminierung, Toleranz, Gerechtigkeit, Solidarität und die Gleichheit von Frauen und Männern auszeichnet.«[34]

Mehr als 25 Jahre später droht man auch in Europa hinter alle guten Absichten zurückzufallen. Das Jahr 2014, sagen Historiker schon heute, stellte eine epochemachende Zäsur dar.[35] Mit der Annexion der Krim war die Unterschrift Gorbatschows unter die Charta von Paris faktisch annulliert. Nationale Souveränität, Pressefreiheit und Gewaltenteilung waren durch zunehmenden Nationalismus angegriffen. Der Betriebspunkt, an dem das komplexe System Europa inzwischen operierte, bewegte sich gefährlich nah an der Unfallzone. Doch die Europäer sind sensibel. Sie gehen wieder auf die Straße, etwa wenn das polnische Parlament die Rechte des polnischen Verfassungsgerichts nicht mehr auf die inhaltliche, sondern nur noch auf die formelle Prüfung ihrer Vorhaben beschränkt. Mit der exzessiven Überwachungspraxis der Vereinigten Staaten zeigen sie sich nicht einverstanden, wenn das Europäische Parlament neue Datenschutzregeln ratifiziert oder der Europäische Gerichtshof die Kontrollrechte der Europäer über ihre eigenen persönlichen Daten gegenüber US-amerikanischen Unternehmen stärkt. Sie sind nicht bereit, den US-amerikanischen Primat der Sicherheit zu akzeptieren, weil er in ihre Freiheiten eingreift.[36]

Europäische Werte *sind* stark herausgefordert. Das heißt nicht, dass die europäische Idee grundsätzlich gescheitert ist. Europa ist aufgerufen, sie auch in Zukunft zu verwirklichen. *Die Vollendung der Schöpfung ist der Computer.* Kann das auch für Europa gelten?

Wie viele Variablen hat die Demokratie?[37]

Wer den deutschen Vizekanzler Sigmar Gabriel in den Abendnachrichten hört, kann sich eine ungefähre Vorstellung von dessen Standpunkten machen. Dasselbe gilt für Til Schweiger, den wir nicht nur als Schauspieler schätzen, sondern auch wegen seiner zahlreichen privaten Äußerungen in bundesdeutschen Medien kennen. Wenn sich aber beide, Gabriel und Schweiger, auf ein Bier verabreden, um gemeinsam über Flüchtlingsheime zu diskutieren, können wir über das Verhalten des Duos keine gesicherte Aussage mehr treffen.[38] Die beiden kommunizieren miteinander, es formen sich Meinungen, sie versuchen, einander zu überzeugen, und lernen mit dem Fortgang ihres Gesprächs dazu. Das Hin und Her von Ideen, Äußerungen und Antworten, das Feedback, macht das Duo zu einem komplexen System. Die tatsächliche Interaktion beim Zusammentreffen der beiden dürfte verbal, mimisch und gestisch vielschichtig sein. Til Schweiger wägt ab, was Sigmar Gabriel sagt. Der Vizekanzler stellt die Äußerungen Schweigers in den Kontext seiner Erfahrungen und politischen Probleme. Beide lernen voneinander und bilden sich ihre Meinung. Ansichten und Anschauungen sind nicht statisch oder festgelegt, sondern dynamisch und sich entwickelnd, eine typische Eigenschaft von Komplexität. Sich auf ein gemeinsames Bier zu treffen, ist die Interaktion, die zwei Individuen zum komplexen System verbindet, das mehr ist als die Summe seiner Einzelteile.

Ein unbeteiligter Dritter, der verstehen will, was zwischen den beiden vorgeht, wird stark vereinfachen, was er beobachtet. Til Schweiger sendet eine verbale Nachricht, Sigmar Gabriel empfängt und erwidert sie. Reduziert man das hoch entwickelte menschliche Wechselspiel auf den verbalen Austausch und lässt Mimik und Gestik außer Betracht, kommt man bereits zu einem einfachen Modell des komplexen Systems Gabriel/Schweiger; im besten Fall gibt das Modell das Zusammenspiel der beiden weitgehend realitätsnah wieder. Schon einfache Regeln der Interaktion, so die Komplexitätsforschung, können die relevanten Verhaltensweisen eines komplexen Systems erklären.

Doch welche einfachen Orientierungsgrößen könnten etwas so Facettenreiches wie die Demokratie beschreiben, die Herrschaftsform eines souveränen Volkes, unter der verschiedene Völker dennoch jeweils etwas anderes verstehen? In Europa ist die repräsentative Demokratie die bevorzugte Herrschaftsform, eine von mehreren Alternativen, eine Republik zu etablieren, in der die letzte Kontrollinstanz der gewählten Volksvertreter das Volk ist.[39] Wie lassen sich die wichtigsten Merkmale einer repräsentativen Demokratie beschreiben? Welche Einflussfaktoren eines Modells, die Variablen, sind unverzichtbar, um Demokratie zu beschreiben und zu erklären? Ihre Variablen könnten entweder beobachtbar oder tief im demokratischen Prozess verborgen sein. Dann würde man sie als *latente Variablen* bezeichnen, die nicht direkt wahrnehmbar sind, auf deren Existenz und Verhalten man aber aus beobachtbaren Variablen Rückschlüsse ziehen kann. Sie könnten qualitativer Natur sein. Denn Demokratie ist auch eine Geisteshaltung, eine Überzeugung. Sie basiert auf Vertrauen. Ein Volk muss seinen Volksvertretern vertrauen und die Volksvertreter ihrem Volk. Aber wie modelliert man Vertrauen in der Sprache der Mathematik? Schließlich sind Variablen nur Platzhalter für einen Zahlenwert. Doch qualitative Eigenschaften wie Vertrauen sind nicht einfach abzählbar. Nicht nur, dass sie kontinuierlich sind und sich ständig ändern – mal hat das Volk mehr, mal weniger Vertrauen in den demokratischen Prozess –, auch müsste man eine qualitative Eigenschaft quantifizieren, also abzählbar machen. Das allerdings wäre die kleinste Herausforderung. Man könnte eine Repräsentation festlegen, um bestimmte qualitative Eigenschaften in die mathematische Formelsprache übertragen zu können. Für ein Modell werden qualitative Stellgrößen brauchbar, wenn man sie in einen Zahlencode übersetzt, sie quasi chiffriert.

Für andere komplexe sozioökonomische Systeme, die Unternehmen, haben Komplexitätsforscher relevante Orientierungsgrößen bereits definiert. Ein funktionierendes Unternehmen lässt sich auf nur vier Variablen reduzieren: Liquidität, Gewinn, bestehende und zukünftige Erfolgspotenziale.[40] Schon über diese vier Größen lässt sich ein Unternehmen lenken.

Alternativlos?
Protestwählen gegen das Gruppendenken

»Wenn du eine prototypische europäische Demokratie modellieren willst, kannst du entweder eine Innen- oder eine
Außensicht einnehmen. Du kannst die Größen identifizieren, die für eine Demokratie relevant sind. Das ist die endo-
gene Sicht.«

Draußen ist es winterlich trüb. Europa wird so schnell
keinen Kälteeinbruch erleben. Christian geht hinter seinen
Schreibtisch und setzt sich.

Drei Pfeiler der Demokratie waren Meinungsbildung
im Volk, Wahlen und Kontrolle durch den Souverän. Mindestens die globalen Internetgiganten halten die Demokratie für eine alte Technologie und wollen etwas Neues
ausprobieren. Vielleicht haben sie sich längst auf den Weg
gemacht, das zu revolutionieren, worüber wir erst nachdenken, befürchtet Scott insgeheim.

Aus der Innensicht gibt es vier Variablen, findet Scott.

»Viele wahlberechtigte Bürger wissen nicht, wen sie wählen sollen. Sie beklagen einen Mangel an *Alternativen*«,
fasst er die Stimmung vieler Europäer zusammen.

Das Gefühl von Alternativlosigkeit war nicht nur ein rein
deutsches Phänomen. Für die deutsche Regierung war der
Euro alternativlos. Der Afghanistaneinsatz der deutschen
Bundeswehr war alternativlos. Die Griechenlandrettung
ebenso. 2010 war »alternativlos« zum deutschen Unwort
des Jahres gekürt worden.[41] Mit der Großen Koalition,
auf die sich die deutschen Volksparteien der Mitte, CDU,
CSU und SPD, nach der Bundestagswahl 2013 geeinigt hat-

ten, schlossen sich einstige politische Gegner zu einer einzigen, zeitweise kohärenten Gruppe zusammen. Seitdem besteht bei etlichen grundlegenden politischen Fragen zwischen den Koalitionspartnern kaum mehr Dissens, oder sie müssen ihren Dissens beilegen; schließlich teilt man sich die Regierungsbank. Die Trennschärfe zwischen den Regierungsparteien verschwimmt zugunsten eines gefühlten Konsenskurses, wie man ihn nur von der Schweiz des ausgehenden 20. Jahrhunderts kannte. Die Streitkultur leidet, die kurze Redezeit der Opposition im Deutschen Bundestag lässt nur noch selten kontroverse Debatten zu.

Wenn sich verschiedene Parteien zu einer einzigen Gruppe zusammenschließen, hat eine solche Koalition Auswirkungen auf politische Entscheidungen, was wieder das Experiment rechtfertigt, einen »unbestechlichen« künstlichen Entscheider zu implementieren. Weil man in einer Koalition Konsens herstellen will oder muss, kann es vorkommen, dass die Gruppe »die realistische Einschätzung der getroffenen Entscheidung und die Überprüfung alternativer Handlungsmöglichkeiten« zugunsten von Einstimmigkeit und Gruppenkonsens unterdrückt.[42] Sollten doch einmal Zweifel aufkeimen, findet im Kopf sofort die Selbstzensur statt. Die Unterdrückung möglicher Gegenpositionen empfindet man besonders dann als rechtens, wenn die Gruppe vermeintlich moralisch überlegen ist. Das Festhalten an Werten kann also auch zu Fehlentscheidungen führen. Doch weil die Umwelt wegen der Vielzahl ihrer ineinander verschachtelten komplexen Systeme nichtstationär ist, entwickeln sich auch Wertvorstellungen weiter. Manchmal müssen Werte sogar aufgegeben werden, oft ein schmerzhafter Prozess für die Gruppe.

Als sogenanntes *Groupthink*-Syndrom waren katastrophale Fehlentscheidungen der US-amerikanischen Außenpolitik des 20. Jahrhunderts gut untersucht.[43] Besonders anfällig für das *Groupthink*-Syndrom waren militärische Entscheidungen, etwa die Eskalation des Vietnamkriegs oder der Einmarsch der US-Truppen in den Irak nach den Anschlägen vom 11. September 2001. Diese Entscheidungen fielen unter hoher Stressbelastung aller an der Entscheidung Beteiligten. Doch auch früher und während der gesamten Menschheitsgeschichte hat Gruppendenken immer wieder zu folgenschweren Fehlentscheidungen geführt. Nicht selten führte das *Groupthink*-Syndrom zum Untergang ganzer Gesellschaften.[44] Intensive Landwirtschaft und Waldabholzung zerstörten die Lebensgrundlage historischer Gesellschaften, etwa auf der Osterinsel. Mit dem Schlagen des letzten Baums kollabierte auch die Inselgesellschaft.[45] Einer von mehreren Gründen für den Untergang der Maya war der Anbau zu vieler Nutzpflanzen durch zu viele Bauern und die dadurch verursachten Umweltprobleme.[46] Das Phänomen, das zu katastrophalen Entscheidungen führte, war das Versagen der Entscheidungsprozesse der ganzen Gesellschaft oder einer gesellschaftlichen Gruppe.

Gruppendenken und Konsens können also auch demokratischen Gesellschaften einen Bärendienst erweisen. Die Macht kohärenter Gruppen scheint den Wählern instinktiv ein Dorn im Auge zu sein, der sie mit der Wahl neuer Alternativen entgegenwirken wollen.

Erst im Dezember 2015 hatte die spanische Parlamentswahl wieder mehr Farbe in die europäische Parteienlandschaft gebracht. Per Twitter gratulierte sogar Edward Snowden:

»Historisch. Stellt euch eine Welt vor, in der Wahlen mehr sind als ein Angebot, zwischen zwei Optionen zu wählen. Glückwunsch, Spanien!«[47]

Die guten Wünsche waren verfrüht. Wie sich herausstellte, war das Land nach der Wahl, die zu einem Patt geführt hatte, nicht zur Regierungsbildung fähig. Am 26. Juni 2016 wählte Spanien erneut, und wieder sieht es nicht nach einer stabilen Regierungsmehrheit aus.

Zwar sind sich die Europäer einig, dass sie in keiner anderen Staatsform als der Demokratie leben wollen. Trotzdem glauben nur vier von zehn Europäern, dass ihre Wählerstimme etwas zählt.[48] Zypern bildet das Schlusslicht. Dort gehen 81 Prozent der Bevölkerung davon aus, dass die Stimmabgabe bei einer Wahl ohnehin nichts bewirken wird.[49]

Gefährliche Alternativen

Scott Muller fährt mit einer kurzen Aufzählung der, wie er denkt, relevanten demokratischen Variablen fort:

»Alternativen zu haben, ist zwar eine Orientierungsgröße der Demokratie. Aber eine Alternative kann auch demokratiefeindlichen Inhalt vertreten. Im Modell einer Demokratie müssen wir das *Risiko* der bevorzugten Alternative ebenfalls berücksichtigen.«

In einer Demokratie ist die Mehrheit nie betoniert. Demokratisch ist es, wenn die Minderheit zur Mehrheit werden kann. Weil das in einem Prozess von Meinungsbildung bis zur Wahl geschieht, sind die Freiheit der Meinungsäußerung, die Versammlungsfreiheit und die freie, geheime und gleiche Wahl Güter mit Verfassungsrang. Demokratische Alternativen stellen sicher, dass die freiheitliche Gesellschaft entwicklungsoffen bleibt und ihre Innovationskraft beibehält.[50] Aber gilt das auch für »schlechte« Alternativen?

Scott Muller hat die jüngste politische Entwicklung in Polen vor Augen. Das polnische Volk hatte gewählt, die beiden Kammern der Volksvertretung, Parlament und Senat, sind mehrheitlich rechtspopulistisch besetzt. In rasender Geschwindigkeit baute die neue polnische Regierung den Staat um.

Von einem Rechtsruck erhoffen sich die Wähler mehr Kontrolle über ihr Land und ihre Wirtschaft. Und immer, so scheint es, ist die Wahl einer rechtsnationalen Partei mit der Ablehnung Europas und seiner Werte verbunden: Wahrung der Menschenrechte, der Demokratie, der Rechtsstaatlichkeit. In Polen hatte die neu gewählte Regierung noch vor Jahresende 2015 das polnische Verfassungsgericht als letzte Kontrollinstanz von Regierung und Parlament ausgeschaltet und die Gewaltenteilung faktisch aufgehoben. Man entließ die von der Vorgängerregierung ernannten Verfassungsrichter und setzte fünf neue linientreue Richter ein. Künftig soll das Gericht die Entscheidungen über die Verfassungswidrigkeit neuer Gesetze nur noch mit Zweidrittelmehrheit fällen.[51]

Jetzt wurde dem polnischen Volk doch mulmig; inzwischen gingen Zehntausende auf die Straße, um zu demonstrieren. Erst wählen, dann bereuen – Polen hatte auf eine Alternative mit Risiko gesetzt. Martin Schulz, der Präsident des Europäischen Parlaments, hat seinen Rückblick 2015 deshalb so zusammengefasst:

»Ich kann mich in meiner politischen Karriere – und

ich bin seit 1974 politisch aktiv – nicht an ein so schwieriges und schlimmes Jahr erinnern. Ein solches Jahr, das von Angst geprägt ist, von tiefen ökonomischen, sozialen und Arbeitsmarktkrisen. Von einem Auseinanderdriften der Mitgliedsstaaten, wie es nie zuvor der Fall war. Ein solches Jahr habe ich jedenfalls noch nicht erlebt.«[52]

Wie vielen Polen scheint es auch vielen Briten zu ergehen, die sich nicht mit dem Ausgang des Brexit-Referendums abfinden wollen und sich für den Verbleib Großbritanniens in der Europäischen Union einsetzen. Wer kommt als Nächstes? Österreich, das nach einem ohnehin knappen Wahlausgang bei der Bundespräsidentenwahl am 22. Mai 2016 wegen Formfehlern bei der Auszählung erneut an die Wahlurnen treten muss? Das von Terror geschundene Frankreich, das sein Heil in Abschottung suchen könnte? Deutschland, dessen Parteien der Mitte Konkurrenz von rechts bekommen? Man kann mit Martin Schulz mitfühlen. Die aktuelle Entwicklung Europas muss ein Albtraum für ihn sein.

Der Preis sozialer Ungleichheit

»Hast du noch einen Vorschlag, Scott?«, fragt Christian, der längst wieder an sein Whiteboard getreten ist und darauf herumkritzelt. Scott nickt lebhaft. Er wirkt aufgekratzt.

»Die *Gewaltenteilung*. Der Souverän muss in der Lage sein, die Gewählten zu kontrollieren. Und wahrscheinlich auch der Zustand der *Wirtschaft*«, fügt er noch hinzu.

Wirtschaft und politische Ordnung stehen in einem engen Zusammenhang. Demokratie und Kapitalismus bedingen sich gegenseitig, denn nur freie Märkte entsprechen der Selbstbestimmung des Einzelnen. Allerdings unterscheiden sich die beiden Systeme ganz wesentlich in Bezug auf die Gleichheit.[53] Während die Demokratie die Gleichheit der Bürger anstrebt, fördert der Kapitalismus die Ungleichheit. Denn im Kapitalismus sind es zwei Faktoren, die zur Produktivität einer Gesellschaft beitragen: einerseits das Kapital, andererseits die menschliche Arbeit. Wie hoch ihr jeweiliger Anteil an der Produktivität ist, darüber bestimmen Kapitaleinkommen und Arbeitseinkommen. Mindestens in den Vereinigten Staaten steht inzwischen fest: »Die Reichen werden reicher, die Reichsten der Reichen werden noch reicher, die Armen werden ärmer, und ihre Zahl wächst, die Mittelschicht wird ausgehöhlt.«[54]

Wer arbeiten muss, um sein Geld zu verdienen, und nichts zu investieren hat, ist der neue Arme. Wer über Finanzmittel verfügt, die er anlegen kann, hat hingegen gute Chancen, seinen Reichtum weiter zu vermehren.

Gemessen am Gini-Index, einem Maßstab für Ungleichheit, gehören die Vereinigten Staaten neben Israel und der Türkei zu den Ländern mit der höchsten Ungleichheit in der Einkommens- und Vermögensverteilung.[55] Aber auch in Deutschland ist die Ungleichheit anhaltend hoch.[56] Diese wachsende Ungleichheit ist für die Stabilität einer demokratischen Gesellschaft dann eine Bedrohung, wenn sie nicht ausgeglichen wird. Sozialer Ausgleich tut not, damit alle in einer Gesellschaft gleichermaßen am Wohlstand partizipieren können. Wird der Ausgleich nicht hergestellt, ist von Steuererhöhungen für Reiche bis zu gewalttätigen Aufständen vieles vorstellbar. Besonders Reiche und Finanzinvestoren wünschen sich nichts davon und zeigen sich zunehmend besorgt.

Neben dem sozialen Ausgleich in der Wirtschaft ist die Versorgungssicherheit mit Gütern wie Wasser, Strom, Telekommunikation und nicht zuletzt Geld konstituierend für die Ordnung einer demokratischen Gesellschaft. Mit ungehinderten Waren- und Finanzströmen gehen eine funktionierende Wirtschaft und wachsender Wohlstand einher. Ein unablässiger Strom an Gütern und Finanzmittel ist das Rückgrat für die Störfestigkeit der europäischen Staaten. Deshalb sind das Schengener Abkommen und offene Binnengrenzen für Europa mehr als ein Faktor der Bequemlichkeit. Nicht von ungefähr folgt Schengen einem alten militärischen Grundsatz: Amateure reden über Taktik, Profis über Logistik. Funktioniert die Logistik nicht mehr, wird es schwierig.

»Bei gutem Konjunkturklima muss man keinen Aufruhr fürchten«, stellt Scott fest. »Wenn sich die Wirtschaft dauerhaft schlecht entwickelt, besteht Umsturzgefahr. Verteilungskämpfe, Aufstände, Bürgerkrieg. Erinnere dich an das Jahr 2015 und die Proteste in Griechenland und Spanien gegen die Austeritätspolitik und die hohe Arbeitslosigkeit. Da sind Steine geflogen. Und Menschen gestorben, die sich aus Verzweiflung über ihre wirtschaftliche Lage umgebracht haben.«

Dabei hatte die Freiheit der Konsumenten seit den Achtzigerjahren ständig zugenommen. Nachdem die britische Premierministerin Margaret Thatcher und der amerikanische Präsident Ronald Reagan die Finanzmärkte liberalisiert hatten, legte das Wirtschaftswachstum weltweit enorm zu – allerdings, das nebenbei bemerkt, auch die Anzahl der Krisen und die zeitweisen Zusammenbrüche an den Märkten. Bis zur Deregulierung durften Banken nur den bargeldlosen Zahlungsverkehr anbieten und Kredite an die Realwirtschaft ausreichen. Jetzt konnten sie auch als Investmentbanker tätig werden. Zwischenzeitlich zählten die Wall Street und die Londoner City zu den besten Steuerzahlern ihrer jeweiligen Länder. Doch gleichzeitig traten nie zuvor gesehene Finanzkrisen auf. Die Lehman-Pleite 2008/9 oder die Eurokrise sozialisierten Verluste und verursachten Kollateralschäden, die bis heute noch nicht ausgestanden sind.

Im Jahr 1989 fiel die Berliner Mauer, und Bürger der neuen deutschen Bundesländer genossen erstmals Reisefreiheit und eine wachsende Auswahl an Waren und Dienstleistungen. Auch das Schengen-Abkommen der Europäischen Union förderte den freien Waren- und Personenverkehr in weiten Teilen Europas. Doch in dem Maß, in dem die europäischen Konsumenten freier wurden, nahm ihr Vertrauen in die politischen Institutionen ab. Hatte die zunehmende wirtschaftliche Freiheit des Konsumenten eine Kehrseite, die sich auf das Vertrauen der Bürger in die Demokratie auswirkte? Bis in die Siebzigerjahre engagierten sich die Menschen in dem Maß bei demokratischen Prozessen, in dem wirtschaftliche Ungleichheit abgebaut wurde, etwa durch die Errungenschaften der sozialen Marktwirtschaft. Als die Ungleichheit wieder wuchs, war das Vertrauen der Geringverdiener und der unteren Mittelklasse in die Politik nachhaltig erschüttert. Für sie gab es ein »die da oben« und »wir hier unten«. Die Arbeitslosen, die wirtschaftlich Enttäuschten, die Höhergebildeten, die trotz eines abgeschlossenen Studiums auf ein Rentenniveau kämen, das nur Hartz IV entsprechen würde, oder die Multijobber, die auch mit mehreren Stellen finanziell kaum über die Runden kamen[57], fühlten sich als Verlierer einer Politik, die mehrheitlich die obere Mittelklasse ansprach oder Konzernlobbyismus betrieb.

Verschärft wird die Entwicklung des Konsums durch die Digitalisierung und die vermeintlichen Errungenschaften der Auswertung von Massendaten. Konsumenten kann man sehr persönlich ansprechen, wenn man ihre Daten analysiert und ihnen maßgeschneiderte Waren und Dienstleistungen bietet. Doch die Personalisierung bleibt nicht ohne soziale Auswirkungen. Die zunehmende Konzentration auf die eigene Person fördert den Egoismus und zersetzt den Sinn für Gemeinschaft, Gesellschaft und Solidarität. (»Ich zahle keine Krankenversicherungsbeiträge für Dicke, sollen sie doch abnehmen!«) Gefühlt entpolitisiert sich die Gesellschaft. Ein Übriges tun die Filterblasen der Internetgiganten. Die Blase gefilterter Information hält die Nutzer in ihrer eigenen Wohlfühlzone fest, in ihrer eigenen politischen Community gefangen. Andersdenkende haben es zunehmend schwerer, sich dort zu äußern und gehört zu werden. In medialen Filterblasen werden sie seltener wahrgenommen oder gar nicht mehr verstanden.

Die nachgebaute Wirklichkeit

Christian legt den Kopf schief und sieht Scott prüfend an.

»Wenn die vier Variablen Alternativen, Risiko, Gewaltenteilung und freie Marktwirtschaft die Orientierungsgrößen einer europäischen Demokratie sind, musst du sie mit den Regeln verknüpfen, nach denen sie interagieren. Erst dann wäre dein europäisches Demokratiemodell vollständig.

Doch die Nagelprobe ist: Wie sehr entspricht die Dynamik deines Demokratiemodells der europäischen Wirklichkeit?«

Christian ist hochgradig skeptisch. Scott Muller kann Christians Bedenken gut nachvollziehen. Modelle, die den Anspruch haben, ein großes komplexes System wie das einer Demokratie abzubilden, müssten, so eine Daumenregel, über mehrere tausend Variablen verfügen – und nicht über nur vier davon, die mit einigen unterschiedlichen Zahlenwerten beaufschlagt würden. Dabei ist die Frage nach der Anzahl der Variablen nur eine unter vielen Aufgabenstellungen. Eine ähnliche Herausforderung wäre es, die Variablen des Demokratiemodells so zusammenzufügen, dass ihre Wechselwirkungen die Dynamik einer realen freiheitlich-demokratischen Gesellschaft tatsächlich korrekt reproduzieren würden. Damit man große Modelle realitätsnah parametrieren konnte, würde man Millionen Datenpunkte aus der Geschichte des untersuchten Systems benötigen. Genau darin sieht Christian ein Problem. Die Bewertung, wie genau Scotts Demokratiemodell die Wirklichkeit abbildete, wäre schwierig. Eigentlich könnte Scott nur anhand der geschichtlichen Entwicklung europäischer Demokratien überprüfen, ob sein Modell annähernd wirklichkeitsgetreu wäre. Doch so viele historische Daten europäischer Demokratien lagen nicht vor. Trotzdem will Scott nicht von seiner Idee ablassen.

»Wir bauen das Demokratiemodell so auf wie vorgeschlagen. Damit simulieren wir verschiedene Krisen und beobachten am Modell, wie sich eine Demokratie potenziell verhält.«

Oder das, was wir für Demokratie halten, fügt Scott in Gedanken hinzu.

»Das wäre das normale Vorgehen, richtig«, erwidert Christian. »Aber wenn du wissen willst, ob dein Demokratiemodell der Realität standhält, kommst du nicht umhin, sein Verhalten mit dem Verhalten einer ›echten‹ Demokratie zu vergleichen.«

Das würde knifflig werden, und zwar aus ganz praktischen Gründen. Demokratie hat eine zeitliche Dimension, man kann auch sagen, sie braucht Zeit. Um sie in all ihren Entwicklungen über die Zeit zu beobachten, könnte man gut ein ganzes Menschenleben investieren. Fünfzig Jahre Demokratiebeobachtung hieße, fünfzig lange Jahre müssten verstreichen, bis man seine Erfahrungen mit der Demokratie gesammelt hätte. Dabei wäre noch nicht einmal sicher, dass in einem solchen Zeitraum alle denkbaren Krisenfälle und Variationen einer Demokratie auftreten würden. Das ist vor allem deshalb nicht der Fall, weil auch eine Demokratie in der Realität nichtstationär ist. Mit der Zeit ändern sich ihre Strukturen und statistischen Eigenschaften. Über die schleichenden Veränderungen liegen aber kaum genügend quantitative Daten vor, die eine Künstliche Intelligenz benutzen könnte, um in kurzer Zeit fast alles über eine demokratische Staatsform zu lernen.

Am Problem der dürftigen Datenlage, mit dem auch Scott Muller konfrontiert ist, haben sich übrigens schon renommierte Ökonomen die Zähne ausgebissen. Der Wirtschaftswissenschaftler Thomas Piketty hatte die Vermögensverhältnisse in den Vereinigten Staaten, Deutschland, Frankreich und Großbritannien untersucht und für sein Buch *Das Kapital im 21. Jahrhundert* eine Datenlage für die Verteilungsfrage des 18. und 19. Jahrhundert konstruiert –

aus historischen Romanen von Jane Austen und Honoré de Balzac.[58] Andere Datenquellen gab es nicht. Ausgerechnet für seine Datenlage war Thomas Piketty in die Kritik geraten.[59] Aber man muss erfinderisch sein, wenn man große Systeme über lange Zeiträume hinweg analysieren will.

»Du meinst, wir haben nicht die Ressourcen, große Datenmengen zu kaufen oder die Menge an frei verfügbaren *Open Data* zu durchforsten, um eine aussagekräftige Datenbank mit europäischen Wählern, Wahlverhalten, Parteienlandschaft und Wirtschaftsdaten aufzubauen.«

Scott bringt es auf den Punkt. Doch wider Erwarten lächelt Christian.

»Selbst wenn du genügend US-Dollar hättest, um große Datenmengen aus den letzten Jahren zu kaufen – die Daten würden dir wenig nützen«, erklärt er. Er geht ans Fenster und schaut auf die Grünanlagen hinaus. Es ist Dezember, und vor der Hecke blüht die Schneekirsche.

»Wenn du die Demokratie mit anderen komplexen Systemen wie der Börse vergleichst, dann reden wir über sehr lange Laufzeiten. Demokratien agieren über Jahre und Jahrzehnte hinweg. An unseren hochmodernen Börsenplätzen handeln wir hingegen in Intervallen, die nur Millisekunden und Mikrosekunden betragen.« Er starrt auf die rosa Blütenpracht hinaus. Am Horizont des noch nicht völlig verbauten Industrieparks zeichnet sich die nördliche Alpensilhouette ab.

»Im Klartext: Eine Börse stellt jeden Tag Milliarden Einzelpreise bereit. Allein in den Vereinigten Staaten sind das zehntausende Ticks pro Sekunde, und das nur für Termingeschäfte.«

»Ich glaube, ich weiß, was du meinst«, sagt Scott. »Wenn ich statt eines künstlichen Politikers einen künstlichen Börsenhändler baue, der im Tagesverlauf, *intraday*, mehrere Käufe und Verkäufe an der Börse tätigen soll, könnte er schon mit Blick auf die Billionen Datenpunkte eines einzigen Börsenjahres hinreichend gut lernen, wie die Börse funktioniert.«

»Genau«, nickt der Mathematiker. »Aber mit der Demokratie sieht es anders aus. Seit wann bestehen in Europa Demokratien? Die bundesrepublikanische existiert gerade mal seit gut 65 Jahren.«

»In Spanien seit Francisco Francos Tod 1975. Und in den osteuropäischen Ländern seit 25 Jahren. Das Europäische Parlament wird erst seit 1979 gewählt.«

»Richtig. Alle vier, fünf Jahre wird gewählt. In Deutschland ist 2013 der 18. Deutsche Bundestag zusammengetreten. 18 Bundestage bedeuten: 18 Bundestagswahlen. Das sind nur 18 Datenpunkte. Nur 18-mal konnten sich Bundesbürger für eine von mehreren Alternativen entscheiden.«

»Wir könnten doch die Ergebnisse der Sonntagsfrage hinzuziehen«, schlägt Scott Muller vor. »In Deutschland wird die Sonntagsfrage seit 1949 gestellt.«

»Das sind auch nur 3 380 Sonntage. Das ist *nichts*, wenn ich es mit zehntausenden Datenpunkten pro Sekunde an einer elektronischen Börse vergleiche. Die Datenlage der Demokratie ist einfach zu dünn.«

Wie paradox. Im Zeitalter der Massendaten fehlen Daten, um das Makroverhalten einer Demokratie zu analysieren. Aber das Problem ist nicht neu. Immer dann, wenn es um strategische – langfristige – Analysen und Steuerung von Systemen geht, ist jede Datenlage notorisch spärlich.

Vielleicht könnte man einen künstlichen Politiker bauen, ohne auf Massendaten zurückzugreifen. Wenigstens in wirtschaftlicher Hinsicht wäre das erfreulich. Denn über die Millionen US-Dollar, mit denen man die Facebook-Daten europäischer Bürger einkaufen könnten, um damit die politische Einstellung der EU-Nutzer zu berechnen, verfügen die beiden Wissenschaftler nicht.

Scott atmet tief durch. »Also gut. Können wir die Daten weg*fitten*? Kommen wir auch ohne Daten weiter?«, fragt er.

»Langsam.« Christian dreht sich vom Fenster weg. »Auch wenn wir nur spärliche Daten haben, sie sind nicht nutzlos. Lass uns einen Kaffee holen, dann erkläre ich es dir.«

Im Silicon Valley gilt die Teeküche im Unternehmen als Dreh- und Angelpunkt für Innovation und die Diskussion rund um technische Probleme. Telearbeit im heimischen Arbeitszimmer ist verpönt. Die Internetgiganten setzen auf Anwesenheit im Team und auf persönlichen Austausch zwischen den Ingenieuren und reden dabei ganz offen über Betriebsgeheimnisse – unvorstellbar für europäische Unternehmen. Aber die Amerikaner sind anders sozialisiert. Der Student einer amerikanischen Universität, der seine Hausarbeiten nicht mit anderen Studenten gemeinsam erstellt, muss allein dafür mit Punktabzug rechnen. Die Internetunternehmen, die ihre Angestellten für offenen Austausch besonders motivieren wollen, bauen schicke Küchen und stellen Sterneköche ein.

In Europa geht es viel bescheidener zu, selbst dort, wo IT-Unternehmer in *War Rooms* und teuerste Kaffeeautomaten für ihre Mitarbeiter investieren. Hier gibt es nicht einmal Kaffee in Kapseln – wegen des Aluminiumabfalls. Jede Tasse Kapselkaffee macht ein schlechtes Gewissen. Mit Filterkaffee kann man wenigstens die umliegenden Außenanlagen düngen.

»Dein Demokratiemodell hat zwei Ansprüche.« Christian redet, während der Kaffeeautomat zischend die Milch aufschäumt.

»Erstens, dein Demokratiemodell soll plausibel, das heißt logisch und schlüssig, sein. Zweitens, es sollte wenigstens die dünne Datenlage einer ›echten‹ Demokratie erklären können.«

Die Kaffeemaschine dampft noch, während sie mit hohem Druck heißes Wasser durch das Kaffeepulver presst. Durch die Teeküche zieht der aufregende Duft frisch gebrühten Kaffees.

»Wenn nicht genug Daten vorliegen, musst du Datenlücken mit deinem Modell schließen. Dein Demokratiemodell muss deshalb von großer Güte sein. Nehmen wir einmal an, du würdest sämtliche Variablen einer Demokratie kennen. Und du wüsstest auch genau, in welchen Wechselwirkungen sie zueinander stehen. Was du bekämst, wäre ein perfektes Modell von Demokratie. Damit könntest du das Verhalten einer realen Demokratie in vielen verschiedenen Krisensituationen simulieren. Du könntest sofort verstehen, was eine Demokratie anfällig macht oder stabilisiert. Du müsstest nicht fünfzig Jahre warten, bis du Demokratie empirisch verstehst. Und du brauchtest auch keine historischen Daten aus unserer europäischen Demokratiegeschichte. In dem Fall würde dein Know-how als ›Demokratieexperte‹ ausreichen.«

Nun wäre es vermessen zu glauben, dass es auch nur einen Menschen auf der Welt gibt, der ein perfektes Verständnis von Demokratie hat. Besonders deshalb nicht, weil sich die Strukturen im demokratischen System mit den Jahrzehnten wandeln – und weil sich die technologischen Möglichkeiten ändern. Die Digitalisierung hatte die einstige vordigitale Medienlandschaft revolutioniert. Im 20. Jahrhundert konnte sich ein Bürger beim Fernsehen und Zeitunglesen eine politische Meinung bilden. In Deutschland sollte der Rundfunkstaatsvertrag die Meinungsvielfalt sicherstellen und die Gleichschaltung der Medien verhindern.

Doch in der digitalen Ära sind Internetgiganten selbst zu Medienanbietern mutiert und bieten Inhalte an, die algorithmisch gefiltert und auf jeden einzelnen Anwender anders zugeschnitten sind. Das hat direkte Auswirkungen auf die Meinungsvielfalt und mittelbar auf die demokratischen Strukturen. Das ist gemeint, wenn von Nichtstationarität die Rede ist. Mit dem technischen Fortschritt ändern sich gesellschaftliche Strukturen oder fallen ganz weg. Mathematisch ausgedrückt: Die statistischen Eigenschaften eines Systems ändern sich.

Von außen beobachtet: die Dynamik des Durchschnitts

»Dann lass uns doch über die Außenansicht der Demokratie sprechen«, schlägt Scott Muller vor, weil die beiden Wissenschaftler eben gerade kein perfektes Verständnis des Systems haben. »Wenn ich nicht weiß, wie ein System im Innersten funktioniert, kann ich es dann trotzdem nachbauen, also kopieren, obwohl ich es nur als Außenstehender beobachte?«

»Ja, das ist möglich«, nickt Christian zustimmend.

Wie ein ahnungsloser Besucher aus einer anderen Zeit würde man auf das System Demokratie blicken. Dabei konnte man Beobachtungen anstellen: Man würde zusehen, wie sich das demokratische System als Ganzes verhielt. Man könnte seine Dynamik wahrnehmen und seinen Output messen und speichern. Aber man hätte keinerlei Vorstellung davon, was genau seine Dynamik auslöst und warum. Nur: Wer eine Demokratie nachbaut, müsste genau jene äußere Dynamik imitieren oder, wenn man so will, kopieren. Für das wirklichkeitsgetreue Imitat der freiheitlich-demokratischen Gesellschaft könnte man – anders als bei der Innensicht – einzelne Individuen überwachen, analysieren und ihre Motivationen erforschen. Was treibt die Bürger in Bezug auf die Demokratie an? Welche politischen und sozialen Zwecke sind relevant?[60] Warum verhalten sie sich in bestimmten Situationen so und nicht anders? Wenn man viele Individuen beobachtete, würde man dann eine Meinung identifizieren können, die viele teilen? Würden sich viele Individuen bei bestimmten Systemzuständen gleich verhalten? Könnte man Individuen in Gruppen einteilen, könnte man sie also klassifizieren, und wären Häufungen erkennbar?

Im Grunde ist die exogene Sicht nichts anderes als die Massendatenanalyse von Big Data. Von jedem Bürger sammelt man so viele Daten wie möglich und das über einen längeren Zeitraum. Algorithmen analysieren die Rohdaten daraufhin, welche Absichten ein Bürger verfolgt. Schon mit der Eingabe eines Begriffs in den Suchschlitz einer Suchmaschine gibt ein Internetnutzer seine Intentionen preis – welche politischen Probleme ihn interessieren, wen er wählen würde oder nicht, welche Meinungen er heranzieht. Die gesammelten Datenberge kann man statistisch auswerten und so zu ersten groben Einsichten gelangen, etwa in folgender Qualität: »Wer Windeln kauft, kauft auch Bier.« Das kannte man schon von Online-Marktplätzen. Die Ergebnisse sind sprichwörtlich doch recht durchschnittlich. Nur wenig genauer werden die Korrelationen dann, wenn man die Käufer gruppiert: in Vierzigjährige, Akademiker, Mütter, mittlere Einkommen und so weiter.

Weil diese eher naive Herangehensweise an die Massendatenanalyse die Tendenz hat, Minderheiten und damit die gesellschaftliche Diversität zu ignorieren, ist das Vorgehen hochproblematisch. Big-Data-Analysealgorithmen durchforsten Datenberge nach Mustern und entdecken so neue Informationen. Aus Mustern oder Zusammenhängen, den Korrelationen, kann man schließen, dass ein bestimmtes menschliches Verhalten vorteilhaft ist – nicht für jeden einzelnen Menschen, aber *im Durchschnitt*. Neben sinnfreien Zusammenhängen wie: »72 Prozent der Menschen, die keine Lakritze mögen, kennen HTML (die Computersprache, in der Webseiten geschrieben sind) – im Vergleich zu 58 Prozent der Allgemeinheit«[61], versprechen zum Beispiel Korrelationen von Gesundheitsdaten Einsicht in den gesundheitlichen Zustand der Bevölkerung. Wer nicht raucht und 600 Gramm Obst und Gemüse täglich isst, dessen Darmkrebsrisiko fällt um 25 Prozent.[62] Sofort schließt ein Laie daraus:

»Wenn ich nicht rauche und täglich Obst esse, sinkt die

Wahrscheinlichkeit, dass ich an Darmkrebs erkranke, um ein Viertel.«

Doch dieser Rückschluss ist falsch, was darauf zurückzuführen ist, dass Menschen schlecht mit Statistik umgehen können. Ohne den Wert der Gesundheitsforschung infrage stellen zu wollen: Ihre Erkenntnisse sind nur auf *viele*, auf tausende Menschenleben anwendbar. Statistik funktioniert nur auf großen Zahlen. Für den Einzelnen mit nur einem einzigen Leben haben Gesundheitsstatistiken keine Aussagekraft. Denn es kommt vor, dass jemand, der nicht raucht und sich gesund ernährt, trotzdem an Darmkrebs erkrankt. Umgekehrt kann ein Kettenraucher mit einem langen Leben gesegnet sein – wie der deutsche Altbundeskanzler Helmut Schmidt. Mit Nachdruck bestand er auf seine Zigaretten und wurde 96 Jahre alt. Darüber, wie sich das individuelle Leben letztlich entfaltet, trifft eine Gesundheitsstatistik keine Aussage.

Trotzdem leuchtet ein, dass ein bestimmtes Verhalten *im Durchschnitt* einen Vorteil für die Gemeinschaft der Versicherten bringt. Weniger Krebspatienten senken die Gesundheitskosten der Gemeinschaft, und das ist gut so. Verhalten sich immer mehr Menschen *durchschnittlich*, optimieren wir so das Gesundheitssystem. Wir minimieren die Kosten für Darmkrebserkrankungen und machen so das System *effizient*. Dass Effizienz zum Problem werden kann, weil wir bei jeder Optimierung ein System seiner Puffer berauben, auf die es in Krisensituationen zurückgreifen könnte, in Situationen also, in denen gerade nicht der durchschnittliche Fall eintritt, darauf kommen wir im nächsten Kapitel zurück.

Deshalb ist eine Lehre, die wir aus der Massendatenanalyse ziehen können: Wir sind nicht so besonders, wie wir gerne von uns denken. Denn weder personalisiert noch individualisiert die Massendatenanalyse. Vielmehr will sie wissen, was der Durchschnitt ist und wer dazugehört.

Problematisch wird die Herrschaft des Durchschnitts auch deshalb, weil der Durchschnitt dazu tendiert, zur Norm zu werden. Zuerst wird der Durchschnitt zur Normalität, im nächsten Schritt wird er zur Norm. Zugang zu Diensten, Sach- oder Geldleistungen erhält dann nur noch derjenige, der normkonform ist, so wie bei Googles Abacus-Projekt. Wenn nur der eigene Körper und dessen gewöhnliches, durchschnittliches Auftreten zum Zugriff auf einen Service oder auf Nutzer- und Bankkonten ermächtigt, hat derjenige Anwender ein Problem, der neuerdings wegen einer Hüftoperation humpelt oder die Tastatur seines PCs anders nutzt als sonst, weil er wegen einer akuten Verletzung an einem Finger ein Pflaster trägt.

Für das Überleben einer Gesellschaft ist die Bevorzugung des Durchschnitts hochgradig gefährlich. Auf der Erde hat Leben auch deshalb große Katastrophen überstanden, weil es Diversität herstellen konnte. Und auch die Demokratie braucht Pluralismus, Buntheit und Vielfalt, damit sie Alternativen aufbauen kann.

Umgekehrtes Lernen durch Verstärkung:
der künstliche Politiker als Lehrling

Doch zurück zum Experiment des künstlichen Politikers. Wer ein komplexes System steuern will, muss wissen, was das System antreibt. Die exogene Analyse einer freiheitlich-demokratischen Gesellschaft auf der Basis von Big Data würde völlig anders vorgehen, als es die Komplexitätsforschung vorschlägt. Vom Verhalten des Einzelnen würde man auf das Verhalten der Abläufe im Gesamtsystem der Demokratie schließen. Zu einem guten Verständnis, wie es mit einer Demokratie lief, käme man also dann, wenn man die Absichten und das Verhalten der Bürger identifizieren könnte. Welche politische Partei bevorzugt ein Bürger? Nimmt er an Wahlen teil? Gehört er zu den Desillusionierten und Enttäuschten, die sich machtlos fühlen? Wie geht er damit um?

Bei der Auswertung großer Datenmengen kann man herausfinden, welche Ziele Menschen verfolgen. Ist es die Sicherheit des Staates? Der eigene Bildungsstand? Das Einkommen, die Freizeit?

Generelle Werte wie Toleranz, Gleichheit, Selbstverwirklichung und ihre Gewichtung zu identifizieren, dafür sind Massendaten durchaus ein geeignetes Werkzeug. Sie helfen auch bei der mengenmäßigen Analyse: Wie viele Personen bevorzugen den einen oder den anderen Wert? Die Personen, die denselben Wert maximieren, kann man in einer Gruppe zusammenfassen, ein Vorgang, den man als *clustern* bezeichnet. Gleichzeitig lassen sich Werte bestimmten Parteien zuordnen. Parteien können bevorzugt Wert legen auf die Familie oder die innere Sicherheit. Andere machen sich die Umwelt zum Parteiprogramm. Und je stärker die Debatte rund um einen Wert geführt wird, desto mehr kann er das Makroverhalten des Gesamtsystems beeinflussen.

Weil man a priori nicht weiß, warum sich ein Bürger so und nicht anders verhält, greift man ein weiteres Mal zur Künstlichen Intelligenz, dieses Mal zu einer Maschine, die lernen kann – und zwar *rückwärts*. »Umgekehrtes Lernen durch Verstärkung« nennt sich das Verfahren, *inverse reinforcement learning*.

Bei der Suche nach einer Strategie ist das »Lernen durch Verstärkung«, das *reinforcement learning*, ein bewährtes Vorgehen, um eine lernfähige Maschine zu trainieren. Bei dieser Lernmethode vollzieht eine lernende Maschine eine Anzahl von Aktionen, um ein bestimmtes Ziel zu erreichen. Grundsätzlich kann alles Ziel sein: ein Computerspiel gegen einen Menschen zu gewinnen oder eine Demokratie sicherer zu machen. Damit die lernende Maschine ihr Ziel verstehen kann, wird das Ziel in eine *Nutzenfunktion* übersetzt, in eine mathematische Formel, eine »Belohnungsformel«. Unternimmt die lernende Maschine eine Aktion, die sie näher an ihr Ziel bringt, erhält die Maschine eine Belohnung. Wie hoch die Belohnung ausfällt, hängt vom Erfolg der maschinellen Entscheidung ab. Führt sie die Maschine näher und schneller zum Ziel, fällt sie entsprechend hoch aus. Führt sie weg vom Ziel, erfährt die Maschine eine Bestrafung.

Auch wenn das Fehlverhalten eines Haustiers beim Tiertraining auf keinen Fall bestraft wird, hilft hier der Vergleich weiter, wie Hunde Tricks lernen. Beim *angeleiteten* Lernen entscheidet der Hundetrainer, ob sich ein Hund in einer bestimmten Situation richtig verhalten hat, und belohnt das Tier mit Futter. Das Tier erhält eine positive Verstärkung, ein »positives Feedback«.

Doch beim maschinellen Lernen durch Verstärkung fällt der Trainer aus, weil er selbst nicht mehr in der Lage ist zu beurteilen, ob eine maschinelle Aktion gut oder schlecht ist. Oft stellen sich Erfolg oder Misserfolg einer maschinellen Entscheidung, die *jetzt* getroffen wird, erst weit in der Zukunft ein. Ein positives Feedback will die lernende Maschine trotzdem erleben. Deshalb wird der *Zustand*, in den sich die Maschine durch ihre Entscheidung gebracht hat, bewertet und belohnt oder bestraft. Die Maschine nutzt die Belohnung oder Bestrafung, um sich ihrem Ziel immer weiter anzunähern. Mathematisch gesprochen: Sie maximiert ihre Nutzenfunktion.

Das positive Feedback ist ein wichtiges Konzept für die Selbstorganisation und die Anpassungsfähigkeit komplexer Systeme. Wenn ein demokratisches System seine Widerstandskraft stärken will, muss es Strategien entwickeln – erlernen –, die ihm helfen, auch in Krisensituationen zu bestehen, noch besser: daraus gestärkt hervorzugehen. Jene Strategien, die eine Demokratie resilient machen, würden verstärkt, andere, nutzlose Überlebensstrategien würden aussterben. Ein demokratisches System würde nach den politischen Maßnahmen suchen, die ihm den größten Nutzen bringen, um seine Nutzenfunktion zu maximieren. Doch dafür müsste man die Nutzenfunktion einer Demokratie kennen, und genau hier liegt das Problem. Zwar kann man die Dynamik des demokratischen Systems beobachten, sozusagen als Output des Systems, doch die Triebfedern der Bürger, aus denen sich das System zusammensetzt, sind unbekannt. Was genau jedes Individuum einer freiheit-lich-demokratischen Gesellschaft antreibt, was der Einzelne des Gesamtsystems für sich persönlich optimiert, darüber kann man keine sichere Aussage treffen.

Doch man kann es herausfinden. Man müsste nur eine lernende Maschine einsetzen. Sie müsste sich, wenn man so wollte, wie ein Lehrling verhalten. Sie kennt die Nutzen-funktion einer freiheitlichen Grundordnung gerade *nicht*; Ziel wäre es, während der Ausbildung genau jene Nutzen-funktion zu lernen. Und bei der Maximierung dieser unbe-kannten Nutzenfunktion sind die Bürger wahre Experten. Man kann sie alle zu Lehrmeistern machen. Die lernende Maschine würde die Bürger beobachten (anders gesagt, große Datenmengen über sie sammeln und analysieren), so wie ein Lehrling seinen Ausbilder beobachtet, und über das umgekehrte Lernen durch Verstärkung herausfinden, welchen Vorteil die Bürger einer Demokratie für sich selbst maximierten.

Die Gesellschaft im Zustand der digitalen Überwachung durch lernende Künstliche Intelligenzen gibt einen weite-ren Hinweis darauf, wie wenig es bei der Überwachung da-rum geht, Geheimnisse der Vergangenheit aufzudecken. Eine Künstliche Intelligenz, die von Bürgern erzeugte Datenberge durchforstet, um ihre Intentionen zu identifizieren, ist, wenn sie sie entdeckt hat, in der Lage zu berechnen, wie sich ein Bürger belohnt. Das findet sie heraus, indem sie Hypothesen der Nutzenfunktion aufbaut und sämtliche empirischen Da-ten des Bürgers dazu auswertet, ihren verschiedenen Hypo-thesen Wahrscheinlichkeiten zuzuweisen. Und irgendwann, hoffentlich, nein, sehr wahrscheinlich und nach der Analyse riesiger Berge von Massendaten, wird sich eine der vielen Hypothesen erhärten. Ab dem Moment weiß die Künstliche Intelligenz, was einen Bürger in der Demokratie motiviert.[63] Deshalb setzen Technologiegiganten und Nachrichtendienste gleichermaßen alles daran, unsere Datenspuren im Detail zu erfassen. Ihnen geht es nur um eines: unsere Absichten und Intentionen zu kennen. Wer sie kennt, kann sie ansprechen, motivieren und – gezielt manipulieren.

Wenn der Agent den Wähler repräsentiert

Europa ist beispielhaft für ein komplexes sozioökonomisches System. Aus der Biologie kennen wir komplexe Systeme, die aus Genen, aus Zellen oder Gemeinschaften wie Schwärmen oder Kolonien bestehen. Darin sind ihnen sozioökonomische Systeme ähnlich. Auch Europa umfasst komplexe Subsysteme wie den Euroraum, unterschiedliche Staaten und ihre Bürger, Parteien und politische Institutionen oder wirtschaftliche Organisationen. Biologie mag eine »harte« Wissenschaft sein, die Sozialwissenschaften dagegen »weich«. Trotzdem haben die komplexen Systeme beider Disziplinen viele Gemeinsamkeiten.

Komplexe Systeme bestehen aus Individuen, die unabhängig voneinander und parallel miteinander interagieren. Das gilt für die Zellen unseres Körpers genauso wie für Ameisenkolonien oder die Mitgliedsstaaten der Europäischen Union, ihre Wirtschaftsbetriebe und den Straßenverkehr. Dabei findet Interaktion nicht nur bei unmittelbarer Verständigung zwischen Individuen statt. Sie tritt auch dann (mittelbar) auf, wenn die Handlungen einiger Individuen verändernd auf die Umwelt einwirken, während andere nur auf die Umweltveränderung reagieren.

Die Interaktion der »Teilchen« in einer Gesellschaft wie Europa ist motivationsgetrieben. Ob ein Teilchen in einem

System interagiert oder nicht, kann veranlasst sein durch den Blick auf sich selbst und den Grad des »Glücks«, den es erreichen kann, oder den Blick auf den Nachbarn, der etwas tut, was es gerne kopieren möchte. In komplexen Systemen gibt es also Verbindungen von Teilchen untereinander. Das können (hierarchische) Abhängigkeiten sein oder die gemeinschaftliche Formung von Meinungen. Ersteres haben wir beim Schelling'schen Segregationsmodell betrachtet, Letzteres bei der kollektiven Meinungsbildung unter Migranten. In Finanzmärkten lassen sich die Effekte ebenfalls beobachten. Dort treten sie etwa als Herdenverhalten von Anlegern auf.

Die richtige Technologie: eine Gesellschaft aus Multiagenten

»Wenn ich einmal weiß, welchen Nutzen die Bürger einer demokratischen Gesellschaft für sich selbst optimieren, möchte ich mein Demokratiemodell auf jeden Fall als Multiagenten-System implementieren.«

Scott und Christian gehen durch einen schmalen, lichten Gang in Christians Einzelbüro. In gläsernen Räumen links des Flurs sitzen Wissenschaftler, die ihren Blick fest auf ihre Bildschirme geheftet haben. Nur wenige sind über ein Blatt Papier gebeugt und füllen es mit dem Bleistift.

Noch in den Neunzigerjahren waren Multiagenten-Systeme eine exotische Form der Softwarearchitektur. Den Standard gab die *Client-Server-Architektur* ab, bei der ein Zentralrechner nur auf Anfrage eines Endgeräts tätig wurde. Multiagenten funktionieren anders. Sie werden nicht erst aktiv, wenn man ihnen Konkretes abverlangt. Sie sind immer betriebsam, rund um die Uhr. Sie kommunizieren miteinander. Sie können schlussfolgern und Entscheidungen treffen. Und immer entscheiden sie selbstständig, welche Aktion sie wann ausführen würden, je nachdem, wie sich ihre Umgebungsbedingungen entwickeln. Sie überwachen ihre Umwelt, gleichen den äußeren Zustand mit ihren Zielen ab, setzen eine entsprechende Aktion – und realisieren so nichts anderes als den kybernetischen Regelkreis!

Auch Multiagenten stammen aus dem Reich der Künstlichen Intelligenz. Ihre Intelligenz ist – vergleichbar mit der kollektiven Intelligenz einer Ameisenkolonie – über eine Population von Individuen hinweg verteilt; intelligentes Verhalten eines Multiagenten-Systems entsteht durch die Interaktion von Multiagenten. »Interaktion ist mächtiger als ein Algorithmus«, ist deshalb ein geflügeltes Wort unter Forschern, das zum Ausdruck bringen soll, wie wenig auch die raffinierteste mathematische Modellierung in der Lage ist, die Komplexität von Interaktion realistisch abzubilden, und dass man dafür besser auf die Technologie eines Multiagenten-Systems zurückgreift.

Natürlich sind die klassischen mathematischen Modelle komplexer Systeme deshalb nicht wertlos. Aber sie idealisieren die Komplexität, was ihren Nutzen stark einschränkt, wenn sie reales Verhalten erklären oder simulieren sollen. Trotzdem sind sie geeignet, einzelne Effekte im komplexen System anschaulich zu machen, etwa die Plausibilität eines bestimmten Konzepts oder eine neue Idee.

Trotz ihrer Schwächen haben mathematische Modelle jahrzehntelang zu erklären versucht, wie das komplexe System der Finanzmärkte funktioniert, schon deshalb, weil andere Modellierungswerkzeuge fehlten. Doch einige mathematische Modelle sind an der Wirklichkeit gescheitert, darunter auch die Theorie vom rationalen Markt. Investoren, so lautete ihre Grundannahme, seien bei ihren Investmententscheidungen immer vernunftgetrieben. Und vernünftig ist ein Investment dann, wenn es eine Dividende verspricht. Die Theorie vom rationalen Investor war trotzdem von großer mathematischer Schönheit, weil sie in sich schlüssig war; nur hatte man sie nicht mit der Realität abgeglichen[64], weshalb sie sich bald als Mythos erwies. Denn in der Wirklichkeit der Finanzmärkte traten immer wieder unerklärliche Effekte auf, die die mathematischen Funktionen des rationalen Marktes nicht vorsahen. Hohe Volatilitäten bei Aktienkursen, Finanzmarktkrisen und Crashs – keines dieser real auftretenden Ereignisse konnten die mathematischen Modelle der rationalen Märkte erklären. Die empirischen Beobachtungen ließen sich mit den Modellen einfach nicht in Einklang bringen. Finanzmärkte, so schien es, wollten sich nicht so verhalten, wie es die Modelle der Wirtschaftswissenschaftler vorschlugen. Die Theorien waren zwar in sich plausibel, erklärten aber nicht die Wirklichkeit der Wirtschaft. Man konnte sich nicht auf sie verlassen, weil sie Finanzcrashs als exogene Ereignisse des Marktgeschehens verstanden oder Marktbewegungen, die ihre Modelle nicht erklären konnten, kurzerhand als Spekulation abtaten.

Das Fehlverhalten klassischer ökonometrischer Modelle war einer der Zünder für die Komplexitätsforschung. Erst als man die Finanzmärkte als komplexes System begriff und dessen Interaktionen als Multiagenten-System modellierte, erklärten sich die Effekte, die man empirisch beobachten konnte. Finanzcrashs waren eben keine äußeren Schocks, die den Markt aus seinem vermeintlichen Gleichgewicht brachten. Sie waren systemisch. Sie waren genauso eine intrinsische Eigenschaft der Märkte, wie es das Zerstörungspotenzial der Digitalisierung heute ist. Ein komplexes System, das immer auf der Kante zwischen Ordnung und Chaos balanciert, kommt dem Chaos immer wieder gefährlich nahe. Und manchmal kommt es eben dazu, dass sich das Chaos als Crash manifestiert. Crashs sind ein wesentlicher Bestandteil der Finanzmärkte und gehören einfach zum Geschäft, so wie Käufer und Verkäufer Teil der Börse sind.

Eine alternative Betrachtung des komplexen Finanzmarktsystems kam aus den Reihen der Physik. Die Physik ist besessen davon, Modelle zu entwickeln, die ihren Naturbeobachtungen voll und ganz entsprechen; damit unterscheidet sie sich wesentlich von den Wirtschaftswissenschaften. Am 8. September 1987 stießen im Santa Fe Institute die beiden Fraktionen aus Ökonomen und Physikern schließlich erstmals aufeinander. Das Treffen gab den Wirtschaftswissenschaftlern Gelegenheit, ihre mathematischen Modelle des Finanzmarktgeschehens bei den prominenten Vertretern der noch ganz jungen Komplexitätsforschung vorzustellen. Während sie den Wirtschaftswissenschaftlern aufmerksam zuhörten, wurden die Physiker zunehmend unruhig, bis sich einer von ihnen, der Nobelpreisträger Phil Anderson, in seinem Stuhl zurücklehnte und aussprach, was viele dachten: »Diesen Unsinn glaubt ihr doch nicht etwa?«[65]
Nur weil die Wirtschaftswissenschaften gekonnt mit der Mathematik hantieren, sind Naturwissenschaftler über-

haupt bereit, die Ökonomie als Wissenschaft anzuerkennen. Sie habe allerdings mehr Ähnlichkeit mit der Philosophie und sei daher eher eine Protowissenschaft oder politische Technologie, argumentieren sie.[66]

Für die Komplexitätsforscher aus Santa Fe war die Entwicklung einer alternativen Modellierung des Finanzmarkts *nicht* die größte Herausforderung. Schwieriger war es, die Ökonomen davon zu überzeugen, von ihrer klassischen mathematischen Modellierung abzurücken. Denn wirtschaftswissenschaftliche Modelle wurden von Ökonomen nur dann akzeptiert, wenn sie gängige Währung waren. Alles neue stieß auf wenig Akzeptanz.

Die Alternative zur klassischen mathematischen Modellbildung ist die Modellierung des Finanzgeschehens als Multiagenten-System. Im Gegensatz zu den Differentialgleichungssystemen der Mathematik bieten Multiagenten viele Vorteile:[67] Ihre Interaktion basiert auf dem Prinzip der Rückkopplung, wie man sie auch in der Wirklichkeit eines realen sozioökonomischen Systems beobachten kann. Ein Multiagenten-System kann man demnach aus ganz unterschiedlichen, heterogenen »Investoren-Persönlichkeiten« mit widersprüchlichen Intentionen zusammenbauen. So verfolgt jeder einzelne Agent seine ureigenen Ziele – genau wie die einzelnen Finanzmarktteilnehmer an den Börsen oder die Bürger in einer Demokratie.

In den Neunzigerjahren als genuin europäisches Konzept entwickelt, hatten Multiagenten der europäischen Informationstechnologie einen wissenschaftlichen Vorsprung gegenüber den Vereinigten Staaten verschafft. Während noch vor zwanzig Jahren Europa ebenbürtiger digitaler Mitbewerber der Vereinigten Staaten war, ist das ehemals europäische Konzept der Multiagenten zwischenzeitlich evaporiert wie andere europäische digitale Kerntechnologien auch.

»Junge Großunternehmen mit weniger als zwanzig Jahren Existenz gibt es hier [in Europa], anders als in den U.S.A., kaum. Beim Smartphone spielt Europa keine Rolle. Es ist ein Kreislauf ohne europäische Wertschöpfung. Den Sektor haben wir verloren«, klagt der EU-Kommissar Günther Oettinger zu Recht und spricht von einer europäischen digitalen »Politik wie im Romantik-Tal«.[68]

Multiagenten sind nicht nur verteilte Künstliche Intelligenz, sondern auch *artificial life*, »künstliches Leben«. Künstliches Leben erforscht das wahre Leben, indem es künstliche Komponenten wie Computer dafür einsetzt, das Leben nachzuahmen. Künstliches Leben ist deshalb noch einmal etwas anderes als Künstliche Intelligenz. Artifizielles Leben sollte, wenn es sich sehr eng an die Realität anlehnt, dasselbe Verhalten zeigen wie echtes biologisches oder gesellschaftliches Leben. Beim artifiziellen Leben entsteht Verhalten, das man in der Realität empirisch beobachten kann, durch die Interaktion von Individuen »von unten nach oben«, also *bottom up*. Das entspricht ganz dem demokratischen Prinzip. Auch in einer Demokratie geschieht unten, auf der Ebene des Souveräns, Wesentliches: Meinungsbildung von unten, beim Wähler, ist wichtiges Ingredienz für eine funktionierende Demokratie. (Wie wichtig, werden wir im übernächsten Abschnitt sehen, wenn wir uns mit Hilfsmodellen beschäftigen.) Das ist das Gegenteil von *top down*, »von oben herab«. Von oben herab geht vor, wer dem Gesamtsystem eine globale Regel vorgibt oder Kompetenzen und exklu-

sives Wissen auf höherer Ebene ausspielt. Internetgiganten
tun genau das, einmal mehr, einmal weniger aggressiv.

Multiagenten sind künstliche Komponenten, weil sie
nichts weiter sind als Softwareprozesse. Doch sie haben besondere Eigenschaften, die sie von herkömmlicher Software
ganz wesentlich unterscheiden.

Auf der Suche nach Glück

»Oder kennst du eine bessere Technologie für die Imple-
mentierung meiner künstlichen Demokratie?«

Die Glastür von Christians Büro schließt sich hinter
Scott. Er wirkt angespannt. Erst wenn er die richtige Tech-
nologieentscheidung getroffen hat, kann er an den nächsten
Schritt denken.

Christian kennt die Herausforderung der besten Techno-
logieentscheidung nur zu gut. Sind die Entwicklungsbud-
gets für ein technologisches Vorhaben knapp, kann die falsche Wahl ein Entwicklungsprojekt zum Scheitern bringen,
seinen Abschluss zeitlich stark verzögern oder sehr verteuern. Deshalb nimmt er sich viel Zeit für Scotts Anliegen.
Dabei sitzt er gerade an seinen eigenen technologischen
Herausforderungen. Er revidiert bereits den Programmcode
des lernenden künstlichen Politikers. Aber die beiden Wissenschaftler würden den künstlichen Politiker erst später
brauchen. Noch arbeiten sie daran, einen Demokratiesimulator zu bauen, der Millionen möglicher europäischer Zukünfte abspielen kann.

Ziemlich motiviert fällt Scott Muller in einen der bequemen Besucherstühle aus schwarzem Glattleder.

»Multiagenten sind die beste Technologie für dein Demokratiemodell«, sagt Christian. »Bei den Multiagenten
kannst du verschiedene Grade an Raffinesse wählen. *Zero
intelligence*, nutzengetriebene Softwareagenten… hast du
dir schon etwas überlegt?«

Christian wartet, dass Scott Muller Implementierungs-
wünsche äußert. Je nachdem, wie sie ausfallen, würde
der Bau eines Demokratiemodells mehr oder weniger
aufwendig. Man könnte auch sagen: mehr oder weniger
kostspielig.

An die verschiedenen Optionen bei Softwareagenten hatte
auch Scott Muller schon gedacht. Und sich für die höchste
Stufe der Vollkommenheit entschieden: die nutzengetriebe-
nen Softwareagenten. Dass die Wahl auf nutzengetriebene
Softwareagenten fällt, erscheint ihm sinnvoll, weil er einen
Arbeitsschritt vorher herausfinden würde, in welchem Struk-
turganzen ein Bürger stand und was sein demokratisches
Verhalten antrieb: ob ein Bürger einen Vorteil maximieren
wollte, der ihm besonders nützte. Das ist der Grund, weshalb
Scott Muller jetzt eine möglichst wirklichkeitsgetreue Reprä-
sentation nutzenmaximierender Bürger bräuchte.

Multiagenten bestehen aus einer Population einzelner
Softwareprozesse, die sich autonom und asynchron verhalten. Sie sind sozusagen immer auf Trab und machen es
sich zur Aufgabe, ihre Lebenswelt zu überwachen. Wenn
sich die Umgebungsbedingungen ändern, reagieren sie. Auf
diese Weise stehen Agenten immer in Wechselwirkung mit
der Dynamik ihrer Umwelt. Welche Handlungen sie vornehmen, hängt ganz wesentlich von ihrer Motivation ab.
Denn Softwareagenten sind zielgetrieben. Sie wollen ihre
Ziele erreichen, einen bestimmten Nutzen verstärken, ihre

Bedürfnisse erfüllen oder einen bestimmten Grad an »Zufriedenheit« oder »Glück« erreichen. Dazu müssten sie über ein gewisses Intelligenzniveau verfügen, um ihre Umgebung zu beurteilen, ihren eigenen Zustand wahrzunehmen, sich an frühere Aktionen und ihre Auswirkungen erinnern oder sich an neue Lebensumstände anpassen.

Jeder einzelne Softwareagent, hatte sich Scott Muller überlegt, sollte über vier oder fünf Grundbedürfnisse verfügen, die es zu befriedigen galt. Hinzu kämen Eigenschaften wie Adhäsion: Ein Softwareagent kann einer Handlungsalternative sehr treu sein. Er kann immer dieselbe Handlungsalternative auswählen, einfach aus Routine. *Autokorrelation* nennen das die Statistiker. Heutiges Verhalten hat einen Zusammenhang mit früherem Verhalten.

Das klingt ganz nach realer Gesellschaft. Nach Stammwählern mit Parteibuch, die ihrer Partei über viele Jahre treu bleiben. Nach ihren Familienmitgliedern, die genauso wählen wie ihr Oberhaupt. Und nach kybernetischem Kontrollzyklus. Nimm deine Lebenswelt wahr, betrachte deinen Glückszustand, und entscheide dich für die Aktion, die dich näher zum Glück führt. Dann beobachte wieder und steuere nach.

»Ich dachte an eine Population nutzengetriebener Multiagenten. Ich würde mir wünschen, dass der einzelne Agent ziemlich intelligent ist. Obwohl mir klar ist, dass wir uns momentan nur für das Makroverhalten der Demokratie interessieren und nicht für das einzelne Individuum.«

Dabei ist gerade die Stärke eines agentenbasierten Modells, dass seine einzelnen Softwareagenten sehr schlicht gebaut sein können. Da ein Multiagenten-System durch die Interaktion komplex wird, können schon wenige einfache

Interaktionsregeln die gewünschte Komplexität hervorrufen. Wie fein man den individuellen Agenten ziselierte, wäre für das Gesamtverhalten des »Systems Demokratie« vordergründig nicht relevant.

»Auf jeden Fall«, gibt Christian zu bedenken, »kannst du nicht umhin, die Wirklichkeit möglichst detailgetreu nachzubilden. Du brauchst Alternative-Agenten, die Parteien repräsentieren, Bürger-Agenten, wahrscheinlich sogar Unternehmer-Agenten. Sind alle Agenten gleich? Oder stehen sie in einer hierarchischen Ordnung? Normalerweise hat ein komplexes System kein zentrales Oberhaupt. Trotzdem musst du dich fragen: Wer herrscht? Können deine Agenten Koalitionen bilden? Ändern sie die politische Richtung, weil sich auch ihre Ziele verändern?«

Genau das ist der Grund, denkt Scott, weshalb ein einzelner Softwareagent nicht übersimplifiziert sein darf. Auf jeden Fall sind sie alle unterschiedlich. Weder verfolgen alle dasselbe Ziel, noch haben sie dieselben Handlungsoptionen. Die beiden Forscher würden unterschiedliche Technologien der Künstlichen Intelligenz verschachteln müssen und das komplexe System der Multiagenten aus ziemlich intelligenten Individuen bilden. Einzelne Softwareagenten könnten mit neuronalen Netzen ausgestattet sein, um zu lernen oder sich an die Effekte ihrer früheren Aktionen erinnern. Und die beiden Wissenschaftler müssten zufälliges Verhalten einbauen. So könnten manche Agenten ihre Verhaltensstrategien ändern, sobald sich ihre Umgebung auf einen bestimmten Zustand eingeschwungen hätte. Auf jeden Fall ist der Phantasie des Modellbauers keine Grenze gesetzt.

Mehr als ein Hilfsmodell:
Informationsverbreitung im Netz

»Neben deinem Demokratiemodell brauchst du noch ein Hilfsmodell«, schlägt Christian vor. Dabei sieht er aus, als würde er nur laut denken, weil er versonnen auf seinen Arbeitstisch starrt. Dort türmen sich Formelbücher und Blöcke mit handschriftlichen Berechnungen. »Ich würde es das ›Informationsverbreitungsmodell‹ nennen.«

Information ist die Währung der Demokratie, wusste schon Thomas Jefferson, dritter Präsident der Vereinigten Staaten. In einer Demokratie waren die Medien die vierte Gewalt. Die Rolle der Medien für ihr Modell hatten die beiden Wissenschaftler noch gar nicht in Betracht gezogen.[69]

Das deutsche Bundesverfassungsgericht (BVerfG) hatte in jahrzehntelanger Rechtsprechung zum klassischen Massenmedium des Rundfunks herausgearbeitet, warum Demokratie ohne die Verbreitung und ohne den freien Zugang zu vielfältiger Information nicht funktioniert.[70]

Wer sich eine Meinung bilden will, braucht freien Zugang zu Information. Die Freiheit von Rundfunk, Presse und Film ist wie die andere Seite der Medaille der öffentlichen Meinungsbildung. Beide Seiten werden geschützt, sowohl der Konsument von Information als auch der Publizist oder Redakteur, der sie bereitstellt. Das Grundgesetz für die Bundesrepublik Deutschland spricht deshalb allgemeiner und zusammenfassend von der Freiheit der Kommunikation.

Wer Information für die Öffentlichkeit bereitstellt, trägt große Verantwortung, weil er darauf einwirkt, dass und wie sich eine öffentliche Meinung, ein Konsens, bildet. Je mehr Menschen er erreicht, desto übergeordneter seine Verantwortung. Bis ins letzte Jahrhundert traf das besonders auf den Rundfunk zu. Ihm wurde die größte »Breitenwirkung, Aktualität und Suggestivkraft« bescheinigt.[71] Deshalb richtete sich auch die folgende verfassungsrechtliche Forderung an ihn: Rundfunkanstalten müssen sicherstellen, »dass die Vielfalt der bestehenden Meinungen [im Rundfunk] in möglichster Breite und Vollständigkeit Ausdruck findet und dass auf diese Weise umfassende Information geboten wird«[72]. Dazu gehört, dass der Rundfunk auch solche Meinungsinhalte verbreitet, die (noch) nicht dem Geschmack der Mehrheit entsprechen und die nur nebensächlich aussehen.

»Willkommen im 21. Jahrhundert, dem Zeitalter der Online-Medien«, seufzt Scott, weil ihm klar ist, hier kommt eine Menge Zusatzarbeit auf ihn zu.

»Mehr Massenmedium war nie«, nickt Christian, weil er an die globale Präsenz der Internetfirmen denkt. »Wie viel Verantwortung haben Internetgiganten bei der Konsensbildung?«

Das kann Scott Muller erklären.

»Du kannst die globalen Internetgiganten mit dem Massenmedium Fernsehen oder Radio vergleichen. Niemandem kommt heute mehr ›Breitenwirkung, Aktualität und Suggestivkraft‹ zu.«

»Du meinst, Google sei schon lange keine Suchmaschine mehr? Und auch mit Youtube kann man nicht nur nach Online-Videos suchen?«

»Vergiss Facebook nicht«, ergänzt Scott. »Die Unternehmen, die sich Suchmaschine oder soziales Netzwerk nennen, erzeugen schon längst eigene Seiteninhalte. Sie sind selbst Autoren. Sie werden als Verleger tätig. Sie sind ein publizistisches Informationssystem, das in direkten Wettbewerb zum klassischen Rundfunk getreten ist.«

Scott Muller zögert einen Moment. Die demokratische Verantwortung von Internetgiganten ist außergewöhnlich hoch. Die Banditen aus Silicon Valley machen weltweit Meinung und schrecken gleichzeitig nicht davor zurück, über die Abschaffung der Demokratie zu philosophieren.

»GAFAM ist schon lange kein neutraler Bibliothekar mehr, der für mich nachsieht, in welchem Regal ich ein bestimmtes Buch oder Video finde. GAFAM ist ein Massenmedium. Und es ist meinungsmächtiger als jedes Massenmedium vor ihm.«

»Dann müsste sie der Gesetzgeber eben zur Verantwortung zwingen.«

»Christian Brandlhuber, du solltest doch am besten wissen, wie uns diese Firmen immer wieder ein Schnippchen schlagen. Halten sich Silicon-Valley-Angebote an europäisches Recht? Nein. Zerstören wollen sie es. Und dann noch die Updategeschwindigkeit… Wenn du ihnen vorschreibst, einen demokratie- oder nutzerschädlichen Algorithmus abzuschalten, tun sie das. Aber in der nächsten Minute schalten sie einen neuen ein. Wir wissen doch, dass sie es genau so machen.«

Während Scott seinen Vortrag hält, hat Christian begonnen, auf einem Block herumzukritzeln. Dann beugt er sich zu seinem Bildschirm vor. Darüber laufen in rasender Schnelligkeit Zahlen von oben nach unten ab. Als ob ein Dschinn hinter der optischen Anzeige mit einem Duschkopf Zahlen gegen den Bildschirm braust. Es handelt sich wohl gerade um einen Test. Wahrscheinlich um das Training einer Kontrollstrategie.

Scott lässt sich von Christians kurzer Unaufmerksamkeit nicht verwirren.

»Schon beim Suchalgorithmus einer Suchmaschine beginnt das Problem.« Jetzt wirft auch Scott einen Blick auf Christians Bildschirm. Der Fluss der Zahlen hat keinen Anfang und kein Ende.

Undemokratisch und zweifelhafte Quelle von Information: Suchmaschinen

»Google hat seinen Anwendern gegenüber doch einen enormen Informationsvorsprung. Nur Google selbst weiß, wie sein Suchalgorithmus funktioniert und welche Information er finden kann und soll.«

Das ist doch eine ziemlich asymmetrische Beziehung zwischen einem Suchenden und seinem vermeintlichen Scout, findet Scott Muller. Der Suchmaschinenalgorithmus bewertet, was richtig oder falsch ist, wichtig oder unwichtig. Weil der Algorithmus eine Wertung abgibt, hat die Suchmaschine schon so etwas wie eine redaktionelle Rolle übernommen.

»Ich kann doch gar nicht kontrollieren, welche Qualität ein Suchergebnis hat.«

Christian richtet seine Aufmerksamkeit wieder auf Scott. »Da hast du recht, weil der Google-Algorithmus nur relevante Suchergebnisse anzeigt. Google findet eine Information dann relevant, wenn viele Links auf sie verweisen.«

»So. Genau hier treten gleich zwei Probleme auf. Relevanz nach Googles Verständnis heißt noch nicht einmal, dass die angezeigte Information *wahr* sein muss.«

In der Demokratie muss die Minderheit immer die Möglichkeit haben, zur Mehrheit zu werden, das hatten die beiden schon festgestellt. Wenn aber nur die Mehrheit darüber entscheidet, ob eine Information relevant ist, ist die Minderheit von vorneherein chancenlos. Was Google und vielleicht noch die Schweiz als demokratischste aller Demokratien bezeichnen, weil jedermanns unmittelbare Meinung zählt, kann schnell in ein »Diktat der Mehrheit« umkippen. Wenn Schweizer Bürger in direkter Demokratie über Initiativen abstimmen, die die Menschenrechte betreffen, können sie den Minderheitenschutz auflösen und sich darauf berufen: »Die Mehrheit hat es so gewollt.« Die Mehrheit könnte die Todesstrafe fordern, obwohl sie mit der Schweizer Rechtsordnung nicht vereinbar wäre. Das Diktat der Mehrheit birgt auch das Potenzial, die Gewaltenteilung aufzuheben, wenn die Mehrheit ein verfassungsrichterliches Urteil überstimmt.

Wenn man so will, ist jede Suchmaschine schon aus systemischen Gründen ziemlich undemokratisch. Das ihr zugrunde liegende Konzept des »Diktats der Mehrheit« unterdrückt Pluralismus, statt ihn zu fördern. Deshalb kann man getrost behaupten: Die Silicon-Valley-Unternehmen haben nicht verstanden, was Demokratie bedeutet. Das müssen sie a priori auch nicht, schließlich sind sie Unternehmen. Ihr primäres Ziel ist die Maximierung von Umsatz und Profit. Wo sie allerdings gesellschaftliche Verantwortung haben, müsste der Staat eingreifen. Ob durch Gesetze oder durch regelnde Institution, die Frage stellt sich in der Realität genauso wie bei Scott Mullers Experiment einer gelenkten Demokratie.

Zur Problematik der Relevanz von Suchmaschinenergebnissen tritt noch ein anderes Thema hinzu: das der Wahrheit. Bei fast keiner anderen Tätigkeit ist unsere denkerische Leistung so gering wie bei der Informationssuche im Internet oder in sozialen Medien. Die Mühe, nach Primärquellen zu graben und sie auch noch zu lesen, machen wir uns schon lange nicht mehr. Eine Google-Ergebnisliste ist uns genug Ersatz für die Primärquelle. Darüber vergessen wir, die Herkunft von Online-Informationen zu überprüfen. Doch nur die Quelle entscheidet über Zuverlässigkeit und Wahrheit von Information. Die Kehrseite der Medaille, die Information heißt, ist die Wahrheit.[73] Nur weil Millionen Menschen eine bestimmte Aussage für relevant erklären, indem sie *Likes* abgeben oder sie teilen, muss kein Körnchen Wahrheit daran sein. Es kann sich einfach nur um ein Gerücht handeln.[74]

»Da sind die Nachrichtendienste doch schlauer. Sie bewerten wenigstens die Zuverlässigkeit der Quelle, bevor sie etwas glauben.« Christian blättert seinen Block um. »Nur ist die Quellenbewertung im Netz schwierig, wenn ich als Anwender selten herausfinden kann, wer überhaupt die Quelle einer Information ist.«

»Du kommst deshalb nur im Einzelfall auf den Urheber einer Originalbotschaft zurück. Schließlich wird sie wieder und wieder kopiert. Wikipedia ist eine Ausnahme, aber alle anderen …«

Christian rutscht auf seinem Bürostuhl unbehaglich hin und her. Im komplexen System der Demokratie waren Online-Falschmeldungen ein großes Risiko. Menschen glauben und teilen eine Falschmeldung, versammeln sich und demonstrieren oder gehen gewaltsam gegen nichts als ein unbestätigtes Gerüchte vor, gegen die Twittermeldung von Vergewaltigung, Entführung und Tod einer Minderjährigen im Zusammenhang mit der europäischen Flüchtlingskrise oder gegen Gerüchte, die europäischen Grenzen der Balkanroute würden sich öffnen.[75] Die Interaktion von Bürgern, wenn sie durch ein virales Online-Gerücht auf Facebook oder Twitter losgetreten wird, hat genug Potenzial, die Gesellschaft in einen neuen Zustand von Misstrauen und Wut zu versetzen. Emergenz könnte dann auftreten, wenn sich negative Gefühle manifestierten, wenn die Gesellschaft verängstigt, verunsichert, allgemein hoffnungslos gemacht würde, was ihre Zukunft betrifft.[76]

Informationsläufer, schnell und langsam

»Internetgiganten genießen eine besondere Vertrauensstellung.« Christian reißt Scott aus seinen Gedanken und gibt das richtige Stichwort. Weil Internetgiganten durch ihre Auswahl von Information beeinflussen, wie Menschen ihre Umwelt wahrnehmen, haben sie gesamtgesellschaftliche Verantwortung. Man könnte es auch so ausdrücken: Sie nehmen eine öffentliche Aufgabe wahr. Vielleicht sind sie sich darüber sogar im Klaren. Aber gesetzliche Regeln analog zu einer Rundfunkordnung, die ihre Verantwortung absichern, existieren nicht. Und weiterhin bleiben digitale Angebote munteres Spielfeld für gesellschaftliche Fehlentwicklungen.

Scott Muller greift noch einmal den Vorschlag für ein Hilfsmodell der Informationsverbreitung auf.

»Ein Modell, das abbildet, wie sich Meinungsinhalte verbreiten, hätte mehrere Pfeiler.«

»Wenn du mich fragst«, schlägt Christian vor, »brauchst du eine Repräsentation sowohl der klassischen als auch der neuen elektronischen Massenmedien. Vielleicht noch etwas Lokales. Europa ist ja doch sehr divers«, fügt er noch hinzu. »Und denk daran, dass plötzliche und unkontrollierte Kommunikationsphänomene nur im Internet auftreten.«

»Du meinst Netzhetze.«

»Auch. Generell Information, die sich wie virale Werbung ausbreitet.« Wie der Tweet des Bundesamts für Migration und Flüchtlinge vom August 2015. Wie das Gerücht über Kindesentführung einer dreizehnjährigen Berlinerin durch Flüchtlinge. Wie die Lüge vom toten Flüchtling vor dem Lageso in Berlin. Das Phänomen vom Viralmarketing war schon ganz gut untersucht. Scott Muller müsste nur auf die Forschungsergebnisse zurückgreifen.

Christian setzt noch hinzu: »Und dann ist da noch das Phänomen personalisierter Information.«

Jetzt hebt Scott Muller abwehrend die Hand. »Bei der Personalisierung von Suchergebnissen, von Newsfeeds oder TV-Programmen geht es auch um nichts anderes als um den Primat der Relevanz, allerdings erweitert um einen persönlichen Aspekt. Relevant ist eben auch, was mir selbst lieb und teuer ist.«

Christian dreht ein zweites Mal den Kopf zu den Zahlen-kolonnen, die wie ein weißer Wasserfall über seinen dunk-len Bildschirm rauschen. Langsam wird er ungeduldig. Er will in seine Zahlen eintauchen. Er will sie verstehen. Aber noch ist er bei der Sache.

»Stimmt schon. Trotzdem solltest du das in deinem Hilfs-modell berücksichtigen.«

»Ist schon klar. Klassische Medien überbringen allen Adressaten denselben Meinungsinhalt. Suchmaschinen, personalisierte Newsfeeds oder Vorschläge wie: ›Andere Zuschauer deines Lieblingsvideos haben sich auch für die folgenden Filme interessiert‹, basteln algorithmisch am Meinungsinhalt herum, bis er dem Empfänger gefällt.«

Christian schlägt seinen Block zu und legt einen Feder-halter auf den Umschlag aus festem Karton. Die Geste be-schließt das Gespräch der beiden.

»Für die Informationsverbreitung brauche ich einige Variablen«, fügt Scott noch hinzu. »Spontan fällt mir ein: Mit welcher Geschwindigkeit erreicht eine Information meine Multiagenten?«

Interessante Metapher: Viele Teilchen machen einen In-formationslauf durch ein Demokratiemodell. Informations-läufer. Der eine schneller, der andere langsamer. Einer Hase, einer Igel.

»Ja. Vergiss nicht, einen Zufallsparameter einzubauen, wonach eine Information unwahr ist. Eine Wahrscheinlich-keit. Soundso viel Prozent aller Online-Informationen ist unwahr.«

Nur reine Propaganda, denkt Scott. Es wird noch span-nend, die Wechselwirkung von Information und Wahlver-halten zu betrachten.

Weltsimulation

An komplexen Systemen lässt sich ein kleines Wunder beobachten, das bei genauem Hinsehen doch nicht mehr ist als eine weitere Eigenschaft eines komplexen Systems: *Ein komplexes System nimmt die Zukunft vorweg.* Nicht nur der Hang zum Chaos, sondern auch prädiktive Fähigkeiten sind allen komplexen Systemen eigen.

Wenn die globalen Finanzmärkte nächste Woche eine Zinserhöhung erwarten, haben sie die Erhöhung schon heute eingepreist.

Wenn Konsumenten bald mit einem Wirtschaftsabschwung rechnen, halten sie sich schon heute bei den Konsumausgaben zurück.

Im komplexen System geschieht die Vorwegnahme der Zukunft nicht bewusst. Auch hier wird die Antizipation wieder durch Interaktion verursacht – wieder ist es das Feedback, speziell die Rückkopplung der *Umgebungsbedingungen*, der Umwelt, auf die einzelne Teilchen des Systems reagieren. Aus dem, was die Individuen eines komplexen Systems in ihrer Umwelt beobachten, müssen sie für sich selbst Kapital schlagen. Den Vorteil erkennen sie nicht bewusst, sondern versuchen, sich ihn zu verschaffen, indem sie aus dem Arsenal ihrer Handlungsoptionen diejenigen auswählen, die die größte Wirkung versprechen. Im kybernetischen Regelkreis von Umweltreiz und Reaktion probieren sie aus, was ihnen künftig den erhofften Vorteil verschaffen könnte. Sie experimentieren mit ihren Handlungsalternativen. Das aber bedeutet nichts anderes als: lernen. Und weil Individuen eines komplexen Systems lernen, erreicht das System, das sie formen, niemals einen statischen Zustand.[77]

Was für reale komplexe Systeme gilt, muss auch in einer künstlichen Demokratie funktionieren.

Scott Mullers Multiagenten vollziehen eine Art Spiel, ein kybernetisches Pingpong mit ihrer Umwelt. Damit sie mitspielen können, sind sie mit Handlungsoptionen ausgestattet. Scotts Multiagenten dürfen *wählen*. Mit der Teilnahme (oder Nichtteilnahme) an einer Wahl wirken seine Multiagenten auf den Gesamtzustand ihrer künstlichen Gesellschaft ein.

Das Recht zu wählen ist ein Auslöseimpuls, mit dem ein Agent seine Umwelt verändern kann. Entscheidet er sich für die Wahl und nicht für die Enthaltung, wird er vor Alternativen gestellt. Bei der Wahl geht es deshalb um mehr als nur eine binäre Entscheidung. Wie und ob ein Agent wählt, hängt von mehreren Faktoren ab, der wichtigste Faktor: seine eigenen Ziele. Ist sein Ziel das Glück, wird er nach dem Glück streben. Mehr Sicherheit, mehr Bildung, mehr Gesundheit, höhere Einkommen: Mit diesen unterschiedlichen Zielen hat Scott Muller die Multiagenten seines Demokratiemodells ausgestattet. Sie evaluieren ihren Zustand kontinuierlich: Werden ihre Ziele befriedigt oder verletzt? Sind sie durch die Umwelt einer Situation ausgesetzt, die sie tangiert, werden sie versuchen, Defizite auszugleichen. Die Evaluierung des Ist-Zustands wird zur Norm für das dann folgende Verhalten und die Entscheidung, die Stimme einer der möglichen Alternativen zu geben. Und ihre Wahl wird auf diejenige Alternative fallen, die verspricht, sie ihrem ganz persönlichen Glückszustand näher zu bringen. Es sei denn, der Zufall wird aktiviert. Dann können sie sich unerwartet ganz anders entscheiden.

Zurück am eigenen Schreibtisch, fasst Scott Muller seine Gedanken zusammen.

Am künstlichen Leben erforschen, wie das wahre Leben funktioniert, war nicht alles, was er erreichen wollte. Davon hätte er zwar einen wissenschaftlichen Erkenntnisgewinn. Schön. Aber er würde kein Demokratiemodell bauen, nur um seine eigene Neugierde zu befriedigen. Denn nicht er selbst, sondern sein künstlicher Politiker sollte lernen, wie Demokratie funktioniert. Scotts Modell würde die Demokratie für Ai lesbar machen. Maschinenlesbar.

Und Scott könnte dann von einem geglückten Experiment ausgehen, wenn Ai eine Demokratie strategisch so lenken könnte, dass politische Unfälle möglichst verhindert würden. Dafür bräuchte sie Kompetenz. Einerseits müsste sie wissen, wie Demokratie funktioniert. Andererseits müsste sie eine Vorstellung davon haben, was in einer Demokratie alles passieren kann.

Bei strategischen Vorgängen, hatten Scott und Christian festgestellt, ist die Datenlage notorisch dünn. Eine Demokratie entwickelt sich über lange Zeiträume und Jahrzehnte hinweg. Für ihre empirische Beobachtung reichte nicht einmal die Lebenszeit der beiden Wissenschaftler in Summe aus. Die Massendaten der digitalen Ära würden den beiden Forschern auch nicht helfen, weil sich auch das

Sammeln riesiger Datenmengen aus einer Demokratie über Jahrzehnte erstrecken müsste. Und selbst wenn Datenberge über eine Demokratie verfügbar wären, man bekäme rasch ein Relevanzproblem. Wenn Willy Brandt am 28. Oktober 1969 aussprach: »Wir wollen mehr Demokratie wagen«, war davor offenbar weniger Demokratie und ganz bestimmt eine andere Demokratie als zu Zeiten der Weimarer Republik. Wer heute Maßnahmen zur Absicherung der Freiheit trifft, die die Freiheit aushöhlen, wird in zehn Jahren eine andere Demokratie haben als heute. Daten aus der Vergangenheit haben immer nur eine eingeschränkte Aussagekraft über die Gegenwart.

Und auch die Zukunft.

Deshalb wird Scott Mullers Demokratiemodell simulieren, was die Zukunft bringen könnte. Sein Demokratiesimulator wird synthetische Daten einer Demokratie erzeugen. Die vielen möglichen simulierten Krisen und Zustände, in die eine Demokratie potenziell geraten könnte, würden die große Datenlücke füllen, bei der auch Massendaten nicht weiterhelfen.

Scott Mullers Demokratiemodell kann Millionen möglicher europäischer »Zukünfte« produzieren. Das Wort »Zukunft« trifft es nicht genau. Das Modell erzeugt ein Bündel ganz unterschiedlicher Szenarien. Hunderttausende Simulationen dessen, was mit Europa *möglicherweise* passieren wird. Szenarien sind keine Prognosen, wohlgemerkt. Besonders keine Punktprognosen. Scott Muller kann nicht behaupten, in der Zukunft werde exakt dieses oder jenes gesellschaftliche Ereignis stattfinden. Aber viele Szenarien treten mit einer höheren Wahrscheinlichkeit auf als andere.

Manche sind optimistisch, andere pessimistisch. Schon ihre Verteilung zu kennen, ist viel wert.

Nur noch drei kleine Schritte in die Zukunft:

Erstens, Scott muss einige Schätzungen abgeben. Er muss seine künstliche Demokratie kalibrieren. Dazu braucht er nur ganz wenige Daten: Er muss schätzen, wie riskant es ist, wenn seine Multiagenten eine bestimmte Handlungsalternative wählen. Oder mit welcher Geschwindigkeit sich Informationen in seiner künstlichen Demokratie verbreiten. Online-Information wäre schneller unterwegs als Meinungsinhalte der klassischen Massenmedien. Massendaten braucht man dafür jedenfalls nicht.

Zweitens, Scott muss sein Demokratiemodell in einen Anfangszustand versetzen. Das ist nicht so schwer. Die Statistik der letzten Wahlumfragen zeigt die realistische Verteilung europäischer Wählerstimmen über n Alternativen. Das ist sein angenommener Anfang. Von hier aus kann er immer wieder einen neuen Simulationslauf seiner künstlichen Demokratie starten.

Und schließlich muss Scott in einem dritten Schritt auch sein Hilfsmodell der Informationsverbreitung mit unterschiedlichen Neuigkeiten bestücken. Etwa nach der Art, dass sich die chinesische Wirtschaft erholt, dass Großbritannien aus der Europäischen Union ausscheidet oder dass Praktikanten in der Automobilindustrie jetzt mehr verdienen. Dass in einer europäischen Großstadt ein Terroranschlag mit dreißig Toten verübt wurde. Dass Frauen auf öffentlichen Plätzen in Europa nicht sicher sind.

Ein Knopfdruck, und Scotts artifizielle Informationsläufer rennen los. Mit jedem Informationslauf startet Scott Muller eine Art Dominopartie über tausende Multiagenten seines Basismodells hinweg. Viele Agenten fallen, andere bleiben stehen. Agenten werden auf die Information entsprechend ihrer Nutzenfunktion reagieren und ihre Wahl treffen, manche hingegen wählen nicht. Andere werden von der Information nicht erreicht. Multiagenten, die eine Nachricht auf ihren eigenen Zustand beziehen können, werden aktiv. Sie geben einer Handlungsalternative den Vorzug, einer anderen Option gehen Stimmen verloren. Dadurch verändern sie die Umwelt ihrer künstlichen Demokratie. Erst wenn ein Simulationslauf beendet ist, wenn sich nichts mehr rührt in der künstlichen Demokratie, beginnt ein neues Szenario. Erst wenn sich der letzte Agent entschieden hat, steht eine von vielen möglichen Zukünften fest. Dann die nächste. Und dann noch eine.

Auf diese Art würde man die demokratischen Zukünfte von unten, sozusagen von den Mikroaktionen aller beteiligten Multiagenten aus, erzeugen. Daraus würde sich das Makroverhalten des Gesamtsystems ergeben.

Ai muss Millionen möglicher Zukünfte kennen.

Das ist deshalb so, weil Ai später selbst in einer Demokratie aktiv sein und Anreize setzen soll, die eine Demokratie in die eine oder andere Richtung bewegen können. Doch das muss sie zuerst lernen und oft genug üben. Durch Beobachtung der künstlichen Demokratie, durch Versuch und Irrtum soll Ai lernen, ob es eine Art »mittlerer Zukunft« gibt, die mit höherer Wahrscheinlichkeit als andere europäische Zukünfte auftreten wird. Oder Zukünfte, die sich nah an der politischen Unfallzone befinden. Egal, welche Zukünfte sie entdeckt: Sie soll eine Strategie lernen, die eine Demokratie trotz aller Krisen möglichst weit weg vom Unfallpunkt stabilisieren kann. Ai hat »gewonnen«, wenn sie die Demokratie stimulieren kann, Krisen zu widerstehen.

Nicht stimulieren, sagt Ai. Du meinst: manipulieren.

Ich bitte dich, gibt Scott im Stillen zurück. Lass uns doch zuerst eine mögliche Zukunft Europas betrachten.

KOLLAPS

Das Demokratiemodell simuliert den politischen Unfall:
Frankreich wählt eine rechtsnationale Präsidentin,
tritt aus dem Euro aus und riegelt die Binnengrenzen ab.
Die Europäische Union implodiert.
Ai beobachtet das Simulationsexperiment und beginnt
zu verstehen.

Simulation 2018: Ein Sommer in Paris

Schon in der Rue du Bac kann man die gellenden Wutschreie der aufgebrachten Menge in der Nähe hören. Der Gehweg ist übersät mit Scherben und Müll aus zertrümmerten, aus ihrer Halterung gerissenen öffentlichen Abfallkörben. Einzelne am Rand geparkte Autos sind nur noch verkohlte Wracks. Kaufhäuser, sofern sie über Metallgitter verfügen, sind zugesperrt; aber selbst ihre Rolltore haben die Geschäfte nicht vor Plünderungen schützen können. Gitter sind gewaltsam aufgebogen, Schaufensterscheiben eingeschlagen und Läden verwüstet. Waren sind aus den Regalen gerissen. Was sich online gut verkaufen oder tauschen lässt, allem voran smarte elektronische Geräte, haben Marodeure kartonweise weggeschleppt. Was sie nicht selbst behalten, werden sie im Darknet hehlen und Bitcoin dafür kassieren, die sie nicht versteuern. Hehlerei und Steuerbetrug waren schon in der vordigitalen Ära ein schönes verbrecherisches Paar.

Nicht weit entfernt sieht man Straßensperren. Sie warnen Zuschauer und Anwohner, aber sie halten niemanden zurück, der vor Zorn und Verbitterung brennt. Sirenen und Alarmanlagen kreischen, die Luft riecht schwefelig und nach geschweißtem Metall. Man hört eine Detonation, auf die schnell eine zweite folgt, überlagert vom Rotorengeräusch eines Polizeihubschraubers. Wer die Youtube-

Bilder des Aufstands gesehen hat, weiß: Auf dem Boulevard Saint-Germain, früher schicke Einkaufsstraße der Pariser Bourgeoisie, explodieren Feuerwerkskörper. Die Explosionen haben wenig vom Zauber des Anfangs in einer Silvesternacht, dafür mehr von einem Bürgerkrieg. Gewalttätige Banden werfen die Explosivstoffe gegen die heranrückenden Sicherheitskräfte der Pariser Polizei. Dazwischen dröhnt der Motor eines städtischen Autobus. Er bremst nicht herunter, weil er die Gefahrenzone möglichst schnell passieren will. Dass ihm kein Demonstrant unter die Räder kommt, grenzt an ein Wunder. Paris tobt. Doch dieses Mal nicht in seinen Vorstadthöllen. Die Raserei hat das Herz der Stadt erreicht. Der Rest des Landes liegt in Agonie.

Im Zentrum des Aufstands, auf dem Boulevard Saint-Germain, liefern sich Trauben junger Männer und die Polizei heftige Gefechte. Wie große Wellen am Strand wogt der Mob über den Boulevard vor und zurück. Fast sieht es aus wie die Treibjagd schwer gepanzerter Polizeikräfte auf ihre Beutetiere – für Adepten der Komplexität mutet das Geschehen wie die Inkarnation des mathematischen Modells einer Räuber-Beute-Interaktion an. Einmal treibt die anonyme Menge die Sicherheitskräfte vor sich her, die ihrerseits zurückweichen, bevor sie mit noch stärkeren Drohgebärden wieder auf die Menge zumarschieren; dann wieder spritzt der Mob wie die Tropfen einer Pfütze, in die ein Fußball platscht, in viele verschiedene Richtungen davon, nur um in Nebenstraßen und Métrostationen abzutauchen.

Vom Boulevard Saint-Germain biegen einzelne Gestalten um die Ecke in die schmalere Rue du Bac. Nicht alle rennen, um sich schnell dem Zugriff der nachrückenden Sicherheitskräfte zu entziehen. Manche schlendern fast bedächtig und drehen immer wieder den Kopf in die Richtung, aus der sie kommen. In ihrer bewussten Langsamkeit drückt sich die ganze Verachtung gegenüber einem Staat aus, auf den sie mehr als wütend sind. Sie hassen ihn. Sie wollen ihn brennen sehen. Sie wollen seine Henker sein, die schwarz gekleideten Typen, die ihre Hoodies tief in die Stirn gezogen haben. In der Mehrzahl sind es junge Männer, Nase und Mund mit weißen Tüchern vermummt. Ihre Wut hat etwas Animalisches. Dabei haben sie ihr vernichtendes Urteil über die Republik schon Monate früher gefällt, als sie den Front National zur stärksten Fraktion der Nationalversammlung und Marine Le Pen zur Präsidentin der Republik gewählt hatten. Oder aber erst gar nicht zur Wahl gegangen sind, sei es aus Verbitterung und Misstrauen oder aus Gereiztheit gegenüber der politischen Klasse und der Europäischen Union. Obwohl Wahlen in den nationalen und europäischen Krisen der Zehnerjahre wichtiger waren denn je, hatte die Wahlbeteiligung an den französischen Präsidentschaftswahlen im April 2017 nur magere 59 Prozent erreicht.

Startbedingung für das Simulationsexperiment: Frankreich, die wunde Nation

Was im April 2017 als Tragödie sowohl für Frankreich als auch für die Europäische Union beginnt, ist keine Überraschung, sondern erfüllt nur das Menetekel, vor dem schon im Mai 2002 ganz Frankreich erzitterte. Fünfzehn Jahre waren verstrichen, seit Jean-Marie Le Pen die Stichwahl bei den französischen Präsidentschaftswahlen erreicht hatte.

Im zweiten Wahlgang hatte der Gründer des rechtsextremen Front National noch gegen Jacques Chirac verloren. Doch bis zur Wahl 2017 konnte sich Marine Le Pen, seine Tochter, darauf verlassen, dass die schwelende Eurokrise, die gescheiterte Integration von Einwanderern, blutige Terroranschläge im eigenen Land und die lahmende Wirtschaft mit mehr als 14 Prozent Arbeitslosen zu Beginn ihrer Präsidentschaft genug an der Seele der französischen Nation genagt hatten. Der wunden Nation, die einst *La Grande* war, kam Le Pen mit ihrem Parteiprogramm entgegen. »Frankreich zuerst«, *La France d'abord*, forderte sie, und wetterte gegen den Euro und gegen fremde Zuwanderer. Ganz ungewollt kam ihr dabei die Politik des europäischen Partners Deutschland entgegen. Ein Franzose, der »Europa« hört, versteht nur »Deutschland«. Damit steht er nicht allein, den Italienern geht es nicht viel besser.

»Auf Deutschland sind wir einmal hereingefallen«, redet sich mancher Italiener ein, »das darf kein zweites Mal passieren.«

Etwas in ihnen wehrt sich gegen die deutsche Hegemonie in Europa. Es ist ein innerer Widerstand, der Geschichtsklitterung möglich macht.

Schon bei den französischen Regionalwahlen im Dezember 2015, während des ersten Höhepunkts der deutschen Flüchtlingskrise, hatte der Front National von Marine Le Pen im ersten Wahlgang die meisten Wählerstimmen auf sich vereinigen können. Die wahre Mehrheit im Land bildeten jedoch die 50 Prozent Nichtwähler, jene, die sich in die »Schweigespirale« begeben hatten.[1] Dass sie ihrer politischen Meinung keinen Ausdruck verliehen hatten, konnte am parteipolitischen Spektrum liegen. Die traditionellen

Volksparteien mochten sie für nicht mehr wählbar halten, weil sie nur die obere bürgerliche Mitte ansprachen, die noch in einem regulären Arbeitsverhältnis beschäftigt war und vergleichsweise entspannt sein konnte. Das Bürgertum am unteren Rand der Mitte hingegen fühlte sich verloren, darunter Franzosen, die trotz jahrelanger, regelmäßiger Arbeit nicht genug Geld verdienten, um sich den Traum einer eigenen Wohnung im besseren Wohnviertel zu erfüllen oder um sich auf einen relativ sorgenfreien Lebensabend zu freuen. Frankreich litt nicht nur unter einer anhaltend schwachen Konjunktur, sondern auch an einer Gebietsspaltung des Landes. Der globale Megatrend der Urbanisierung hatte auch Frankreichs Städte erfasst. Neue Infrastruktur, Arbeitsplätze und unternehmerische Potenziale entstanden mehrheitlich in Städten. Auf dem Land hingegen wurde das Leben zunehmend grauer und uninteressanter. Wer in die Stadt zog, war wie in Goldgräberstimmung, weil die Stadt vielen Talenten Heimat bot, eine Menge Abwechslung versprach und als ein Hort an Kreativität galt. Die Passiva der Bilanz wurden gerne ausgeblendet: Die Stadt hatte einen enormen Energieverbrauch und produzierte viel Schmutz. Abfall, Luft- und Lärmverschmutzung und eine hohe Kriminalitätsrate waren die Kehrseite der Verstädterung. Auch darin unterschied sich Frankreich nicht von anderen Ländern der Erde. Menschen und ihre Infrastrukturen ballten sich in der Stadt zusammen, während auf dem Land Krankenhäuser, Schulen und Supermärkte schlossen und Dörfer vergreisten. Menschen, die auf dem Land zurückgeblieben waren, fühlten sich vergessen und machten die Politik für ihre wachsende Misere verantwortlich. Auch unter ihnen hatte Marine le Pen Wähler für den Front National rekrutieren können.

Simulation 2017: Marine Le Pen wird
französische Staatspräsidentin

In der Vorweihnachtszeit 2015 und nach dem ersten Wahlgang der Regionalwahlen hatte Frankreich zwei Wochen
Zeit, sich aus seiner Schockstarre zu lösen und sich erneut
zu mobilisieren. Im zweiten Wahlgang verlor Marine Le
Pen schon sicher geglaubte Regionen an die Parteiliste der
gemäßigten Rechten. Noch einmal blieben die Zentristen in
der Überzahl. Vorerst sollte es das letzte Mal sein. Denn am
30. April 2017 gewinnt Marine Le Pen die Stichwahl, wird
französische Staatspräsidentin und löst die Mitte-Links-
Regierung von François Hollande ab. Ihre radikale Rechte
macht es ihr nach und zieht im Herbst 2017 als stärkste
Partei in die französische Nationalversammlung ein.

Was nun folgt, ist der Todesstoß nicht nur für die europäische Idee, sondern für die Europäische Union als Institution und der größte anzunehmende Unfall des Staatenver-
bunds, den schon das Brexit-Referendum Großbritanniens,
das trotz Vollmitgliedschaft zahlreiche Sonderrechte genoss,
geschwächt hatte.

Marine Le Pen zögert keinen Moment zu verwirklichen, was sie sich auf die Fahnen geschrieben hat: aus dem
Euro austreten, Grenzkontrollen und Handelszölle einführen, ein Rezept aus der Vergangenheit, gedacht, die heimi-
sche Wirtschaft zu protektionieren. Grenzkontrollen sind
gerade nicht ihr größtes Problem. Die Grenzschließung
hatten schon andere veranlasst, als ihr Vorgänger, François Hollande, nach dem verheerenden Bataclan-Anschlag
in Paris am 13. November 2015 unter Berufung auf die

innere Sicherheit das Schengen-Abkommen ausgesetzt und den nationalen Notstand ausgerufen hatte.

Natürlich, die Helfer Le Pens kamen auch aus Frankreich selbst. Sie hatten der Rechtsextremen in den Sattel geholfen, weil sie sich selbst – ganz opportunistisch – Le Pens politischen Forderungen angeschlossen hatten, um Stimmen für die eigene Partei zu fangen. Le Pens Front National hatte lange vor seinem Machtantritt Einfluss auf die französische Politik genommen, ohne selbst unmittelbar Regierungsmacht auszuüben. Doch genau das sollte sich gerade ändern. Kaum an die Macht gelangt, versetzt die Regierung Le Pen dem Euro, ohnehin Sorgenkind Europas, den entscheidenden Schlag.

Simulation 2018:
Frankreich verlässt die Eurozone

Unnachgiebig ist sie, die blonde Juristin aus Paris, wenn es um die Souveränität Frankreichs geht. Der Euro ist der Balken in ihrem Auge, weil er einer nationalen Wirtschaftspolitik die Hände bindet. Sie hätte gerne eine eigene Währung, die sie abwerten könnte, um die französische Wirtschaft anzukurbeln. Zwar weiß Le Pen, ein Ausstieg Frankreichs aus dem Euro ist vertraglich nicht vorgesehen, aber die Realität ist eine andere. Schließlich ist jeder Vertrag nur so verlässlich, wie es seine Vertragspartner sind. *Pacta sunt servanda*, an Verträge muss man sich halten, ist ein Prinzip, das ihre Anwaltsgeneration an den juristischen Fakultäten zwar noch gelernt hat, aber seitdem haben sich die Zeiten geändert. Mit der Globalisierung hat amerikanisches Verhandlungsgeschick beim Vertragsschluss auch in Europa Einzug gehalten: Schließe einen Vertrag ab – und beginne unmittelbar nach Leistung deiner Unterschrift mit der Nachverhandlung. Marine Le Pen geht deshalb fest davon aus, dass der Euro zur Disposition steht, und will eine *sortie concertée*, den »geordneten Ausstieg« aus der Gemeinschaftswährung.

Startbedingung für den Euroaustritt:
die europäische Währungsunion

Noch vor einigen Jahren glaubte man, China würde um das Jahr 2030 oder erst 2050 zur führenden Wirtschaftsmacht avancieren. Inzwischen geht man davon aus, dass die Asiaten schneller aufsteigen und die wirtschaftliche Führungsposition schon in Kürze erreichen werden. Ein einzelnes europäisches Land könnte niemals wirtschaftlich mit China, den Vereinigten Staaten, Brasilien oder Indien konkurrieren. Damit es nicht in wirtschaftlicher Bedeutungslosigkeit versinkt, kann es durch den Zusammenschluss Europas zur gemeinsamen Wirtschafts- und Währungsunion eine anhaltend starke Wirtschaftsmacht schaffen.[2]

Bis heute hat Europa genau diese Erwartungen erfüllt und ist deshalb nicht nur politisch, sondern besonders wirtschaftlich ein großer Erfolg für seine Bürger. Gemessen am Waren- und Dienstleistungsverkehr ist die Europäische Union noch immer die größte Volkswirtschaft auf dem Globus und liegt im Rang vor den Vereinigten Staaten und China.[3] Ein Austritt Großbritanniens, das sich als Mitglied des gemeinsamen Binnenmarkts zur fünftgrößten Wirtschaftsmacht auf dem Globus entwickelt hatte, wird das ändern. Auch der Euro hatte seinen Teil zur wirtschaftlichen Stärke Europas beigetragen, weil die einheitliche Währung die Kosten der europäischen Produktion senken konnte. Wechselkursrisiken innerhalb Europas sind weggefallen, ebenso die Transaktionskosten für den Währungsumtausch. Das machte europäische Waren und Dienstleistungen attraktiver.

Die gemeinsame Währung, der Euro, ist als *Währungsunion* konzipiert. Zuerst einmal bedeutet das nichts weiter, als dass sich die teilnehmenden Staaten auf ein und dieselbe Inflationsrate geeinigt haben. Damit das Preisniveau in allen Ländern der Eurogruppe stabil bleibt, soll die Europäische Zentralbank (EZB) die Preisstabilität hüten. Sie hat sich die Geldpolitik der Deutschen Bundesbank zum Vorbild genommen, die unter dem Regime der D-Mark eine jährliche Inflation von zwei bis drei Prozent anstrebte. Mit der Währungsunion hatten sich auch die südeuropäischen Staaten auf dieses ehemals deutsche Ziel eingelassen. Vor der Euroeinführung war ihre Inflation viel höher als die Deutschlands, weil sie ihre Währungen abgewertet hatten wie etwa Italien die italienische Lira. Aber man war gerne bereit, sich geldpolitisch zu disziplinieren, und eine niedrige Inflation von zwei bis drei Prozent sah aus wie ein vielversprechendes Ziel.

Mit einem Blick in die EU-Verträge stellt man fest, dass die EU-Staaten dem Euro beitreten *müssen*, wenn sie bestimmte Voraussetzungen, die Maastricht-Kriterien, erfüllen. Drei Staaten, Großbritannien, Dänemark und Schweden, hatten trotz Einhaltung der Maastricht-Kriterien von der Einführung des Euro Abstand genommen; die Schweden hatten sich schon 2003 per Referendum gegen die gemeinsame Währung ausgesprochen. Ein solcher »Rücktritt« ist zwar vertraglich nicht vorgesehen, wird aber von der EU toleriert. Doch einmal beigetreten, ist der Eintritt in die Eurogruppe so endgültig, wie es früher eine Eheschließung war – der Austritt eines Landes aus dem Euro ist nicht vorgesehen.

Doch auch eine Währungsunion ist ein komplexes dynamisches System. Und so zeigte sich an der Eskalation der Griechenlandkrise erneut, dass Vorschriften wie der Maastricht-Vertrag nicht in der Lage sein würden, eine komplexe Währungsunion wirksam zu regeln. Ein frühes Indiz dafür: die Nichteinhaltung der Vorschriften über den Stabilitätspakt. Das jährliche Haushaltsdefizit sollte drei Prozent des Bruttoinlandprodukts nicht überschreiten, sonst drohten Geldbußen. Doch die EU-Kommission zeigte sich immer wieder geduldig mit den Schuldensündern und gab ihnen lieber die Zeit zu sparen. Von einer finanziellen Sanktion sah man ab.

Und nicht nur der obligatorische Beitritt zur Eurozone steht zur Disposition. Schon 2011 hatte Griechenland darüber nachgedacht, die Eurozone wieder zu verlassen. 2015 hatte die neu gewählte Regierung Alexis Tsipras unter der Ägide des umstrittenen Finanzministers Yanis Varoufakis heimlich »Plan B« entwickelt. Varoufakis legte es darauf an, aus dem Euro auszuscheiden, und hatte sich auf eine nationale Parallelwährung vorbereitet. Als der Plan publik wurde, verlor Varoufakis sein Amt. Die Aktion brachte ihm eine Strafanzeige wegen Hochverrats ein.[4] Alexis Tsipras hingegen machte eine Wende um 180 Grad und akzeptierte sämtliche strukturpolitischen Maßnahmen, die ihm seine Gläubiger abverlangten.

Das komplexe System Eurozone, das ist eine Lektion aus vielen faktischen Verletzungen der Maastricht-Verträge, ist gar keine Währungsunion. Es ähnelt mehr einem System fester Wechselkurse, dem ein Staat beitreten und das er auch wieder verlassen kann.

Auch ein System mit festen Wechselkursen hat Vorteile. Feste Wechselkurse erlauben den am Welthandel Beteiligten, ihre Kosten und Umsätze oder die Höhe ausländischer Investitionen genauer zu planen. Kosten, die für eine ausländische Produktionsstraße oder für den Zukauf ausländischer Vorprodukte anfallen, sind besser kalkulierbar. Feste Wechselkurse reduzieren finanzielle Unsicherheit und unternehmerisches Risiko; Umsätze im Ausland hängen nur von den eigenen Vertriebserfolgen ab, aber nicht länger von Wechselkursschwankungen.

Vor dem Euro: die jüngere Geschichte der Wechselkurse

Staaten, lehrt ein Blick auf die Geschichte des Geldes, treibt eine innere Sehnsucht nach festen Wechselkursen. Im 20. Jahrhundert war der Goldstandard das Festkurssystem, aus dem Großbritannien zuerst ausscherte und damit den Zusammenbruch des internationalen Finanzsystems beschleunigte, der den Kollaps der deutschen Weimarer Republik 1932/33, also einer Regierung, nach sich zog. Wirtschaftsakteure preschen vor, Staaten folgen mit politischen Maßnahmen nach. Mitten in der Weltwirtschaftskrise seit 1929 hatten die Kreditgeber das Vertrauen in das Britische Pfund verloren und verkauften die Währung, tauschten sie also bei der Bank of England in Gold um. Großbritanniens Goldreserven schmolzen rasch dahin. Wegen der schlechten Wirtschaftslage, einem hohen Staatsdefizit und einer Arbeitslosenquote von 20 Prozent konnte Großbritannien seine Verbindlichkeiten bald nicht mehr bedienen – bis das Land 1931 schließlich Bankrott machte.[5] (Auch Griechenland, Ungarn, Bulgarien und Österreich waren 1932 zahlungsunfähig.) Um sich aus der Misere zu ziehen, entkoppelte die britische Regierung das Pfund Sterling von der Goldbindung. Die Währung wertete rasch um 25 Prozent ab, und die britische Wirtschaft erholte sich wieder. Zurück blieben zwei Blöcke: der Goldblock und der Sterlingblock, in dem Fiat-Währungen an das Britische Pfund gekoppelt waren. 1933 folgten die Vereinigten Staaten dem Austritt Großbritanniens und gaben den Goldstandard ebenfalls auf.

Nach dem Zweiten Weltkrieg schuf die Weltgemeinschaft 1944 mit dem System von Bretton Woods einen Kompromiss zwischen festen und flexiblen Wechselkursen. Der US-Dollar wurde zur Leitwährung erklärt; jeder US-Dollar war proportional durch Goldreserven gedeckt, der Preis für die Unze Feingold wurde auf 35 US-Dollar auf Jahre hinaus festgelegt. An den US-Dollar waren die Währungen anderer Staaten fest gekoppelt mit der Ausnahme, dass sie, wenn nötig, Anpassungen in sehr kleinen Schritten vornehmen konnten.

Mit dem enormen Geldbedarf, der sich in den Vereinigten Staaten mit dem Vietnamkrieg einstellte, gaben die USA die Golddeckung auf und warfen die Druckerpresse an. Jeden Dollar, der im Umlauf war, durch Gold zu decken, war illusorisch geworden. 1973 war das System von Bretton Woods endgültig gescheitert – auch wegen der unterschiedlichen wirtschaftlichen Interessen Europas und der Vereinigten Staaten. Das Europäische Währungssystem (EWS) sollte dieses Manko beheben. Das EWS war ein Nachbau von Bretton Woods mit einem Festkurssystem nur für Staaten der Europäischen Gemeinschaft (EG), sah im Vergleich zu Bretton Woods jedoch einige Änderungen vor. Vor allem sollte es demokratisch sein. Kein Teilnehmer am EWS sollte eine herausragende Position einnehmen. Denn schließlich waren alle Beteiligten Europäer und verfolgten ähnliche Interessen. Doch auch das EWS scheiterte – und zwar aus ganz ähnlichen Gründen wie Bretton Woods. Waren die USA der starke Partner im System von Bretton Woods, zeichnete sich im EWS ab, dass Deutschland faktisch die führende Rolle übernehmen würde – und zwar schon damals wegen seiner Exportstärke. Das EWS wurde zum System der Ungleichgewichte. Hinzu kamen die deutsche Wiedervereinigung und ihre Kosten. Um die Inflation unter Kontrolle zu halten, entschloss sich die Deutsche Bundesbank zu einer sehr restriktiven Geldpolitik. Zwangsläufig zog sie so die anderen europäischen Staaten mit. Doch die deutsche Wirtschaftspolitik tat den anderen Europäern nicht gut. Jene hatten schon damals mit hoher Arbeitslosigkeit zu kämpfen. Die Sparpolitik Deutschlands verschlimmerte ihre Lage nur noch mehr, bis das EWS aus innenpolitischen Gründen nicht mehr zu halten war. Im Jahr 1998 endete schließlich auch das EWS.[6]

Ein Problem für den Euro: Deutschlands Wirtschaftskraft

Festkurssysteme schränken die politischen Handlungsoptionen eines einzelnen Landes stark ein. Doch trotz aller historischen Erfahrungen scheint es, als reime sich die Geschichte auf den Euro.[7] Mit dem Euro, so sieht es heute aus, haben wir faktisch nur ein System fester Wechselkurse. Man kann beitreten oder ausscheiden, je nachdem, ob man die wirtschaftspolitische Flexibilität außerhalb des Festkurssystems braucht oder nicht. Griechenland sollte deshalb ausscheiden, so die Überlegung des entpflichteten griechischen Finanzministers Varoufakis. Oder, ginge es nach dem deutschen Finanzminister, die Währungsunion vorübergehend verlassen. Für Italien könnte es ebenfalls wirtschaftlich interessant werden, zur Lira zurückzukehren, besonders dann, wenn ein abgekoppeltes Griechenland nach voraussichtlich schwerer Anfangszeit mit einer Neuen Drachme zum Vorbild wirtschaftlicher Erholung würde. Selbst Finnland führt eine parlamentarische Debatte über den Euroausstieg, wozu es nach einem Volksbegehren verpflichtet ist. Und mancher Ökonom schlägt sogar vor, es sei am besten, Deutschland würde die Eurozone verlassen und alle anderen Länder verblieben im Euro.[8] Nur: So war das nicht geplant.

Doch der Auslöser für die Probleme der Eurozone ist derselbe wie schon beim EWS: Deutschland produziert sagenhafte Exportüberschüsse.[9] Im Jahr 2015 stieg der deutsche Exportüberschuss auf rekordverdächtige 8,5 Prozent.[10] Die Disparität innerhalb der Eurogruppe ist enorm. Auf den Titel des »Exportweltmeisters« sollte Deutschland deshalb nicht übermäßig stolz sein. Die anhaltende Ungleichheit, gegenüber den europäischen Partnern ist sie rücksichtslos. Deutschland ist nicht die Lösung der Eurokrise, sondern Teil des Problems und mitverantwortlich für die Turbulenzen Europas.

»Die Exportoffensive droht zu einer Art Ersatznationalismus zu werden«, mahnte der Volkswirt Herbert Giersch, Leiter des Kieler Instituts für Weltwirtschaft, bereits 1969, als sich ganz Deutschland, schon damals stark exportlastig, gegen die Empfehlung seiner ökonomischen Elite stellte und die Aufwertung der D-Mark verweigerte, damit das Land weiter billig exportieren konnte.[11] Den Volkswirten der alten Bundesrepublik ging es vor allem darum, dass Deutschland »volkswirtschaftliche Produktivkräfte verschenkt: Gemessen an den Importpreisen, geben wir unsere Erzeugnisse zu billig an das Ausland ab; deshalb reißt man uns die Ware aus der Hand, und deshalb sind die Ausländer bei uns zu wenig konkurrenzfähig«[12]. Als Folge des hohen Auftragseingangs aus dem Ausland, so die Sorge, würde die Konjunktur überhitzen und die Preise steigen. Die drohende Inflation könnte nur durch mehr Importe aus dem Ausland gedämpft werden.

Daran, dass Deutschland im Vergleich zu seinen oft europäischen Handelspartnern auch heute zu billig produziert, hat sich nichts geändert. Doch wegen der Einheitswährung sind die Folgen etwas anders gelagert. Während Deutschland allein Mitte 2014 – neuere Daten liegen noch nicht vor – 81 Prozent des Exportüberschusses der gesamten Europäischen Union verursacht[13], ist Italiens Wirtschaft seit dem Jahr 2000 geschrumpft und erholt sich erst in jüngster Zeit ganz langsam. Frankreichs Wirtschaft ist bis 2005 sogar stärker gewachsen als die deutsche.[14] Mit dem französischen Wirtschaftswachstum ging auch eine Steigerung französischer Löhne einher. Doch Deutschlands Löhne zogen nicht nach, als das Land Frankreichs Wachstum ab 2006 überholte. Schon ab Mitte der Neunzigerjahre hatten sich die deutschen Exporte plötzlich von denen Frankreichs und Italiens abgesetzt. 1995, im Jahr mit einer deutschen Arbeitslosenquote von 10,4 Prozent, die bis 2005 auf 13 Prozent ansteigen sollte, begann eine Phase der Lohnermäßigung, die bis heute anhält.[15/16] Bis heute wurden deutsche Löhne der Produktivität des Landes kaum angepasst, erst in jüngster Zeit, im Verlauf des Jahres 2016, kam es zu Lohnsteigerungen dort, wo Gewerkschaften noch Einfluss geltend machen können.

Weil Deutschland unter seinen Verhältnissen lebt, sind deutsche Produkte wegen ihrer niedrigeren Lohnstückkosten preiswerter als beispielsweise französische Erzeugnisse.[17] Deshalb verliert Frankreich, zeitweilig neben den Vereinigten Staaten größter Handelspartner Deutschlands, an Wettbewerbsfähigkeit gegenüber dem europäischen Partner. Daran hatte Deutschland bislang nicht viel geändert. Und was nur wenige wissen: Handelsbilanzdefizitsünder sollen Strafzahlungen leisten, wenn ihr Defizit mehr als vier Prozent ihres Bruttoinlandsprodukts beträgt. Aber die EU-Vorschriften sanktionieren auch den Exportüberschuss. Die Euroländer sollen keine übermäßigen Exportüberschüsse produzieren. Wer über 6 Prozent Exportüberschuss meldet, soll bestraft werden, so die *Macroeconomic Imbalance Procedure* (MIP), das »Gesamtwirtschaftliche Ungleichgewichtsverfahren«, das die Europäische Union 2011 zur Bewältigung der Eurokrise eingeführt hat.[18]

Was soll an einem Exportüberschuss schlecht sein? Die deutsche Wirtschaft floriert, sagt sich der Bundesbürger; Deutschland geht es so gut wie nie zuvor, sagt die deutsche Regierung und weigert sich, etwas am Status quo zu ändern. Aber Handelsbilanzüberschuss bedeutet: Deutschland parkte im Jahr 2014 rund 254 Milliarden US-Dollar im Ausland[19], von der Gesamtsumme befanden sich geschätzte 151 Milliarden US-Dollar in den europäischen Partnerländern. 2015 sieht es nicht viel besser aus. Mit anderen Worten: Die Nachbarn schulden den Deutschen Geld, weil sie die billigeren deutschen Produkte einkaufen, während Deutschland kräftig spart, und zwar sowohl an privaten als auch an staatlichen Investitionen. In keinem anderen Jahr haben deutsche Unternehmen an ihre Anteilseigner so hohe Dividenden ausgeschüttet wie 2015. Geld wird nicht in die eigenen Unternehmen investiert, es wird an die Aktionäre ausgezahlt. Trotz bester wirtschaftlicher Rahmenbedingungen wird in Deutschland noch immer viel zu wenig investiert.[20] Auch im staatlichen Sektor, bei Städten und Gemeinden, hat sich inzwischen ein satter Investitionsstau bei der Infrastruktur von über 100 Milliarden Euro gebildet.

Während Deutschland spart, verschulden sich seine europäischen Nachbarn, um deutsche Produkte bezahlen zu können. Den deutschen Sparmaßnahmen und der »schwarzen Null« stehen die Schulden der anderen europäischen Länder entgegen. Jeder Schuldner hat einen Sparer, lernt man im Wirtschaftsunterricht schon in der Schule, aber auch umgekehrt gilt: Jeder Sparer hat einen Kreditnehmer.[21] Wenn alle Länder Europas so sparen würden, wie es Deutschland von ihnen fordert, wo blieben dann die Schuldner? Wer wäre dann noch bereit, Kredite aufzunehmen, um deutsche Exportprodukte einzukaufen? Bei genauem Hinsehen entpuppt sich die Politik der Eurozone als Misswirtschaft, an der Deutschland erhebliche Mitschuld trägt. Es ist die wirtschaftliche Ungleichheit zwischen den Ländern der Eurozone, die Wurzel der Eurokrise ist.[22]

Gegen das Ungleichgewicht könnte Deutschland etwas unternehmen, wenn es einerseits mehr importieren und andererseits die Lohnstückkosten erhöhen und so seine Produkte verteuern würde.

Einige europäische Partner könnten autonom auf die Stärke Deutschlands reagieren, indem sie etwa ihre eigene Währung abwerteten, um ihre Produkte zu verbilligen. Doch viele haben keine eigene Währung mehr. Wer zur Eurozone gehört, hat die Souveränität über die Währung abgegeben. Im Festkurssystem des Euro sind seine politischen Maßnahmen eingeschränkt, und das Festkurssystem wird zum Hindernis für die wirtschaftliche Erholung. Denn wegen des großen Handelsbilanzüberschusses müsste Deutschlands Währung – der »deutsche Euro« – aufwerten, weil die Nachfrage nach dem Euro mit den deutschen Exporten steigt. Für viele andere Euroländer gilt aber: Sie müssten ihre Währung – den »griechischen« oder den »portugiesischen Euro« – abwerten, um ihre Schulden zu begleichen, die sie aufnehmen, um Importe deutscher Waren zu bezahlen. Doch die Einheitswährung lässt das nicht zu – ein Dilemma. Was den Schuldnerländern übrig bleibt, ist nur die *interne Abwertung*, also eine Korrektur der Lohnstückkosten nach unten.

Frankreich und Italien, stellvertretend für andere Länder der Eurozone, haben wirtschaftliche Schwächen – Deutschland übrigens auch –, das steht außer Frage. Wenn die eigene Arbeitslosigkeit hoch ist und die Wirtschaft am Boden liegt, wären flexible Wechselkurse statt einer Einheitswährung besser. Deshalb mehren sich die Eurokritiker dort, wo die Wirtschaft schwächelt. Deshalb werden die Stimmen lauter, die einen Austritt aus dem Euro fordern.

Weil der Euro zur Disposition steht, sieht die Währungsunion nicht nach Währungsunion aus. Und mit Blick auf die Hegemonie Deutschlands wächst die Abneigung gegen Deutschland innerhalb der Europäischen Union. Denn die hohe Arbeitslosigkeit in anderen Staaten der Union und ihre Schuldenlasten sind nicht nur hausgemacht, sondern auch das Ergebnis deutscher Finanz- und Wirtschaftspolitik. Deutschland trägt eine Teilschuld an der Unzufriedenheit der Franzosen, die wiederum der Front National von Marine Le Pen gut für sich zu nutzen weiß.[23]

Eigentlich müsste die Währungsunion längst auseinanderbrechen so wie andere Festkurssysteme auch. Doch in der Eurokrise macht ein anderer europäische Finanzpolitik: die EZB.

Nur eine Notfallversorgung: die Politik der EZB

Politik kann man auf zwei Arten betreiben. Entweder steuert man die Angelegenheiten einer Gesellschaft durch Gesetze und Vorschriften. Oder man setzt eine Institution ein, die im Bedarfsfall sehr kurzfristig und schnell in ein sozioökonomisches System eingreifen und nachregeln kann. Im Grunde geht es auch dabei – ohne die Einbeziehung von Technologie – um die Frage, ob ein komplexes System wie die Eurozone besser institutionell geregelt als gesetzlich gesteuert werden kann. Als die Eurokrise ihren ersten Höhepunkt erreichte, sprang die EZB ein. Mit einer Notfallversorgung – dem Megastimulus niedriger Zinsen durch unbegrenzte Ankäufe von Staatsanleihen, der sogenannten *monetären Lockerung* – wurde die EZB zum obersten Euroretter. Der Präsident der EZB, Mario Draghi, hält den Euro in seiner jetzigen Form am Leben, um den wirtschaftlich schwachen Staaten der Eurozone zu helfen. Seine Politik erlaubt es Ländern wie Italien und Frankreich, sich so billig zu verschulden wie Deutschland und Kredite mit einer sehr niedrigen Zinslast aufzunehmen. Das Marktrisiko, dass die per Anleihekäufe finanzierten Staaten in Konkurs gehen, trägt die EZB. Aber auch Deutschland profitiert von Mario Draghis Geldpolitik: Der Eurokurs gegenüber Drittwährungen bleibt niedrig, deutsche Exporte in Drittländer sind attraktiv, weil sie nach wie vor preiswert sind.

Nur, und das sind die Bedenken, die mit Blick auf eine Lenkungsstrategie einer Institution aufkeimen: Die Lenkung durch Institution statt Gesetz sieht wenig demokratisch aus. Denn als Notenbank ist die EZB weitgehend und auch mit Recht politisch unabhängig, auch wenn sie einigen Kontrollen unterliegt.

Man kann Mario Draghi nicht vorwerfen, er habe sein Mandat nicht im Blick. Die EZB darf Geldpolitik machen, aber keine europäische Finanzpolitik. Doch weil die Grenze zwischen Geld- und Finanzpolitik fließend ist, sind die Eurorettungsprogramme der EZB Gegenstand rechtlicher Auseinandersetzungen sowohl vor dem deutschen Bundesverfassungsgericht als auch vor dem Europäischen Gerichtshof.[24] Und Mario Draghi weiß es selbst: Seine Politik kann nur vorübergehend sein. Auf viele Jahre in die Zukunft ist sie nicht zu rechtfertigen. Auch wenn er heute unbegrenzte Anleihekäufe ausruft und alles tut, um die Eurozone zu retten: Nichts wäre ihm lieber, als »ganz normale Zentralbankpolitik« zu betreiben.[25] Seine Absicht ist es, Europa Zeit zu kaufen. Zeit, die die Europäische Union für längst überfällige Reformen braucht – für eine tiefgreifende Neuordnung, eine »Neue Wirtschafts- und Währungsunion«. Mario Draghi hofft, dass sich die Europäische Union reformiert. Denn die politischen Mechanismen für eine Wirtschafts- und Währungsunion fehlen allesamt. Es sind die Mechanismen, die Ungleichheiten zwischen den europäischen Partnerländern egalisieren würden. Die Währungsunion wäre nur dann eine echte Union und kein Festkurssystem, wenn wirtschaftliche Ungleichheiten zwischen den Ländern der Eurozone auf politischem Weg beseitigt würden. Etwa wenn der Unterschied zwischen griechischer Jugendarbeitslosigkeit von 47,9 Prozent und deutscher Jugendarbeitslosigkeit von nur 7,1 Prozent beigelegt werden könnte. Oder wenn der deutsche Exportüberschuss von 8,66 Prozent und die französischen Handelsbilanzüberschüsse von 0,37 Prozent nicht so weit auseinanderlägen.[26] Solche Gefälle können nur ausgeglichen werden, wenn sich die Eurostaaten auf eine gemeinsame Politik einigen und immer stärker zu einem europäischen föderalen Gesamtstaat zusammenwachsen. Das bedeutet: *eine* gemeinsame europäische Finanzpolitik, *eine* gemeinsame europäische Wirtschafts- und Arbeitsmarktpolitik. Und *ein* gemeinsames Sozialversicherungssystem, sicher die unpopulärste Forderung gemeinsamer europäischer Politik. Ausgerechnet die Sozialleistungen Großbritanniens an seine zugewanderten polnischen Arbeitnehmer gaben britischen Rechtspopulisten ein emotionales Argument für einen Ausstieg Englands, den Brexit, aus der europäischen Union.

Noch bevor die politische Union vollendet war, hatten der ehemalige deutsche Bundeskanzler Helmut Kohl und sein französischer Partner, Präsident François Mitterand, die Einführung des Euro vorangetrieben. Ein Kardinalfehler, wie sich inzwischen herausstellte, den die Eurozone schnell ausmerzen müsste. Noch hat sie dazu Gelegenheit, weil ihr die EZB Zeit kauft. Aber der günstigste Zeitpunkt dafür dürfte bereits verstrichen sein. Die Europäische Union driftet auseinander, statt zusammenzuwachsen. Noch ein politischer Unfall wie die Wahl Marine Le Pens zur Präsidentin der französischen Republik 2017, ein diplomatischer Fauxpas, und das angeschlagene Eurosystem bricht ungeordnet zusammen.

Simulation 2018: Frankreich führt den bargeldlosen digiFranc ein

In der jüngeren Vergangenheit hatten sowohl Staatsmänner als auch die Medien generell über die Möglichkeit von Euroaustritten debattiert. Oder eines zeitweiligen Aussetzens der Zugehörigkeit zum Euroraum, worüber der deutsche Finanzminister in der Griechenlandkrise 2015 räsonierte. Marine le Pen will den endgültigen Ausstieg Frankreichs aus dem Euro. Aber sie geht taktisch vor. Le Pen bleibt diskret und schweigt. Europa muss nicht sofort alles wissen, denn sie braucht Zeit. Zeit, in der sie die neue Währung für Frankreich vorbereiten kann. Die neue Währung, das ist der *digiFranc*, ISO-Code: DIF.[27] Le Pen will per Gesetz festlegen, dass der digiFranc als französische Parallelwährung zum Euro eingeführt wird.

Sieht man vom zu erwartenden Widerstand der europäischen Partner und der Finanzmärkte einmal ab, hat Marine le Pen einige administrative Hürden zu nehmen, wenn sie eine nationale Währung einführen will. Dazu gehört auch die Verstaatlichung der Banque de France. Seit zwanzig Jahren gehört die Bank nun schon zum Europäischen System der Zentralbanken und ist innerhalb Europas abhängig von der EZB. In den Jahrzehnten vor der Europäischen Währungsunion konnte die nationale Zentralbank eigenes Geld ausgeben und war allein für die französische Währungspolitik zuständig. Die verlorene Zuständigkeit und das Exklusivrecht zur Ausgabe einer neuen nationalen Währung müssten wiederhergestellt werden. Deshalb rechnet Marine Le Pen mit starkem Widerstand der EZB. Wenn sie die französische Zentralbank wieder verstaatlichen will, um sie dem Zugriff der EZB zu entziehen, muss sie ins Kalkül ziehen, dass die EZB mit Währungsumstellung auf eine neue französische Währung die Banque de France nicht mehr mit Euro beliefern wird. Das könnte einen Ansturm der Franzosen auf die Banken auslösen, falls sie ihre Euro in Sicherheit bringen wollen. Die Regierung Le Pen muss sich überlegen, wie sie die Franzosen beruhigt. Zusätzlich zum Gesetz zur Verstaatlichung der französischen Zentralbank will die Regierung Le Pen deshalb sicherheitshalber strikte Kapitalverkehrskontrollen einführen.

Auf eine Notenpresse würde man hingegen verzichten können, schließlich gäbe es kein Bargeld mehr wie zu Zeiten des Euro. Heute wäre ein leistungsfähiges Rechenzentrum der nationalen Zentralbank völlig ausreichend. Die Regierung Le Pen würde es *Le Créateur* nennen, den »Schöpfer«. Mithilfe parallel arbeitender Supercomputer würde die Banque de France eine neue synthetische Währung ohne Bargeld schöpfen.

Denn der digiFranc wird eine bargeldlose Währung sein, mit einem digitalen Portemonnaie, der *digiPoche*. Das klingt so verniedlichend wie vieles in französischer Sprache, ist aber eine ernste Angelegenheit für die Franzosen. Der Austritt ist – neben den wirtschaftlichen Risiken und vielleicht auch Chancen – eine großartige Gelegenheit, Frankreich und die Franzosen der totalen staatlichen Überwachung zu unterwerfen. Denn Big Data macht sich nicht nur im smarten Haus, im Auto und am Körper der *citoyens* breit, sondern auch im Geldbeutel. Künftig werden in Frankreich Einkäufe außer mit Plastikkarte nur noch mit Smartphone möglich sein. So kann man die Menschen zwingen, ausnahmslos alle Einkäufe transparent und nachvollziehbar zu machen. Jedes Glas Wein im Restaurant wird offenbar. An jedem Glas zu viel haben die gesetzlichen Krankenversicherungen schon längst Interesse bekundet. Jedes Zimmer im Stundenhotel und das Honorar für die dortige Behandlung werden im virtuellen Kontoblatt aufgelistet. Auf diese Weise geht keine Steuereinnahme verloren. Auch Terrorfinanzierungen, würden sie von französischem Boden ausgehen, könnte man so aufspüren und eindämmen, so die Argumente der Befürworter einer bargeldlosen Wirtschaft. Sie sind die Bürokraten aus den Finanzämtern und Polizeibehörden, die jedoch für ihre Argumente keine stichhaltigen Belege vorweisen können. Die Gegner der bargeldlosen Wirtschaft sind deshalb zahlreich und so prominent wie die Deutsche Bundesbank. Kriminelle würden immer Wege finden, auch bargeldlose Geldflüsse zu vernebeln, etwa indem sie Konten unter falscher Identität eröffneten.

Die Leidtragenden dieses weiteren Beschnitts der Freiheit wären Millionen unbescholtene Bürger, die man jetzt leichter enteignen könnte als in Zeiten, zu denen man sich Bargeld unter die Matratze schob, um den Strafzinsen dafür zu entgehen, sodass man über Liquidität verfügte, die man sich unter den Mühen seiner täglichen Arbeit sauer verdient hatte.

Nur der Vollständigkeit halber: Auch die *digiPoche* bietet keine hundertprozentige Sicherheit vor Hackern. Ein digitales Portemonnaie kann genauso geplündert werden wie früher die Euro- und Kreditkartenkonten. Nicht nur deshalb kann die bargeldlose Währung für manchen Bürger die Hölle sein. Und viele Mordmotive weiter, etwa weil ein Monsieur Rascol feststellt, dass seine Frau digital einen Gigolo bezahlt hat, wird man wissen, wie recht eine große Heilige des Mittelalters hatte: Der Mensch soll nicht alles wissen. Leider war auch diese Rechthaberin eine Deutsche. Ihr Name: Hildegard von Bingen.

Vorbild Bitcoin

Auf dem Globus hat man schon vor Le Pens Streben nach einer bargeldlosen Währung Erfahrung im Umgang mit synthetischen Währungen sammeln können. Am bekanntesten ist der Bitcoin, inoffizieller ISO-Code: BTC. Der Bitcoin ist eine virtuelle Währung, die einer oder mehrere unbekannte Programmierer mit dem Pseudonym Satoshi Nakamoto erfunden haben. Niemand kennt die wahren Erfinder des Bitcoin, der neuen Währung, die am Computer entsteht und der man wenige Jahre lang zutraute, das globale Währungssystem auf den Kopf zu stellen. Bemerkenswert am Bitcoin ist, dass er wie traditionelle Währungen von einigen Branchen weltweit akzeptiert und an Online-Börsen etwa gegen den US-Dollar oder den Euro gehandelt wird. Bemerkenswert deshalb, weil der Bitcoin keine staatliche Währung ist, sondern von anonymen Privatleuten ersonnen wurde.

Vom neu geplanten digiFranc unterscheidet sich der Bitcoin, weil er nicht von einer staatlichen Notenbank ausgegeben und in Umlauf gebracht wird. Auch der Bitcoin legt Zeugnis davon ab, wie hoch das Misstrauen der Menschen in staatliche Institutionen ist. Menschen vertrauen ihren Freunden – »Das ist einer wie ich!« – in 62 Prozent der Fälle und damit weitaus häufiger als Führungspersönlichkeiten (43 Prozent) oder staatlichen Institutionen (38 Prozent). Regierungen befinden sich sogar ganz am Ende der Vertrauensskala, während das Vertrauen in Technikexperten und Forscher am stärksten ist (70 Prozent).[28] Genau dieser Vertrauensvorschuss ist es, den sich der Bitcoin zunutze macht.

Bitcoins werden dezentral an privaten Computern geschöpft. Wer es schafft, als Erster ein mathematisches Rätsel der Kryptografie, der Verschlüsselung, zu lösen, wird dafür mit einer bestimmten Menge an Bitcoins belohnt. Werden neue Bitcoins ausgegeben oder bei Abschluss eines Kaufgeschäfts als Zahlungsmittel von einer Person auf andere übertragen, wird jede Transaktion in ein öffentliches Register, die sogenannte Blockkette, eingetragen, damit immer sicher bekannt und nachvollziehbar ist, wie viele Bitcoins gerade im Umlauf sind. Neue, gekaufte oder bei Handelsgeschäften eingenommene Bitcoins werden der digitalen Brieftasche ihres Besitzers gutgeschrieben. Die digitale Brieftasche ist eine Software, die man auf seinem Smartphone bei sich trägt. Aber es gibt einen markanten Unterschied zur Brieftasche der physischen Wirklichkeit: In der digitalen Brieftasche befinden sich keine Münzen oder Geldscheine, sondern *Schlüsselpaare* für die kryptografische Signatur und Verifizierung finanzieller Bitcoin-Überweisungen, die man über das Internet tätigt, wenn man zum Beispiel online eine Pizza bestellt. Nur mit den Schlüsselpaaren weist der Bitcoin-Inhaber seine Bitcoins nach. Auch deshalb wird der Bitcoin als Kryptowährung bezeichnet. Auf die Schlüsselpaare muss man besonders achtgeben, denn wer es schafft, eine digitale Bitcoin-Brieftasche zu hacken, kann Schlüsselpaare und mit ihnen Bitcoins stehlen. Dabei kann es zu großen Verlusten kommen, denn immerhin wird ein Bitcoin im Sommer 2016 mit rund 600 Euro gehandelt.

Weil der Bitcoin keine zentral geschöpfte Währung ist, kann theoretisch jedermann seinen Computer einschalten und Tag für Tag bestimmte kryptografische Operationen berechnen. Der Vorgang wird als »Schürfen« nach Bitcoins bezeichnet. Doch auch das Schürfen hat sich inzwischen zum professionellen Geschäft entwickelt. Weil die Geldmenge der Bitcoins auf weltweit 21 Millionen beschränkt ist – »Wir wollen keine Inflation!« –, werden die mathematischen Rätsel immer komplizierter und erfordern maximale Rechenleistung, spezielle Prozessoren und jede Menge Strom, verlangen also erhebliche Investitionen in eine Bitcoin-Förderanlage. So betrachtet, sind Bitcoins ökologisch jedenfalls nicht nachhaltig. Denn was den Stromverbrauch beim Schürfen angeht, sind sie wenig umweltfreundlich.

Selbst dem Argument, durch die Geldmengenbeschrän-

kung könne man Inflation vermeiden, kann man bei nä-
herer Betrachtung einiges entgegenhalten. Wenn sich Bitcoins durchsetzen, haben auch Litecoins, Peercoins oder
Amazon Coins eine Chance. Ist die begrenzte Geldmenge
der einen Kryptowährung erreicht, wird eben eine neue
Kryptowährung geschöpft, bis es zur Hyperinflation aller
Kryptowährungen insgesamt kommt, denn ihre Menge ist
unbegrenzt.

Inzwischen hat auch der Bitcoin, der mit edlen Ansprü-
chen in Wettbewerb zum Fiat-Geld staatlicher Zentralbanken getreten war, wie viele andere Entwicklungen rund um
die Digitalisierung den Weg in die Dystopie genommen.
Weil eine zentrale monetäre Aufsicht fehlte, entwickelte
sich die Währung rasch zum bevorzugten Zahlungsmittel
auf illegalen Online-Marktplätzen für den Drogen- und
Waffenhandel.[29] Anfang 2016 wurde zudem bekannt, dass
mehr als 50 Prozent der Bitcoin-Schöpfer in China ansässig sind. Sie kontrollieren die Bitcoin-Geldschöpfung und
nehmen am Bitcoin-Ökosystem über die Große Chinesische
Brandmauer teil. Das staatliche Sicherungssystem für den
Zugriff auf das chinesische Internet verlangsamt die Geschwindigkeit von Bitcoin-Transaktionen enorm. An Trans-
aktionsvolumina von zigtausend Geschäften pro Sekunde,
wie man sie im elektronischen Börsenhandel der Vereinigten
Staaten beobachten kann, ist nicht zu denken. Das Bitcoin-
System kann nicht mehr als eine Handvoll Überweisungen
pro Sekunde verbuchen und in der Blockkette verzeichnen.
Und was zum wahren Albtraum geworden ist: Der Soft-
warecode für die Verwaltung der Bitcoin-Überweisungen
ist zwar Quellcode-offen und damit jedermann zugänglich,
wird aber von fünf Programmierern kontrolliert. Sie sind

zerstritten und attackieren gegenseitig ihre Entwicklungs-server. Alles in allem hat sich auch der Bitcoin schlussend-lich zum digitalen Fiasko entwickelt.[30]

Das alles kann Marine Le Pen nicht wollen. Sie muss Geld-politik machen, potenziell um französisches Wirtschafts-wachstum zu generieren und den öffentlichen Haushalt zu sanieren. Wenn sie Leitzinsen festlegen oder den digiFranc ab- und aufwerten will, muss sie die Geldmenge des digi-Franc kontrollieren können. Deshalb wird kein anderer als die Banque de France den digiFranc in Umlauf bringen. Die französische Zentralbank ist es auch, die die digitale Ver-trauensinfrastruktur der neuen Währung zur Verfügung stellen muss. Dazu gehört, jedem Franzosen ein digitales Portemonnaie zur Installation auf seinen digitalen Geräten anzubieten und jede digiFranc-Transaktion in Echtzeit zu prüfen – eine Aufgabe, die die Zentralbank an Geschäfts-banken delegieren kann. Software isst die Welt auf, sagte der Investor Marc Andreessen schon 2011. Mit dem digi-Franc ist die Banque de France vollständig in der digitalen Ära angekommen. Ihre Tresorkeller sind überflüssig gewor-den. Sie taugen nicht einmal mehr als sicherer Platz für ein hausinternes Rechenzentrum. Das gesamte Geldvermögen der Franzosen, es wird digitalisiert. Geht damit das Gefühl von Geldbesitz für immer verloren?

Was wäre ein digiFranc bei Erstausgabe wert? Ein Franzose, der seine Euro auch nach der Einführung des digi-
Franc behalten darf, wird nicht das Gefühl haben, er werde
vom Staat bestohlen, hofft Marine Le Pen. Er wird nicht
zur Bank stürmen und seine Euro abzuheben, um sie im
Ausland in Sicherheit zu bringen. Lange Schlangen an den
Bankomaten, wie man sie im Frühsommer 2015 in Griechenland beobachten konnte, würden hoffentlich ausblei-
ben, und französische Banken würden nicht zahlungsunfähig werden.

Die Franzosen, die Euro auf ihren Konten angespart haben, sollen ihre Euro deshalb behalten. Dasselbe, und das
ist die schlechte Nachricht für die Franzosen, gilt aber auch
für ihre Kredite, die sie bis 31. Dezember 2017 in Euro
aufgenommen und mit denen sie ihr neues Auto aus deutscher Produktion, die teure Küchenzeile von Miele oder das
eigene Haus finanziert haben. Künftig werden sie digiFranc
einnehmen, aber damit ihre Euroschulden abtragen müssen.
Fremdwährungskredit nennt sich das Konstrukt. Fremdwährungskredite in Schweizer Franken hatten nicht nur die
ehemaligen Ostblockstaaten Ungarn und Polen in die Krise
gestürzt, als der Schweizer Franken am Tag des »Franken-
schocks«, dem 25. Januar 2015, plötzlich und ohne jede
Vorwarnung zeitweise bis zu 30 Prozent aufwertete. Auch
Städte, Gemeinden und Konsumenten der Eurozone hatten
Darlehen in Schweizer Franken aufgenommen. Ein Schweizer-Franken-Kredit war vor der Bankenkrise 2008/9 be-
liebtes Finanzierungsinstrument, denn es fielen praktisch

kaum Zinszahlungen an. Bei der Kreditfinanzierung einer Eigentumswohnung belief sich der effektive Jahreszins eines Frankenkredits auf, sagen wir, 1,3 Prozent statt auf 3,1 Prozent beim Eurokredit. Das war attraktiv, aber es war auch riskant. Denn von einer Minute auf die andere, ohne jede Vorwarnung, mussten Wohnungseigentümer für ihren Kredit über 132 000 Schweizer Franken nicht mehr nur umgerechnet 89 000 Euro aufbringen. Plötzlich brauchten sie den Gegenwert von 125 000 Euro, um den Frankenkredit zu tilgen.[31] Mit dem Frankenschock hatte sich plötzlich das Fremdwährungsrisiko realisiert. Auf einen Schlag waren die Schulden deutscher Städte, ungarischer Gemeinden und polnischer Familien drückend wie nie zuvor.

Nicht anders erging es im Jahr 2016 russischen Familien, die ihre Wohnungen nicht mit Rubel, sondern mit einem US-Dollar-Kredit finanziert hatten. Doch schon vor dem global sinkenden Ölpreis 2014/15 hatte der Rubel massiv abgewertet, und der US-Dollar war mit der Zeit unbezahlbar geworden.

Für internationale Unternehmen und ihre professionellen Kämmerer sind Fremdwährungskredite zwar ein schönes Instrument, um Zinsen zu sparen oder Ausgaben zu bezahlen, die in der jeweils anderen Währung auftreten. Aber das damit verbundene Währungsrisiko muss aufmerksam überwacht und wenn nötig nachgeregelt werden. Fremdwährungskredite kann man nicht einfach aufnehmen und dann sich selbst überlassen. Dafür sind sie zu riskant.

Trotzdem will die Regierung Le Pen den digiFranc künftig zur Zwangswährung und zum gesetzlichen Zahlungsmittel für ganz Frankreich machen. Ab 1. Januar 2018 darf innerhalb der Grenzen Frankreichs nur noch mit digiFranc bezahlt werden. Nicht nur die Franzosen werden dafür zuerst etwas aus ihrem Eurobestand umtauschen müssen. Dasselbe gilt für alle, die Frankreich als Touristen besuchen oder Waren aus Frankreich importieren. Aber welche Kaufkraft hat ein digiFranc? Wie viele Euro ist ein digiFranc wert? In jedem Fall werden Banken künftig für jeden Franzosen zwei Konten führen: ein Konto, das auf Euro lautet, auf die ehemals gemeinsame Währung, die sich dann wie eine Fremdwährung verhalten wird, und ein digiFranc-Konto, eben jene *digiPoche*. Dorthin sollen ab dem 1. Januar 2018 die Gehälter der Franzosen überwiesen werden. Französische Geschäfte dürfen nur noch gegen digiFranc verkaufen und müssen Zahlungen in digiFranc akzeptieren. Bis dahin sollten sie ihre Terminals für bargeldloses Bezahlen auf digiFranc umgestellt haben.

Mit dem Euroaustritt Frankreichs wird der Euro für den Rest der Eurogruppe zwar erhalten bleiben, aber auch *sein* Wert, seine Kaufkraft im Verhältnis zur Referenzwährung, dem US-Dollar, wird sich ändern. Für die Beurteilung, wie hoch die Kaufkraft einer Währung ist, legt man einen Warenkorb aus Waren und Dienstleistungen fest und vergleicht über Ländergrenzen hinweg, wie viele US-Dollar – der US-Dollar dient als Referenzwährung – ein Land bezahlen muss, um diesen Warenkorb zu erwerben. Kaufkraftparität zwischen Frankreich und den Vereinigten Staaten würde dann bestehen, wenn die Franzosen denselben US-Dollar-Betrag für den Warenkorb bezahlen müssten wie die Amerikaner, allerdings nicht in absoluten Zahlen, sondern immer in Relation zum Bruttoinlandsprodukt ihres eigenen Landes. Genau hier kommt es zu Abweichungen zwischen den

Ländern weltweit. 2014 betrug das amerikanische Bruttoinlandsprodukt pro Kopf 54 353 US-Dollar.[32] Weil der US-Dollar als Referenz für die Berechnung der Kaufkraftparität dient, musste ein Amerikaner 54 353 US-Dollar für den besagten Warenkorb ausgeben.[33] Anders sah es in Frankreich aus. 2014 betrug das französische Bruttoinlandsprodukt pro Kopf nur 39 357 US-Dollar. Um den begehrten Warenkorb zu erwerben, musste ein Franzose aber auch nur 32 230 US-Dollar bezahlen, das sind 82 Prozent seines Bruttoinlandsprodukts.[34] Um zu verstehen, über wie viel Kaufkraft der Bürger eines Landes wirklich verfügt, muss man nun noch den Kurs des US-Dollar zur eigenen, inländischen Währung – dem Euro – einbeziehen. Um die Rechnung abzukürzen: Die Waren, für die ein Amerikaner im Jahr 2014 einen US-Dollar bezahlte, erwarb ein Franzose für nur 92 US-Cent, also für 92 Prozent vom Wert eines US-Dollars.[35] Um Kaufkraftparität zum US-Dollar herzustellen, müsste der »französische Euro« – künftig der digiFranc – um rund 8,5 Prozent aufwerten.

Seit dem ersten Aufflammen der Eurokrise 2010/11 hatte die Politik der EZB den Euro also tatsächlich aufgeweicht. Doch die Disparitäten der Eurozone ließen nicht alle Staaten der Eurozone gleichermaßen an der Abwertung des Euro teilhaben. Griechenland selbst hatte bis Ende 2014 keinen Vorteil von der europäischen Zentralbankpolitik. Seine Kaufkraftparität lag im Jahr 2014 nicht bei 0,92 US-Dollar wie in Frankreich, sondern bei 1,24 US-Dollar. Ein Grieche musste 1,24 US-Dollar aufbringen, um denselben Warenkorb zu kaufen, für den ein Franzose nur 92 US-Cent bezahlte. Warum war das so? Das lag daran, dass die wirtschaftliche Produktivität Griechenlands nur rund drei

Viertel der französischen Produktivität betrug (29 290 US-Dollar). Griechenland würde seinen »griechischen Euro« deshalb auf rund 80 Prozent seiner Kaufkraft abwerten müssen, um Kaufkraftparität zum US-Dollar herzustellen.

Bei der Abwertung half die EZB, als sie begann, den Markt mit Euro zu fluten. Wer Euro im Inland konsumierte, spürte wenig von der Abwertung, die sich inzwischen auch in fallenden Wechselkursen des Euro zum US-Dollar widerspiegelte. Erst beim Außenhandel der Eurostaaten wurden die Auswirkungen sichtbar. Die Geldpolitik der EZB beförderte exportstarke Euronationen wie Deutschland, konnte denjenigen Volkswirtschaften, die viel importieren, aber nur wenig nützen. Ausgerechnet Griechenland gehörte zu den Eurostaaten, die fast alle Güter einführen müssen. Die Politik des weichen Euro, so das Argument von Kritikern der EZB-Geldpolitik, begünstigt Exporteure, während Importeure – darunter Griechenland, das Tomaten lieber aus Holland importiert, als selbst anzubauen – keinen Vorteil daraus erlangt.

Den Ausgabepreis des digiFranc, entscheidet die Regierung Le Pen, wird man an der Kaufkraft des »französischen Euro« festmachen. Im Jahr 2017 – noch gehört Frankreich zur Eurozone – liegt sie bei 0,89 US-Dollar. Kaufkraftparität besteht bei 1,12 US-Dollar. Eine Rolle spielt nun noch der Wechselkurs des Euro an den Finanzmärkten zum Stichtag. Im Laufe des Jahres 2016 war der Eurokurs gegenüber dem US-Dollar nur wenige Eurocent über Parität eingebrochen. Doch 2017 hatten sich die Kurse wieder stabilisiert. Die Ökonomen der Regierung Le Pen erwarteten 2018 wieder einen mittleren Preis von 1,15 Dollar pro Euro. Wer zum Stichtag am 1. Januar 2018 einen digiFranc mit einem

Euro kaufen wollte, legte die Regierung Le Pen fest, würde 97 Eurocent dafür bezahlen. Danach würden die Finanzmärkte über den Kurs der neuen virtuellen Währung entscheiden. Das ist ein Risiko, weil nicht auszuschließen ist, dass der digiFranc unmittelbar nach Ausgabe stark abwertet, vielleicht 15 oder 20 Prozent. Märkte sind nicht rational. Alles, worauf sie letztlich bauten, ist Vertrauen. Doch Vertrauen bei Kreditgebern und Investoren würde nicht genügen. Auch in der Wirtschaft bekommt die Regierung Le Pen Vertrauensverlust zu spüren.

Simulation 2018: Dauerhafte Kontrollen an Frankreichs Grenzen

Als die Regierung Le Pen zum 1. Januar 2018 neben dem digiFranc auch dauerhafte Kontrollen der französischen Landesgrenzen einführt, gellt ein weiterer Aufschrei durch Europa, ausgestoßen von Unternehmen, die sich auf den freien Warenverkehr im europäischen Binnenmarkt eingestellt und ihre Lieferprozesse optimiert hatten. Der Verzicht auf Lagerbestände und Puffer, so sollte sich jetzt herausstellen, war ein Fehler. Ein Fehler, der, sollte nicht effektiv gegengesteuert werden, Auswirkungen auf die Zufriedenheit und das Vertrauen der europäischen Bürger haben könnte. Sie verließen sich auf Versorgungssicherheit. Und von der Versorgungssicherheit der Bürger hing auch eine funktionierende Demokratie ab.

Startbedingung europäischer Binnenmarkt: Lieferungen, schnell und billig

Was Logistikexperten als Liefer*kette* bezeichnen, war schon vor zwei Jahrzehnten ein asynchrones Liefer*netz* mit vielen Teilnehmern[36], in dem es um nichts anderes ging, als Güter von Punkt A zu Punkt B zu bewegen. Irgendwann am Schluss der Lieferkette stand der Endverbraucher. Bei ihm musste letztlich eintreffen, was er bestellt hatte. Deshalb ist Lieferkettenmanagement auch heute noch nicht virtuell, sondern ganz real. Am Ende aller Warenbewegungen will der Konsument das erworbene Gut physisch in Händen halten. Er will es anfassen, die Haptik spüren und es – noch – für sich selbst besitzen. Bis er das kann, bewegen sich Güter im Liefernetz, vom Laden zum Kunden, vom Verteilzentrum ins Kaufhaus, vom Onlineshop des Herstellers an den Großhandel oder direkt an den Konsumenten.

Seit der Gründung des globalen Logistikunternehmens Amazon Corp. im Jahr 1994 erhielten Besteller Zugang zu immer mehr Information, was man zu welchem Preis einkaufen konnte. Dabei war Amazon Pionier eines Geschäftsmodells, das sich als großer Gewinner der Digitalisierung herausstellen sollte: die Online-Plattform.[37] Amazon war unter den ersten Unternehmen, die zum Informationsmonopolisten aufstiegen. Die Handelsplattform, die Käufer und Verkäufer zusammenbrachte, verfügte exklusiv über Informationen beider Seiten. Das Unternehmen kannte alle Kenngrößen sowohl des Einkäufers – Lieferanschrift, Bestellhistorie, Kontoinformationen und Umsätze – als auch des Verkäufers, während die beiden, Käufer und Verkäufer, nicht in direktem Kontakt miteinander standen.[38] Der Verkäufer hatte die Kontrolle über die letzte Meile, die wertvolle Beziehung zum Kunden, an Amazon abgetreten.

Dabei war Amazon vom Start weg auf Wachstum statt auf Profitabilität getrimmt. Wachstum bedeutet nichts anderes, als Marktanteile und Kunden zu gewinnen. Dafür ließ sich Amazon etwas Neues einfallen und machte sich so zum Vorreiter einer weiteren Eigenschaft digitaler Angebote aus den Vereinigten Staaten: der Kostenlos-Taktik. Kunden, die bei Amazon bestellten, erhielten ihre Bücher versandkostenfrei. Der erzieherische Effekt ließ nicht auf sich warten. Schon nach kurzer Zeit hatten sich die Besteller an diesen schönen finanziellen Vorteil gewöhnt und begannen, ihn grundsätzlich beim Onlinekauf einzufordern.

Im Wahljahr der Franzosen, 2017, erwarten längst alle Europäer, dass Waren, die sie konsumieren, zum geringstmöglichen Preis produziert und ausgeliefert werden. Speziell für die Versandkosten will niemand aufkommen. Während keiner bereit ist, für Kosten der Logistik zu zahlen, verlangen Verbraucher inzwischen, dass Transportlogistik nicht nur kosteneffizient, sondern noch dazu umweltfreundlich sein müsse. Bestellungen sollen konsolidiert werden. Wer drei Internetbestellungen bei drei unterschiedlichen Händlern aufgibt und eine grüne Seele hat, hofft, dass alle drei Bestellungen mit einer einzigen Fuhre an ihn ausgeliefert werden. Er will sich nicht darüber ärgern, dass drei halb leere Sprinter einzeln bei ihm vorfahren und jeweils nur eine einzige Bestellung an Bord haben. In über zwanzig Jahren Online-Shopping hat sich damit nicht nur die Preissensibilität, sondern auch der Anspruch der Käufer an die Nachhaltigkeit erhöht. Die Erwartungen der Besteller sind gestiegen, nicht nur an eine bessere CO_2-Bilanz, sondern auch an die Liefergeschwindigkeit. Denn eine größerer Umweltfreundlichkeit entgegengesetzte Entwicklung gibt es auch: Wir wollen alles sofort in Händen halten, redet man uns ein, und arbeitet an neuen Konzepten wie tagggleiche Anlieferung ohne Nachtsprung oder Punkt-zu-Punkt-Lieferungen, die nicht aus einem Zentrallager, sondern aus einem Ladengeschäft heraus erfolgen.[39] Und wo Straße oder Schiene fehlen, werden Päckchen von Drohnen gebracht. Doch Highspeed-Lieferungen, niedrige Lieferkosten und Umweltfreundlichkeit sind Ziele, die einander widersprechen. Dasselbe gilt für minimale Lagerhaltung gegenüber Versorgungssicherheit.

Von der industriellen Revolution zur Industrie 4.0

Die Lösung verspricht die intelligente Fabrik der Industrie 4.0. Die intelligente Fabrik soll dem Liefernetz den Teufel austreiben. Der Name der Bestie: Lagerhaltung. Produkte und Material werden nur noch auf Anfrage produziert, erst dann, wenn sie verbaut oder konsumiert werden sollen. Besteller laden die Spezifikation für ihren ganz besonderen Produktwunsch in die *elastic manufacturing cloud*, die »elastische Produktionswolke«. In der Rechnerwolke wird derjenige 3-D-Industriedrucker identifiziert, der dem Besteller am nächsten gelegen ist und den Auftrag ausführen kann.

Mit der Industrie 1.0 assoziiert man die industrielle Revolution. Im England des 18. Jahrhunderts werden die ersten Webstühle aufgestellt, im Deutschland des 19. Jahrhunderts entsteht die Schwerindustrie rund um Kohle, Eisen und Stahl. Güter werden nicht mehr manuell hergestellt, sondern auf mechanischem Wege. Wasserkraft, Dampf und Elektrizität sind die Kräfte, die die neuen Produktionsmaschinen antreiben.

Als sich die Industrialisierung weiterentwickelt, tritt man um 1920 in die Industrie 2.0 ein, in das Zeitalter des Taylorismus, der »wissenschaftlichen Betriebsführung«. Frederick Taylor analysiert den Herstellungsprozess, seine Abläufe, Kosten und die Organisation. Dabei betrachtet er nicht nur einzelne Arbeitsschritte und ganze Herstellungsprozesse, sondern misst auch Durchsatz und Produktivität. Gemeinsam mit einer anderen Erfindung, dem Fließband des Henry Ford, legt Frederick Taylor die Grundlagen für die industrielle Massenproduktion.

Im späten 20. Jahrhundert schließlich bricht das Zeitalter der Industrie 3.0 an. Seit der Einführung des Mikroprozessors in den Siebzigerjahren lassen sich die Arbeitsabläufe und Geschäftsprozesse des zweiten Sektors hoch automatisieren. Jeder kennt die Industrieroboter, die Autotüren verschrauben oder Karosserien lackieren. Oder Roboter im Zentrallager, die Ersatzteile verstauen und wiederfinden. Industrie 3.0 ist nichts anderes als der Beginn der digitalen Revolution. Doch noch werden Industrieroboter erst nach Betätigung der Eingabetaste durch den Facharbeiter tätig. Sie sind weder autonom noch intelligent noch interaktiv mit den herzustellenden Produkten vernetzt.

Mit der Industrie 4.0 soll sich genau das ändern. Sie eliminiert die menschliche Intervention. Nicht nur Montagebänder und -roboter werden herstellerübergreifend miteinander vernetzt, auch die Teile für die Produktion werden mit der Eigenschaft von Kommunikation und Interaktion ausgestattet. Die Idee: Die Produktion steuert sich selbst, indem die beteiligten Montageroboter mit Betriebsmitteln kommunizieren, über Firmen- und Ländergrenzen hinweg und vom Rohstofflieferanten bis hin zum Verbraucher. In anderen Ländern nennt man die Industrie 4.0 deshalb auch das *Industrial Internet of Things*. Man ahnt schon, zu welchem Grad an Komplexität das neue Paradigma führen wird. Heute denkt noch niemand an die unvorhersehbaren Krisen, die zwangsläufig auftreten müssen, schlicht weil sie Eigenschaft und Würze komplexer Systeme sind. Die Krisen der intelligenten Herstellung werden überraschend kommen. Keiner wird sie vorhersehen können, niemand wird wissen, was sie auslöst und welche Effekte sie haben werden.

Die Komplexität der Industrie 4.0 und ihre zahllosen Echtzeitdaten rufen förmlich nach einem intelligenten Regelungssystem in Realzeit, einem intelligenten »System der Systeme«. Doch es setzt sich nur langsam durch. Der Grund: Wo sich Produktion und Logistik selbst koordinieren, bedeutet das den Wegfall bislang bewährter Geschäftsprozesse. Vielen Unternehmen ist das noch nicht recht klar. Für sie sind Geschäftsprozesse die heiligen Kühe ihres Arbeitslebens. Aber starre Geschäftsprozesse sind schwer vereinbar mit den Eigenschaften der Industrie 4.0 und ihrer »Selbstoptimierung, der Selbstkonfiguration, der Selbstdiagnose und der Selbstkorrektur«[40]. Wenn sich Maschinen selbst regeln, eine Aufgabe selbst optimieren und Probleme selbst aus dem Weg räumen – was soll da noch das suboptimale Eingreifen des Menschen? Heute, in der noch jungen Industrie 4.0, kann man schön studieren, wie Menschen intelligente Maschinen in bestehende Geschäftsprozesse zwängen wollen. Menschen drücken intelligenten Maschinen quasi die Luft ab. Sie füllen neuen Wein in alte Schläuche. Zwar wollen sie in den Genuss der optimierenden Fähigkeiten intelligenter Maschinen kommen, lassen aber nicht zu, dass sich die neue Generation von Maschinen entfaltet. So beengt vom Menschen, können jene nicht aufblühen; sie können ihre Versprechen nicht halten, nicht wegen technologischer Defizite, sondern weil Menschen (noch) nicht verstehen, wie man intelligente Maschinen richtig einsetzt.

Mit dem 21. Jahrhundert ist auch die Zeit der optimierenden kybernetischen Transportregelung gekommen. Die Industrie 4.0 plant nicht und plant nicht um, wo unvorhergesehene Ereignisse oder Störungen auftreten. In der Industrie 4.0 wird alles als Ereignis behandelt und sofort in Echtzeit darauf reagiert. Die Tage der Transportplanung à la 20. Jahrhundert und ihres Just-In-Time-Konzepts (JIT) sind gezählt.

Just-In-Time oder: Das Lager fährt auf der Straße

Mit der Just-In-Time-Produktion (JIT) hatte die Industrie, allen anderen voran die Automobilindustrie, schon im 20. Jahrhundert ein Konzept realisiert, das Verschwendung und Überhänge in der Lieferkette ausmerzen sollte. Das Liefernetz müsse effizienter werden, so das Credo seiner japanischen Erfinder bei der Firma Toyota. Effizienz ist nichts anderes als Optimalität. Und optimal arbeiten bedeutet, Risikopuffer aus dem Liefernetz zu eliminieren.

Was JIT optimiert, genauer: minimiert, ist die Materialbevorratung der herstellenden Industrie. Vorprodukte werden einem nachgelagerten Produktionsschritt punktgenau angeliefert. Das verringert die Lagerhaltung und damit auch die Kosten der Produktion.

Beim Realitätscheck stellt man fest, dass der Traum auch 2017 noch nicht Realität geworden ist. Allein in den Vereinigten Staaten liegen Waren im Wert von 1,8 Trillionen US-

Dollar in den Regalen.[41] In Europa ist JIT hingegen gleichbedeutend mit: Das Lager fährt auf der Straße. Das mag für die Industrie vorteilhaft sein, die Allgemeinheit hat ihre Last damit. Wegen der eingesparten Lagerhaltung mögen die Kosten deutscher Endprodukte geringer sein, wovon alle profitieren, aber die gesamtgesellschaftliche Bilanz fällt trotzdem nicht rosig aus. Das Lager der Privatwirtschaft ist mobil und bewegt sich auf öffentlicher Infrastruktur, die von Steuerzahlern aufgebaut worden ist. Sicher, auch die Wirtschaft zahlt Steuern. Aber gerade Konzerne sind wegen ihrer Steueroptimierungsmodelle in die Kritik geraten. Trotzdem werden für ihren mobilen Vorrat riesige Autobahnparkplätze gebaut und noch größere Autobahnauffahrten. Denn die rechten Fahrspuren deutscher Autobahnen sind längst mit Lkw verstopft. Dabei, so hat eine europäische Studie festgestellt, sind 25 Prozent der nationalen Überlandfahrten Leerfahrten. Unter allen europäischen Lkw, die im europäischen Binnenmarkt unterwegs sind, fahren rund 50 Prozent leer[42], in den Innenstädten sind es bis zu 60 Prozent. Die Lkw haben ihre Fracht am Ziel entladen und sind auf der Rückfahrt. Mit neuer Ladung für die Rückfahrt hat man sie nicht beauftragt. An Aufträgen mangelt es deshalb so häufig, weil am Zielort etwa für Spezialtransporte nur selten eine passende Fracht für die Anschlusstour gefunden wird. Ein Flüssiggastransport kann eben keine Autos laden, ein Kleidertransport für hängende Ware keine Tiefkühlkost. Transportlogistik ist deshalb auch im Jahr 2017 hochgradig ineffizient und produziert unnötigen Treibstoffverbrauch, hohe CO_2-Emissionen und Lärmbelastung. Deshalb lässt sich leicht eine Lkw-Maut rechtfertigen. Das einzige Problem an der Realisierung der Maut nach deutschem Rezept: Die Einnahmen aus der deutschen Autobahnmaut fließen zum ganz überwiegenden Teil wieder an die Verursacher in der Industrie zurück, die jetzt als Mautkonsortium Toll Collect auftreten. Effizienz, mit der die Wirtschaft allgemeine Infrastruktur in Anspruch nimmt, sieht anders aus. Eine faire Gegenleistung steuerfinanzierter Verkehrsinfrastruktur auch.

Starre Geschäftsprozesse scheitern an Komplexität

Auf den ersten Blick scheint es sinnvoll, Materialüberhänge bei der Produktion zu reduzieren. Aber wer freie Kapazitäten wegrationalisiert, strafft nicht nur den Herstellungsprozess, er nimmt ihm auch die Flexibilität. Anders gesagt, er entzieht dem Produktionsprozess die Sicherheitspuffer, die nötig sind, um auch dann noch zuverlässig zu liefern, wenn unerwartete Krisen und Probleme auftreten. Puffer sind gut, um sich schnell an Krisen anzupassen. Wo ein Prozess effizient gemacht und seiner Risikopuffer beraubt wird, wird das System angespannt. Ein einziges unerwartetes Ereignis und das System bricht zusammen.

Als optimierter Geschäftsprozess funktioniert JIT dann gut, wenn er sich auf eine relativ beständige Umgebung stützen kann. JIT verlässt sich darauf, dass der freie Warenverkehr im europäischen Binnenmarkt gewährleistet ist. Man zählt auf Stabilität und damit auf die Planbarkeit von Lieferungen, auf Transportpläne, die mit kleinen Abweichungen so eintreten wie erwartet. Für die Unternehmen, die am freien Warenverkehr Europas teilnehmen, ist der Binnenmarkt wie ein deterministisches System ohne zufällige Effekte und größere Zwischenfälle, nur umspült von leichtem Rauschen, dessen Verhalten sich nicht ändert und das sich deshalb gut vorhersagen lässt.

Doch mit dem Aussetzen des Schengener Abkommens während der Flüchtlingskrise 2016 wird der freie Binnenhandel zum ersten Mal empfindlich gestört. Plötzlich wird offenbar: Der Binnenmarkt ist gar kein stabiles, deterministisches System. Es ist dynamisch, es interagiert, es ist komplex. Als ein anderes komplexes System, das der Migranten, unerwartet beginnt, mit dem komplexen System des europäischen Binnenmarkts in Interaktion zu treten und ein komplexes System auf ein anderes prallt, ist die Reaktion des Binnenmarkts, das Feedback, die Grenzschließung. Auch sie erfolgt entweder unter Umgehung oder, milde gesagt, unter sehr weiter Auslegung vertraglicher europäischer Vereinbarungen wie der Dublin-III-Verordnung oder verfassungsrechtlicher Pflichten zum Schutz nationaler Grenzen.[43/44] Schon im Zusammenhang mit der Eurokrise war die Außerkraftsetzung rechtlicher Vorschriften ein Indiz dafür, dass strikte Regeln versagen, sobald Komplexität auftritt.

Ein hoch optimierter JIT-Prozess blendet die Risiken aus, die eintreten, wenn der Prozess gestört wird, also wenn, konkret, das Schengen-Abkommen außer Kraft gesetzt wird. Dabei könnten die Kosten des Risikos die Kosten einer angepassten Lagerhaltung weit übersteigen. Eine gute Optimierung hat deshalb immer die Balance zwischen den Kosten eines Risikos und dem rechten Maß an Lagerhaltung im Blick. Wie, so fragt sich eine optimierende Bevorratungsstrategie, muss die Lagerhaltung gesteuert werden, damit man auch dann noch das beste wirtschaftliche Ergebnis erzielt, wenn Engpässe und unerwartete Probleme auftreten? Im Gegensatz zu JIT bedeutet das: Eine bestimmte Menge an Vorrat kann durchaus sinnvoll sein. Ja, ein bestimmter Grad an Bevorratung kostet mehr als JIT, aber Risiken werden abgefedert. »There is no free lunch«, heißt es bei den Amerikanern. Nein, es gibt nichts geschenkt. Auch die Logistik braucht Elastizität, um sich anzupassen.

Wer Frankreich kennt, kann ein Wunder erleben. Es ist das Wunder des Homo sapiens, der entgegen aller Unkenrufe auch in technisch hoch gerüsteten Zeiten nicht überflüssig wird. Ein menschlicher Disponent, der die Routenplanung beim Transportlogistiker erledigt, schafft es *irgendwie* – und ganz sicher nicht optimal –, eine Fracht rechtzeitig an ihr Ziel zu bringen. Auch hier sind die Franzosen die Meister des Managements aus dem Stegreif. Sie können improvisieren, denn ihr Transportsystem hat Puffer. Hier ist nichts optimiert.

(K)ein Vorbild? Wie die Franzosen
ihre Verkehrslogistik am Laufen halten

Wer hat nicht eine Vorstellung von der Verkehrssituation in Paris? Wer mit dem Taxi vom Flughafen in die Innenstadt fährt, kann vom Dauerstau berichten, und in den Vierteln, die belebt sind von orientalischen Gewürzdüften und dem reichhaltigen Angebot exotischer Waren und Früchte, mutet der Straßenverkehr fast afrikanisch an. Im Vergleich dazu ist der innerstädtische Verkehr in München oder Hamburg an Harmlosigkeit und Disziplin kaum zu überbieten. Paris ist übrigens die einzige Stadt, in der auch die Nahverkehrszüge und U-Bahnen ausfallen, wenn die Taxifahrer streiken.

Einer jener berüchtigten Pariser Taxistreiks fand am 25. Juni 2015 statt. Uber Inc., der digitale Taxischreck aus Silicon Valley, hatte sich bereits weltweit, auch in Europa, ausgebreitet. Global stieß das Geschäftsmodell von Uber allerdings auf zahlreiche rechtliche Probleme. Sie betrafen das Wettbewerbsrecht, tangierten Fragen zu Beschäftigung der Uber-Fahrer oder das Steuerrecht. In Paris gab es etliche Uber-Chauffeure, die Migranten waren. Sie unternahmen Fahrten in Paris, rechneten die Einnahmen über Uber ab und ließen sich die Erlöse auf ihre ausländischen Konten in ihren Herkunftsländern gutschreiben. Damit waren die Einkünfte dem Steuerzugriff des französischen Staates entzogen. Ihm blieb keine steuerliche Handhabe, obwohl Uber-Fahrer die öffentliche französische Infrastruktur für ihr modernes digitales Business nutzten. Der französische Staat: machtlos. Die gewerblichen französischen Taxifahrer: außer sich. Wie ihre Kollegen in anderen europäischen Ländern waren sie mit großen behördlichen Auflagen belastet, um überhaupt Personen transportieren zu dürfen, darunter regelmäßige Gesundheits- und Eignungsprüfungen. Im Juni 2015 riefen sie zum Taxistreik auf, um ihrer Wut Ausdruck zu verleihen.

Auch französische Streiks laufen anders ab als die in den europäischen Nachbarstaaten. Sie sind gewalttätiger. An jenem Frühsommertag blockieren Taxifahrer Zufahrten zu den städtischen Ringautobahnen. Wer aussieht wie ein Uber-Fahrer – auch wenn es sich dabei um einen regulierten, offiziellen Chauffeurservice handelt – und den Autobahnzubringer zum Flughafen Roissy-Charles-de-Gaulle

benutzt, begibt sich, das ist nicht übertrieben, in Lebens-
gefahr. Taxifahrer greifen Limousinen an, stürzen sie um
und zünden sie an. Und die Abschreckung zeigt sich erfolgreich. Spätestens seit dem frühen Nachmittag wagt sich
kein Auto mehr zum Flughafen.

Der Streik mausert sich zu einem veritablen Problem für
alle, die am Abend die Stadt mit dem letzten Flieger verlassen wollen.

Am Nachmittag kann man für eine erste Etappe noch
einen Chauffeurservice bestellen. »Aber nur bis Bahnhof Le
Bourget«, heißt es. Das sind etliche Kilometer vor dem Ziel,
aber gut. Von dort aus würde man weitersehen.

Wer am Bahnhof Le Bourget aus dem Wagen steigt, um die
Bahn, den Flughafenzubringer zu Roissy, zu nehmen, muss
sich in die lange Schlange vor dem Bahnschalter einreihen,
weil – völlig klar! – kein Fahrkartenautomat funktioniert.
Doch die Dame am Schalter hat schlechte Nachrichten. Denn
unerwartet ist inzwischen auch das öffentliche Transportsystem der Stadt zusammengebrochen. Kein Zug fährt mehr.
Mehr Zwischenfall in einem städtischen Transportsystem ist
fast nicht möglich. Wer am Nachmittag des 25. Juni 2015 am
Bahnhof Le Bourget gestrandet ist, steckt fest. Just in time
zum Flughafen zu gelangen, erscheint immer mehr ein Ding
der Unmöglichkeit. Langsam muss man sich Gedanken darüber machen, wo man die Nacht verbringen wird.

Ratlos zurück auf dem Bahnhofsvorplatz, erscheint plötzlich wie ein Geist – der Chauffeur vom Limousinenservice.
Er hat am Bahnhofsgebäude Le Bourget geparkt und wartet
auf seinen nächsten Auftrag. Ob man weiterkomme, fragt
der Mann höflich, der mit seinem schwarzen Dienstanzug
aussieht wie aus dem Ei gepellt. Effizient ist es nicht, sich

jetzt noch um seinen Kunden zu kümmern, schließlich ist die Fahrt erledigt und abgerechnet.

Nein, lautet die enttäuschte Antwort, die Züge fallen leider aus. Wie es weitergeht? Man hat keine Ahnung.

Dann schauen wir mal nach dem Bus, sagt der Mann im schwarzen Anzug und stellt sich nochmals in die Schlange an den Auskunftsschalter. Das ist zweifellos *unglaublich* nett. Nach einigen Minuten kommt er mit der Auskunft zurück: Bus 350 sei vor fünf Minuten in Richtung Roissy abgefahren. Wenn man gleich wieder in die Limousine steigen würde, könnte man ihm ja entlang der Busspur nachjagen...

Wem nichts anderes übrig bleibt, runzelt kurz die Stirn, hakt das Angebot in der Kategorie »Reiseabenteuer« ab und setzt sich wieder ins Auto. Drei Ampeln weiter, und Nummer 350 kommt in Sicht. Der Chauffeur gibt Gas. An der nächsten Haltestelle, die der Bus gleich erreichen wird, entlässt er seine Passagiere mit allen guten Wünschen. Ein letztes Winken – diesen Chauffeurservice wird man immer wieder gerne buchen.

Inzwischen ist die Zeit reichlich fortgeschritten, als der Bus mit einem lauten Stoßseufzer an der Haltestelle hält. Ja, der Bus fährt zum Flughafen. Was kostet es? Gar nichts, bitte einfach einsteigen.

Taxistreik. Züge stehen still. Und der noch laufende öffentliche Pariser Nahverkehr entschuldigt sich für die Unannehmlichkeiten damit, dass man nichts bezahlen muss.

Parallel zum Autobahnzubringer ruckelt der Bus durch die Pariser Vororte Richtung Flughafen. Nächster Halt: ein Industriepark. Der Bus biegt rechts ab, die vielversprechende Autobahn entzieht sich dem Blick der zeitgeplagten Passagiere. Nächste Station: eine Hoteleinfahrt. Weiter mit Tempo 30 über die Aufpflasterungen der verkehrsberuhigten Zone. Plötzlich dreht sich der junge Busfahrer um. Er ist ersichtlich ein Migrant. Laut schreit er in den Fahrgastraum:

»Tout le monde à Roissy?«

Als alle nicken, gibt er Gas. Haltestellen? Jetzt bitte nicht. Autobahnzubringer? Ja, der wäre hilfreich. In einem Tempo, das man bei einem Bus nicht vermuten würde, reiht sich der Fahrer nach der nächsten Autobahnauffahrt unmittelbar auf die linke äußere Spur ein. Der Bus jagt über die Autobahn, unbehelligt von aufgebrachten Taxifahrern und im Wettlauf gegen die Zeit. Nur Achterbahnfahrten sind spannender. Alle Passagiere schaffen es rechtzeitig zu ihren Flügen.

Simulation 2018: Mutualisation, Frankreichs Geheimwaffe für die Logistik

Für einen Frankreichreisenden, der noch dazu einen Sinn für die Echtzeitoptimierung von Transportlogistik hat, ist ein Nachmittag im Pariser Verkehr eine Lektion in Sachen Risikopuffer. Wenn Pläne nicht mehr funktionieren, sind es die Operativen – hilfreiche, freundliche, engagierte Mitarbeiter –, die die Lage retten. Damit sie ein Ziel erreichen, sehen sie über Pläne und Vorschriften hinweg. Auf Fahrtentgelte wird verzichtet, rigide Fahrtrouten werden abgekürzt, man ist bereit, mehr zu tun, als nach Arbeitsvertrag nötig wäre. Und so wird die Pariser Transportlogistik zum Lehrstück für Überhang im System, der immer dann relevant wird, wenn die Dinge nicht so laufen wie geplant. Dann ist es besser, die Echtzeitregelung ersetzt die Planung.

Nichts anderes hat die kybernetische Regelung eines komplexen Systems zum Ziel. Zwar scheiterte die Regelungstechnik im komplexen System bislang an technischen Möglichkeiten und ihrer Begrenzung auf die klassische Statistik und traditionelle mathematische Modelle. Doch mit Beginn des 21. Jahrhunderts sind die technischen Einschränkungen überwunden. Vor allem wegen der Künstlichen Intelligenz wird die Kybernetik eine Renaissance erleben. Denn Künstliche Intelligenz ist für ein Echtzeit-Regelungssystem wie geschaffen.

Als Marine le Pen die Grenzen zu Frankreich schließt, macht sie sich keine Sorgen um die französische Wirtschaft, weil sie weiß, die Fähigkeit zur Improvisation ist ihr eingegossen. Noch dazu kann sie aus den richtigen strategischen Entscheidungen der Vorgängerregierung Kapital schlagen. Die Regierung François Hollande hatte schon zwei Jahre zuvor erkannt: Systemische Risikopuffer sind gut, doch die Lieferlogistik kann trotzdem besser werden, denn nicht nur Paris, sondern auch Marseille, Bordeaux und Lyon kämpfen gegen das Verkehrschaos.

Mutualisation nennt sich dann auch das Konzept, auf das französische Großstädte setzen. Dabei handelt es sich um nichts anderes als das Teilen von Ressourcen, das digitale Mobilitätsunternehmen wie Uber oder das digitale Reiseunternehmen Airbnb gesellschaftsfähig gemacht haben. In Europa hat sich dafür der Anglizismus der *Sharing Economy* durchgesetzt. Bei Uber teilen sich mehrere Menschen ein Privatauto auf der Fahrt von A nach B. Bei Airbnb kann ein Tourist leer stehende Privaträume belegen. Das war die ursprüngliche Geschäftsidee. Wegen zahlreicher rechtlicher Probleme war das Geschäftsmodell der beiden Silicon-Valley-Plattformen inzwischen stark mutiert.

Mutualisation ist von Anfang an für die Profis der Logistikbranche gedacht. Bekleidungshersteller sollen keine halb leeren Trucks zu ihren Verkaufslokalen in die französischen Innenstädte entsenden. »Einen Truck pro Straße« wollen die Optimierer der Lieferlogistik pro Tag in die Innenstädte schicken. Selbst Mitbewerber sollen sich einen Truck teilen, bis sie ihn aufgefüllt haben. Am besten, der Truck hat alles an Bord, was die Straße täglich braucht. Noch viel besser, wenn er beim Verlassen der Straße alles mitnimmt, was die Straße loswerden möchte. Verpackungsmüll zum Beispiel. Die Vergemeinschaftung ungenutzter Logistikressourcen ist ein wirklich grünes Konzept, von dem jeder profitiert. Die Hersteller, die weniger Transportkosten zahlen, weil die Spediteure wegen der höheren Auslastung die Preise senken können. Die Transportunternehmen, weil ihre Flotten besser ausgelastet werden. Die Städte und ihre Bewohner, weil Verkehr und CO_2-Ausstoß abnehmen. Schon im Frühling 2015 hatte Marseille das Konzept begeistert aufgenommen, und aus der Stadtregierung wurde die Bitte laut:

»Marseille würde sich gerne als Pilotstadt für einen Test der optimierenden Stadtlogistik zur Verfügung stellen.«[45]

Abgesehen davon, dass der Teufel wie immer im Detail steckt, funktioniert auch das professionelle Teilen ungenutzter Versorgungsressourcen nur unter zwei Voraussetzungen. Erstens, auf einer digitalen Plattform für das Teilen müssen sich viele Anwender anmelden, damit sich der Netzwerkeffekt einstellt. Die Plattform wird erst dann interessant, wenn möglichst viele Routen gefahren werden. Und zweitens: Das Nervensystem der Plattform ist eine Künstliche Intelligenz. Besser gesagt, die Plattform *ist* die Künstliche Intelligenz. Ihre Aufgabe ist es, die Güterströme ihrer Nutzer optimal zu koordinieren. Für jeden neuen Transportauftrag wird eine teilgenutzte Ressource gesucht, sei es ein Frachtflugzeug, die Bahn, ein Truck, eine Drohne, ein autonomes Auto. Die Plattform synchronisiert den Transportauftrag mit anderen Aufträgen und Warenströmen, die gleichzeitig an Drehkreuzen zusammentreffen und dort gemeinsam übergeben, neu verpackt oder weitertransportiert werden sollen.[46] Dafür überwacht sie die Warenströme sekundengenau. Bei Zwischenfällen lenkt sie Trucks um oder hält Anschlussfahrten zurück. Sie behält den Überblick, in jedem Augenblick und über alle beteiligten Subsysteme. Sie ist das System der Systeme, eine echte Industrie-4.0-Anwendung. Sie gibt vor, wie Transporte ablaufen sollen. Sie hat die Daten, und sie weiß immer alles über ihr Liefernetzwerk. Sie gibt den Ton an, sie, die Plattform, die Herrscherin über die französischen Transporte. Und die armen Fahrer, die früher gebeutelt und von Auftraggebern wie Handscannern gleichermaßen von Empfänger zu Empfänger gejagt und ausgebeutet wurden? Für jeden von ihnen stellt die Plattform einen intelligenten Softwareagenten bereit, der die Rechte »seines« Fahrers vertritt. Er sorgt für Fahrpausen. Er verhandelt mit der Plattform die Interessen des Fahrers. Und die Plattform? Lernt in dem Maße dazu, wie sich ihre Nutzer verhalten. Nimmt alles wahr und koordiniert in Echtzeit. Für sie ist Normalität, was die JIT-Wirtschaft noch 2016 so aufgebracht hat: mit den Ausnahmen und Krisen des komplexen Transportsystems, und seien es Grenzkontrollen, umzugehen. Für sie gibt es keine Ausnahmesituationen mehr. Alles, was ist und was kommt, gehört zum Normalzustand.

Alles gut, möchte man denken. Nicht aber für die Transportplaner und die Versanddisponenten. Ihnen stehen harte Zeiten bevor. Denn die Plattform macht sie – arbeitslos.

Simulation 2018:
Was von der Arbeit übrig bleibt

Der Journalist bahnt sich seinen Weg durch die Rue du Bac, gegen den Strom flüchtender Demonstranten, die sich in kleinen Gruppen in die Nebenstraße ergießen, und wagt sich näher an das Zentrum der Gewalt. Eigentlich ist er Lokalreporter. An diesem Sommertag fühlt er sich mehr als Kriegsberichterstatter. Dicht auf den Fersen folgt ihm ein Kameramann. Als die Kreuzung zum Boulevard Saint-Germain in Sicht kommt, verlangsamen sie ihre Schritte. An der Straßensperre bleiben sie stehen und schauen sich aufmerksam nach Protestlern um, die sie interviewen könnten. Das ist nicht ganz ungefährlich und vielleicht sogar unmöglich. Sie haben die Szenerie dreihundert Meter nördlich gefilmt, aber einige Originaltöne würde die Redaktion vermutlich zu schätzen wissen. Doch wer in sein Kapuzenshirt vermummt an gewalttätigen Ausschreitungen mitwirkt, will nicht gefilmt, befragt und erkannt werden. Aber vielleicht gibt es auch weniger gewaltbereite Teilnehmer. Den ersten Mann, der in die Rue du Bac einbiegt und nur eine Strickmütze trägt, halten sie auf und bitten ihn um eine kurze Stellungnahme.

Er heiße Jean-Paul und sei Mitte vierzig, spricht der Mann ruhig in die Kamera. Sein Beruf? Ingenieursmathematiker. Akademiker also. Warum er gegen die Regierung Le Pen demonstriere?

An friedlichen Protesten gegen Marine Le Pen habe er sich schon beteiligt, antwortet er, als ihre Präsidentschaft noch gar nicht absehbar gewesen sei. Doch seit der letzten Präsidentschaftswahl rumore es überall im Land. Die Regierung liefere so wenig wie ihre Vorgänger. Sie könne auch gar nicht liefern, weil sie von Anfang an keine Antworten auf die ganz offensichtlichen Probleme des Landes angeboten habe.

Welche Probleme er denn meine, hakt der Berichterstatter nach und streckt sein Mikrofon näher zu dem Mann hin.

Zum Beispiel die Behauptung der Regierung, Einwanderer nähmen Inländern Arbeitsplätze weg, erwidert der Mann. Und dass die nationale Grenzschließung mehr Arbeitsplätze schaffen würde. Das sei grober Unfug. Dafür sei er selbst, Jean-Paul, trauriger Beweis. Er habe nämlich vor einigen Wochen seine Arbeit verloren – und zwar an einen Hochleistungsrechner, nicht an einen Einwanderer. Seine Arbeit leiste jetzt eine Künstliche Intelligenz neuester Generation. Die Gewählten würden von der Zukunft überrollt. Sie hätten die technische Entwicklung einfach ignoriert.

Das ist ja interessant. Danke für die Stellungnahme. Trotzdem alles Gute.

Die Kamera schwenkt und nimmt den Reporter in den Fokus.

Die Regierung, fasst dieser zusammen, hat versucht, eine simple Antwort auf ein komplexes Problem zu geben. Damit konnte sie eine Mehrheit der Wählerstimmen auf sich vereinen. Doch inzwischen wird vielen klar, dass die wirtschaftlichen Schwierigkeiten des Landes viele Ursachen haben.

Um die Ecke biegt ein junger Mann. Es ist Achille, 17 Jahre alt. Neugierig dreht er den Kopf in Richtung der beiden Medienvertreter. Der Journalist nimmt Augenkontakt auf, geht zwei Schritte auf ihn zu und spricht ihn an.

Die Regierung sei ihm völlig egal, sagt Achille in die Kamera. Nein, wegen der Randale auf dem Boulevard schwänze er die Schule nicht, er habe längst abgebrochen. Politik und Wahlen, Mann, verpiss dich doch, wen interessiert das denn? Nur was auf der Straße los ist, das spielt eine Rolle. Heute ist die Straße eine gute Straße. Heute kann man schnell mal was mitgehen lassen. Smartphones. Markensonnenbrillen. Lederhandtaschen, so was, Alter.

Achille droht der Kamera mit zwei ausgestreckten Mittelfingern, dreht sich um und haut ab. Erneuter Kameraschwenk.

Die Motivationen für die Pariser Proteste in diesem Sommer 2018, resümiert der Reporter in trockenem, nüchternem Tonfall in die Filmkamera, sind vielfältig. Doch über allem, scheint es, steht das Gefühl tiefer Enttäuschung. Die Demonstrationen werden von Menschen besucht, die keinen oder nur geringen Anteil an der Wirtschaftskraft des Landes haben. Sie finden sich in allen Ethnien. Doch die Verlierer aus der höher gebildeten Mittelschicht, und das ist alarmierend, nehmen zu. Selbst eine akademische Ausbildung garantiert im Jahr 2018 keinen sicheren Arbeitsplatz. Hinzu kommen, fährt der Reporter fort, die negativen Auswirkungen der neuen französischen Nationalwäh rung. Frankreich ist wegen des faktischen Austritts aus der Eurogruppe und dem Binnenmarkt in die schwerste Wirtschafts- und Finanzkrise seit Ende des Zweiten Weltkriegs geraten. Die internationale Gemeinschaft und die Kreditgeber Frankreichs haben kein Vertrauen in den digiFranc entwickelt. Die Abwertung der neuen Währung wirkt sich deshalb nicht positiv auf die französische Wirtschaft aus. Stattdessen hat sie viele französische Haus- und Wohnungseigentümer in eine existenzielle Krise gestürzt. Auch sie mischen sich in die Reihen der Protestler. Viele von ihnen können die Raten für ihre Eurokredite nicht mehr aufbringen. Die neue Regierung, argumentieren sie, betrüge sie um ihre Lebensarbeit. Wo sie sich vor Banken versammeln, um zu demonstrieren, fordern sie eine Umschuldung mit neuen Vertragsbedingungen und den teilweisen Erlass ihrer Schulden durch ihre Gläubigerbanken. Weil sich die Banken, selbst in die Krise geraten, einem Schuldenschnitt verweigern, schließt der Journalist seinen Vor-Ort-Bericht ab, ist klar, dass sich die Pariser Bürgerproteste wohl kaum in kurzer Frist beruhigen werden.

Startbedingung für die neue Arbeitswelt: der demografische Wandel

Wie und was wir in fünfzehn Jahren arbeiten werden, wird gleich durch mehrere globale Megatrends bestimmt.[47]

In den Industrienationen weltweit schrumpft die Bevölkerung. Den Industrienationen gehen die Arbeitskräfte aus, der Kindermangel gefährdet Wirtschaftsstandorte und Wohlstand, die Armutsfalle scheint zu drohen. Wie hoch der gestalterische Einfluss der Politik auf den künftigen Wohlstand von Zivilgesellschaften sein kann, zeigt Chinas erzwungene Ein-Kind-Politik erst heute. Nach dreißig Jahren Geburtenkontrolle und rund 400 Millionen ungeborene Kinder weiter stellt man sich jetzt auch in China die bange Frage, wer die vielen Alten der Gesellschaft künftig versorgen soll.[48] Die Aufgabe fiele den nachrückenden Generationen und deren Wirtschaftsleistung zu. Doch stattdessen nimmt die Zahl der chinesischen Erwerbstätigen ab – und damit rechnerisch auch ihre Gesamtwirtschaftsleistung. Jährlich fallen in China rund 3,5 Millionen Beschäftigte weg, weil sie die Altersgrenze erreicht haben.[49]

Auch im Westen, allen voran in den Vereinigten Staaten, schrumpft die Erwerbsbevölkerung. Seit 2009 ist die amerikanische Arbeitslosenquote von rund 10 Prozent auf 4,9 Prozent (Stand Januar 2016) gefallen.[50] Die augenscheinlich positive Entwicklung hat nicht nur mit einer wirtschaftlichen Erholung nach der Finanzkrise 2008/9 zu tun. Inzwischen, und das ist wenig überraschend, ziehen sich die älteren Arbeitnehmer der geburtenstarken Jahrgänge aus dem Erwerbsleben zurück. Sie sind nicht die Einzigen. Auch viele jüngere Menschen im Alter von 25 bis 54 Jahren drehen dem Arbeitsmarkt den Rücken zu, darunter viele Frauen im leistungsfähigen Alter. Sie waren es, die der wirtschaftlichen Produktivität ihrer Länder seit ihrer vermehrten Teilnahme am Erwerbsleben ab den Siebzigerjahren einen wahren Schub verliehen hatten, nachdem der technische Fortschritt im 20. Jahrhundert – Kühlschränke, Waschmaschinen – viele tägliche Pflichten im Haushalt erleichterte. Die Zahl der amerikanischen Frauen, die am Erwerbsleben teilnahmen, erreichte in den Neunzigerjahren ihren Höhepunkt. Seitdem nimmt sie ab. Im Vergleich zu anderen Ländern ist sie heute – neben Japan – weltweit am niedrigsten.[51]

In ebenfalls größerer Anzahl scheiden männliche Erwerbstätige aus der unteren Hälfte des Bildungssystems aus dem Erwerbsleben aus. Von der Finanzkrise 2008/9 hart getroffen, haben nach der Krise nicht alle, die ihre Arbeit verloren hatten, wieder neue Arbeit gefunden; viele haben die Suche nach Arbeit sogar entmutigt aufgegeben, denn anders als auf der Insel der wirtschaftlich Seligen, Deutschland, ist die Krise für andere Länder längst nicht ausgestanden. Griechenland und Spanien leiden noch immer an einer Arbeitslosenquote von mehr als 20 Prozent. Italien, Zypern, Portugal hadern mit mehr als 40 Prozent Jugendarbeitslosigkeit, in Kroatien, Spanien und Griechenland liegt sie sogar über 50 Prozent.[52]

Trotzdem zeichnen sich auch in einigen Ländern Europas die Folgen des demografischen Wandels ab. Im Jahr 2040 werden in Deutschland 3,9 Millionen Fachkräfte fehlen[53], andere Schätzungen gehen sogar von einer Lücke von 5,8 bis 7,7 Millionen aus.[54]

Denen, die in Rente gehen, folgt keiner nach, scheint es. Und die im Verhältnis wenigen »digitalen Einheimischen«, die ab 1980 Geborenen der Generation Y, haben andere Ansprüche an die Arbeit als die Generationen vor ihnen. Sie sind mit Erfahrungen wirtschaftlicher Unsicherheit und Stress im Arbeitsleben aufgewachsen, als ihre Eltern in und nach den Krisen dieses Jahrtausends Einkünfte einbüßten oder Vermögen verloren. Heute wirkt sich das auf ihre Entscheidung, wie und wo sie arbeiten wollen, aus.[55] Sie erwarten viel. Sie beanspruchen ein Arbeitsumfeld, von dem ihre Eltern nur träumen konnten. Dazu gehört nicht nur die Bereitstellung eines digitalen Arbeitsplatzes. Sie fordern einen Kulturwechsel von ihren Arbeitgebern, der größere Partizipation, Flexibilität und Hyperkommunikation ermöglicht. Die Generation Y sehnt sich nach Halt im Chaos, das sie schon in jungen Jahren bewusst durchlebt hat: die Bankenkrise, die Eurokrise, die raue wirtschaftliche Wirklichkeit und die Schwächung des Generationenvertrags.[56] Ganz irrsinnig wird es übrigens dort, wo sich Einzelne aus der Generation Y erhoffen, die verlorene Sicherheit durch *sozialen Abstieg* zurückzugewinnen. In ihrem Kopf setzt – nicht anders als bei einer Künstlichen Intelligenz – die Musteranalyse ein. Sie haben den Kampf ihrer akademisch gebildeten Eltern gegen wirtschaftliche Krisen und zahlreiche Umstrukturierungen von Unternehmen beobachtet. Mit Blick auf ihre häufig seltener akademisch gebildeten Großeltern schließen sie: Eine akademische Ausbildung lohnt sich nicht. Das eigene Haus, das Auto in der Garage seien dann sicher, wenn man einer langjährigen Anstellung nach einer Lehre im Konzern nachgehe. Das aber wäre ein fataler Rückfall in längst vergangene Zeiten. Dabei ist zum Beispiel gegen eine handwerkliche Ausbildung gar nichts einzuwenden. Eine solche kann sich gut und gerne besonders dann zum Besten wenden, wenn man sie mit Kenntnissen fusioniert, die man an der Universität erlangt hat. Informatiker werden zu Webern an historischen Webstühlen teuerster handgefertigter Stoffe, entwickeln Softwareprogramme für ihre Herstellung und vermarkten sie über sämtliche Kanäle, auch online. Akademiker entdecken die manuelle Schokoladenmanufaktur und bauen eigene kunsthandwerkliche Unternehmen auf, deren Produkte sie weltweit online direkt vermarkten. In Zeiten zunehmend maschineller Leistungserbringung kann menschliche Arbeit in Nischen wieder hoch geschätzt sein. Jobsharing, reduzierte Arbeitszeit, beides allerdings verbunden mit niedrigem Gehalt, sind neue Arbeitsmodelle für das 21. Jahrhundert, mit denen bereits fleißig experimentiert wird. Wer da noch auf das überholte Nine-to-five-Konzept des 20. Jahrhunderts hofft, ist nicht einmal in der digitalen Gegenwart angekommen und wird es mit der Zukunft 4.0 umso schwerer haben.

Malthusianische Katastrophe oder: Geht Wachstum zurück, wird das Leben schlechter

In der Vergangenheit wurde wirtschaftliches Wachstum stets durch den Einsatz von immer mehr Menschen erbracht. Seit 1700, kurz vor Beginn der Industrialisierung, und bis 2012 stieg die Zahl der Weltbevölkerung im jährlichen Schnitt um 0,8 Prozent an. Die Bevölkerungszunahme gelang in Wechselwirkung mit der wachsenden Weltwirtschaftsleistung des ersten Maschinenzeitalters. Mit ihm kamen die finanzielle Umverteilung von Profiten in soziale Absicherung und die höhere Lebenserwartung, hervorgerufen durch eine insgesamt verbesserte Versorgung der Menschen. In absoluten Zahlen ausgedrückt, hatte sich die Weltbevölkerung im Zeitraum von dreihundert Jahren von rund 700 Millionen auf sieben Milliarden verzehnfacht.[57] Im selben Umfang hatte sich auch das durchschnittliche jährliche Wirtschaftswachstum entwickelt.[58] Was auf kurze Jahressicht und in deutschen Ohren nach einer Beinahe-Rezession klingt, bedeutet im Lichte von Generationen und über drei Jahrhunderte hinweg eine sagenhafte Verbesserung des Lebensstandards und Vervielfachung der Durchschnittsgehälter, auch wenn sie über den Globus nie gleichmäßig verteilt waren.[59]

Doch wer Wirtschaftswachstum erzielen will oder muss, braucht außer der Anzahl der Erwerbstätigen noch eine zweite Metrik: die Produktivität. Erwerbstätige sollen produktiv sein. Dazu misst man die Leistung, die sie in einer Arbeitsstunde erbringen. Der stündliche Ausstoß eines Erwerbstätigen ist sein Anteil am realen Bruttoninlandsprodukt (BIP). Für ein einzelnes Land betrachtet, ist Produktivität das gesamte jährliche BIP einer Nation, geteilt durch die Arbeitsstunden ihrer Erwerbstätigen. Sinkt die Produktivität, zieht das schwerwiegende wirtschaftliche Probleme nach sich, so die Ökonomen. Unternehmensgewinne schmelzen, Aktienkurse fallen, Gehälter stagnieren, und Entlassungen werden unvermeidlich.

Auch wenn das BIP nicht geeignet ist, die tatsächliche Produktivität einer Nation auszudrücken, weil es unter anderem unbezahlte Leistungen, wie sie Mütter im Haushalt erbringen, nicht erfasst, haben die Ökonomen noch keine bessere Alternative gefunden, Wirtschaftswachstum zu messen. Der Verweis auf Haushaltsleistungen zeigt bereits, welche Schwäche die Metrik hat: Die Leistung eines Erwerbstätigen kann nur dann gemessen werden, wenn sie einen Preis hat. Ausgerechnet in der digitalen Ära sind zahllose Leistungen kostenlos: die Bereitstellung von Information und ihre Suche in Internet; die Kommunikation über Internettelefonie; der Download von Spielesoftware oder gewerblicher Software, darunter Datenbanken, Virenscanner – die Liste ließe sich beliebig fortsetzen.

Was die geleisteten Arbeitsstunden angeht, haben die Griechen im Jahr 2013 übrigens pro Kopf 2030 Stunden und die Deutschen 1363 Stunden gearbeitet.[60] Gerade in Deutschland steht also noch einige Produktivitätsreserve an der Seitenlinie, die sich aktivieren ließe.

Die Wachstumsproblematik ließe sich noch viel detaillierter beleuchten, besonders mit Blick auf die Art der erbrachten Leistung. Wer genauer hinsieht, kann beobachten, dass das BIP schneller wächst als seine beiden Treiber, die Arbeit und das Kapital. Das lässt sich nur dadurch erklären, dass man heute in einer Stunde Arbeit produktiver sein kann als in früheren Jahren. An dieser Stelle sei deshalb nur so viel zusammengefasst: Wer seinen Lebensstandard halten will, muss Wirtschaftswachstum erreichen. Wer die Produktivität auf heutigem Niveau erhalten will, wird den demografisch bedingten Rückgang an Erwerbstätigen und geleisteten Arbeitsstunden irgendwie ausgleichen müssen. Und während die Rechtspopulisten des Westens, die Vereinigten Staaten eingeschlossen, unisono darin einer Auffassung sind, dass Migranten den Einheimischen die guten Jobs wegnähmen, wird keines ihrer Länder in der Lage sein, seine Produktivität zu erhalten, wenn es die wirtschaftliche Vitalität von Einwanderern einfach ausschließt. Anders gesagt: Wem nicht gelingt, Erwerbstätigenzahlen und geleistete Arbeitsstunden auf dem aktuellen Stand zu halten, wird Einbußen seines Lebensstandards hinnehmen müssen.

Wenn viele Kinder bedeuteten, dass Wachstum und Wohlstand gemehrt würden, wären kinderreiche Gesellschaften mit einer familienfreundlichen Politik im Vorteil. Deutschland, das in Sachen Geburtenrate zu den europäischen Schlusslichtern gehört – im Vergleich mit den europäischen Partnern liegt seine Geburtenziffer mit 1,4 Kindern pro Frau im gebärfähigen Alter im unteren Viertel[61] –, würde mittelfristig vor große Probleme gestellt, und zwar über die Frage hinaus, wie die deutschen Renten künftig zu finanzieren wären. Babyprämien und staatliche Anreize, die wie Last-minute-Angebote und Notfallprogramme wirken, erweisen sich als wenig wirkungsvoll. Chinesen, die heute einen Antrag auf ein zweites Kind stellen könnten, tun es dennoch nicht. Der Aufwand und die Kosten, ein einzelnes Kind für das Leben in einem globalen Wettbewerb fit zu machen, erscheinen vielen schon heute zu hoch. Sie sind zu Projekteltern geworden, die ihren Kindern Anreize, Beschäftigungen und Kurse bieten, um ihnen vermeintlich viele künftige Hindernisse aus dem Weg zu räumen. Das ist teuer und ermüdet nicht nur die Eltern, die angesichts des Aufwands lieber Verzicht auf ein zweites Kind üben.

Der ungeliebte englische Ökonom Thomas Malthus, der die These von der Bevölkerungsfalle aufgestellt hat, wäre hoch erfreut. Malthus war Pessimist und malte gerne schwarz. Seiner These nach würde das Bevölkerungswachstum immer wieder an Grenzen stoßen, hervorgerufen durch Nahrungsmittelmangel oder Naturkatastrophen, und so in sich zusammenfallen. Auch die Verweigerung chinesischer Eltern ist so gesehen ein Ressourcenmangel, ein Mangel an Zeit und finanziellen Mitteln, die man aufwenden müsste, um ein zweites Kind auf demselben Niveau zu erziehen wie das erste und einzige. Malthus' These ist empirisch nicht belegbar, hat aber trotzdem als »Malthusianische Katastrophe« Einzug in die klassische Ökonomie gehalten. Mit einer schrumpfenden Bevölkerung, so Malthus, würden auch Wohlstand und Wachstum gebremst, und die Durchschnittslöhne würden fallen.[62]

Die aufziehende Unterdeckungsgesellschaft mit ihrer schrumpfenden Zahl an Erwerbstätigen bedeutet so betrachtet eine direkte Gefahr für Wohlstand und Wirtschaftswachstum. Wenn die Vereinigung der Bayerischen Wirtschaft ein Wachstum der deutschen Volkswirtschaft bis 2040 im Schnitt um 1,3 Prozent p.a. prognostiziert[63], macht sie deshalb stramme Vorgaben. Wenn man es genau nimmt, sind ihre Prognosen reichlich ambitioniert. Seit der Finanzkrise 2008/9 ist die stärkste Volkswirtschaft Europas, Deutschland, jährlich um durchschnittlich 0,89 Prozent gewachsen, seit der Jahrtausendwende um 1,19 Prozent.[64] Man hat beinahe den Eindruck, das Institut berechne keine Prognosen, sondern äußere einen Wunsch. Kann die deutsche Unterdeckungsgesellschaft diese Zielmarke überhaupt erreichen? Und verlangsamt sich die Wirtschaft nicht weltweit, sodass die angestrebten Ziele ohnehin in weite Ferne rücken? Beobachten wir mit der Stagnation globaler Waren- und Finanzflüsse nur einen zyklischen Abschwung, oder handelt es sich um etwas Ernstes? (Wer große Datenmengen aus der Finanzindustrie verarbeitet und interpretiert, wird mit ähnlichen Fragen konfrontiert: Ist eine beobachtete Schwankung nur normale Volatilität, oder ist ein Trend abgebrochen und verkehrt sich in sein Gegenteil?) Immerhin sprechen renommierte Volkswirte schon vom Ende des Wachstums, das auch Deutschland jahrzehntelangen Wohlstand beschert hat.[65]

Macht nichts, wenn sich die globale Wirtschaftsleistung verlangsamt, entgegnen Wachstumskritiker mit dem berechtigten Verweis auf Klimaschutz oder Naturschutz, schränken wir uns eben ein. Etwas weniger von allem schadet nicht. Gerade Deutschland ist saturiert und hat genug. Doch das gilt keineswegs für alle Deutschen und besonders nicht für die vielen europäischen Nachbarn in Spanien, Portugal oder Italien. Viele unter ihnen würden sich gerne mehr leisten, genau wie zahlreiche deutsche Mitbürger, die ihren Lebensunterhalt kaum bestreiten und nur beim Discounter einkaufen können.[66] Saturiertheit ist etwas für die obere deutsche Mittelschicht. Die Multijobber oder die Akademiker in mittleren Jahren, die langsam fürchten müssen, dass sie trotz lebenslanger Arbeit eine Rente von kaum mehr als dem Existenzminimum erzielen werden, fehlt für ein weiteres Zurückschrauben ihres Lebensstandards jedwedes Verständnis. Wachstum und Wohlstand kommt nicht allen in gleichem Maße zugute. Im Gegenteil, auf nationaler Ebene nimmt die Ungleichheit zu. Dass sich daraus gesellschaftliche Probleme ernster Natur ergeben werden, fürchten nicht nur die Volkswirte. Sie erhalten Rückendeckung von ganz unerwarteter Seite: den Finanzinvestoren, den globalen »Heuschrecken«. Sie waren nicht unbeteiligt an der Herstellung wirtschaftlicher Ungleichheit, doch nun grassiert unter ihnen die Angst, die wachsende Zahl der Unzufriedenen könnte wieder zu Mistgabeln greifen und eine blutige Revolution lostreten.[67]

Gute Zeiten: Wenn die neuen Maschinen
Wachstum produzieren

Den prognostizierten Folgen des Bevölkerungswandels steht diametral entgegen, was schon immer als Gegenargument zur Malthusianischen Katastrophe galt: der technologische Fortschritt. Trotz der Zunahme der globalen Bevölkerung auf über sieben Milliarden Menschen verdoppelte sich zwischen 2001 und 2011 die Anzahl der Empfänger mittlerer Einkommen.[68] Global – nicht national – haben sich deshalb die Einkommen weiter angenähert. Global hat die Ungleichheit abgenommen, weil Unternehmen in billigeren Ländern herstellen lassen, wo nun die Gehälter wegen der zunehmenden Nachfrage gestiegen sind.

Für den globalen Abbau von Ungleichheit haben auch technologische Errungenschaften gesorgt, und wegen des technischen Fortschritts ist es zur Bevölkerungsschrumpfung und dem befürchteten Wohlstandsrückgang nie gekommen. Technologie, scheint uns die Geschichte zu lehren, wirkt nicht nur wachstumserhaltend, sondern bringt Wachstum sogar voran.

Obwohl man sich darüber streitet, ob digitale Erfindungen denselben gesellschaftlichen Wert haben wie die Universaltechnologien aus hundert Jahren Industriegeschichte, darunter der Verbrennungsmotor, die Elektrizität oder die Funktechnik, scheint sich die These, Technologie schaffe Wachstum und Wohlstand, auch im 21. Jahrhundert zu bewahrheiten. Denn nicht nur die Überalterung ist ein globaler Megatrend, sondern auch die Digitalisierung mit einer ganz besonderen Technologiegattung: der Künstlichen Intelligenz.

Ökonomen sprechen bereits vom zweiten Maschinenzeitalter.[69] In der digitalen Ära werden also nicht nur Massendaten erhoben, sondern vor allem intelligente Maschinen gebaut, deren Betrieb ohne große Datenmengen gar nicht möglich ist. Schon heute befindet sich die Künstliche Intelligenz auf hohem Niveau. Fast jeder von uns hat bereits damit zu tun, nur merken wir es nicht. Schon bei der Suche im Internet wird immer öfter Künstliche Intelligenz für uns aktiv.[70] Mit ihr verbessert sich die Qualität der Angebote: Suchergebnisse werden noch genauer personalisiert – vom Standpunkt der Medienvielfalt aus betrachtet ein zweifelhaftes Qualitätskriterium –, die computerisierte Sprachanalyse wird weiter verbessert, die biometrische Erkennung wird weniger fehleranfällig, autonome Drohnen fliegen aggressiver durch einen Wald voller Bäume als ihr menschlicher Pilot an der Fernsteuerung.

Wo es »nur« um Qualitätsverbesserungen geht, sind Künstliche Intelligenzen für uns wenig greifbar. Trotzdem wächst ihre Zahl rasant an. Sie können uns einen ökonomischen Neustart verschaffen, den Wiederanlauf einer stagnierenden Weltwirtschaft, aber gleichzeitig auch die Neugeburt unserer Gesellschaft. Denn mit Sicherheit können wir schon heute sagen, dass unsere Umwelt immer intelligenter werden wird. Wir »aktivieren« unsere Welt. Alles daran machen wir smart: unsere Städte, Häuser, Autos, Fernsehgeräte, Kühlschränke oder Wecker. In zwanzig Jahren werden wir keinen Personal Computer und kein Smartphone mehr brauchen – *unsere Umgebung wird der Computer, ein einziger Großrechner, sein.* Wir werden als seine Bestandteile inmitten einer global verteilten Rechnerinfrastruktur leben. Nichts hält uns auf, alles zu Komponenten dieses weltweit verteilten Megarechners zu machen – ganz so, wie wir schon unsere Autos in rollende Computer verwandelt haben. Was wie eine unglaubliche Metamorphose klingt, hat längst eingesetzt. Unser Ambiente wird immer mehr so aussehen, als würden wir in einem Science-Fiction-Roman leben. Humanoide Roboter wie Atlas, eine Kreatur aus der Google-Technologieschmiede Boston Dynamics, werden uns die harte Arbeit auf Baustellen und die Ausbeutung von Rohstoffen abnehmen. Autonome bewaffnete Grenzroboter von Samsung oder »Guardiums« aus israelischer Herstellung werden an den europäischen Außengrenzen patrouillieren. Sie nehmen jeden Menschen, der sich bis auf zwei Meilen nähert, wahr.

Doch die vielen Kleinigkeiten im Alltag des Internets der Dinge sind es, die uns in einen Rechner transformieren. An einem Wintermorgen werden wir von unserem vernetzten Wecker geweckt. Um uns zu wecken, hat er eine Melodie gewählt, die unserer seelischen Verfassung entspricht. Darüber hat er sich zuvor mit unserem smarten Armband abgestimmt, das unsere Stimmungslage aus dem Schlafverhalten und vielen anderen nächtlichen Messwerten unseres Körpers berechnet und für den Rest des Tages auf der Basis unserer gesundheitlichen Historie hochrechnet. Auch die Daten unserer Bettdecke sind in die Analyse eingegangen. Während der Nacht misst ihr intelligentes Gewebe Außen- und Körpertemperatur und verändert sich fließend vom wärmenden zum kühlenden Gewebe. Und noch bevor wir einen Fuß aus dem Bett gesetzt haben, ist unser Haus schon aufgestanden. Der vernetzte Heißgetränkeautomat bereitet gerade die Morgenmischung für uns zu, die heute genau die richtige für uns ist. Leider gibt es keinen

Kaffee. Stattdessen hat die Maschine grünen Tee gewählt. Heute ist nur Tee die gesunde Wahl. Das hat wohl unser Fitnessarmband so beschlossen.

Inzwischen hat unser Terminkalender Kontakt zu einem autonomen Tesla aufgenommen. Der Wagen ist schon unterwegs zu uns und stimmt sich gerade mit unserem persönlichen Softwareassistenten über unseren Tagesablauf ab. Die Zeiten, die wir im Sitzen oder Stehen verbringen werden, vergleicht er mit unserem persönlichen Kalorienverbrauch und erstellt ganz nebenbei unseren individuellen Bewegungs- und Mahlzeitenplan für den aktuellen Tag…

Von einem solchen Alltag sind wir nicht mehr weit entfernt, und schon die Generation Y wird ihn sicher ähnlich erleben. Denn die intelligenten Maschinen des neuen Maschinenzeitalters werden schnell erwachsen. Schon heute werden sie für alle möglichen Arbeitseinsätze getestet, die bisher nur Menschen vorbehalten waren. Sie werden als Ingenieursmathematiker oder Buchhalter beschäftigt. Als solche analysieren sie Daten, reduzieren sie auf relevante Aussagen und übersetzen sie in Grafiken oder Kennzahlen. Sie planen die grüne und nachhaltige Auslieferung von Paketlieferungen in unsere Innenstädte. Sie kommen vermehrt als Rezeptionisten an Hotelrezeptionen oder in Pflegejobs zum Einsatz. Eigentlich werden sie längst nicht mehr nur getestet. Viele von ihnen sind bereits angestellt. Sie bekommen schon Jobs, und zwar solche, von denen wir niemals angenommen haben, dass sie je von einer Maschine verrichtet werden könnten.

Mit Blick auf das Wirtschaftswachstum sind das zunächst ziemlich gute Neuigkeiten. Das zweite Maschinenzeitalter macht den Mangel an menschlichen Arbeitskräften wett, lautet die These. Die Digitalisierung werde die wirtschaftliche Stagnation verhindern.

Zur kurzen Geschichte der Globalisierung gehören internationale Warenströme; stets werden sie eskortiert von Finanzströmen, mit denen die Herstellung von Gütern oder neue Geschäftsmodelle vorfinanziert oder schlicht nur Warenkäufe bezahlt werden. Waren- und Finanzflüsse werden ergänzt von Menschenströmen, die dorthin fließen, wo man Geld verdienen kann. Als grenzüberschreitende Ströme haben sie alle eines gemeinsam: Nichts geht ohne gut ausgebaute Infrastruktur. Globalisierung braucht Seehäfen, Flughäfen, Energieversorgung und faktische Netze wie Straßen und Schienen. Weil nicht jedes Land gleichermaßen gut ausgebaut ist, findet Globalisierung noch immer vorrangig auf der Nordhalbkugel statt. Schwellen- und Entwicklungsländer der Südhalbkugel partizipieren kaum, und globale Entwicklungen konzentrieren sich nach wie vor auf die entwickelten Länder.[71]

Das könnte sich mit der Digitalisierung ändern. Denn seit Kurzem ergänzt ein vierter Strom die globale Dynamik. Während der klassische Welthandel mit Gütern zurückgeht und die Finanzströme sich nicht mehr auf das höhere Vorkrisenniveau erholt haben[72], haben digitale Ströme, die noch vor 15 Jahren gar nicht existierten, im Jahr 2014 erstmals größeren Anteil am BIP erzielt als physische Güter, Geld und Menschen.[73] Zu den neuen digitalen Strömen zählen der Austausch von Information, Ideen, Plänen, Internetsuchen, Videoströmen oder Internettelefonie. Weil viele kostenlose Leistungen der Digitalisierung, wie wir gesehen haben, nicht als klassische Produktivität erfassbar sind, werden die Ökonomen kreativ und erfinden neue Metriken, etwa den Vernetzungsgrad eines Landes.[74] Auch hier ist es so, dass einige Länder mehr als andere am globalen Datenaustausch partizipieren, allen voran Singapur, die Niederlande und die Vereinigten Staaten. Zehn der EU-Mitgliedsstaaten zählen zu den zwanzig aktivsten Ländern für den Datenaustausch. Dabei geht die Wirkung der Datenflüsse über das Augenfällige hinaus. Effizienzsteigerungen in Konzernen werden durch Datenströme genauso möglich wie die Chance für ganz kleine Unternehmen, global tätig zu werden.[75]

Um Wachstum zu generieren, braucht man Innovation. Digitalisierte Waren und Dienstleistungen können für nahezu null Kosten kopiert werden. Und auf jeder digitalen Geschäftsidee bauen sofort neue Geschäftsmodelle auf. Webseiten nutzen die Browsertechnologie, und ein Browser nutzt das Internet. Google produziert eine Datenbrille? Sofort sprießen Unternehmen hervor, die für die Brille Gesichtserkennung bauen oder einen Sprachübersetzer entwickeln. Und wiederum basierend auf der Gesichtserkennung könnte man eine Künstler-App anbieten, die alle an einem Tag beobachteten Gesichter zu einer Collage zusammensetzt. Oder einen Rapper-Song aus den übersetzten Sätzen komponiert.

Ein Smartphone sammelt Geopositionsdaten und misst seine eigene Bewegungsgeschwindigkeit? Darauf kann man aufbauen und eine neue Navigationsanwendung bauen. Wenn ein Smartphone an eine Plattform meldet, dass es sich auf einer Autobahn befindet, auf der es gerade nur in Schrittgeschwindigkeit vorwärtsgeht, werden andere Smartphones die Strecke meiden. (Die Anwendung zeigt sehr schön, wie der Mensch zum Bewegungsapparat seines Smartphones wird.) Digitale Innovation mag nicht dieselbe Relevanz haben wie die Erfindungen der Universaltechnologien zwischen 1870 und 1970, aber man kann sie kombinieren und so Neues herstellen.[76]

Die Digitalisierung und ihre technologischen Neuerungen helfen uns offenbar, die globale Wirtschaft am Laufen zu halten und den Ausstoß zu produzieren, den wir brauchen, um die Malthusianische Katastrophe zu verhindern. Die Künstliche Intelligenz trägt ihren Teil dazu bei. Um uns herum wird es mehr und mehr Technologie geben und immer weniger Arbeit. Das wird möglich, weil wir in der digitalen Ära alles messen. Was wir messen und analysieren, das verstehen wir. Und was wir verstehen, können wir automatisieren.

Seitdem sich auch der Mensch vermessen lässt, ist die Automatisierung menschlicher Aktivitäten nur der nächste logische Schritt. Wissenschaftler führen bereits Listen, mit welcher Wahrscheinlichkeit heute bekannte Berufsbilder in den nächsten rund zwanzig Jahren verschwinden, weil sie computerisiert werden.[77] Dazu gehören viele Berufe aus der Buchhaltung, den Rechtswissenschaften, Disponenten und Agenten, zahlreiche technische Berufe, selbst Köche und Restaurantmitarbeiter. Können intelligente Maschinen jene Arbeiten erledigen, die wir Menschen nicht mehr leisten können, weil wir die künftige Mangelware sind? Können wir das lästige Arbeiten generell an Maschinen übergeben und stattdessen unsere Hobbys zum Beruf machen? Immerhin sind Maschinen des zweiten Maschinenzeitalters in der Lage, Arbeiten zu verrichten, von denen

wir bisher nicht annahmen, dass sie überhaupt automatisiert werden könnten. *Abundance*, »Überfluss«, nennen
das die Forscher und Entwickler der Künstlichen Intelligenz. Sie ganz besonders treiben die maschinelle Autonomie und deren Infrastruktur voran. Maschinen arbeiten
für uns, und wir selbst liegen faul und satt auf der Som-
merwiese, umringt von dienstbaren digitalen Geistern.
Dass wir nur noch wenige wären, störte dann niemanden
mehr.

*Schlechte Zeiten: Wenn das zweite Maschinenzeitalter
zum Jobkiller wird*

Abundance klingt nach Utopie, nach einem recht unwahr-
scheinlichen paradiesischen Zustand. Schließlich wäre es
nicht das erste Mal, dass die Befürworter zügelloser Digitalisierung ihre Versprechen nicht einhielten. Sie lassen
Menschen gegen Maschinen antreten, aber viele Menschen
werden das Rennen verlieren. Die Maschinen des zweiten
Maschinenzeitalters sind auf eine Art intelligent, die unserer
menschlichen Intelligenz nicht unbedingt entspricht, aber
ähnlich leistungsfähig ist. Sie sind selbstreferenziell, weil
sie per kybernetischer Rückkopplungsschleife entdecken,
was in ihrer Umgebung falsch läuft. Wenn sie noch dazu
in der Lage sind, während ihres Betriebs dazuzulernen –
man nennt das *Metalernen* –, können sie sich an geänderte
Umweltbedingungen anpassen, ohne dass sie auf die Hilfe
eines Menschen angewiesen sind. Deshalb brauchen die
Maschinen des zweiten Maschinenzeitalters kein Bewusstsein, keine Kognition und keine allgemeine Intelligenz, die

der des Menschen gleicht. Allein wegen ihrer heute schon gegebenen Fähigkeiten muss uns ihre Gegenwart stark beunruhigen. Ihretwegen wird die Digitalisierung zum nichtlinearen Arbeitsvernichter. Intelligente Maschinen werden uns deshalb nicht das Schlaraffenland bringen. Ihre Autonomie wird Arbeitsplätze in großem Stil abschaffen. Aber eine Zukunft, in der menschliche Arbeit schlicht überflüssig wäre, könnte ziemlich trostlos sein. Wir wären von glanzvollen Technologien umgeben, die sich allesamt in einer elenden Umgebung bewegten.

Weil das absurd und unwahrscheinlich klingt, sorgen sich nur wenige deutsche Arbeitnehmer um ihre berufliche Zukunft.[78] Ängste seien unbegründet; sie klingen ganz nach den Parolen der Maschinenstürmer aus Zeiten der ersten Industrialisierung. Dass jeder weitere Industrialisierungsschritt zur Jobvernichtung führe, habe man wiederholt befürchtet, doch bewahrheitet hätten sich die Bedenken nie. Im Gegenteil: Seit Mitte der Zehnerjahre proklamiert Deutschland die Vollbeschäftigung – trotz 2,7 Millionen Arbeitsloser.[79] Warum sollte sich daran etwas ändern? Die Vision, dass Software die Welt auffresse, wie der amerikanische Investor Marc Andreessen behauptet, teilt Deutschland nicht. Wohl auch deshalb, weil es in der Welt der Software keine Rolle spielt und Jahre – ein deutscher Technologe würde sagen: Lichtjahre – hinter den Vereinigten Staaten zurückliegt.

»Die Gewinner sind Softwareunternehmen im Silicon-Valley-Stil. Sie greifen etablierte Industrien und Geschäftsprozesse an und werden sie zu Fall bringen. In den nächsten zehn Jahren werden wir einen gewaltigen Krieg zwischen etablierten Unternehmen und den softwaregetriebenen

Aufständischen erleben«, sagt der Investor Marc Andreessen voraus.[80] Tatsächlich hat der Prozess der Ab- und Auflösung menschlicher Arbeit schon eingesetzt, und die Zahlen, die in Wissenschaftskreisen kursieren, sind bestürzend. Weil intelligente Maschinen über quasi-humane Fähigkeiten verfügen, die bisher nur der Mensch in den Wirtschaftsprozess einbringen konnte, können sie heute mehr leisten als je zuvor und eine Vielzahl heutiger menschlicher Arbeiten übernehmen. Kommt also doch die große Jobvernichtung? Führt ausgerechnet die Digitalisierung längerfristig in die Malthusianische Katastrophe, die die Menschheit in die Armut stürzen wird? Ist sie deshalb der Wendepunkt in der menschlichen Kulturgeschichte, nach dem humanes Leben unmöglich wird, weil sie den Menschen überflüssig macht, anstatt den Wohlstand der Nationen weiter zu mehren?

Eine sichere Prognose ist, dass die Anzahl der Arbeitsplätze im sekundären Sektor, der Produktion, weiter abnehmen wird. Das leuchtet ein, weil Deutschland auf die Industrie 4.0 setzt und dabei seine Stärken wie den Maschinenbau weiter ausspielen kann. Mehr Autonomie in der Produktion ist schlicht naheliegend. Ein anderes Wort dafür ist »lineare Innovation«.

Neu am zweiten Maschinenzeitalter ist, dass auch der tertiäre Sektor der Dienstleistungen von der Übernahme durch intelligente Maschinen nicht verschont bleiben wird. Denn nicht alle intelligenten Maschinen schlüpfen in den Leib eines Roboters, eines autonomen Autos, einer Drohne oder eines Post-Tamagotchis als Haustierersatz. (Tatsächlich sind nicht nur wir Menschen durch neue Technologien bedroht. Unseren Tieren ergeht es nicht viel besser. Wer braucht noch Drogenspürhunde, wenn im Jahr 2030 eine ambulante Nasenaugmentation dazu führen kann, dass Menschen so gut schnuppern wie ihr Schäferhund?) Die Maschinen des zweiten Maschinenzeitalters können auch dann verstehen, sprechen, schreiben, denken und selbst entscheiden, wenn sie sich nicht aus ihren Rechenzentren hinausbewegen. Viele intelligente Maschinen werden unsichtbar bleiben und dennoch die Welt um uns herum aussteuern. Nur an den Verbesserungen unserer Lebensqualität, etwa dem besseren Verkehrsfluss in stark bevölkerten Innenstädten, wird man bemerken, dass sie existieren und unsere Umwelt managen.

Doch zurück zum Rennen Mensch gegen Maschine. Erschreckende Zahlen machen die Runde: In den kommenden zwei Jahrzehnte würden in Deutschland die Hälfte der heute bekannten Berufe – sozialversicherungspflichtige Normalarbeitsplätze und Minijobs – wegfallen.[81] Davon betroffen sind nicht mehr nur schlecht qualifizierte Arbeitnehmer. Die Jobmisere wird in jedem Sektor zuschlagen, auch, und das ist neu, bei den Höhergebildeten. Eine Studie der Oxford University vom September 2013 legt dazu eine Liste der am meisten gefährdeten Arbeitsplätze vor.[82] Journalisten, Komponisten, Übersetzer sind schon 2016 starker algorithmischer Konkurrenz ausgesetzt, und ihr maschineller Mitbewerb wird täglich besser. Auf der Oxford-Liste finden sich zahlreiche Verwaltungsberufe wie Buchhalter oder Händler, neben mehr handwerklichen Tätigkeiten wie Labortechniker und Köche. Wer an die schon 2016 weit verbreiteten Internetplattformen denkt – Uber, Airbnb, Helpling –, kann sich vorstellen, warum. Der Wert digitaler Plattformen, die Angebot und Nachfrage weltweit zusammenbringen, liegt unter anderem in der automatischen Abrechnung von Leistungen. Deshalb sind viele Sachbearbeiter in der Auftragsbearbeitung, im Einkauf oder in der Buchhaltung in Gefahr. Und dafür müssen Plattformen noch nicht einmal sehr intelligent sein. Ihr Marktplatzdesign zielt ohnehin darauf ab, das Entgelt für menschliche Leistungen zu senken. Je mehr Menschen eine digitale Vermittlungsplattform nutzen, desto größer ist deren Angebot, und desto stärker sinken die Preise. Je billiger die menschliche Leistung erbracht wird, desto weniger sind die Abnehmer der Leistung interessiert, Normalarbeitsplätze anzubieten. Es setzt sich eine Preisspirale nach unten in Gang. Internetplattformen bergen genügend Potenzial für moderne Sklaverei.

Häufig wiegeln die Befürworter der Digitalisierung ab. In der Vergangenheit habe noch jeder technologische Fortschritt Arbeitsplätze geschaffen; auch in der digitalen Ära könne man sich darauf verlassen. Nur: Eine ausgemachte Sache ist das noch nicht. Abgesehen davon, dass die neuen Tätigkeiten ganz andere intellektuelle Anforderungen an uns stellen werden, haben digitale Geschäftsmodelle per Saldo mehr Arbeitsplätze vernichtet als geschaffen. Alles in allem gehen wir auf Zeiten mit gehörigem sozialem Sprengstoff zu. Es ist also keinesfalls so, dass wir uns um die Zukunft der menschlichen Arbeit keine Sorgen machen müssten.

Simulation 2025: die große Ablösung – hohe Produktivität, aber weniger Jobs

Wahrscheinlicher als die beiden Extremszenarien *Abundance* und Jobvernichtung ist ein mittlerer Zustand: der umfassende Austausch sozialversicherungspflichtiger Normalarbeitsplätze gegen atypische Beschäftigungen. Werkverträge und Solo-Selbstständige, die mit vielen kleinen Jobs finanziell über die Runden kommen müssen, werden zur neuen Normalität des Arbeitsmarkts. Schon 2015 stellte die Linke-Arbeitsmarktexpertin Jutta Krellmann nach einer Anfrage fest, dass zwischen 1993 und 2013 zunehmend mehr Berufstätige atypisch beschäftigt sind: als Leiharbeiter, befristet und geringfügig Beschäftigte.[83] Wegen des steigenden Angebots an billiger maschineller Arbeitskraft – auch im Dienstleistungssektor – würden die Durchschnittsgehälter zudem sinken. Die Kosten für eine Arbeitstätigkeit könnten bis zu dem Niveau fallen, für das eine arbeitende Maschine hergestellt werden kann.

Der Austausch findet auch an anderer Stelle statt. An die Stelle Erwerbstätiger, die von einem Normalarbeitsplatz an einen schlechter bezahlten Job zurückgestuft werden, treten intelligente Maschinen. Sie repräsentieren die Kapitalseite der Bruttowertschöpfung. Menschliche Arbeit wird durch Kapital substituiert, das die Form Künstlicher Intelligenzen annimmt. Die Ablösung führt dazu, dass Kapital sich einen immer größeren Anteil an der Wertschöpfung sichert, während der Anteil der menschlichen Arbeit immer geringer wird. Damit wird ein Problem verschärft, das seit Jahren immer mehr an Konturen gewinnt und längst ins

Bewusstsein der Ökonomen eingedrungen ist: Es ist die zunehmende Asymmetrie von Kapital und Arbeit, ein Phänomen, das sich weltweit, aber mit besonderer Deutlichkeit in den Vereinigten Staaten, beobachten lässt. Obwohl die Wirtschaft nach wie vor wächst, wenn auch nicht im gewünschten Umfang, ziehen die Einkommen für Arbeit nicht mit. Auch Deutschland macht davon keine Ausnahme. Die hohen Handelsbilanzüberschüsse, die das Land verzeichnet, gehen auf niedrige Lohnstückkosten zurück, also den Verzicht auf angemessene Reallohnerhöhungen. Ausgerechnet die Gewerkschaften haben sich lange Jahre für niedrige deutsche Löhne ausgesprochen und sich so für die Kapitalseite starkgemacht. Niedrige Lohnstückkosten seien gut für die Wettbewerbsfähigkeit des Landes, wurde verlautbart. Das mag stimmen, aber die Wettbewerbsfähigkeit geht sehr zulasten der europäischen Partnerländer. »Billige Arbeit«, sagt der amerikanische Ökonom Adam S. Posen deshalb richtig, »ist keine Basis, auf der reiche Länder miteinander konkurrieren sollten.«[84]

Der bevorstehende hohe Automatisierungsgrad der digitalen Ära wird die Kosten der Produktion weltweit weiter senken. Bald wird es kaum mehr einen menschlichen Routinejob geben, der nicht kopiert werden kann – und zwar millionenfach. Gewinner ist, wem es gelingt, menschliche Arbeit zu automatisieren. Finanzinvestoren, die Kapital aufbringen, um menschliche Arbeit mit dem Kapitalsubstitut »intelligente Maschine« zu ersetzen, werden reicher, während die Armut der Erwerbstätigen, die darauf angewiesen sind, für ihren Lebensunterhalt zu arbeiten, weiter zunimmt. Bei ihrer finanziellen Armut bleibt es nicht, sie zieht weitere Übel nach sich. Sie verkürzt die Lebenserwartung, verschlechtert Bildungschancen und verhindert Mobilität. Das Problem der Ungleichheit, schon heute eine ungewollte globale wirtschaftliche Entwicklung, wird sich so verschärfen, dass sich selbst Finanzinvestoren große Sorgen machen. Sie fürchten Steuererhöhungen, Revolution oder sogar Krieg. Nichts davon halten sie für einen wünschenswerten Weg des sozialen Ausgleichs. Mindestens darin dürften sie mit Kapitalismuskritikern einer Meinung sein.

Die Mathematik des Zusammenbruchs

So also könnte es mit Europa zu Ende gehen.

Die Unzufriedenheit der Franzosen, Frankreichs hohe Schuldenlast und seine wirtschaftlichen Schwierigkeiten schwemmen Marine Le Pen ins Amt der französischen Staatspräsidentin. Sie macht ihre Wahlversprechen wahr, schafft den Euro zugunsten einer virtuellen Währung ab und sucht ihr Heil im Protektionismus, indem sie die Staatsgrenzen schließt. *Splendid isolation* diesmal nicht auf britische Art, sondern nach französischer Manier.

Der erstarkte französische Nationalismus ist eine Wendung, die Europa nicht mehr verkraftet. Der Staatengemeinschaft gelingt es nicht einmal mehr, auch nur den Schein der gut organisierten Bürokratie eines Zankapfels mit fragwürdiger Kreditpolitik und fehlender Wettbewerbsfähigkeit seiner Krisenländer zu wahren, der noch dazu überschattet ist von Kriegen und Gewalt rund um die europäischen Außengrenzen. Was noch zur Jahrtausendwende undenkbar schien, wird jetzt greifbare Wirklichkeit: die große Scheidung. Mit lautem Getöse bricht die Union einstiger Bruderländer zusammen, als die EU-Kommission die Auflösung der Europäischen Union bekannt gibt.

So also könnte es mit Europa zu Ende gehen – es sei denn, es kommt doch alles anders.

Dieses und Millionen anderer europäischer Zukunftsszenarien hat Scott Mullers Demokratiemodell simuliert. Seine künstliche Gesellschaft aus Multiagenten hat dabei hundertfach wiederholt, welche Folgen die französischen Wahlen 2017 nach sich ziehen könnten. Millionen Simulationen haben zu jeweils unterschiedlichen Resultaten oder *Hypothesen* geführt, wie es weitergehen könnte mit Europa. Marine le Pen gewinnt die Stimmenmehrheit oder auch nicht. Im Falle ihrer Wahl zur Präsidentin der Republik hält sie ihre Wahlversprechen ein oder nicht. Oder Le Pen wird gewählt, aber der Front National erringt keine Mehrheit in der Pariser Nationalversammlung. Oder die Europäische Union bricht trotz Le Pens Wahlsiegs nicht zusammen, sondern bleibt formal bestehen, ist aber nicht mehr in der Lage, Beschlüsse zu fassen. Sie wird zur kraftlosen Hülle, wenn sie implodiert. Sie stagniert, und Strukturreformen hin zu einem echten Föderalismus sind in ganz weite Ferne gerückt. Alles Konsequenzen leicht unterschiedlichen Verhaltens von Scott Mullers künstlichem Gesellschaftssystem, mit vielen verschiedenen Entwicklungen der Zukunft, die einen mehr, die anderen weniger wahrscheinlich.

Hypothesen schließen nach vorne, schlussfolgern die kommende Zeit. Eine punktgenaue Vorhersage über den Zustand, in dem sich die freiheitlich-demokratischen Gesellschaften im Europa der nächsten ein, zwei Generationen befinden werden, treffen sie nicht. Für das Experiment des künstlichen Politikers ist eine derart präzise Vorhersage auch nicht nötig. Ai soll die vielen möglichen Zukünfte Europas nur deshalb kennenlernen, damit sie eine robuste Strategie zur Lenkung der Gesellschaft entwickeln kann,

um die meisten Zukünfte des europäischen Zusammen-
bruchs proaktiv zu verhindern.

Würde Scott Muller die Hypothesen zur Zukunft Europas visualisieren, wäre jede von ihnen wie ein einziger Weg,
der sich weiter vorne am Horizont verliert, ein Weg in die
Zeit, die wir erst erleben werden. Oder wie ein einzelner
Lichtstrahl, der ausleuchtet, was vor uns liegt, dann aber
vom fernen Dunkel verschluckt wird. Zusammen bilden die
Strahlen einen Lichtkegel, der im Zentrum hell und entlang
des Kegelmantels, seiner Peripherie, schwächer leuchtet.
Dort, wo sich viele Hypothesen häufen, »wo der Strahl am
hellsten scheint«, finden die Zukünfte Europas statt, die am
häufigsten und gebündelt auftreten. Entlang des Kegelmantels, seiner Ränder, geschehen die europäischen Extreme,
weniger wahrscheinlich vielleicht, aber nicht ganz jenseits
allen menschlichen Vorstellungsvermögens.

Wer sich für die Stimmungslage europäischer Bürger seit
dem Schicksalsjahr 2014 interessiert, konnte beobachten,
wie nationale Bestrebungen weiter zunahmen. Ein neuer
Trend schälte sich heraus, der sich in Bürgerprotesten auf
der Straße, bei Parlamentswahlen, im Verlust politischer
Deutungshoheit durch Traditionsparteien und sogar in Re-
gierungswechseln manifestierte. Der Mensch, dessen kog-
nitiver Energiesparmodus die Einfachheit der Komplexität
stets vorzieht, schließt daraus: Was so begonnen hat, wird
sich fortsetzen. Der Fall Europas wird ihm wahrscheinlicher dünken als das Gegenteil.

Doch mit jedem Tag, der verstreicht, wird die Zukunft
zur Gegenwart und schließlich zur Vergangenheit. Wer vor
einigen Wochen die Zukunft Europas simuliert hat, hat be-

reits heute Erkenntnisse darüber gewonnen, wie zutreffend die »Prognosen« waren. Scott Mullers Weltmodell macht da keinen Unterschied. Liegen die realen politischen Ereignisse noch im Rahmen der hypothetischen Möglichkeiten, die sein Demokratiemodell berechnet hat? Oder weichen die Hypothesen signifikant von den wahren Ereignissen ab?

Die politische Wirklichkeit ist nicht ganz eindeutig. Einige reale Geschehnisse könnten mehr für gegenteilige Evidenz sprechen: gegen die Preisgabe Europas und für das Festhalten der europäischen Bürger an der Union und ihren Werten. Denn trotz klarer Mehrheit im ersten Wahlgang der französischen Regionalwahlen vom Dezember 2015 konnte die Europagegnerin Marine Le Pen im zweiten Wahlgang keine einzige französische Region für sich gewinnen. Auch Österreich, das am 22. Mai 2016 zur Stichwahl eines neuen Bundespräsidenten antrat, hatte sich mit ganz knapper Mehrheit für den Grünenpolitiker Alexander Van der Bellen und gegen den rechtsnationalen Kandidaten ausgesprochen, obwohl, wie es schien, ein uneinholbarer Vorsprung für den rechtsnationalen Bewerber sprach.[85] Dieser hatte die Wahl allerdings angefochten.[86] Großbritannien hingegen wagte am 23. Juni 2016 den Brexit mit ganz knapper Mehrheit, obwohl das Land trotz EU-Vollmitgliedschaft aufgrund zahlreicher Ausnahmen und Sonderregeln immer schon und nicht nur geografisch am Rande Europas agierte. Ohne Schengen und ohne Euro, aber mit Mitentscheidungsrecht und freiem Zugang zum europäischen Binnenmarkt, waren die Briten zwar dauerhaft Nettozahler der Union, konnten aber auch zur fünftgrößten Wirtschaftsmacht weltweit wachsen.

Der Zeitablauf schafft Geschichte und Fakten, um die

man nicht herumkommt. Offenbar entscheiden sich wenigstens die Kontinentaleuropäer im letzten Moment doch für die Union.

Zur politischen Wirklichkeit gehört auch, dass ein Zusammenhang zwischen dem Unmut, der Unsicherheit und diffusen Ängsten der Europäer und den Ereignissen entlang der Außengrenzen der Europäischen Union besteht. Der Diplomat Wolfgang Ischinger hat den Außendruck, der auf Europa lastet, auf der Münchner Sicherheitskonferenz 2016 als »Feuerring« bezeichnet.[87] Auch äußere Krisen haben offenbart, an welchen Schwächen Europa leidet. Krisen sind es aber auch, die Menschen näher zusammenrücken lassen in der Hoffnung, der Zusammenhalt in der Gemeinschaft möge der Maximierung ihrer persönlichen Nutzenfunktionen besser dienen. Würden die Waffenruhen in Syrien und in der Ukraine Bestand haben, ließe der Außendruck auf Europa nach. Die Bürger könnten sich ihren Zielen von Glück, Wohlstand oder Zukunftschancen wieder näher fühlen. Die Union könnte tief Luft holen und sich erneut dem Einigungsprozess zuwenden.

Auch solche Zusammenhänge und Pfade muss Scott Mullers künstliche Demokratie erklären können. Betrachtet er alle Zukunftssimulationen seines Demokratiemodells, muss er sich die Frage stellen, ob die Hypothesen seines Modells und die Häufigkeit ihres Auftretens mit seinen eigenen Beobachtungen der Realität in Einklang stehen. Weicht die europäische Realität von der Häufigkeitsverteilung der Hypothesen ab, müssen sich die tatsächlichen Geschehnisse wenigstens innerhalb des kegelförmigen Hypothesenbündels befinden, das ein Modell erzeugt. Geschieht es häufiger

als angenommen, dass rechtsnationale Parteien mit Regie-
rungsverantwortung betraut werden – oder auch umgekehrt –, und stehen die simulierten Zukünfte des Modells
wiederholt nicht mit der Faktenlage im Einklang, müsste
Scott in Betracht ziehen, seine künstliche Gesellschaft zu revidieren. Denn dann hätte er wahrscheinlich Effekte übersehen, die im realen Leben zu anderen gesellschaftlichen
Zuständen führten als im künstlichen Leben seiner Multiagenten. Nicht erklärbare Abweichungen würden demnach
auf Defizite in Scotts Modell hindeuten, die er beseitigen
müsste.

Dass Zusammenhänge in Daten nichts mit der Realität zu
tun haben müssen, ist eine ganz schlechte Nachricht für die
Big-Data-Gemeinde, weiß auch Scott Muller. Deren Anhänger träumen davon, die klassische Wissenschaft aus Modell
und sinnvoller Verknüpfung von Datenpunkten komplett
durch die Künstliche Intelligenz und ihre Massendatenanalyse zu ersetzen. Während menschliche Forscher darauf ge-
schult sind, keine voreiligen Schlüsse allein auf Basis von
Korrelationen zu ziehen, weil es sich bei den vermeintlichen
Wechselbeziehungen auch um rein zufällige Erscheinungen,
um »Scheinkorrelationen« oder *spurious effects*, handeln
kann, basiert die Massendatenanalyse ganz wesentlich auf
der Mustererkennung. Deren Jünger postulieren, die Zukunft brauche keine menschlichen Wissenschaftler und
Industrieexperten mehr. Sie setzen ausschließlich auf die
algorithmische Erkennung von Mustern in Massendaten,
auf die sie ihr Verhalten, ihre strategischen Entscheidungen oder die Steuerung ihrer Betriebe, Anlagen und Kunden
stützen möchten. Methodisch-wissenschaftliches Vorgehen

sei obsolet und könne durch die automatische Massenda-
tenanalyse künftig komplett ersetzt werden. Man werfe
Massendaten nur in den größten Supercomputer auf dem
Globus, und die statistische Mustererkennung auf Basis
Künstlicher Intelligenz gebe das Ergebnis bekannt, wie die
Welt funktioniert, besser, schneller und vollständiger, als
menschliche Wissenschaftler es je vermochten.

Wer daran glaubt, kann ein böses Erwachen erleben,
überlegt Scott Muller und wendet sich mit noch größerer
Hingabe der genauen Betrachtung seiner zahlreichen Hypothesen zu.

Dass Maschinen in Massendaten und ganz ohne Weltmodell sinnlose Zusammenhänge entdecken, die durch nichts
in der Realität gerechtfertigt sind und deshalb zu falschen
Einsichten und Entscheidungen führen, darüber sehen die
Anhänger der Massendatenanalyse gerne hinweg. Ein Bör-
senhandelsalgorithmus, der nach jedem 15. Kursschwung
nach einem EZB-Zinsentscheid ein Kaufsignal für eine bestimmte Aktie ausgibt, wird von einem erfahrenen Händler
schnell als irreführend entlarvt, weil sich die Korrelation
zwischen EZB-Pressekonferenz und dem 15. Kursschwung
durch nichts sinnvoll erklären lässt. Der Wissenschaftler dagegen kann begründen, was für den Händler nur ein Bauch-
gefühl ist: Trotz Massendaten ist die Datenlage dünn. Seit
der Einführung des Euro am 1. Januar 2002 und bis heute
fanden kaum mehr als 170 EZB-Zinsentscheide statt – eine
ziemlich überschaubare Zahl ohne statistische Relevanz,
noch dazu in einem Umfeld, dessen statistische Eigenschaften sich über die Zeit verändern und nichtstationär sind.
Träte die Korrelation vom 15. Kursschwung und der EZB-
Pressekonferenz auch nach 170 000 EZB-Zinsentscheidun-

gen auf, erst dann wäre es die Sache wert zu erforschen, was die Gründe dafür sind.

Wissenschaftler werden durch die Massendatenanalyse sicher nicht abkömmlich, ganz im Gegenteil. Erst ein Weltmodell produziert sinnvolle Hypothesen oder Muster. Wo sie nicht mehr wissenschaftlich erklärbar sind, muss Mensch nacharbeiten.

Was Scotts Multiagenten betrifft, ist er zufrieden. Dass Europa ganz auseinanderbricht, ist durch die Häufigkeitsverteilung seiner Zukunftshypothesen abgedeckt, genauso wie die Möglichkeit zu tieferer Einheit.

Zeig mir alles, raunt ihm Ai zu.

Dann lass mal sehen, was du daraus machst, antwortet Scott in Gedanken.

DEMOKRATIE AM ENDE?

Was Ai aus dem europäischen Unfall lernt und
wie sie die demokratische Gesellschaft von der
Unfallzone fernhalten will. Aber ist ihre politische
Strategie legitim? Verfassungsrechtliche Bedenken
gegen die algorithmische Regelung der Gesellschaft.

Götterspruch

[

0.1576876453454816   0.30465222935825015

0.46552755752333586   -0.34445784368210608

-1.1113895376675846

-0.32281717756775541   -0.48960529554911886

-0.88191457208038138   0.21806463262343051

1.0964721632608789   -0.20664619545806917

0.45003072884367135

0.58012366651198244   0.60317201442814661

0.97395140112368483   1.1770099430777379

0.35783507486748839   -0.28603125459891293

1.0807207481124552

1.1733970482602243   0.43138311349973268

0.46288206336123922   0.010863559698362793

1.1681657439897639   -0.49605877286034888

-1.5914904128256822

0.037367563811340598   -0.096735598449508325

0.67809034615821551   1.3038583488265523

0.34310714713845653   -0.42080021355223757

-0.46547796308317679

0.23328431124833274   -0.34731553739545329

-1.3313352964283125   1.0886651743330151

-0.14172762315056411   -0.25022879500856898

```
                0.29488698641863231
-0.57298243291819395     -0.018084373571304477
-0.15767845235188649     -0.32103254612862658
 1.0827184035981896      -0.83039848021712814
                0.24213893944118475
 0.78010063788958495      0.8506281025152086
 0.3694780840455299       0.03405268057899051
 1.7467150607364947       0.82644734274722365
                0.32299506041560955
 0.43894357368006409      0.59760812066239932
-0.79365432854826989      0.8507148527698376
 0.54552034047613174      0.19704471979449129
               -1.2744027364687334
 0.64297412505573759      0.28277545728252712
-0.68617538983596271      0.10309862766386524
 0.29640275671584332     -0.28045507335205233
               -0.086741485641719449
 1.0298543867407706      -0.025760908669550164
 0.78658764939781023      1.2145450496045753
 0.049286436039350921    -0.73254767370357265
                0.033045174565725866
-0.65954904144129645      0.58733616985487669
-0.94067879772012108     -0.9932273636524499
 0.50556269488361094     -0.17494861006717416
               -0.38573090227660517
-0.26071314115634431     -1.1411899002500487
 0.56172326130276073     -0.60040086165151718
-0.35796667487625011      1.1767860882889756
                0.82367494523983642
-0.57286376630476321     -0.057963692147702348
]
```

Eine Politik der Zahlen

Christian dreht den übergroßen Bildschirm auf seinem Schreibtisch zu Scott hin. Die Hälfte des Bildschirms ist schwarz von Ziffern. Scott Muller tritt ein Stück näher, um mehr zu erkennen. Die Zeichen bleiben.

»Zahlen.«

Auf Papier ausgedruckt, würden sie zigtausend Blätter, hunderte Aktenordner und ganze Archivregale füllen.

»Natürlich Zahlen. Die Digitalisierung reduziert das ganze Leben auf nichts als Zahlen.«

Und sie sollen die Welt im 21. Jahrhundert beherrschen? Diese Reihen und Zeilen immerwährender, langweiliger und völlig unerotischer Wiederholungen von Zahlen? Sie sehen nicht nach einer verlockenden, spannenden, bunten und humanen Zukunft aus.

Vielleicht sollte man die Zahlen schulterzuckend links liegen lassen. Was können sie schon bedeuten? Sie wirken harmlos und gar nicht so, als hätten sie irgendetwas mit der Realität zu tun. Und wenn schon: Sind sie gut oder schlecht? Würde Christian die Löschtaste drücken, verschwänden sie. Sie würden keinen Schaden anrichten, selbst wenn sie könnten.

»Das ist Programmcode: Ein politisches Programm zur Stabilisierung Europas. Ausführbar nur durch künstliche Politiker.«

Seit die beiden Forscher Ai in einen Demokratiesimulator gesteckt und ihr vorgespielt haben, was aus Europa werden könnte, sind Wochen vergangen, in denen die beiden Männer das Büro aus gläsernen Zimmern und Gängen nur verlassen haben, um zu schlafen und zu essen. Ai hat aus den beiden Wissenschaftlern für viele Tage hoch konzentrierte Sonderlinge gemacht.

Die Zahlen, von der ersten bis zur letzten Ziffer sind es Abermillionen, sind der Programmcode einer politischen Strategie. Die korrekte allgemeine Bezeichnung dafür ist *Kontrollstrategie*. Ai hat sie erzeugt, während sie im Demokratiesimulator hunderttausende Zukünfte Europas gesehen und beurteilt hat. Jede weitere Simulation war wie ein neues Spiel für sie. Nach tagelangem Rechnen hatte sie gelernt, die meisten Spiele zu gewinnen. Gewinnen hieß zu verhindern, dass Europa einen politischen Unfall erlitt. Am Ende ihres Simulator-Trainings hatte sie ihre Kontrollstrategie gefunden, sie als Zahlenstrom formuliert und in einer Datei gespeichert. Mit dieser Datei ist sie aufgeladen. Jetzt wartet sie auf das nächste Spiel. Ein echtes Spiel. Wobei Ai keinen Unterschied zwischen Simulation und Realität kennt. Für sie sehen beide gleich aus. Die Realität erscheint ihr nur wie eine neue Simulation.

»Kaum zu glauben, dass Ai ein Brennglas der Digitalisierung sein soll.«

Scott Muller zieht einen Besucherstuhl zu sich heran und setzt sich neben Christians Schreibtisch.

»Ai ist eine Synthese aller digitalen Konzepte. Nimm die Kopierfähigkeit. Ai kopiert einen Politiker. Sie kopiert einen Menschen«, sagt Christian.

»Danach sehen die Zahlenreihen nun wirklich nicht aus«, murmelt Scott. Jedem kann der Austausch gegen eine Maschine drohen, denkt er und behält die Äußerung für sich.

»Silicon Valley behauptet, der Mensch sei nichts weiter

als ein Computerprogramm«, sagt Christian. Er kreist mit den Handgelenken. Besonders der Mausarm schmerzt.

»Aber ein Computerprogramm macht noch keinen Menschen«, protestiert Scott. »Ich bin ein Mensch. Und weil ich behaupte, ein Mensch und keine Maschine zu sein, liegt Silicon Valley komplett falsch mit der Annahme, ein Mensch sei nichts weiter als ein Algorithmus.«

Die beiden Männer grinsen. Hier wird Mathematik zur Philosophie. Mit ihren Zahlenreihen haben die beiden Forscher die mathematische Repräsentation eines Politikers erschaffen. Das heißt noch längst nicht, dass ihre Repräsentation einem wirklichen Politiker gerecht würde.

»Nur weil ein Computerprogramm intelligent ist, muss es deshalb keine intelligente Politik machen«, fügt Scott ergänzend hinzu.

»Wie intelligent Ais Kontrollstrategie wirklich ist, können wir mit einem Blick auf ihre Zahlenreihen gar nicht beurteilen. Die Kontrollstrategie ist von einer Maschine für eine Maschine berechnet. Wir Menschen können sie nicht lesen. Jedenfalls nicht ohne Aufwand.«

Lesen können wir die Zahlen schon, denkt Scott, aber für einen Menschen ist die Politik dieser Zahlen so wenig erkennbar wie die Politik aller Nummern eines beliebigen Telefonbuchs.

»Dann wäre es wohl auch ziemlich riskant, Ai einzuschalten und sich ihren Entscheidungen zu überlassen, wenn man a priori gar nicht wüsste, was in ihr vorgeht und warum«, kontert er Christians Bemerkung.

»Ai ist eine Blackbox, richtig«, gibt Christian zu.

So wie ein autonomes Auto. Ein Pflegeroboter. Ein Handelsalgorithmus für elektronische Börsen. Oder wie das menschliche Gehirn und jedes andere komplexe System.

»Man versteht die Parallele zum kopierten Menschen besser, wenn man weiß, dass die Zahlenkolonnen ein Schnappschuss von Ais Gehirn sind«, erklärt Christian. »Ais Gehirn ähnelt unserem menschlichen Gehirn. Es besteht aus einer großen Anzahl künstlicher Neuronen. Die Zahlen, die du siehst, sind Aktivierungszustände von Neuronen.«

»Du meinst, sie lassen darauf schließen, wo in Ais Gehirn Aktivität herrscht«, sagt Scott.

»Je höher ein Zahlenwert, desto stärker die Aktivität der betroffenen Nervenzelle«, bestätigt Christian.

Wer genau wissen wollte, wie sich Ais Gehirn aktiviert, müsste den Aktivierungszuständen von Neuronen Farbwerte zuteilen. Die Farbcodierung ergäbe eine Art Tomogramm. Anhand der Farben könnte auch ein Mensch die innere Struktur von Ais Gehirn interpretieren.

Deep Learning und die »Google-Verschwörung«

»Vor einigen Tagen hat mich ein Manager gefragt, was der Unterschied zwischen einem künstlichen neuronalen Netz und ›echter‹ Künstlicher Intelligenz sei.« Scott Muller erinnert sich spontan an die Frage eines Bankers, als die beiden Wissenschaftler auf künstliche Neuronen zu sprechen kommen.

Die kuriose Unterscheidung löst bei Christian herzliche Heiterkeit aus.

»Ais neuronaler Struktur liegt wahrscheinlich nicht die einfachste Form eines Neuronalnetzes zugrunde«, stellt Scott Muller trocken fest.

Christian schüttelt den Kopf.

»Auf diese Frage gibt es keine schnelle Antwort.«

»Erklär's mir trotzdem.«

»Es kommt darauf an, was du unter ›echter‹ Künstlicher Intelligenz verstehst«, beginnt Christian. »Die derzeit fortschrittlichste Künstliche Intelligenz bezeichnen wir nicht als echt, sondern als ›allgemein‹.«

»Eine Superintelligenz«, ergänzt Scott.

»Noch nicht ganz.« Christian holt aus. »Allgemeine Künstliche Intelligenz gleicht der menschlichen Intelligenz. Erst Superintelligenz übersteigt sie.«

Superintelligenzen können vielleicht schneller denken als ein Mensch. In dem Fall würden sie wahrscheinlich nur aus Computern bestehen – was nicht zwingend wäre. Auch ein Cyborg, ein digital aufgerüsteter Mensch mit Hirnschrittmacher und Exoskelett, könnte superintelligent sein. Die Chancen für superintelligente Maschinen stehen aber besser. Auch ein Cyborg ist nur ein biologisches Wesen, das etliche Jahre Reifezeit braucht. Mit Maschinen kommt man schneller zum superintelligenten Ende.

»Die künstlichen Kapuzeräffchen des Professors Schmidhuber sind allgemeine Künstliche Intelligenz?«, will Scott wissen.

»Genau. Jürgen Schmidhuber arbeitet daran, dass seine künstlichen Äffchen allgemeine Herausforderungen eines Affenlebens meistern, ohne dass er ihre Probleme vorstrukturiert. Ihre Futtersuche gehört dazu. Oder die Strategie, einmal entdecktes Futter vor anderen Äffchen zu verstecken oder zu verteidigen.«

»Wenn er das einmal geschafft hat, ist es bis zur menschlichen Intelligenz nur noch ein kurzer Weg.«

»Richtig.«

»Damit er dahin kommt, müssen seine künstlichen Äffchen lernen können.«

»Genau so ist es. Die Lernverfahren, für die er sich interessiert, basieren auf netzartigen neuronalen Strukturen. Die neuen Lernprozesse gehen aber sehr viel weiter, als das bei den frühen Neuronalnetzen und statistischen Lernverfahren aus den Neunzigerjahren der Fall war.«

Obwohl die frühen Neuronalnetze nicht an die Leistungsfähigkeit einer allgemeinen Künstlichen Intelligenz heranreichen, baut die Künstliche Intelligenz trotzdem auf neuronalen Netzen auf.

Verwirrend, findet Scott.

»Den frühen neuronalen Netzen fehlten viele Eigenschaften moderner Lernprozesse«, fährt Christian fort. »Sie hatten keine Erinnerung. Sie konnten nicht vergessen. Man konnte sie nicht auffalten. Nicht komprimieren. Sie konnten auch keine hierarchischen Konzepte.«

»Ein Tisch ist ein Tisch und nicht nur ein Haufen Holzspäne«, wirft Scott ein.

»Allgemeine Intelligenz soll autonom Strategien erlernen und nicht nur Objekte wie Sprache oder Bilder in einer Wolke aus Daten klassifizieren, sie also erkennen und in Gruppen einteilen.«

»Sondern wie Ai eine Kontrollstrategie entwickeln.«

»Eine allgemeine Künstliche Intelligenz soll ein Verhalten lernen, das mit der Zeit ein Problem lösen kann, auch wenn ihr Schöpfer selbst nicht weiß, was die Lösung sein könnte.«

Christian atmet tief durch. »Und der Heilige Gral über all diesen neuen Lernprozessen ist es, wenn eine Künstliche

Intelligenz lernt, wie sie weiter dazulernt, um immer besser zu werden.«

»Das ist Metalernen«, stellt Scott Muller fest. »Und dafür nutzt man *Deep Learning*?«

Christian strafft sich und steht auf.

»Moment«, sagt er. Seine Stimme wird streng. »Vergiss bitte den Rummel um tiefe Netze. Das ist nur die neueste Marketingkampagne, die Google losgetreten hat.«

AlphaGo, ein künstlicher Spieler aus Googles Forschungslabor für Künstliche Intelligenz, DeepMind, hatte am 15. März 2016 den Weltchampion des asiatischen Strategiespiels Go, Lee Sedol, mit 4:1 geschlagen. Bis dahin galt das Strategiespiel als zu kompliziert für eine Künstliche Intelligenz.

»Auch wenn es so scheint, Google und sein Team für Künstliche Intelligenz haben die tiefen Netze nicht erfunden.«

Wieder muss Scott an Professor Schmidhuber denken. Schmidhuber weist darauf hin, dass sich die Forscher der Künstlichen Intelligenz bei Google selbst als »Google-Verschwörung« bezeichnen.[1/2] Die bei Google beschäftigten Wissenschaftler forschen und publizieren zum Thema Künstliche Intelligenz, sind also nicht nur kommerziell tätig. In ihren Publikationen zitieren sie einander bevorzugt gegenseitig und unterschlagen so die Verdienste anderer und älterer Wissenschaftler um maschinelle Lernverfahren. Denn die sogenannten Tiefschichter sind Jahrzehnte alt und wurden schon 1966 vom ukrainischen Mathematiker Alexey Ivakhnenko systematisiert. Der Ingenieursmathematiker hatte sie damals als *Gruppenmethode für*

Datenverarbeitung bezeichnet, sein viel jüngerer Kollege, Jürgen Schmidhuber, hat sie kürzlich als frühes Lernverfahren von Tiefschichtern identifiziert.[3] Die Forschungen des Ukrainers fanden übrigens am Institut für Kybernetik in Kiew statt. Professor Ivakhnenko war – Kybernetiker.

»Schon, aber Google hat ganz offensichtlich eine gute Kontrollstrategie für das Go-Spiel gefunden«, gibt Scott zu bedenken.

»Tiefschichter können kein Kontrollproblem lösen«, widerspricht Christian bestimmt. »Sie sind nichts weiter als Klassifizierer.«

Auch ein Tiefschichter ist nur ein neuronales Netz, will er damit sagen.

Was neuronale Netze leisten können

Neuronale Netze werden tutoriell trainiert – ein Trainer beurteilt ihre Leistung, als sei er ihr Lehrer. Im Training sollen sie lernen, etwas zu bewerten. Dazu zeigt man ihnen einen Trainingsdatensatz, das dieses »Etwas« enthält, zum Beispiel Bilder oder handschriftlich verfasste Buchstaben. Das Neuronalnetz soll lernen, was auf einem Bild zu sehen ist, oder entscheiden, um welchen Buchstaben es sich handelt. Der Tutor beurteilt schließlich, ob es die richtige oder falsche Entscheidung getroffen hat. Wenn es ausgelernt hat, bleibt ein »Fehler« zurück. Das Neuronalnetz hat beispielsweise eine Klassifizierungszuverlässigkeit von 98,5 Prozent, der verbleibende Rest verweist auf die Fehleinschätzung des Systems.

Einmal trainiert, können solche Neuronalnetze als Gesichts- oder Spracherkennung in Betrieb genommen werden. Trotzdem weisen sie etliche technische Schwächen auf.

Zum einen taugen konventionelle neuronale Netze nur für Einzelentscheidungen. Wenn sie eine Bewertung vornehmen sollen, geben sie einen einzelnen Schuss ab – dieser trifft entweder ins Schwarze, oder er geht daneben. Die Beurteilung, ob es sich bei einem handschriftlich verfassten Buchstaben um ein A oder ein O handelt, ist eine Entscheidung so einsam wie ein Eremit. Eine *Sequenz*, also die Abfolge mehrerer Entscheidungen, bei der eine Entscheidung von den zuvor getroffenen Entscheidungen abhängt, so wie das bei einem Strategiespiel der Fall ist, können konventionelle neuronale Netze nicht betrachten. Sie sind nicht in der Lage, mehrere Schritte nach vorne zu planen, und erinnern sich auch nicht daran, wie sie sich einige Entscheidungszyklen zuvor verhalten haben.

Die Probleme der Abfolge von Entscheidungen lösen auch die Tiefschichter nicht, sie helfen aber bei einer anderen technischen Herausforderung. Grundsätzlich gilt für alle Neuronalnetze: Die Leistungsfähigkeit eines Neuronalnetzes folgt aus der Anzahl seiner Gewichtungen. Je größer die Anzahl der Gewichtungen – der freien Parameter –, desto leistungsfähiger das Netz. Hat ein dreilagiges Netz hundert versteckte Neuronen und sind diese alle zwischen der Eingabe- und Ausgabeschicht als eine einzige verdeckte Lage – in der Breite – nebeneinander angeordnet, können Neuronalnetze Erlerntes ausgezeichnet *reproduzieren*. Sie tun sich aber schwer, das Gelernte zu *generalisieren,* und verhalten sich bei ähnlich gelagerten Problemen wie gänzlich Ungelernte. Auf ihre Entscheidungen ist dann kein Verlass mehr, ein Phänomen, das man als *Überspezialisierung* bezeichnet.

Das Auftreten von Überspezialisierung erwies sich als desaströs, als Banken in den späten Neunzigerjahren frühe neuronale Netze zur Beurteilung der Finanzmärkte einsetzten. Von neuronalen Netzen versprachen sie sich algorithmische Handelssignale für den Kauf oder Verkauf von Wertpapieren – und scheiterten gründlich und mit hohen finanziellen Verlusten an der Überspezialisierung der Netze. Diese waren auf die historischen Preiskurven der Wertpapiere trainiert und hatten gelernt, Kurse und Verhaltensmuster der Vergangenheit hervorragend zu beurteilen. Die Zukunft verhält sich aber selten genauso wie die Geschichte. Die statistischen Eigenschaften der Märkte änderten sich, und die neuronalen Netze, die die Vergangenheit so wunderbar beurteilen konnten, scheiterten kläglich an dem Neuen, das sie im Training nie gesehen hatten. Seitdem hält sich in Bankenkreisen hartnäckig das Gerücht, Künstliche Intelligenz funktioniere nicht.

Tiefschichter überwinden die Überspezialisierung breiter neuronaler Netze und sind in der Lage, sehr gut zu generalisieren. In einem Tiefschichter werden hundert versteckte Neuronen nicht in einer einzigen Reihe nebeneinander, sondern, sagen wir, in fünf Reihen untereinander angeordnet. Jede Lage würde dann aus zwanzig Neuronen bestehen. Die veränderte Netzwerktopologie schafft allerdings neue Probleme, und zwar beim Lernvorgang. Als *vanishing gradient problem* wurde das Problem schon im Jahr 1991 von Sepp Hochreiter, dem ersten Doktoranden von Professor Schmidhuber an der Technischen Universität München, heute selbst Professor in Linz, angegangen. Neuronale Netze lernen durch die Rückpropagierung von Fehlern. Beim Tiefschichter versagt die Methode. Bis ein Fehler

durch die vielen Lagen eines Tiefschichters von der Ausgabeschicht wieder in die Eingabeschicht zurückgemeldet ist,
ist er so verwässert, dass nicht mehr eindeutig ist, was denn
zu tun wäre, um den Fehler zu minimieren. Eine Lösung
ist das Teiltraining der Lagen im Tiefschichter. Man nimmt
sich die Schichten eines tiefen Netzes einzeln vor, trainiert
sie an, schiebt sie wieder an ihren Platz im Tiefschichter
und justiert dann nach.

Markov-Aufgaben, neuronale Netze und Monte-Carlo-Simulationen

Scott Muller ist neugierig.

»Wenn Tiefschichter keine Kontrollstrategien lernen
können, wie hat Google dann eine algorithmische Strategie
für das Go-Spiel mit *Deep Learning* entwickelt?«

»Eine Kontrollstrategie löst ein ganz anderes Problem
als ein Klassifizierer«, erläutert Christian. »Ein Tiefschichter soll seine Fehlerquote minimieren. Eine Kontrollstrategie hingegen löst eine Markov-Aufgabe.«

Sehr schön. Das erklärt dann wohl alles.

»Ein Markov-Entscheidungsproblem ist ein Prozess, der
von einem Zustand in den nächsten Zustand springt. Den
Sprung nennt man Transition.«

Scott Muller hat das Bild einer Straße mit ihren vielen
Kreuzungen vor Augen. Er hat sich zu Fuß auf eine Reise
begeben, um an ein Ziel zu kommen. An jeder Weggabe-
lung muss er sich entscheiden, welche Abzweigung er nehmen soll.

»Ich befinde mich also in einem bestimmten Zustand, sagen wir *A*«, wiederholt Scott mit eigenen Worten. Zustand *A* entspricht einer Straßenkreuzung, wenn er bei seinem Bild bleibt. »Im Zustand *A* kann ich mehrere Entscheidungen treffen. Ich wähle Entscheidung x_1.« Scott entscheidet sich also, rechts abzubiegen.

»Mit einer bestimmten Wahrscheinlichkeit bringt dich die Entscheidung x_1 in den Zustand *B*, mit einer anderen oder derselben Wahrscheinlichkeit in den Zustand *C*«, fährt Christian fort. »Jede Entscheidung, die du triffst, ist mit einem Feedback verbunden. Entweder wird deine Entscheidung belohnt, oder sie wird bestraft, vielleicht deshalb, weil sie dich etwas kostet.«

Das macht die Aufgabe spannend, denn Scott Muller muss das Bild seiner Reise um einen weiteren Umstand ergänzen: Man hätte ihm vor Beginn seiner Reise eine Geldbörse ausgehändigt. Seine Aufgabe ist jetzt nicht mehr nur, möglichst schnell an ein Ziel zu kommen, indem er die »richtigen« Entscheidungen trifft, er müsste auch mit möglichst gefüllter Geldbörse am Ziel eintreffen. Wenn er eine Entscheidung trifft, bekommt er entweder eine Belohnung dafür, oder er muss etwas zahlen, falls die Entscheidung etwas kostet. Wie viel Geld sich in seiner Börse befindet, wenn er sein Ziel erreicht hat, hängt von der Folge aller seiner früheren Entscheidungen ab.

Das riecht fast schon ein wenig nach Glücksspiel. Menschen waren schon immer vom Glücksspiel fasziniert.

»Bei einer Markov-Aufgabe muss ich den zu erwartenden kumulierten Nutzen maximieren«, stellt Scott Muller fest.

»Richtig. Und das ist eine völlig andere Aufgabe als die Klassifikation durch einen Tiefschichter.«

Jetzt will Scott endlich wissen, wie Tiefschichter mit der Kontrollstrategie für ein Go-Spiel zusammenhängen.

»Bei einer Markov-Aufgabe der realen Welt kannst du die Zustände nie klar benennen«, sagt Christian. »Oft sind sie nicht diskret, sondern hängen von vielen unterschiedlichen Variablen ab.«

Das bedeutet eine weitere Verschärfung von Scotts Reiseumständen. Damit Scott sein Ziel auf möglichst optimalem Weg erreichen kann, darf er nicht zu Fuß gehen, sondern muss ein Elektroauto mit einer bestimmten Batterieladung benutzen. Auf seinem Weg zum Ziel zählen also nicht nur die Kreuzungen, an denen er sich entscheiden muss, und der Inhalt seines Geldbeutels. Scott würde die Strecke mit einem Elektroauto abfahren, dessen Ladezustand er zu berücksichtigen hätte. Die Ladung soll bis zum Ziel reichen. Sein Zustand wäre also die Kombination der Variablen »Position«, »Batterieladung« und die Dicke seines Portemonnaies.

»Damit du weißt, in welchem Zustand du dich befindest, näherst du dich ihm mathematisch an.«

»Und ein Tiefschichter ist, wie jedes andere neuronale Netz, ein Funktionsapproximator«, erwidert Scott.

»Richtig. Der Tiefschichter fasst deinen Zustand zusammen. Er klassifiziert ihn quasi und gibt eine Bewertung ab.«

»Und Googles AlphaGo macht das ähnlich?«

»Googles AlphaGo hat eine ganz alte Systemarchitektur des Verstärkungslernens genutzt. Sie nennt sich Actor-Critic-Methode.«

»Sie besteht aus zwei Systemen, einem Akteur und einem Kritiker?«

»Der Akteur ist der eigentliche Entscheider. Dem steht der Tiefschichter als Kritiker gegenüber.«

»Gut, aber welche Technologie würdest du für den Entscheider wählen?«, fragt Scott Muller.

»Es gibt viele Möglichkeiten. Googles AlphaGo benutzt eine Art Monte-Carlo-Pfadsimulation. Der Akteur betrachtet die Position seiner Spielsteine auf dem Spielfeld. Dann denkt er sich verschiedene Spielvarianten aus, wie es weitergehen könnte. Jede Variante zeigt er dem Kritiker. Und der Kritiker gibt seine Meinung dazu ab, für wie gut er jede Variante hält.«

Der Akteur will mit einem Stein eine leere Stelle des Spielfelds besetzen, danach noch eine andere. Das würde die Gesamtlage des Spiels verändern. Gut oder schlecht?

Fünf, sagt der Tiefschichter.

Nicht schlecht, denkt der Akteur. Und wenn man jetzt passen würde?

Acht, sagt der Tiefschichter.

Noch besser, aber es gäbe noch eine Satz-Alternative …

Minus zwei, warnt der Tiefschichter. Der Akteur entscheidet, dass er passt.

»Ai funktioniert ein bisschen ähnlich«, sinniert Scott. »Auch sie ist ein Zusammenspiel zweier Künstlicher Intelligenzen.«

»Sie ist schon sehr anders. Vor allem schont sie Ressourcen.«

»Sie braucht nicht so viel Rechenleistung wie Googles AlphaGo?«

»Nein. Die Actor-Critic-Architektur ist extrem rechenaufwendig. Sie braucht Massen an Daten, konkret: alle möglichen Spielszenarien des Go-Spiels. Während des Trainings muss sie alle simulieren, damit sie die möglichen Pfade lernt. Deshalb wurde sie auch auf der riesigen Google-Cloud trainiert, wo sie quasi keinen Ressourcenbeschränkungen unterliegt.«

Viele Daten, ja, aber immer dasselbe Spiel. Mal wird so gesetzt, mal anders. Das Problem bleibt doch relativ übersichtlich. Ai hat mit ganz anderen Herausforderungen zu kämpfen. Sie ist mit der Wirklichkeit konfrontiert. Und die wiederum ist extrem dynamisch. Ganz anders als ein Brettspiel.

Wie Ai die Gesellschaft regeln kann

»Womit müssen wir rechnen, wenn wir sie einschalten?«, hakt Scott nach.

Solange Ai im Labor eingeschlossen ist, kann sie gar nichts tun. Politisch handelnde Akteurin wird sie erst dann, wenn sie mit dem Leben verbunden wird. Wenn sie in den öffentlichen Raum hinaustritt. Wenn sie von den beiden Forschern in das *Internet of Everything* integriert und mit ihm vernetzt wird. Erst mit der Internetverbindung könnte sie mit der Überwachung der Gesellschaft beginnen. Dann würde sich auch ihr kybernetischer Regelkreis schließen.

Christian setzt sich wieder an seinen Bildschirm.

»In den letzten Wochen hat Ai gelernt, politische Anreize zu setzen, die proeuropäisch sind«, sagt er. »Natürlich nur solche Anreize, die dein Demokratiemodell überhaupt zulässt.«

Scott Muller hat seinen Multiagenten erlaubt zu wählen, um ihre ganz persönlichen Glücksmomente zu maximieren. Zulässig waren auch Informationsläufer. In der realen Welt würde Ai also bestimmte Nachrichten verbreiten und Informationsdynamik und -inhalte so einsetzen, dass die Wähler Europas stimuliert wären, eine »sichere« Alternative zu wählen. Eine Alternative, die nicht antieuropäisch wäre.

Mehr gibt Scott Mullers experimentelles Demokratiemodell aktuell nicht her.

»Wenn wir das Demokratiemodell weiter ausbauen würden, bekäme Ai mehr Handlungsspielraum«, sagt Scott.

»Du kannst dein Demokratiemodell um zig Variablen ergänzen. Zum Beispiel um die wirtschaftliche Gerechtigkeit. Dafür könntest zu sogar einen weltweit genutzten quantitativen Indikator beiziehen, den Gini-Koeffizienten. Er misst die Ungleichheit von Einkommen.«

»Oder auch die Wirtschaftsleistung Europas. Die Inflation. Einen Korruptionsindex. Die Reformbereitschaft politischer Institutionen, ihre Leistungsfähigkeit, den Grad sozialer Inklusion.« Scott Muller hätte noch viel mehr Ideen.

Christian hat nur einen Einwand.

»Je mehr Variablen dein Demokratiemodell hat, desto länger wird es dauern, bis Ai im Simulator eine erfolgreiche politische Kontrollstrategie findet. Denn dein Modell kann plötzlich so viel mehr Varianten europäischer Zukünfte erzeugen. Der Suchraum einer optimalen Kontrollstrategie würde riesengroß. Bis Ai alle Zukunftsszenarien betrachtet und den Suchraum nach einer Lösung abgetastet hat, kann einige Zeit vergehen.«

Also Wochen, vielleicht sogar Monate. Dann müsste man eben die Serverfarm aufrüsten und in zusätzliche Supercomputer mit hoher Rechenleistung investieren. So könnten mehr Zukünfte parallel erzeugt werden, und Ai könnte schneller entscheiden lernen. Oder man müsste beide, Demokratiesimulator und Ai, auf die große Rechnerwolke auslagern, bei Amazon oder Google. Doch der Gedanke gefällt Scott Muller nicht. Die Rechnerwolke besteht aus nichts als Computern, die fremden Menschen gehören. Eine eigene europäische Rechnerinfrastruktur wäre viel sicherer, um strategisch wichtige Berechnungen für Europa anzustellen.

»Nehmen wir an, wir schalten Ai ein. Was würde als Nächstes geschehen?«, will Scott wissen.

»Zuerst müsste man ein Strategiezentrum einrichten, eine Art politisches Cockpit. Vielleicht in Brüssel. Dort bräuchte Ai schnelle Rechner für ihren Echtzeitbetrieb. Dazu einen Highspeed-Internetanschluss. Und einige Babysitter.«

Scott muss lachen. »Piloten, die auf den Autopiloten aufpassen.«

»Ai wird bessere Entscheidungen treffen als ihre menschlichen Kollegen. Piloten dürfen auch nicht ohne Autopilot fliegen.«

Scott weiß, warum. »Ai trifft die besseren politischen Entscheidungen, weil sie, im Gegensatz zum Menschen, mit Statistik umgehen kann. Sie arbeitet wissenschaftlich.«

»Wenn wir keine Vorurteile einbauen, auch nicht versehentlich, ist das richtig«, stimmt Christian zu.

»Und weil sie die Gesellschaft täglich vierundzwanzig Stunden lang überwacht, kann sie schnell handeln, falls antieuropäische Tendenzen drohen.«

»Eigentlich funktioniert es so«, erklärt Christian. »Wir haben Ai gezeigt, wie man die Gesellschaft in Gruppen aufteilt. Alle Menschen, die einer Gruppe angehören, verfolgen bestimmte Ziele.«

Scott nickt. »Eine Gruppe will mehr Klimaschutz, eine andere bessere persönliche Bildung, die dritte ein höheres Einkommen. Wer genau wonach strebt, wie weit er von seinem Ziel entfernt ist und wie groß die Gruppen sind, können wir aus dem Alltagsverhalten der Menschen bei sozialen Netzwerken, Einkäufen bei Onlineshops und Mobiltelefonaten leicht herausfinden.«

Sofort fallen Scott Beispiele ein. Männliche Facebook-Nutzer, die Britney Spears oder Desperate Housewives einen Like schenken, geben eine Indikation dafür ab, dass sie homosexuell sind.[4] Aus den öffentlich zugänglichen Gruppenlisten von Twitter-Anwendern können Datenanalyse-Programme auf den Charakter eines Twitterers schließen.[5] Wie gewissenhaft, neurotisch oder verträglich eine Person ist, ergibt sich aus der Regelmäßigkeit ihrer Mobiltelefonnutzung, der Anzahl der verpassten Anrufe oder der Länge mobiler Textnachrichten. Auf ganz ähnliche Weise lassen sich Rückschlüsse auf die politische Orientierung einer Person ziehen.

»Dein Demokratiesimulator«, fährt Christian fort, »hat Ai zuerst einen Anfangszustand der Gesellschaft gezeigt. So wie sich die Europäer heute fühlen.«

»Und wen sie heute wählen würden, um ihren ›Glückszustand‹ zu erreichen«, ergänzt Scott.

»Richtig. Die Aktion, die die Menschen setzen können, um ihrem Zielzustand näher zu kommen, ist die Wahl zwischen alternativen politischen Parteien.«

Die beiden Forscher haben Ai vorgespielt, was den Franzosen widerfahren kann, wenn sie Marine Le Pen zur Staatspräsidentin wählen und die Eurozone zerbricht. Ai hat das Szenario auf sich wirken lassen. Dann hat sie damit begonnen, auszuprobieren, mit welchen Argumenten sie die französischen Wähler davon abbringen könnte, den Front National zu wählen. Tatsächlich hat sie hunderttausende verschiedener Szenarien betrachtet, bis sie die Kontrollstrategie gefunden hat, mit der sie die Wähler in den meisten aller Fälle ganz in ihrem Sinne beeinflussen könnte.

»Wenn wir sie in ihrem Brüsseler Strategiezentrum einschalteten, würde sie die europäischen Wahlberechtigten in Realzeit überwachen. Aus den Messwerten der Überwachung berechnet sie die aktuelle Lage. Wie unzufrieden die Europäer sind. Oder wie glücklich. Dann baut sie Hypothesen auf, wie wir uns *morgen* fühlen werden, nicht nur heute. Damit sie entscheiden kann, welchen Anreiz sie setzen soll, um die Zukunft in ihrem Sinn zu lenken.«

Christian spricht einen zentralen Punkt an. Nur wenige in Politik und Wirtschaft verstehen den wahren Wert großer Messdatenmengen.[6] Ihr Nutzen, glauben viele, läge darin, neue Erkenntnisse zu gewinnen. Das ist falsch. Die Datenanalyse dient nicht der Rückschau. Nicht der noch genaueren betriebswirtschaftlichen Einsicht. Nicht dem noch besseren Vergleich europäischer Länder. Nicht um etwas zu entdecken, das bisher verborgen war. *Der Wert von Information liegt darin, dass sie die gezielte Lenkung der Zukunft erlaubt.*

»Was wird Ai tun, wenn sich die Lage der Europäer verschlechtert?«, fragt Scott.

»Wenn sich die Hypothese erhärtet, wonach es kritisch wird für Europa? Dann wird sie proaktiv tätig. Dann sendet sie Mitteilungen aus, damit wir uns wieder besser fühlen.«

»Ohne dass wir merken, was überhaupt vorgeht.«

Willkommen in der Welt der Paternalisten. In Zukunft wird es den Menschen doppelt so schwerfallen zu erkennen, was vor sich geht. Nicht nur, weil man sie steuern kann, ohne dass es ihnen auffiele. Sondern auch, weil es eine Blackbox wäre, die die Menschen lenkt. Von der nicht einmal ihre

Schöpfer mit letzter Gewissheit sagen könnten, was in ihr vorgeht.

Christian fährt unbeirrt fort. »Ai nutzt nicht nur die sozialen Medien, um Information zu verbreiten. Nicht nur Twitter oder Facebook.«

Richtig, die beiden Männer hatten verschiedene Typen von Informationsläufern vorgesehen.

»Ai kann auch die klassischen Medien aktivieren. Oder einzelne Menschen«, ergänzt er trocken.

»Der Einzelne erhält eine bestimmte Information«, stellt Scott fest.

»Die er dann mit seinem sozialen Netzwerk, online wie offline, teilen wird.«

»Womit wir wieder beim Thema der Meinungsbildung sind«, wirft Scott ein.

»Wenn ein Einzelner eine Information in seinem sozialen Netzwerk verbreitet und nicht Ai selbst, ist die Information glaubwürdiger.«

Das ist genau die Art von Psychoexperiment, mit dem die Menschen künftig rechnen müssen. Freundschaften und Nachbarschaften werden instrumentalisiert, um Menschen zu lenken. Übrigens keine neue Idee. Sie stammt aus der Welt der Nachrichtendienste und der Militärs. *Graue Operationen* nennt man das Vorgehen in deren Kreisen. Man lanciert eine Information und schiebt sie einer unverdächtigen Quelle unter.[7] Als Hybridkrieg wurden die grauen Operationen schon bei der Münchner Sicherheitskonferenz 2015 thematisiert.

»Und dann gehen wieder mehr Menschen zur Wahl? Und vor allem: Dann wählen sie, wie Ai es will?« Scott schüttelt sich.

»Die Versuche laufen doch längst«, sagt Christian nüchtern.

Schon 2010 hatten Forscher 61 Millionen wahlberechtigte Facebookanwender für die amerikanischen Kongresswahlen mobilisiert.[8] Mit der Auswertung von Facebook-Daten amerikanischer Wähler gewann Barack Obama die Präsidentschaftswahl 2012.[9] Auch die SPD will die Datenanalyse im deutschen Bundestagswahlkampf 2017 einsetzen, um endlich mehr als die seit Jahren betonierte Wählerzustimmung bis höchstens 25 Prozent zu erzielen.[10]

»Eines interessiert mich noch«, sagt Scott. »Was wird Ai tun, wenn sie eine Lage in der Wirklichkeit beobachtet, die sie noch nie so oder ähnlich im Demokratiesimulator gesehen hat?«

Etwa in der Art, dass Europa in einer kriegerischen Auseinandersetzung überfallen würde. Das Nordkorea seine Drohungen wahr macht und eine Atombombe zündet, in dessen Folge auch über Europa Chaos hereinbräche. Schwarze Schwäne eben. Das Unerwartete, das man nicht kennt, mit dem man aber jederzeit rechnen muss und das viel öfter eintritt, als man glaubt.

»Wenn dein Demokratiemodell auch Schwarze Schwäne simuliert, kann Ai auch damit umgehen«, bestätigt Christian.

»Und wenn sich das reale Umfeld schleichend ändert?«, fragt Scott.

»Ai lernt auch während des Betriebs. Sie kennt das Konzept vom Metalernen. Metalernen bedeutet, sie adaptiert sich an eine sich verändernde Umgebung.«

Das muss sie auch. Ai ist dafür gebaut, ein komplexes adaptives System zu regeln – zur Echtzeitlenkung der Gesellschaft auf der Basis von Echtzeitinformation. Das kann sie schaffen, und sie kann ihre Sache wirklich gut machen. Nur, dass die Welt eine andere werden wird, wenn sie in Betrieb geht. Sie und ihresgleichen. Fragen danach, wie ihre Netzarchitektur beschaffen wäre oder wie viele Rechner man bräuchte, bis sie eine Kontrollstrategie berechnet hätte, wären dann nur noch reine Nebensache.

Künstliche Intelligenz als Instrument politischer Steuerung in der komplexen Gesellschaft?

Worum geht es in der Politik? Politik »muss das Zusammenleben der Menschen in der Gesellschaft regeln und die entstehenden Konflikte lösen. Als Mittel steht ihr die Macht zur Verfügung. Macht ist die Möglichkeit, Einfluss auszuüben, um soziale Wirklichkeit zu gestalten oder zu verändern.«[11]

Ein Blick in die Verträge der Europäischen Union zeigt: Im Mittelpunkt europäischer Politik steht der selbstbestimmte Mensch. Ihm gerecht werden Demokratie und freie Marktwirtschaft. Als Herrschaftsform und Wirtschaftsordnung setzen sie den Rahmen, in dem sich europäisches politisches Handeln bewegt.

Mit der Digitalisierung scheint sich diese politische Agenda zu verändern. Neben der wirtschaftlichen Einbindung der Europäer in den globalen Markt und der politischen Allianz der Europäischen Union führt nun auch die informationstechnische Vernetzung der Gesellschaft zum *Internet of Everything* zu vermehrter Interaktion aller Beteiligten. Die

Dynamik, ausgelöst durch die Vernetzung, konfrontiert die Europäer mehr als je zuvor mit der Herausforderung, wie denn mit der zusätzlichen Komplexität umzugehen sei. Der Raum möglicher Dynamiken, die eine offene europäische Gesellschaft annehmen kann, weil sie sprichwörtlich *alles* – vom Brandmelder einer Mietwohnung bis zum ICE-Sitz – über das Internet vernetzt, ist unüberschaubar groß, und die Grenze zum Chaos, in dem alle strukturierenden Ordnungen in der so vernetzten komplexen Gesellschaft zusammenbrechen, gefährlich nah und dünn wie eine Membran. Deshalb müssen wir auch damit rechnen, dass in dem Maße, in dem die Vernetzung der Gesellschaft zunimmt, das Risiko für die Demokratie steigt, weil sich das System Demokratie jederzeit dynamisch und unvorhersehbar in Richtung Unfallzone bewegen kann.

Das große Paradoxon der Digitalisierung ist, dass sie die Antwort auf die Probleme bereithält, die sie erst selbst schafft. Insofern ist sie selbstreferenziell. Sie hält Lösungsstrategien für die gigantische Komplexität bereit, die sie selbst herstellt. Ihre Antwort auf die zunehmende Oszillation unserer vernetzten Gesellschaften und deren Zusammenlebens, die wachsende Ungewissheit und Unsicherheit, von denen sie erfasst werden, sind ausgerechnet algorithmische Kontrollstrategien, die auf der wissenschaftlichen Grundlage der Kybernetik beruhen. Deren technische Basis sind Massendaten aus der Gesellschaft und Künstliche Intelligenzen, die, inzwischen ausgereift genug, nachhaltige strategische oder taktische Entscheidungen unter Unsicherheit treffen. Sie verarbeiten große unstrukturierte Datenmengen in kürzester Zeit. Sie entscheiden verlässlich, auch wenn sie sich nach menschlichem Ermessen selten intuitiv verhalten. Sie verfolgen eine langfristige Siegerstrategie.

Algorithmische Kontrollstrategien als Instrument politischen Wirkens einsetzen? Nicht nur viele Komplexitätsforscher stöhnen hier gequält auf.[12] Es droht die Entmündigung des Bürgers durch die Künstliche Intelligenz. Es droht die Herrschaft einer Elite, die über Daten, über die Mittel der Auswertung und das Kapital – gleichermaßen über sämtliche Produktionsmittel – des Informationskapitalismus verfügt. Es droht die Enteignung der Menschen, die um ihr Verhalten gebracht werden[13], um ihr Recht, zu tun oder zu lassen, was sie wollen, sofern sie dabei nicht die Rechte anderer verletzen.

Die Warnungen sind sämtlich zulässig und begründet, wie wir gleich noch sehen werden. Das darf uns nicht daran hindern, darüber nachzudenken, ob und wie algorithmische Kontrollstrategien trotzdem politischen Nutzen zeitigen können.

Die Idee, Computer für die politische Entscheidungsunterstützung zu nutzen, ist nicht neu. Schon in den Siebzigerjahren wurde sie von amerikanischen Sozialwissenschaftlern als »politische Steuerungstheorie« kolportiert.[14] Ihnen ging es um die Optimierung der Gesellschaft – ein Gedanke, der uns heute wieder ganz neu vertraut ist, wenn wir etwa an die Selbstoptimierung denken –, um die Unterstützung der Politik auf Grundlage von Wissenschaft und Wissen. Gescheitert waren die Pioniere der politischen Intervention, als die wirtschaftliche Depression, Rassenunruhen, die Ölkrise und der Vietnamkrieg die Vereinigten Staaten erfassten und jede Fortschrittsgläubigkeit erstickten.[15] Man rief nach *law and order*, schon damals offenbar wahrgenommen als Gegenpol zur Regelungstechnik der Sozialwissenschaftler. An einem Ende des politischen Gestaltungsrahmens steht der Gesetzgebungsprozess, am anderen Ende die steuernde Institution; eine Seite der Medaille ist das Recht, die andere die informationsbasierte Echtzeitregelung. Letztere erfährt einen neuen, zweifelhaften Aufschwung, wenn GAFAM aus der Verhaltenssteuerung ihrer Anwender sprichwörtlich Kapital schlagen.

Was Geschwindigkeit und Anpassung an eine sich in scheinbar exponentiellem Tempo verändernde Umwelt angeht, hinkt die Politik weit hinterher – fairerweise muss man gestehen: nicht nur die Politik allein. GAFAM und seine Satelliten, die Technologiefirmen, die auf ihnen aufbauen, haben eine Pionierrolle eingenommen und sich weit abgesetzt. Ansonsten klafft zwischen dem Tempo des digitalen Fortschritts und der Realität des gesellschaftlichen Wandels, zwischen Akkumulation von Daten, Technologien und Geld auf der einen Seite und politischem Handeln der Gesellschaft auf der anderen eine riesige Lücke. Nur ein kleiner Teil der Gesellschaft hat heute schon den notwendigen Anpassungsprozess an digitale Zeiten vollzogen oder sich wenigstens auf den Weg gemacht: *Wer sich nicht digital transformiert, wird künftig mit einer Funktionsstörung weiterleben.*

Stattdessen versucht man, die Folgen der Digitalisierung, von der Überwachung über die Automatisierung der Arbeit bis hin zur Verhaltenssteuerung, mit den Mitteln des 20. Jahrhunderts im Zaum zu halten. Dass dies nicht gelingt, wird nicht nur in der wissenschaftlichen Literatur, sondern schon in der Tagespresse thematisiert. Noch mehr

Konferenzen, noch mehr Teamtreffen und noch mehr Krisengipfel werden der Komplexität unseres Lebens nicht mehr Herr.[16] Sie lösen Probleme des 21. Jahrhunderts selten nachhaltig und verschieben vieles. Trotzdem hält man weiter daran fest, eine völlig neue Entwicklung mit alten Werkzeugen organisieren zu wollen. Geschäftsprozesse, Verfahrensvorschriften, Gesetze und Verordnungen waren das Mittel der Wahl für ein quasi-deterministisches Umfeld. Just-In-Time-Prozesse funktionieren gut, solange ein offener Binnenmarkt Europas sichergestellt – *sicher* – ist. Über den Militäreinsatz in einem Krisengebiet kann Politik leichter entscheiden, wenn der Gegner bekannt – *sicher* – ist. Der Erlass eines neuen Gesetzes ist sinnvoll, wenn seine Wirkung *sicher* ist.

Doch in komplexen dynamischen Systemen ist nichts sicher, sondern alles unsicher. Die Dynamik des vernetzten *Internet of Everything* ist deshalb eine der großen Herausforderungen unserer Zeit. Denn die Digitalisierung ist kein gnädiger Rausch, der vorübergehen wird. Mit ihrer Dynamik haben wir keine echte Erfahrung. Wir wissen nicht, was geschehen wird, wenn sie sich einmal voll entfaltet haben wird. Aber wir ahnen schon jetzt etwas von ihren Folgen. Die alten Rezepte des Krisenmanagements verfangen nicht mehr. Es ist anstrengend, aufreibend und mühselig, mit ungeeigneten Werkzeugen an einer komplexen Zukunft zu bauen. Klassisches Kartellrecht kann Google keinen Einhalt gebieten. Medienrecht ist auf Facebook, Youtube oder Google nicht anwendbar, obwohl sie die öffentliche Aufgabe von Massenmedien wahrnehmen, die eine besondere politische und weltanschauliche Unabhängigkeit an den Tag legen sollten. Digitale Geschäftsmodelle kommen auf den Markt, obwohl sie eine Vielzahl einzelrechtlicher Vorschriften verletzen. Selbst die Grundrechte sind im digitalen Zeitalter kaum mehr zu verteidigen.

Regeln durch Kontrollstrategie kontra Selbstorganisation

Weil ein neues Zeitalter angebrochen ist, müssen wir Neues denken und zulassen. Schon deshalb dürfen wir den Einsatz algorithmischer Kontrollstrategien nicht von vornherein kategorisch ausschließen.

Komplexitätsforscher werden einwenden, dass eine konstituierende Eigenschaft eines komplexen Systems sei, sich selbst zu regulieren. Zur Selbstregulierung stünden algorithmische Kontrollstrategien im Widerspruch und seien deshalb abzulehnen.

Selbstregulierung ist die »unsichtbare Hand«, von der schon beim schottischen Philosophen Adam Smith die Rede war. 1776, in seiner Schrift *Wohlstand der Nationen*, hatte Adam Smith für die Ökonomie dargelegt, dass unter Menschen, die man ganz ihrem eigennützigen Handeln überließe, die unsichtbare Hand von Angebot und Nachfrage dafür Sorge trüge, dass der Eigennutz Einzelner zum Wohl aller gereichen würde.

Wenigstens beim libertären Marktgeschehen wissen wir heute, nach gut dreißig Jahren Thatcherism und Reaganomics, dass die selbstregulierenden Kräfte der Finanzmärkte nicht ausgereicht haben, die globale Wirtschaft in einem stabilen und gerechten Zustand zu erhalten. Im Gegenteil: Die Liberalisierung der Finanzmärkte, nach der Banken nicht nur Kredite an die Realwirtschaft ausreichen und den bargeldlosen Zahlungsverkehr bereitstellen (übrigens zwei Geschäftsmodelle, die von der Digitalisierung unmittelbar bedroht sind), sondern auch in das Investmentgeschäft einsteigen durften, hat den Regierungen satte Einnahmen gebracht. Zeitweise waren die Wall Street und die Londoner City die größten Steuerzahler ihrer Heimatländer. Das ist die Aktivseite. Auf der Passivseite stehen die Katastrophen des Schwarzen Montags[17], der Dotcom-Blase, der Bankenkrise, der Eurokrise, der Staatsschuldenkrise, entweder ausgelöst oder verschärft durch das Verhalten liberaler Finanzmärkte in Wechselwirkung mit der Geldmarktpolitik der Zentralbanken. Sie haben die Ungleichheit zwischen Kapital und Arbeit nur verschärft. Dem Wunsch Adam Smiths nach einem Vermögensausgleich, der sich wie ein Automatismus selbstständig herstellt, haben sie nicht entsprochen, jedenfalls *noch* nicht. Vielleicht müsste man liberalen Finanzmärkten viel mehr Zeit für die Selbstorganisation zugestehen, bis sie sich dahin entwickelt hätten, dass sie unsere Erwartungen erfüllten. Wie lange ihre Entwicklung dauern würde und ob unsere Wirtschaftsordnungen die Kollateralschäden, die damit einhergehen, tragen könnten, ist ungewiss; ob wir überhaupt noch Finanzmärkte bräuchten, bis es einmal so weit wäre, ebenso.

Bitnation: Selbstorganisierende Gesellschaften
sind nicht automatisch demokratisch

Selbstorganisation oder Emergenz, erklären uns die Komplexitätsforscher, tritt auf, wenn sich ein komplexes System unter seiner eigenen Dynamik aufspaltet und Systemmutationen auftreten, die sich im Grad ihrer Komplexität oder dem Auftreten strukturierender Ordnungen unterscheiden.[18] Hervorgerufen wird Emergenz durch veränderte Bedingungen eines komplexen Systems; komplexe Systeme reagieren empfindlich auf neue oder geänderte Voraussetzungen. Im selben Zusammenhang steht die natürliche Auslese; beides, Selbstorganisation und Selektion, stehen in einer wechselseitigen Beziehung zueinander, die Charles Darwin als *Evolution* bezeichnet hat.[19] (Selbst-)Organisation, und das ist kein Widerspruch, kann auch durch externe Manipulation ausgelöst werden.[20]

Wer selbst einmal ausprobieren möchte, wie Evolution funktioniert, dem sei evolutionäres Programmieren ans Herz gelegt. Auch evolutionäre Algorithmen gehören zur großen Familie der Künstlichen Intelligenz. Als Ausgangslage dient ein Problem, für das man eine optimale Lösung sucht. Dazu wird eine Population von Individuen programmiert, die auf evolutionärem Weg einen Kandidaten hervorbringen sollen, der die optimale Lösung des Problems gefunden hat. Während des evolutionären Prozesses, der sich vollautomatisch auf Computern vollzieht, schaffen die besten Individuen – das sind jene, die der optimalen Lösung des Problems am nächsten kommen – den Aufstieg in die nächste Generation. Ergänzt wird die folgende Generation mit neuen, zufällig generierten Individuen. Ihre beliebig erzeugten »Gene« sind es, die die Diversität jeder Generation sicherstellen und die Suche nach dem Optimum in einem weiten Lösungsraum ermöglichen.

Wer die Generationen sich selbst überlässt, wird schnell feststellen: Ohne Nachhilfe von außen geht es nicht. Selbst nach einer Million Generationen steht keinesfalls fest, dass der evolutionäre Prozess einen Kandidaten hervorgebracht hat, der die optimale Lösung für das Ausgangsproblem gefunden hat. (Insgeheim stellt sich manch Programmierer evolutionärer Algorithmen die Frage, wie sich der Mensch nach doch verhältnismäßig wenigen Generationen bis hierher entwickeln konnte. Würde alle zehn Jahre eine neue Generation der Spezies Mensch erzeugt, hätte der Mensch in einer Million Jahre Menschheitsgeschichte gerade einmal 100 000 Optimierungszyklen durchlaufen. Das ist nicht viel, verglichen mit der Anzahl vieler Millionen Trainings- und Simulationsläufe moderner Künstlicher Intelligenzen.) Selbstorganisation allein, stellte die Komplexitätswissenschaft fest, bringt sowohl brauchbare als auch aussichtslose Formen hervor. Erst die Selektion bestimmt, welche ordnenden Strukturen praktikabel sind.[21]

Nichts anderes gilt für die digitale Transformation. Aus dem virtuellen Raum steigen neue digitale Tauschmittel wie der Bitcoin auf. Die Bitnation, die die Blockkettentechnologie des Bitcoin als Notarersatz anbietet, damit man auf ihrer Online-Plattform Verträge abschließen und sogar heiraten kann, will mit dem klassischen Staat aufräumen.[22] Die Bitnation kommt ohne Staatsvolk, Staatsgebiet oder Staatsmacht aus. Bitnation als ein Musterbeispiel für Emergenz – aber führt sie deshalb zwangsläufig zu neuen gesellschaftlichen Formen, die dem Menschen gerecht werden? Wer an der Demokratie festhalten will, darf nicht allein auf Emergenz setzen. Denn die neuen selbstorganisierenden Strukturen und Organisationsformen der digitalen Ära sind nicht zwangsläufig demokratisch oder überhaupt human. Der Bitcoin gilt als missraten und die Bitnation als gefährlich. Deren Gründerin und Kryptoanarchistin, Susanne Tarkowski Tempelhof, fordert, dass Staaten als rechtliche Systeme verschwinden.[23] Ersetzen will sie Staat und Regierung durch ein System, »das von Algorithmen und Marktgesetzen reguliert wird«[24]. Kryptoanarchisten, häufig Angehörige einer Gruppe von Hackern, positionieren sich als Parallelgesellschaften gegen eine, wie sie sagen, um sich greifende Diktatur traditioneller Staatssysteme und proklamieren neben der ungehinderten Verbreitung von Information über das Internet auch parallele dezentrale Wirtschaftsordnungen mit Kryptowährungen, damit sich die Gesellschaft im 21. Jahrhundert störungsfrei und ohne den Einfluss jedweder Macht neu organisieren kann. Die emergente Organisation, verkünden sie, werde allein durch die Anwender der digitalen Nation legitimiert.

Die Emergenz gesellschaftlicher Strukturen in digitalen Zeiten hat, zugegeben, etwas von Magie und Zauber, weil es eben so viele neue und kreative Dinge sind, die die Digitalisierung hervorzubringen imstande ist. Zu befürchten steht dennoch auch hier: Die Utopie ist ein ferner Traum, die Dystopie das Naheliegende. Wie sich der Bitcoin, die staatlich nicht kontrollierte Währung, zum Zahlungsmittel für Drogen, Waffen, illegale Überwachungsapparaturen oder gefälschte Pässe entwickelt hat, kann auch die Bitnation auf ihrem Weg der Selbstorganisation auf die schiefe Bahn geraten. Dass sie als Nation ohne Grenzen und Regierung provisorische Pässe für Flüchtlinge ausstellt, ist jedenfalls im völkerrechtlichen Sinne illegitim. Dass die Bürger des 21. Jahrhunderts von Algorithmen verwaltet werden sollen, schließt den Kreis zur anfänglichen Überlegung einer algorithmischen Kontrollstrategie als politischer Technologie. Sicher ist eines: In der digitalen Ära gelangt die Gesellschaft in einen Zustand, in dem konventionelles Recht und Gesetz, Politik und Macht, Herrschaftsform und Staat von neuen Technologien herausgefordert und brüskiert werden. Besonders das »hoheitlich gesetzte Recht« verliert an gestalterischer Kraft.[25] An seine Stelle tritt die verändernde Kraft digitaler Technologien. Oder ist sie nur ein Widerspiel? Sicher ist: Die neuen Kräfte erfordern Aufmerksamkeit und Einordnung. Beides verlangt intellektuelle Anstrengung. Und die Arbeit ist noch nicht getan. Wir stehen gerade erst am Anfang.

Ungleiche Gegner:
Rechtsnormen und Algorithmen

»Die Republik wurde doch definiert als *the government of laws instead of men*, das heißt, die Regierenden, die oberste Instanz, die eigentliche Autorität, ist das Gesetz, und die Scheidung des Volkes in Regierende und Regierte soll es nicht mehr geben. Das ist ja auch eigentlich der Sinn des Repräsentantensystems«, sagte die politische Theoretikerin Hannah Arendt bei einem Interview im Norddeutschen Rundfunk im Jahr 1965.²⁶ Sie nimmt dabei nicht nur in den Blick, dass demokratisch gewählten Volksvertretern ein Amt nur auf Zeit anvertraut ist, sondern dass das Gesetz über allen, auch über den Gewählten selbst, steht. Im demokratischen Prozess verabschieden die Gewählten nicht nur die Gesetze, sie sind ihnen in derselben Weise unterworfen wie ihre Wähler. »Das Gesetz steht über allen«, fasst ihr Interviewpartner, der Staatsrechtler Carlo Schmid, deshalb in einem einzigen kurzen Satz zusammen.

Seit rund 250 Jahren werden hoheitlich gesetzte Regeln, die für eine Gesellschaft gelten – das positive Recht –, systematisiert, inhaltlich zusammengefasst und als Gesetzessammlung in Buchform veröffentlicht. Deutsches Bundesrecht präsentiert sich fein säuberlich zwischen plastiküberzogenen roten Buchdeckeln und verlässt sich voll und ganz auf die prädigitalen Technologien von Papier und Buchdruck. Damit folgt auch das Gesetzbuch dem Prinzip, das wir schon erörtert haben: Es gilt, was schwarz auf weiß geschrieben steht. Wie ein Katechismus stehen die gedruckten Gesetzessammlungen Rede und Antwort bei allen Fragen des Rechts. Jedermann kann sie seiner Bibliothek einverleiben; sie sind vollständig und transparent; man kann in ihnen nachlesen und sich darauf verlassen. Man kann wissen, wann man Recht und Gesetz bricht. Und wann man welche Rechte gegen wen einklagen kann.

Zugegeben, diese Sichtweise auf das positive Recht ist stark verkürzt, aber es geht um die plakative Gegenüberstellung, mehr noch, um einen Konflikt des hoheitlich gesetzten Rechts mit einer neuen Methode, Menschen zum Handeln zu bewegen: dem Programmcode von Algorithmen. Schon in den Neunzigerjahren stemmte sich die Kultur der Digitalisierung gegen bestehende Gesetze, Herrschafts- und Staatsformen. Im Jahr 1992 formulierte der amerikanische Informatiker David Clark das Glaubensbekenntnis der Digitalisierung deshalb so:

»We reject kings, presidents and voting. We believe in rough consensus and running code.«[27] Wir lehnen die Monarchie, die Republik und ihre präsidialen Oberhäupter, auf Zeit gewählt, ab. Wir glauben an einen Grundkonsens und laufenden Programmcode.

Faktisch ist auch diese Vision der Pioniere der Computerwissenschaft bis heute nicht verwirklicht. Stattdessen sind mehr Staat, mehr Ordnung, mehr Gesetze auf dem Vormarsch, um den wachsenden Herausforderungen der modernen Gesellschaft zu begegnen. Der Staat und seine Strukturen, scheint es, erleben einen zweiten Frühling.[28]

Die jüngsten technologischen Fortschritte bei der Künstlichen Intelligenz deuten dennoch darauf hin, dass uns eine Welle neuer Verfahrensregeln, die nicht Normen einer demokratischen Rechtsordnung, sondern Ausdruck von Zwang durch private Wirtschaftsunternehmen sind, erst noch bevorsteht. Dass sich Programmcode mit der Zunahme intelligenter Maschinen in den nächsten Jahren weiter ausbreitet und uns umgeben und einschließen wird, ist ein unumkehrbarer Fakt, mit dem wir uns besser heute als morgen auseinandersetzen.

Mit dem *Internet of Everything* wird der Trend, die Gesellschaft mithilfe von Programmcode zu gestalten, weiter zunehmen. Dafür sorgen weniger künstliche Politiker wie Ai und ihre Kontrollstrategien, sondern mehr ihre algorithmischen Ebenbilder aus privatwirtschaftlicher Hand. Die Ausstattung unseres gesamten Umfelds mit IP-Adressen und die damit verbundene Aktivierung unserer Umwelt erlauben die vollständige, lückenlose Überwachung unseres Verhaltens. Intelligente Maschinen erstellen Verhaltensprofile, denen unsere persönlichen Datenspuren zugrunde liegen. Unter marktwirtschaftlichen Gesichtspunkten ist die Totalüberwachung ein effizienter Weg, um Menschen in Kategorien einzuteilen. Je nach Zuordnung stellen Menschen ein bestimmtes Risiko dar oder bieten eine Vermarktungsgelegenheit.[29] Die Einschätzung der Künstlichen Intelligenzen wird dabei nicht immer zutreffen. Sie nehmen eine generelle Klassifizierung menschlichen Verhaltens vor, die auf Statistik beruht und deshalb von Unschärfe, das heißt Fehleinschätzungen, betroffen ist. Trotzdem kann man sich *im Allgemeinen* auf die Zuverlässigkeit der algorithmischen

Klassifizierung und des Profiling verlassen und antizipieren, wie sich Menschen und ihre unmittelbare Umgebung in der nahen Zukunft verhalten werden und wie man vorgehen muss, um darauf einzuwirken oder Kapital daraus zu schlagen.[30] Sobald uns der Programmcode des *Internet of Everything* diesen einen Schritt voraus ist und vorab eine Vielzahl von Entscheidungen an unserer Stelle trifft, gestaltet er unser Leben mit und kollidiert mit positivem Recht, sogar mit grundrechtlichen Prinzipien wie der Privatsphäre und der Selbstbestimmung des Menschen, dem Diskriminierungsverbot und dem Recht auf einen fairen Prozess.

In digitalen Zeiten und unter dem Regime des *Internet of Everything* müssen wir deshalb mit einer »Zwangspraxis« rechnen: dem Programmcode einer Umgebungsintelligenz, der unser Leben antizipiert und lenkt, indem er forciert, dass wir etwas Bestimmtes tun oder lassen.

Dass der Programmcode neben der hoheitlichen normierenden Rechtspraxis wirkt, steht ebenfalls schon heute fest, denn die Wirkung seiner zwingenden Kraft hat bereits eingesetzt. Weil sie schleichend stattfindet, empfinden wir sie mit Zeitablauf als »normal«, so wie die Führung eines Bankkontos: Kein Gesetz schreibt vor, dass Bürger Bankkonten führen müssen. Doch wer kein eigenes Bankkonto vorweisen kann, erhält auch keinen Zugang zu lebenswichtigen Leistungen. Eine Mietwohnung bekommt er nicht. Die Kreditaufnahme wird ihm verweigert. Eine Anstellung antreten zu wollen, ohne ein Bankkonto angeben zu können, dürfte ebenso illusorisch sein. Dabei wurde noch Mitte des letzten Jahrhunderts Lohn durchaus bar in der Lohntüte übergeben.

In wenigen Jahrzehnten ist das Bankkonto zur gesellschaftlichen Norm geworden, ohne dass Banken gesetzlich verpflichtet wären, einem Antragsteller ein Bankkonto einzurichten. Erst am 11. April 2016 hat Deutschland die EU-Vorschrift über den »Zugang zu Zahlungskonten« in ein Bundesgesetz gegossen.[31] Die Lebenswirklichkeit hat Fakten geschaffen. Erst jetzt, nach Jahrzehnten, werden die Außenseiter und Minderheiten – Obdachlose, Migranten, jene, die bisher nicht normkonform waren, etwa weil sie keinen festen Wohnsitz haben – gesetzlich geschützt.

Bei der Internetnutzung sind es schon die kleinsten Programme, die Cookies, die bestimmen, ob man Zugang zu Online-Angeboten erhält oder nicht. Sie schaffen die zwingende Ursache für den Zugang zu Inhalten. Sie sind die Faktizität, die von privaten kommerziellen Einrichtungen außerhalb eines geregelten demokratischen Prozesses geschaffen wurde und der sich die Anwender zwangläufig beugen. Für die Mehrzahl der Anwender sind Cookies nicht transparent, und trotzdem zwingen sie die Anwender, der Überwachungsaktivität zuzustimmen, andernfalls bleibt ihnen der Zugang zu den Inhalten einer Website verwehrt.

Gegen den Zwang, den Cookies ausüben, kann man nicht verstoßen – gegen die Normen einer demokratisch formalisierten Rechtsordnung aber jederzeit. Gerade die Möglichkeit, gegen positives Recht zu verstoßen, macht eine Gesellschaft frei.[32]

Der Verwendung von Cookies hingegen kann man zustimmen oder nicht; Webinhalte ohne Zustimmung zu Cookies zu nutzen, gelingt Laien nur selten. Im Vergleich dazu lässt positives Recht immer die Wahl: Ich *kann* mich daran halten, ich *muss* aber nicht. Weil positives Recht die freie Entscheidung zum Ungehorsam zugesteht, spricht es gleichzeitig Sanktionen gegen Rechtsverstöße aus. Und damit sich der Kreis schließt: Wer sich falsch behandelt fühlt, kann klagen. In der Charta der Grundrechte der Europäischen Union nehmen die sogenannten *justiziellen Rechte* deshalb mehr Raum ein als im Grundgesetz für die Bundesrepublik Deutschland.[33] Aber wo Klage erheben, wenn ein Cookie heimlich, unsichtbar und nach Art eines Trojanischen Pferds installiert wurde? Wer empfängt und liest die Datenspuren, die ein Anwender beim Surfen hinterlässt? Wer hat die Gerichtshoheit inne, und wo befindet sich das zuständige Gericht?[34] Gegen die (heimliche) Erfassung seines Online-Verhaltens kann sich niemand wehren.

Der Einsatz Künstlicher Intelligenzen als Umgebungsintelligenz wird den Konflikt von formalisierter Rechtsordnung und »geschlossener Praxis, die keine Ausnahmen kennt«[35], noch verschärfen. Umgebungsintelligenz ist ungleich komplexer als Cookies, gleicht Cookies jedoch darin, was die Zwangspraxis betrifft. Umgebungsintelligenz ist rigoroser als das geschriebene Recht, weil sie keine Auslegung zulässt. Schon das »If_Then_Else« eines regelbasierten Computerprogramms ohne jede Eigenintelligenz bedeutet, dass eine Anweisung ausgeführt wird, sobald eine bestimmte Bedingung eingetreten ist. Anwenderverhalten wird erzwungen, ohne auf den freien Willen einer Person Rücksicht zu nehmen. Das ist schon heute so. Die Digitalisierung ist eben nicht nur ein Sammelsurium moderner Technologien. Sie verändert das Verhalten der Gesellschaft, indem sie Fakten schafft. Die programmatischen Fakten sind aber keine

Normpraxis, die Verstöße und Abweichungen sowohl in Richtung mehr Konformität als auch größerer Widerstand zuließe.[36] Aber: Was unter dem Regime des Programmcodes als Normalität definiert ist und akzeptiert wird, wirkt mit der Zeit normativ.

Die neue Normalität des Programmcodes, als gesellschaftliche Norm nicht mehr erkennbar, gerade weil sie »zwingende Ursachen« setzt[37], könnte die Freiheit des selbstbestimmten Menschen leicht durch die Entscheidungen seiner Umgebungsintelligenz ersetzen. Und der Mensch, dem die Freiheit ohnehin schwerfällt? Der sich vielleicht sogar davor fürchtet? Mit dem Verlauf der Geschichte und der Auflösung des Warschauer Pakts hatte sich herausgestellt, dass sich viele der europäischen Neubürger in der selbst errungenen Freiheit nicht zurechtfanden. Als ratloser, »passiv[er] und unkritische[er]« Homo sovieticus sehnte sich mancher nach den guten alten Zeiten zurück[38], indem er »alle hoffnungsvollen Erwartungen in den Staat setzt«[39]. Dem Menschen inmitten komplexer Systeme, der sich nach Einfachheit sehnt und darauf gut ansprechbar ist, könnten intelligente Maschinen mit Führungskompetenz, die Erlösung vom Übel der Entscheidungsfreiheit versprechen, mehr als willkommen sein.[40] Es sieht ganz so aus, als ob der Mensch im 21. Jahrhundert bereit sein könnte, die demokratisch formalisierte Rechtsordnung auf dem Altar der Digitalisierung zu opfern.

Vergessene Feindschaft? Der Primat der Politik und die Macht der Wirtschaft

Es wurde schon erwähnt: Das Internet sei kein Aliud, äußerte sich der deutsche Innenminister, Thomas de Maizière, im Herbst 2014. Im Internet gelte dasselbe Recht wie außerhalb des Internets. Das sieht der Google-Vorsitzende Eric Schmidt ganz klar anders. In seinem 2013 erschienenen Buch *Die Vernetzung der Welt: Ein Blick in unsere Zukunft* stellt er fast zeitgleich mit dem Politiker fest:

»Das Internet ist das größte Anarchismusexperiment aller Zeiten. Die Onlinewelt [...] wird kaum durch Gesetze beschränkt.«[41]

Wer von beiden hat recht?

Eric Schmidt wiederholt nur, was auch Kryptoanarchisten anstreben: sich im Netz ohne den Einfluss staatlicher Macht zu entfalten und, mehr noch, staatliche Strukturen mit den Technologien der Digitalisierung ganz zu beseitigen.

Die Aussage des Politikers, dass sich die Staatsmacht in die digitale Sphäre hinein ausdehnt, trifft bislang nicht zu. Sie drückt einen politischen Wunsch aus, aber die Realität ist eine andere. Denn der Staat mit seinem Werkzeug des positiven Rechts hat allergrößte Schwierigkeiten, die mit der Digitalisierung verbundenen Phänomene zu erfassen und wirksam zu regulieren. Denn was ist Digitalisierung? Was ist das Internet – ist es ein anonymer Zugang zu einem Netzwerk von Computern, oder regelt ein Kommunikationsprotokoll den Gebrauch? Den Zugang zur Leistung bestimmen Softwaredesign und Programmcode, aber nicht der Gesetzgeber. In kurzen Abständen treten immer neue digitale Phänomene auf, die so kreativ und disruptiv sind, dass sie in ihren gesellschaftlichen Auswirkungen zuerst nicht wahrgenommen und dann unterschätzt, weil nicht verstanden sind. Es sieht danach aus, als ob das gesetzliche Waffenarsenal kaum mehr Wirkung zeigt, weil es allein schon schwierig ist, die digitalen Akteure und Aktionen zu benennen.

Trotzdem ist es nicht ganz so, wie die Kryptoanarchisten und Eric Schmidt glauben. Auch im digitalen Raum wird Macht ausgeübt. Nur: Die Macht liegt nicht beim Staat. Macht – wir erinnern uns: die Möglichkeit, Einfluss auszuüben, um die soziale Wirklichkeit zu gestalten, zu verändern – verschiebt sich gerade auf nie da gewesene Weise. Das Machtmonopol des Staates besteht nicht mehr uneingeschränkt. Seine politischen und rechtlichen Instrumente büßen immer mehr an Macht ein. Stattdessen wird Macht von privaten Institutionen wie GAFAM ausgeübt. Der Macht, die Menschheit umzubauen, geht ihre wirtschaftliche Macht voraus. Und sie verfügen über sagenhafte wirtschaftliche Macht. Google und Apple machen sich wechselseitig den Rang des wertvollsten Unternehmens streitig. Allein ihre akkumulierte Liquidität würde ausreichen, um nicht nur das griechische Staatsdefizit auf einen Streich zu tilgen. Facebook-Gründer Mark Zuckerberg gehört zu den reichsten Menschen auf dem Planeten, ebenso Microsofts

Topmanager Bill Gates. Macht beginnt mit wirtschaftlicher Stärke. Erst danach wird es politisch.

Informationskapitalismus kontra Freiheit

Märkte tendieren dazu, das gesamte Leben der Menschen zu erfassen. Sie expandieren in alle Bereiche des Lebens, »ganz unabhängig, ob diese zur Kommodifizierung überhaupt taugen«[42]. Seit dem Fall des Warschauer Pakts prägen die Märkte das Leben moderner Gesellschaften so stark, dass wieder von der »kapitalistischen Gesellschaft« die Rede ist.[43]

Auch die Digitalisierung wirkt also zuerst ökonomisch und damit lebensverlängernd auf die Ideologie des Kapitalismus. Auf den Finanzkapitalismus folgt die neue, digitale Spielart des Informationskapitalismus.

Bisher baute der Kapitalismus auf dem Konzept der fiktiven Güter Arbeit, Natur (Boden) und Kapital auf.[44] Nach den vielfältigen Krisen, die Märkte seit ihrer Deregulierung in den Achtzigerjahren durchliefen, sind alle drei Güter erschöpft. Burn-outs gelten als modernste Erkrankung der westlichen Arbeitnehmerschaft. An der steigenden Geschwindigkeit des Arbeitstempos, an kurzfristig wechselnden Arbeitsumgebungen mit neuen Software und Funktionen, am »sportlichen« Mithalten in einer immer schneller werdenden Arbeitswelt oder an der Forderung dauernder Erreichbarkeit außerhalb der Arbeitszeiten erkranken immer mehr Arbeitnehmer. Ähnlich erschöpft und verwundet ist die Natur. Dem Raubbau durch den Menschen setzt sie sich mit Klimawandel und sich häufenden Naturkatastrophen zur Wehr. Und auch auf das Geld kann sich niemand mehr verlassen. Zentralbanken verwirklichen eine unbegrenzte monetäre Expansionspolitik und schöpfen Geld aus dem Nichts.

Dass zeitgleich mit Ausbruch der Bankenkrise 2007 Apples iPhone auf den Markt kam, kann Zufall sein. Sicher ist: Für seinen Fortbestand brauchte der Kapitalismus ein neues, unverbrauchtes Gut. Er suchte und fand einen neuen Rohstoff: persönliche Daten. Wo Arbeit, Natur und Kapital überdehnt sind, werden persönliche Daten bestimmendes Element des Kapitalismus. Als Informationskapitalismus verhelfen sie der Weltwirtschaft zu neuen Wachstumsschüben.

Das datenbasierte Weltwirtschaftswachstum, das seit der Einführung des iPhones im Jahr 2015 einen vorläufigen Höhepunkt erreicht hat, ist so wenig gegenständlich wie sein neuer Rohstoff. Der Löwenanteil kommt denen zugute, die persönliche Daten in ihren Zugriff überführen und sowohl über die digitalen Technologien verfügen, Daten für das Profiling und zur Lenkung der Gesellschaft zu nutzen, als auch finanzkräftig sind. Oligarchisch verteilen sie von unten nach oben um und akkumulieren die fiktiven Waren Daten und Geld. Wer hingegen persönliche Daten liefert, geht in der Regel ohne angemessene Gegenleistung aus und wird um eine neue Ressource des Wirtschaftens beraubt, deren Quelle er selbst ist. Denn was für den Informationskapitalismus neu ist, ist genauso neu für den Rohstofflieferanten Mensch. In der digitalen Ära nimmt der Mensch zum ersten Mal in der Menschheitsgeschichte nicht nur mit seiner Arbeit, sondern mit seinen persönlichen Daten am

Wirtschaftsleben teil. Die neue Ausbeutung des Menschen findet dort statt, wo eine digitale Existenz – ein Datenzwilling oder, wenn entstellt, weil mit Fehlern behaftet, ein virtueller Zombie – entsteht, die der Mensch nicht mehr unter Kontrolle hat, weil andere Anspruch darauf erheben.[45]

Obwohl die digitale Überwachung und das Profiling der Anwender Konsequenzen für die wirtschaftliche, sexuelle, soziale oder religiöse Souveränität der Menschen haben, sind sie gesellschaftlich akzeptiert. Vier Fünftel der Menschen halten den Zugang zum Internet, in dem sie auf Schritt und Tritt überwacht werden, sogar für ein Menschenrecht.[46] Das zeigt, wie sehr die Digitalisierung und ihre Werkzeuge von ihrer inneren Gestalt her gesellschaftsfähig geworden sind. Die Digitalisierung erfüllt die Zivilgesellschaft. Nur wenige Anwender protestieren gegen die Überwachung durch die Informationskapitalisten, die weiter zunehmen wird, auch deshalb, weil sie in aller Stille vor sich geht. Nur wenige prangern an, dass ihnen persönliche Daten und zunehmend ihr Verhalten entrissen werden. Stattdessen findet der Informationskapitalismus Wege, um sich zu rechtfertigen. Die Anwender legitimieren ihn höchstpersönlich, indem sie die »Gegenleistung« in Anspruch nehmen, die der Informationskapitalismus bietet: seine kostenlosen Angebote, um Bilder oder Texte zu speichern und zu teilen, online zu telefonieren oder Mails zu versenden – jene digitalen Leistungen, die Produktivität erzeugen, aber im herkömmlichen Sinne nicht messbar sind, weil sie kein Preisschild tragen.

Der Trick mit der vermeintlichen Kostenlosigkeit hat dem Informationskapitalismus dabei geholfen, ein grundsätzlich illegales Tun Normalität werden zu lassen: die lückenlose Überwachung des Menschen mit allen Folgen für seine Lenkung und Manipulation. Was das positive Recht verbietet und nur ausnahmsweise erlaubt, verwandelt der Programmcode der Informationskapitalisten in eine gesellschaftliche Tatsache. Doch die formelle, demokratische Inkraftsetzung der algorithmischen Totalüberwachung ist nie erfolgt. Die Überwachten wurden nie nach ihrem Willen gefragt. Natürlich könnte man einwenden, sie seien mit der Überwachung einverstanden, weil sie in Nutzerbestimmungen eingewilligt haben. Doch sie hatten nie wirklich die Freiheit, sich zu entscheiden, haben wir gerade mit Blick auf die Zwangspraxis von Programmcode festgestellt. Wer sich nicht konform verhält, dem wird der Zugang zu Leistungen schlicht verweigert.

Sich in der digitalen Ära überwachen zu lassen, ist in vielen Fällen deshalb ganz und gar nicht voluntaristisch. Trotzdem hat sich die Überwachung als neue Normalität durchgesetzt. GAFAM haben nicht nur wirtschaftliche Macht, in der digitalen Welt sind sie die Herrscher und nicht der klassische Staatsapparat. Die soziale Synthese geschieht durch die Anwender, die die neuen Machthaber, ihre Algorithmen, ihre Programmcodes, ihre Künstlichen Intelligenzen und Geschäftsmodelle legitimieren. Anwender gehorchen von der algorithmischen Regulierung über den Zugang zu einer digitalen Leistung und der Entscheidungsunterstützung durch eine intelligente Maschine bis hin zur vollautomatischen Ausführung einer Entscheidung. Sie gehorchen nicht nur, sie nehmen die Anweisung und Übernahme der Entscheidung durch Algorithmen sogar dankbar an. Im Tausch hierfür nehmen sie die Überwachung in Kauf. Die Überwachung sei notwendig, wird ihnen erklärt, notwendig für Sicherheit, Gesundheit und Bequemlichkeit – eine »rhetorisch meisterhafte Irreführung«[47]. So hält man die Bewunderung für den Fortschritt aufrecht und den Informationskapitalismus in Gang, trotz aller Sorgen um die Erosion der Grund- und Bürgerrechte von Anwendern.

Profit machen mit Daten: Was der Wirtschaft recht ist, ist dem Staat billig

Die Expansion des Kapitalismus in die neue fiktive Ware der persönlichen Daten geht auf rationales Agieren der wirtschaftlich Mächtigen und ihrer Finanzinvestoren zurück. Sie wollen Profite erwirtschaften. Um Profitabilität herzustellen, werden persönliche Daten und die daraus berechneten Anwenderprofile kommerzialisiert. Sie werden in Dossiers verzeichnet und an interessierte Unternehmen weiterverkauft, die mehr über ihre Anwender wissen wollen.

Was privaten Informationskapitalisten lieb ist, kann dem Staat nur teuer sein. Auch er hat ein Interesse an der Profitmaximierung. Beim Staat geht es um die Optimierung von Steuereinnahmen und die Staatsfinanzierung. Deshalb findet auch der Staat Geschmack an der Beobachtung, dem Profiling des Einzelnen und Lenkung der ganzen Gesellschaft, auch wenn sie außerhalb öffentlicher parlamentarischer Gesetzgebungsprozesse und neben dem positiven Recht erfolgt. Deshalb stehen an dem einen Ende der digitalen Transformation des Staates gemeinsame Workshops mit Google, die von Mitarbeitern der Finanzämter besucht werden. Dort führt man ihnen vor, wie sie anhand der einzigartigen Kennung der Smartphones ihrer Steuerzahler (der sogenannten MAC-Adresse) genau nachvollziehen können, welche Länder oder Läden ihre »Kunden« besucht haben. Steuer-CDs ankaufen war gestern. Heute gilt die Echtzeitverfolgung von Steuerzahlern bequem vom staatseigenen Kontrollzentrum, dem Finanzamt, aus.

Am anderen Ende stehen *nudging* und Künstliche Intelligenzen wie Ai mit ihren algorithmischen Kontrollstrategien. Noch sind sie keine operative Realität, aber sie könnten schnell einsatzbereit sein, vergleichbar mit autonomen Autos. Früher oder später müssen wir mit ihnen rechnen. Denn wenn private Unternehmen maschinelle Assistenten zu Zwecken der globalen Konsumentensteuerung einsetzen, wird auch der Staat auf den Geschmack kommen und mit seinen Bürgern ähnlich verfahren wollen.

Die »un«-menschliche Verkürzung des Lebens

Weil der Profit das erste Interesse der Informationskapitalisten in der Wirtschaft und die Staatsfinanzierung oberstes Ziel der Finanzminister ist, weigern sie sich vorzustellen, welche Folgen der Informationskapitalismus für den einzelnen Bürger hat. Wirtschaftswachstum durch mehr Digitalisierung hat Priorität, der Einzelne soll sich unterordnen. Das, in der Tat, wäre die Realisierung einer marktkonformen Demokratie. Am deutlichsten verleugnen die Technologiegiganten aus Silicon Valley den Menschen. Für sie, lassen sie wissen, ist der Mensch die ultimative Maschine. Der Mensch selbst sei nichts als ein Algorithmus und sein Verhalten besser zu prognostizieren als das einer Künstlichen

Intelligenz. Der Mensch als Maschine: Dieser philosophische Irrtum trieb die Philosophen immer wieder um, seit Immanuel Kant erstmals die gegenteilige Auffassung vertrat und jeden Menschen für einzigartig hielt. Die politische Theoretikerin Hannah Arendt schloss sich dieser These an.[48] Entsprechend warnt sie davor, den Menschen in seiner Einzigartigkeit aus der Gleichung des Lebens zu streichen:

»Die ungeheure Gefahr der totalitären Erfindungen, Menschen überflüssig zu machen, ist, dass überall dauernd Massen von Menschen im Sinne utilitaristischer Kategorien überflüssig werden. Es ist, als ob alle entscheidenden politischen, gesellschaftlichen und wirtschaftlichen Tendenzen der Zeit in einer heimlichen Verschwörung mit den Institutionen sind, die dazu dienen könnten, Menschen als Überflüssige zu behandeln.«[49]

Wer den Menschen überflüssig macht, unabhängig davon, ob es der Staat oder die Wirtschaft tut, und ihn im *Internet of Everything* anderen unbelebten Dingen, Tieren und Maschinen gleichstellt, muss sich auch nicht mehr vorstellen, ob und wie der Mensch unter Überwachung, Profiling und Kommerzialisierung seiner persönlichen Daten leidet. Dann, so die Analogie zur politischen Theorie des Totalitarismus, herrsche die Bewegungsunfreiheit totalitärer Herrschaft.[50]

Im »un«-menschlich komplexen dynamischen System aus vernetzten Dingen und intelligenten Maschinen hat der Mensch keine Sonderstellung inne. Er gliedert sich in die digitalen Strukturen ein, er ordnet sich unter, er übernimmt keine Hauptrolle – mit einer Ausnahme. Ein Unterschied zum Internet der Dinge besteht. Jetzt noch, in der Frühzeit des Informationskapitalismus, sind es nur Menschen, die über Geld verfügen, nicht ihre Dinge. Dieses Geld gilt es umzuverteilen, von unten nach oben zu einer Oligarchie der technologisch Mächtigen. Profite sind ihr Ziel, der Verantwortung für den Menschen entziehen sie sich, wohl auch deshalb, weil zum Informationskapitalismus ein weiteres ideologisches Element hinzutritt: der Positivismus. Positivisten schaffen sich ein Bild der Welt, indem sie messen und zählen, analysieren und prognostizieren. Was allein zählt, ist die wissenschaftliche Vernunft. Die Mathematik ist ihre Religion: »Mathematik allein genügt.«[51] Die Positivisten machen die Welt quantitativ verstehbar, aber sie reduzieren sie auch – und zwar auf Zahlen, wie sie Künstliche Intelligenzen wie Ai nicht nur verstehen, sondern sogar selbst erzeugen. Ai und ihre maschinellen Pendants sind damit schon zufrieden. Aus Sicht des Menschen ist die Verkürzung des Lebens auf reine Zahlen unmenschlich.

Defekter Grundrechtsschutz,
defekte Demokratie

Wenn das *Internet of Everything* und seine Umgebungsintelligenz Fakten schaffen, kommt es dann bloß zu einem
Konflikt unserer aktivierten Umwelt mit dem positiven
Recht, den wir noch moderieren können? Beobachten wir
nur die übliche Gegnerschaft von Wirtschaftsinteressen und
dem Primat der Politik? Dann blieben die Traditionen von
Recht und Politik weitgehend erhalten. Oder wird das positive Recht erodieren, um im weiteren Verlauf des 21. Jahrhunderts ganz von Programmcode substituiert zu werden?
Code is law, das »Gesetz der Algorithmen«, würde die Art,
in die sich Recht künftig kleidet, völlig verändern.

In jedem Fall greift der Informationskapitalismus den
Raum der Freiheit an, der auf der Idee des selbstbestimmten Menschen aufbaut. Die wachsende Umgebungsintelligenz, spezialisierte Künstliche Intelligenzen wie Ai und
die maschinelle Autonomie nehmen aktiv Einfluss auf die
Gesellschaft. Unter ihrer gestalterischen Kraft leidet die
Rechtsstaatlichkeit, die nicht nur die Grundrechte und die
politischen Partizipationsrechte, sondern auch die Gewaltenteilung garantieren sollte.[52]

Wird dem einzelnen Menschen die Selbstbestimmung ab-
gesprochen, besteht kein Grund mehr, die Demokratie und

die Wahl zwischen alternativen Parteien weiter aufrechtzuerhalten, es sei denn, als wirkungslose Fiktion. Einfacher als die Demokratie, weil weniger erklärungsbedürftig,
»sicherer«, weil weniger unfallträchtig als die Demokratie, effektiver, weil passend zugeschnitten auf ein komplexes, vernetztes sozioökonomisches System, systematischer
und optimaler wäre die Lenkung der Gesellschaft mithilfe
algorithmischer Kontrollstrategien. Sie dürften zur großen
Versuchung des Herrschaftsapparats dieses Jahrhunderts
werden.

Nichts bleibt privat:
persönliche Daten in einer aktivierten Welt

Die Charta der Grundrechte der Europäischen Union, Artikel 8, spricht sich für den Schutz persönlicher Daten aus
in der Absicht, einen *Wert* zu schützen: die Privatsphäre.[53]
Sowohl für die persönliche Entwicklung eines Menschen als
auch für die Pluralität der Gesellschaft ist Privatsphäre, in
der man tun und lassen kann, was gefällt, hochnotwendig.
Privatsphäre hat ganz verschiedene Aspekte: Man kann sich
Privatsphäre im eigenen Zuhause schaffen, innerhalb der
Familie und mit den besten Freunden oder auch mit Blick
auf Daten, die man weitergibt oder lieber für sich behält.
Um Letzteres geht es bei diesem Grundrecht; nur ist es nicht
gut anwendbar auf eine intelligente Umgebung, die in persönlichen Daten neue Informationen und Muster entdeckt.
In einer Umwelt, die immer smarter wird, die sich proaktiv verhält und uns viele Entscheidungen abnimmt, die sie
auf Anwenderprofile und persönliche Präferenzen zurück-

führt, kann die grundrechtliche Garantie nicht leicht aufrechterhalten werden. Denn Menschen wollen die digitalen
Butler gerne nutzen[54], weil sie ihnen die mehr oder weniger trivialen Entscheidungen des Lebens abnehmen. Doch
dazu benötigen die digitalen Helfer möglichst viele unserer Daten. Allerdings ist es erst der technische Vorgang, der
sich *nach* der Erhebung persönlicher Daten vollzieht – die
Analyse von Massendaten, die Klassifizierung, das Profiling
und der Einsatz einer Kontrollstrategie –, die den Anwender später einmal durch den Alltag navigiert. Die Öffnung
seiner Privatsphäre bringt ihm Vorteile, ist aber gefährlich.
Der Bequemlichkeit steht die Preisgabe von Rechten gegenüber – oder, wenn man so will, die Übertragung von
Rechten an intelligente Maschinen und die Informationskapitalisten. Sie akkumulieren nicht nur Kapital und Daten, sondern auch Entscheidungsrechte.[55] Und obwohl ein
Entscheidungsrecht nicht stofflich ist, birgt die zunehmende
Umverteilung dieser Rechte von unten nach oben genug Potenzial für soziale Unruhe.

Bis in die Datenanalyse und Entscheidungsunterstützung
hinein reicht der Schutzumfang des Grundrechts nicht,
auch deshalb nicht, weil es für manche Profiling-Aufga-
ben gar nicht notwendig ist, auf persönliche Daten zurückzugreifen. Computerprogramme für die vorausschauende
Überwachung durch die Polizei, das *predictive policing*,
basieren auf öffentlich zugänglichen geografischen Daten
und Statistiken, die keine persönlichen Daten enthalten.
Das Profiling von Menschen kann auch auf Basis von Daten erfolgen, die vom Schutzumfang des Grundrechts nicht
betroffen sind.

Die EU-Datenschutzgrundverordnung (EU-DSGVO), die 2018 gesetzliche Wirkung in allen EU-Ländern entfalten wird, versucht, Lücken zu schließen. Personen sollen keiner »ausschließlich auf einer automatisierten Verarbeitung – einschließlich Profiling – beruhenden Entscheidung unterworfen [...] werden, die ihr gegenüber rechtliche Wirkung entfaltet oder sie in ähnlicher Weise erheblich beeinträchtigt«.[56] Anwendern wird es jedoch schwerfallen festzustellen, wer sie profiled, ob die Klassifizierung vollautomatisch stattfindet und inwiefern eine erhebliche Beeinträchtigung auf Profiling zurückzuführen ist. Mit zunehmender Umgebungsintelligenz wird die Vorschrift vermutlich ohnehin hinfällig, weil sie gänzlich im Konflikt mit der Autonomie einer aktivierten Umgebung des Internet der Dinge steht.[57] Die Regelungslücke besteht also weiterhin, und ob positives Recht in der Lage sein wird, sie zu schließen, sei dahingestellt.

Algorithmische Diskriminierung: Wenn der Programmcode benachteiligt

In einer Demokratie sind Minderheiten besonders schützenwert. Sie verhelfen einer Gesellschaft nicht nur zu Pluralismus und Soziodiversität. Minderheiten sind die Alternativen, die jederzeit zur Mehrheit aufsteigen könnten.

Das Profiling, wie sie autonome, intelligente Maschinen schon heute durchführen, sollten wir auch im Lichte des Diskriminierungsverbots hinterfragen. Für das maschinelle Profiling setzt man Klassifizierer ein; auch bei modernen Klassifizierern, das haben wir schon bei Googles künstlichem Brettspieler AlphaGo betrachtet, handelt es sich um ein Teilgebiet der Künstlichen Intelligenz, und zwar um lernende Maschinen wie Tiefschichter. Für das Profiling lösen sie eine Aufgabe der Mengenlehre. Die Maschinen lernen, in welcher *Äquivalenzrelation* die Objekte einer Menge – konkreter: Personen – stehen. Einfach gesagt: Klassifizierer stellen fest, ob Personen hinsichtlich ihres Verhaltens gleich oder ähnlich sind. Dazu genügen Stichproben.

Wenn ein Käufer K bezüglich seines Interesses an einem Produkt dieselbe Äquivalenzklasse wie Käufer K_I teilt, dann treffen alle Aussagen, die man über den Käufer K machen kann, auch auf den Käufer K_I und sämtliche anderen Käufer zu, die derselben Äquivalenzklasse angehören. Wenn ein Wähler W aus einer Äquivalenzklasse Interesse an einer Partei bekundet, sind alle anderen Wähler der Äquivalenzklasse an derselben Partei interessiert. Auf diesem mathematischen Konzept beruht die Klassifizierung, die alle Personen restlos in Äquivalenzklassen einteilt. Restlos bedeutet: Ausnahmslos jede Person erhält ihre Zuteilung. Man kann es auch deutlicher ausdrücken: Die einzige Aufgabe eines Klassifizierers ist es, zu diskriminieren. Ein Klassifizierer ist nur dann ein tauglicher Klassifizierer, wenn er über *Diskriminierungsfähigkeit* verfügt.

Die Fähigkeit einer Maschine, qualifizierte Unterscheidungen zu treffen, ist zunächst einmal nicht verwerflich, und wie alle Technologien ist auch der Vorgang der Klassifizierung zunächst wertfrei. Eine qualitative Herausforderung der Klassifizierer bleibt aber bestehen: Bei der Zuweisung von Objekten in Äquivalenzklassen kommt es zu Fehlklassifikationen. Personen können einer Äquivalenzklasse zugeschlagen werden, der sie realiter gar nicht angehören – das sind die falsch positiv Klassifizierten –, andere Personen, die falsch negativ Klassifizierten, müssten eigentlich einer bestimmten Äquivalenzklasse angehören, finden sich aber nicht darin wieder. Soll die Klassifizierungszuverlässigkeit erhöht werden, gilt es, diesen Klassifizierungsfehler zu minimieren. Ganz wird man den »Fehler« allerdings nie beseitigen können. Wenn Objekte nicht eindeutig separierbar sind, bleibt die Unterscheidung der Objekte mit Unsicherheit behaftet, und der Fehler bleibt bestehen. Daran muss auch die Erhebung von noch mehr Daten nicht zwingend etwas ändern. Heute besteht das Problem der Klassifizierung vielmehr darin, wer sie einsetzt: Unternehmen und ihre Marketingabteilungen. Das kommt uns so normal vor, dass wir nicht mehr hinterfragen, ob nicht doch ein grundrechtsschonendes Design für Klassifizierer und das Profiling möglich wäre.

Marketingabteilungen wollen individuell werben und suchen vermehrt nach Mustern bei ihren Kunden. Für die Mustererkennung, das haben wir schon beim Schutz persönlicher Daten erwähnt, muss man nicht notwendigerweise auf persönliche Daten zurückgreifen. Aggregierte Massendaten reichen bereits aus, um grobe Typisierungen zu treffen. Wer in einer bestimmten geografischen Region lebt, behauptet ein Algorithmus zur Berechnung der Kreditwürdigkeit, ist ein schlechter Schuldner, weil viele Schuldner in derselben Region mit ihren Krediten im Verzug sind.

Die Klassifizierung vieler Personen auf Basis vager Statistiken hat im bisher beliebtesten Einsatzszenario, dem Marketing, ganz klar die Tendenz zur *Standardisierung*. Dasselbe gilt übrigens auch für einen künstlichen Politiker wie Ai, der Wähler erst klassifiziert, um dann eine gezielte Wahlansprache auszuführen. Standardisierung bedeutet aber auch, dass Verfahren, die eine Minderheit explizit schützen, nicht zum Einsatz kommen. Mag die Klassifizierung noch so ausgeklügelt sein, letztlich gibt sich auch das Marketing mit der Berechnung eines Durchschnitts zufrieden. Und wieder droht zur Norm zu werden, was *normal*, also Durchschnitt, ist. Wer auch immer vom Klassifizierer eines anderen analysiert wird – er wird einer Standardgruppe mit Standardverhalten zugeschlagen.

Aber Menschen sind ganz unterschiedlich. Viele von ihnen sind ganz und gar nicht durchschnittlich, und das ist gut so. Doch ein algorithmisches System aus Standards, das Individualität nicht berücksichtigt, wird Menschen diskriminieren, und zwar im gesetzlichen, nicht im mathematischen Wortsinn.

Um Abhilfe zu schaffen, rufen Unternehmen nach noch mehr Daten: Nur dann würden Anwenderprofile noch stimmiger. Und die Industrie ist kreativ. Inzwischen teilen Läden VIP-Keys aus. Sie sehen aus wie Schlüsselanhänger und sind doch nicht mehr als ein physisches Cookie. VIP-Keys verfolgen Anwender nicht durch das Internet, sondern bei ihren realen Einkäufen und Wegen, die sie im Alltag zurücklegen. Sie ergänzen die Daten der Anwender, die Unternehmen online erheben oder zukaufen.

Auch die Anbieter von Apps schrecken nicht davor zurück, noch mehr Daten für noch genauere Profile zu sammeln. Der *Make Up Genius* von L'Oréal nutzt Biometriedaten seiner Anwenderinnen, damit sie die Kosmetikpalette des Unternehmens an ihrem eigenen Gesicht testen können. Das Smartphone hat auch ein weitaus feineres Gehör als der Mensch. *Sound beacons*, auf dem Smartphone installiert, hören mit, was Smartphone-Besitzer nicht wahrnehmen. Eine Person sieht fern, das Smartphone hat sie neben sich liegen. Werbetreibende, die TV- Spots ausstrahlen, senden für den Menschen unhörbare Töne mit, die das Smartphone sehr wohl registriert. Welche Werbesendungen ein Anwender mitverfolgt, kann ein Anwenderprofil weiter ergänzen. Inzwischen warnt die amerikanische Datenschutzbehörde vor den Überwachungstechnologien des Unternehmens SilverPush, das bislang rund 18 Millionen Smartphones mit der Überwachungstechnologie der *sound beacons* ausgestattet habe. Mehr Details sind von der Behörde jedoch nicht in Erfahrung zu bringen.[58]

Grundrechtsschonend ist das Einsatzszenario vom Klassifizierer dann, wenn er wie ein persönlicher algorithmischer Assistent des Anwenders tätig wird. Das Szenario hat sich bisher nicht durchgesetzt, würde aber die Individualität des Anwenders berücksichtigen und damit auch die Soziodiversität im digitalen Raum gewährleisten. Der Klassifizierer wird für und im Auftrag des Anwenders tätig und nicht für ein Unternehmen. Der Klassifizierer macht sich auf die Suche nach passenden Produkten für »seinen« Anwender, statt dass umgekehrt ein Unternehmen passende Kunden für seine Produkte sucht. Der Anwender entscheidet selbst, welche Daten sein persönlicher Assistent für das Profiling nutzt. So bleibt die Weitergabe von Daten und Erzeugung neuer Information, seines Profils, in der alleinigen Kontrolle des Anwenders.

Viele Anwender pflegen den verhängnisvollen Irrtum, dass Letzteres heute schon der Fall sei. Das trifft aber nicht zu. Profile werden in den ganz überwiegenden Fällen von Unternehmen erstellt, die ihre Kunden noch besser verstehen wollen. Profile dienen den Unternehmen, nicht den Anwendern. Für möglichst umfangreiche Profile kaufen Unternehmen Daten und Informationen bei Dritten zu. Der amerikanische Datenhändler Acxiom pflegt allein rund 44 Millionen Profile deutscher Internetnutzer, von denen jedes Einzelne aus bis zu 3000 Einzeleigenschaften besteht.[59] Die wachsende Datenflut ändert dennoch nichts an der Standardisierung von Menschen, mit allen negativen Folgen für die Individualität und die Pluralität. Maschinelle Klassifizierung von dritter Seite wird nie das vollständige Gesamtbild einer Persönlichkeit ergeben. Schutz vor Diskriminierung sieht anders aus.

Digitale Stigmatisierung und menschliche Technologiegläubigkeit

Im 21. Jahrhundert verlassen sich Menschen immer mehr auf maschinelle Entscheidungen. Da machen selbst die Schöpfer Künstlicher Intelligenzen keine Ausnahme.

Wer Künstliche Intelligenzen baut und für sich selbst gebrauchen kann, wird sie im Alltag auch einsetzen. Denn inzwischen sind Künstliche Intelligenzen wie Ai extrem leistungsfähig, und selbst ihre problembehafteten Teilsysteme wie Klassifizierer sind weitgehend akzeptiert. Ihre algorithmenbasierten Entscheidungen stehen in Echtzeit zur Verfügung. Ihre Ratschläge beziehen eine Vielzahl von Datenpunkten mit ein, die nähere Zukunft eingeschlossen. Weil sie systematisch entscheiden, effizient sind und den Überblick behalten, sind sie verlässlicher als der Ratschlag eines guten Freundes. Entsprechend selten tritt der Fall ein, dass ein Nutzer – der Anwender von Umgebungsintelligenz, der Staat oder ein Unternehmen – eine einmal getroffene maschinelle Entscheidung hinterfragt:

»Der Computer sagt das so.«

»Das geht nicht, weil unsere Unternehmenssoftware das nicht erlaubt.«

Man neigt dazu, einer Maschine zu vertrauen. Menschen entwickeln eine Haltung der Voreingenommenheit zugunsten der Maschine, den *automation bias*. Je anspruchsvoller der maschinelle Entscheidungsprozess ist, desto größer das Vertrauen in die Fähigkeiten einer Maschine. Je missionskritischer die Maschine ist, desto mehr verlässt man sich auf sie. Je öfter man sie einsetzt, desto mehr wird man sie vermissen, wenn sie einmal nicht mehr zur Verfügung steht.

Am operativen Einsatz algorithmischer Kontrollstrategien kann man übrigens beobachten, dass unerheblich ist, ob die Maschine »nur« Entscheidungsunterstützung leistet oder ihre Entscheidung gleich selbst in voller Autonomie ausführt und im Anschluss daran Bericht erstattet. Kontrollstrategien, die Handelsentscheidungen über Finanzprodukte treffen, sind sinnvollerweise autonom, damit sie ohne Zögern handeln können, weil gerade in volatilen Märkten jede Sekunde zählt. Ansichtssache ist, ob die Menschen, die sie überwachen, zu algorithmischen Babysittern degradiert werden oder zum Aufsichtspersonal aufsteigen. Spannend bleibt die Aufsicht allemal, aber sie birgt die Gefahr, an eigener menschlicher Urteils- und Entscheidungskraft einzubüßen.

Die Gefahr ist real, wie das Beispiel eines Währungshändlers aus London zeigt. Über zwanzig Jahre lang hatte Matt C. die großen europäischen Währungen, das Britische Pfund und später den Euro, gehandelt – bis er zum ersten Mal mit einer Künstlichen Intelligenz zusammenarbeiten sollte. Anfänglich misstrauisch, weil ihm die Maschine durch die Vollautomatisierung der Handelstätigkeit seinen Arbeitsplatz streitig machen könnte, dauerte es nur wenige Wochen, bis er genug Vertrauen in die Kontrollstrategie gefasst hatte und mit zunehmender Faszination zu analysieren begann, *warum* sie diese oder jene Kaufentscheidung traf. Im Moment der maschinellen Entscheidungen erschien ihm das Verhalten der Maschine wenig intuitiv; er selbst hätte anders entschieden. Doch im weiteren Verlauf des Handelstages begann sie sich auszuzahlen. Und während der Händler sich zunehmend auf die Maschine verließ, verlor er die eigene Fähigkeit, in einem Markt, den er mehr als zwanzig Jahre lang wie seine Westentasche kannte, ohne die maschinelle Hilfe selbst aktiv zu werden.

Es kam, wie es kommen musste: Im Rechenzentrum fiel der Strom aus. Das Notstromaggregat sprang wider Erwarten nicht an, ein Ereignis, mit dem niemand rechnen konnte, schon gar nicht bei einem Rechenzentrum, und Matts Bildschirm wurde schwarz. Die Folge: eine menschliche Panikreaktion. Einem Mann mit jahrzehntelanger Berufserfahrung fiel nichts Besseres ein, als sämtliche Währungen, verlustig oder nicht, zu verkaufen und alle Positionen glatt zu stellen. Eigentlich hätte man erwartet, als Profi würde er die Zeit bis zum Wiederanlauf der Kontrollstrategie leicht überbrücken können und händisch arbeiten, ganz so wie die vielen Jahre vorher. Doch die Zusammenarbeit mit der

Maschine hatte ihn unsicher gemacht. Die Kontrollstrategie hatte ihm die Ungewissheit der Märkte genommen und ihm Sicherheit verschafft. Ohne die Unterstützung der Kontrollstrategie fühlte er sich dem Markt nicht mehr gewachsen.

Sich quasi bedingungslos auf Maschinen zu verlassen ist ein Problem, weil auch Maschinen beileibe nicht alles richtig machen, selbst die besten nicht. Beim Währungshandel geht es nur um Geld. Aber wenn ihre Entscheidungen Menschen diskriminieren oder stigmatisieren, ist die Unschuldsvermutung verletzt.

Das No-Fly-System der Vereinigten Staaten, das einen computerbasierten Abgleich mit den Namen Einreisewilliger, die nicht amerikanische Staatsbürger sind, vornimmt, klassifizierte zwischen 2003 und Januar 2006 mehr als die Hälfte der ausländischen Passagiere als Terroristen, obwohl sie unschuldig waren.[60]

Auch die National Security Agency (NSA) und die Central Intelligence Agency (CIA) nutzen seit 2007 die Muster der zweifelhaften Datenanalyse ihres SKYNET-Programms. SKYNET klassifizierte tausende pakistanische Staatsbürger als terrorverdächtig.

»Wir töten Menschen auf der Basis von Metadaten«, hieß es noch 2014 aus den Büros der beiden amerikanischen Geheimdienste. Sie überwachten die Mobiltelefone von 55 Millionen Pakistani, um für jeden einzelnen Überwachten die Wahrscheinlichkeit zu berechnen, mit der er ein terroristischer Extremist wäre.

Nach der Zeugenaussage des Datenanalysten Patrick Ball vor einem Kriegsgerichtstribunal steht inzwischen fest: Die Metadaten-Analyse des SKYNET-Programms sei »lächerlich optimistisch« und »kompletter Mist«[61]. In den Jahren nach 2007, so die Einschätzung des Datenanalysten, könnte das Programm tausende Personen falsch, das heißt als Extremisten, klassifiziert haben, obwohl sie unbescholten waren. So hatte das Programm den langjährigen Chef des Senders Al Jazeera Islamabad, Ahmed Zaidan, zum Top-Terroristen erklärt, weil er häufig die Krisenregionen Pakistans besuchte, um von dort für den Fernsehsender zu berichten. Der Grund für die vielen falschen Einschätzungen: Trotz vorhandener Massendaten ist die Datenlage über extremistisches Verhalten zu dünn. Denn wie verhält sich ein Terrorist? Genau das sollte die intelligente Maschine von NSA und CIA lernen. Damit sie lernen konnte, präsentierte man ihr einige Beispiele aus der Realität. Aber die Anzahl der präsentierten Muster war offenbar viel zu gering. Das Verhalten von, sagen wir, sieben bekannten pakistanischen Terroristen zu verallgemeinern und mit 55 Millionen pakistanischen Mobiltelefonnutzern zu vergleichen, bedeutet zigtausend Fehlalarme und, als Folge, tausende unschuldig Hingerichtete.

Weil Datenanalysten das maschinelle Lernverfahren des SKYNET-Systems für unzureichend halten, muss man davon ausgehen, dass amerikanische Drohnenangriffe auf die Klassifizierten viele Unschuldige getroffen haben.[62] Sie können sich nicht mehr wehren. Und wer sich noch zur Wehr setzen kann, etwa indem er gegen eine No-Fly-Einstufung als unerwünschter Fluggast klagt, gerät unter gehörigen Rechtfertigungsdruck gegenüber einer Maschine, die ihm schon deshalb überlegen ist, weil sich Menschen auf ihre vermeintlich gesicherte abschließende Entscheidung verlassen. Die Maschine entscheidet, den Schaden hat der Mensch. Die Anforderung an die Humanisierung der Digitalisierung bleibt. Wenn es um Menschen geht, darf die Maschine nicht das letzte Wort haben.

Wer hört die Klage?
Stigmatisierung und kein fairer Prozess

Im engen Zusammenhang mit Diskriminierung und Stigmatisierung durch autonome maschinelle Entscheidungen steht das Recht des Anwenders auf Klage und einen fairen Prozess.

Die Charta der Grundrechte der Europäischen Union räumt Personen das Recht auf Klage ein, damit sie sich gegen Rechtsverletzungen vor einem »unabhängigen, unparteiischen und zuvor durch Gesetz errichteten Gericht in einem fairen Verfahren« zur Wehr setzen können.[63] Das Urteil, das sie dann erwarten dürfen, soll den vorgebrachten Lebenssachverhalt vorurteilsfrei bewerten. Bezogen auf die digitale Ära, müsste dieses justizielle Recht wohl eine Auslegung dergestalt erfahren, dass Anwender gegen jede maschinelle Entscheidung, die ihre Rechte verletzt oder ihnen Schaden zufügt, klagen dürften.

Die Notwendigkeit der Klage wird dann virulent, wenn maschinelle Entscheidungen auf dem Profiling von Personen beruhen – was bei der Umgebungsintelligenz der nahen Zukunft praktisch immer der Fall sein dürfte.

Je mehr sich die Umgebungsintelligenz ausbreitet, desto stärker normieren digitale Technologien die Gesellschaft, nicht nur, weil sie ein bestimmtes Verhalten forcieren, das

Profiling trifft auch gleichzeitig ein Urteil.[64] Normierung und Urteil fallen in einem einzigen technischen Vorgang zusammen, der jetzt auch die Rechtsstaatlichkeit gefährdet, die das Prinzip der Gewaltenteilung von Gesetzgebung und Rechtsprechung vorsieht. Es ist nur noch eine einzige technische Instanz, die faktisch Recht setzt und sogleich ein Urteil fällt. Schon heute ist für den Anwender opak, wie die zahlreichen Lage*beurteilungen* zustande kommen, auf die sich maschinelle Entscheidungen stützen. Wer ist es, der ihn profiled? Wie genau erfolgt das Profiling, und wie zuverlässig ist es? Wie wichtig war das Profiling für eine bestimmte Entscheidung? Ist der Anwender wegen seines maschinellen Profils benachteiligt worden? Kann der Anwender überhaupt einen kausalen Zusammenhang zwischen Profil und Nachteil feststellen? Gegen wen kann er vorgehen, wer ist verantwortlich?

Hier drängt sich Analogie zu Hannah Arendts »Herrschaft durch Niemanden« auf: Intelligente Maschinen legen keine Rechenschaft über sich selbst ab. Wenn niemand Antwort auf die Frage gibt, was denn überhaupt vorgehe, herrsche blanke Tyrannei. Dass niemand Auskunft gibt oder Urteile und Entscheidungen intelligenter Maschinen erklären will oder kann, liegt am bereits erwähnten *automation bias*, aber auch daran, dass der technische Normierungsvorgang nicht im Verlauf eines demokratischen Gesetzgebungsverfahrens definiert und dann in einem eindeutigen Akt der Bekanntmachung in Kraft gesetzt wird. Klare Verantwortlichkeiten, wie sie das positive Recht nachlesbar formuliert, fehlen bei der Rechtssetzung durch den Programmcode.

Je mehr sich unsere Umwelt in Science-Fiction verwandelt, desto häufiger dürfte sich die Frage danach, wer denn in welcher Jurisdiktion verantwortlich ist für die Entscheidungen einer aktivierten Welt, stellen. Sobald hierüber Unklarheit besteht, erleidet der Anwender einen Rechtsverlust: den Verlust seines Anspruchs auf die rechtliche Beurteilung maschineller Entscheidungen. Die betroffenen Anwender brauchen den Schutz der Klagemöglichkeit in der digitalen Ära mehr als je zuvor. Anwender dürfen nicht ratlos ihren Fragen nach maschinellen Entscheidungsgrundlagen, nach der Kausalität von maschineller Entscheidung und Schadenseintritt überlassen werden. Auch wenn das Recht der Algorithmen herrscht – individuelle Rechte müssen durchsetzbar und einklagbar bleiben. Die Klage, auch sie ist eine Rückkopplung der Gesellschaft. Ihr Wert liegt darin, dass sie falsche Bewertungen oder Irrtümer ausräumt und zurechtrückt. Auch Algorithmen brauchen die Wechselwirkung mit Klage und Urteil, damit Fehler und Ungerechtigkeiten abgestellt werden. Es muss möglich sein, dass Anwender maschinelle Entscheidungen anfechten, damit die Berichtigung oder Neuinterpretation einer Lage nicht nur als Selbstverpflichtung der Unternehmen und ihrer Programmierer besteht.

Gestörte politische Partizipation

Neben der Wahrung der Rechtsstaatlichkeit benötigt eine Demokratie Standards für die politische Partizipation. Dazu gehören die Informationsfreiheit und demokratische Wahlen. Es leuchtet nicht unmittelbar ein, warum die Digitalisierung hier zu Verschlechterungen führen sollte.

Datenflut und doch nicht die wichtigste Information

Die These, dass die Digitalisierung die Informationsfreiheit einschränke, scheint auf den ersten Blick absurd. Nie zuvor hatten Menschen mehr Zugriff auf Information als heute. Die Vernetzung über das Internet erlaubt ihnen, sich über Grenzen hinweg zu verbinden, kreativ zu werden, Ideen und Wissen auszutauschen und die Entwicklung ganzer Völker voranzutreiben. Es ist das Internet, das uns Zugang zu globalem Wissen ermöglicht. Bildungschancen sind heute vielfach besser als noch vor wenigen Jahren. Renommierte Universitäten bieten Online-Kurse – *Massive Open Online Courses* (MOOC) – an und ermöglichen Zugang zu Bildung, die bisher nur der Spitze der Gesellschaft vorbehalten war.

Ob die Vernetzung über das Internet a priori auch zu

mehr demokratischer Partizipation und Meinungsbildung führt, wie die Pioniere des Internets noch vor wenigen Jahren euphorisch jubelten, daran bestehen trotzdem berechtigte Zweifel. Wenn Geheimdienste potenziell jede E-Mail, jede Suchanfrage, jede aufgerufene Webseite der Internetanwender ausspionieren können, ist die demokratische Kraft des Internets bereits korrumpiert.

Doch es bedarf nicht einmal geheimdienstlicher Aktivitäten, um die demokratischen Rechte der Anwender zu beeinträchtigen. Über unserer – berechtigten – Freude darüber, dass wir durch das Netz Zugang zu so vielen Menschen und deren Wissen haben und mit ihnen interagieren können, sitzen wir einem Denkfehler auf. Wir glauben, die Information, die uns über das Internet erreicht, sei uneingeschränkt wahr. Sie sei vollständig. Sie sei wichtig, und zwar nicht nur, weil sie unseren eigenen Interessen entspricht, sondern weil sie für eine umfassende Meinungsbildung als Voraussetzung unserer demokratischen Teilhabe geboten ist.

Obwohl das Internet an Meinungsmacht nicht zu überbieten ist, ist es kein unabhängiger öffentlicher Raum. Denn für die Suche nach Information im Netz nutzen wir die wenigen Suchmaschinen der privaten Internetriesen oder verlassen uns auf soziale Netzwerke und deren Newsfeed. Sie beeinflussen sehr, wie wir die Welt um uns herum wahrnehmen. Die uns angezeigte Information suggeriert spezifische Ansichten und löst Gefühle in uns aus. Doch der Eindruck, die Informationsversorgung durch Suchmaschinen und soziale Netzwerke sei unabhängig, täuscht. Information wird algorithmisch gefiltert. Internetgiganten entscheiden, welche Information in welcher Reihenfolge angezeigt wird. Es erfolgt eine Art maschineller Zensur, eine Inhaltskontrolle von Information durch die Internetgiganten. Instagram, ein soziales Netzwerk, das Bilder teilt und zur Facebook-Familie gehört, hat anlässlich der letzten Aktualisierung seines Newsfeed-Algorithmus im März 2016 klar zu verstehen gegeben: Sein Nachrichtenstrom werde nicht mehr länger in chronologischer Reihenfolge dargestellt, sondern basiere ab sofort »auf der Wahrscheinlichkeit, mit der ein Anwender am Inhalt interessiert ist, auf der Beziehung, die er zur Person unterhält, welche Bilder teilt, und der zeitlichen Aktualität des Inhalts«[65], also primär dem Anwenderprofil. Der Hintergrund für die Änderungen: Die Erhaltung der beträchtlichen Gewinnmargen beim Mutterkonzern Facebook. Ab sofort kontrolliert der Konzern den Inhalt der angezeigten Information bei Instagram. Nur 30 Prozent der Informationen eines Nachrichtenstroms seien relevant für den Anwender. Genau jene 30 Prozent gelte es zu filtern und mit passenden Werbeeinblendungen zu begleiten. Dem Unternehmen liegt nicht der Anwender, sondern das eigene wirtschaftliche Wachstum am Herzen.

Auch die beliebteste Suchmaschine, Google, zeigt grundsätzlich diejenigen Ergebnisse bevorzugt an, die *relevant* sind. Relevant im Sinne der Suchmaschine ist eine Information dann, wenn viele Links darauf verweisen. Doch an diesem ersten Schritt der Filterung tritt eine grobe Schwachstelle zutage: Der Suchalgorithmus nimmt keine *Quellenbewertung* vor. Ein Suchalgorithmus zeigt vermeintlich relevante Information an, unterlässt es aber, die Zuverlässigkeit der Informationsquelle zu überprüfen. Dabei ist es unerlässlich, die Vertrauenswürdigkeit einer Quelle zu kennen. Denn es ist die Quelle, die über Zuverlässigkeit und Wahrheitsgehalt einer Information entscheidet. Information und Wahrheit sind die zwei Seiten derselben Medaille. Deutsche Jugendliche bis zum Alter von 19 Jahren, die zu den fleißigsten Internetanwendern gehören, haben bereits Sensibilität für das Problem entwickelt. Unter den Massenmedien haben sie zu Recht das geringste Vertrauen in das Internet und verlassen sich bei widersprüchlichen Informationen auf die Tageszeitungen.[66] Das ist gut so, denn Meinungsmanipulation oder Propaganda im Internet sind Mittel des staatlichen Netzkriegs geworden.

Netzkriege unterscheiden sich von Cyberkriegen. Cyberkriege begleiten »heiße« Kriege und greifen wichtige staatliche Infrastrukturen an: Krankenhäuser, die Elektrizitätsversorgung, Computernetzwerke oder den Mobilfunk. Erst am 23. Dezember 2015 hat die Ukraine einen Angriff auf ihre Stromversorgung hinnehmen müssen, in dessen Folge in 700 000 Haushalten der Strom ausfiel.[67] Netzkriege hingegen spielen sich in den Köpfen der Anwender ab. Auch sie gehen auf einen militärischen oder geheimdienstlichen Hintergrund zurück. *Psyop*, »psychologische Operationen«, haben die Absicht, eine Zielgruppe so zu manipulieren, dass sich beim Empfänger einer Information bestimmte Emotionen einstellen, er eine ihm zugedachte Meinung ausbildet und letztlich ein gewünschtes Verhalten zeigt, als Einzelner, als Gruppe oder sogar als ganze Regierung. *Graue Operationen* nutzen Erkenntnisse der Werbeindustrie und Verhaltensökonomik, um eine bestimmte Aussage möglichst glaubhaft bei allen Zielgruppen zu positionieren, indem man Informationen einer glaubwürdigen Quelle unterschiebt, die sie dann in ihrem eigenen Netzwerk verbreitet.

Ein Massenmedium erster Wahl für die globale graue Operation: das Internet, natürlich.

Wieder ist es das Profiling, das die gerade erwähnte Relevanzproblematik weiter verschärft. Als relevant gelten nicht nur häufig verlinkte Informationen, sondern auch diejenigen Informationen, die einem Anwenderprofil am besten entsprechen. Historische Suchen, Wertvorstellungen und Vorlieben eines Anwenders – allein Google überwacht über 60 Prozent des gesamten Internetverkehrs deutscher Internetnutzer[68] – schränken die dargestellte Information so stark ein, dass abweichende Informationen nicht mehr durchdringen und demokratische Meinungsbildung unmöglich wird. Der Anwender ist in einer *Filterblase* gefangen. Der Grund: Suchmaschinen und soziale Netzwerke unterstellen, dass Anwender »in einem bestimmten Kommunikationsmilieu bleiben« wollen.[69] Diese grundlegende Annahme führt allerdings auch dazu, dass Anwender Empfehlungen wie: »Das könnte Sie auch interessieren«, oder Hinweise auf »ähnliche Produkte« nicht als nützlich, sondern schnell als langweilige Wiederholung empfinden.

Um sich ein vollständigeres, bunteres Bild von der Welt zu machen, müssten Anwender Information *explorieren*. Exploration ist die Reise ins Unbekannte, hin zu Zufallsfunden in einer viel größeren Welt, als es die eigene ist. Informationelle Erkundung bedeutet, nach »besseren« Inhalten zu suchen, indem man die Suche nach Information exhaustiv über den gesamten verfügbaren Suchraum und bis an seine Grenzen hin ausdehnt. Exploration folgt immer dem Zufallsprinzip. Durch Exploration probiert man Neues aus und stößt auf beliebige Information. Es sind diese beiden

Faktoren, Exploration und Zufall, die die Diversität von Information sicherstellen.

Der Zufall will nicht so richtig ins Konzept der algorithmischen Optimierung passen, die jeden unnötigen Puffer ausräumen möchte. Für Suchmaschinen oder soziale Netzwerke ist Exploration deshalb kostenintensiv. Sie sind Wirtschaftsunternehmen mit Gewinnerzielungsabsicht. Ihr primäres Interesse richtet sich darauf, einseitige Inhalte mit Wohlfühlfaktor anzuzeigen und mit Werbung zu versehen, die den Anwender zu bezahlten Klicks veranlasst.[70] Ihre private Zensur entspricht ihren eigenen Optimalitätskriterien: »Irrelevante« Überschüsse im System, wie sie Exploration und Zufall erzeugen, können ihrem Verständnis nach nichts anderes als suboptimal sein.

Was zementierte Inhalte allerdings nicht berücksichtigen, ist die Nichtstationarität der Umwelt, in der sich Anwender bewegen. Anwender ändern ihre Interessen. Ihre Lebensumstände ändern sich. Suchstrategien, die wenig explorieren und mit Filterblasen arbeiten, können lange stationär bleiben und sich nur langsam an veränderliche Gewohnheiten der Anwender anpassen. Je schwerfälliger sich die Anpassung dargestellter Inhalte an das veränderliche Verhalten der Anwender vollzieht, desto mehr verschlechtert sich eine Suchstrategie. Permanente Exploration hingegen kann neue, optimale Suchstrategien entdecken. Der Trick dabei: die Steuerung der Explorationsrate. Bis eine erste optimale Suchstrategie gefunden ist, kann und muss die Explorationsrate hoch sein. Hält der Anwender zufällig dargestellte Inhalte für einen Treffer, lernt eine intelligente Suchstrategie daraus und reduziert die Explorationsrate. Konventionell lernende Maschinen verfahren nach genau diesem Prinzip. Ihre Explorationsrate fällt, sobald sie die optimale Strategie für die Lösung einer Aufgabe gefunden haben. Um sie bei Umweltänderungen dennoch zur Anpassung zu bewegen, setzt man Verfahren des Metalernens ein. Beim Metalernen wird die Leistungsfähigkeit, die Trefferrate, einer maschinellen Suchstrategie überwacht. Verschlechtert sie sich im Laufe der Zeit, erhöht das Verfahren die Explorationsrate, um die Strategie wieder zu verbessern. Auf diesem Weg lernen intelligente Maschinen, *wann* sie neu dazulernen müssen. Es ist das Metalernen, das einer intelligenten Maschine dazu verhilft, sich an Umweltveränderungen anzupassen.

Erst Anfang 2016 hat Google bekannt gegeben, bei der Google-Suche vermehrt auf Künstliche Intelligenz zu setzen. Vermutlich wird die Google-Suchmaschine künftig stärker explorieren. Ob sich die Suchergebnisse im Sinne der Informationsfreiheit verbessern, bleibt dennoch fraglich, denn an der Tatsache, dass Google ein privatwirtschaftliches Unternehmen mit ökonomischem Interesse ist, das Klicks auf kostenpflichtige Werbelinks maximiert, ändert sich nichts. Das Unternehmen nimmt eine öffentliche Aufgabe wahr, aber agiert nicht unabhängig. Es ist ein Online-Medium, das eine enorme gesellschaftliche Verantwortung trägt, aber dennoch keine unabhängige Kontrollfunktion für die Verbreitung von Information ausübt.

Dass die Menschheit heute so viel Information bereitstellt wie nie zuvor in der Geschichte, viele Informationen aber nicht frei zugänglich sind, sondern zu Profitzwecken gefiltert oder propagandistisch verfälscht werden, ist ein Dilemma. Damit sich das demokratische Potenzial der digitalen Ära entfalten kann, muss es digitale Räume geben, die frei sind von ökonomischen Interessen. Leider gibt es kaum Opposition gegen den Weg, den die Digitalisierung gerade eingeschlagen hat. Nur wenige fordern eine unabhängige digitale Öffentlichkeit mit freier Information, weil auch hier Profiling und »Individualisierung« ganze Arbeit geleistet haben. Sie fragmentieren die Gesellschaft so sehr, dass sich kaum mehr eine geschlossene Opposition bilden kann.

Wenn der Kandidat die Wahlen kontrolliert

Nicht zufällig wirkt AIs Kontrollstrategie auf die Informationslage der Wähler ein, um Wahlentscheidungen zu beeinflussen. Denn durch die Digitalisierung ändert sich die Qualität demokratischer Wahlen entscheidend.

Bisher werden die parlamentarischen Abgeordneten in freier und geheimer Wahl gewählt. Doch wie viel Geheimnis verbleibt in einer Welt der Totalüberwachung, wie viel Wahlfreiheit im Zeitalter der algorithmischen Verhaltenssteuerung?

Die freie und geheime Wahl ist nicht nur ein Anspruch, der sich aus den Rechten des Wahlberechtigten ableiten lässt. Das Wahlgeheimnis schützt die demokratische Wahl selbst davor, manipuliert zu werden. Eine von mehreren Möglichkeiten der Wahlmanipulation ist der Stimmenkauf. Ein Wahlberechtigter nimmt einen Geldbetrag entgegen und stimmt so ab, wie der Stimmenkäufer will. Wenn die Wahl allerdings nach dem Grundsatz der geheimen Wahl durchgeführt wird, kann sich ein Stimmenkäufer nicht darauf verlassen, ob der Wahlberechtigte wirklich so abstimmt, wie es vorher vereinbart wurde. Der geheime Wahlvorgang räumt dem Wähler die Freiheit ein, seine Stimme dem von ihm präferierten Kandidaten zu geben – selbst wenn er Geld für einen Stimmenkauf in Empfang genommen hätte. Doch was sich in vordigitalen Zeiten bewährt hat, gilt in der digitalen Ära längst nicht mehr. Im Zeitalter der Selfies könnten Stimmenkäufer Beweisfotos vom ausgefüllten Stimmzettel verlangen. Schließlich begleiten Smartphones ihre Besitzer bis in die Wahlkabine hinein. Ein Klick auf den Auslöser der eingebauten Kamera, und schon ist bewiesen, wer eine Stimme erhalten hat. Aus diesem Grund hat der Weltfußballverband Fifa für die Wahl seines neuen Präsidenten im Februar 2016 nach transparenten Wahlkabinen verlangt. Durchsichtige Wahlkabinen sollten sicherstellen, dass die Mitglieder einer Organisation, die schweren Korruptionsvorwürfen ausgesetzt ist, keine Handyaufnahmen ihrer ausgefüllten Stimmzettel machen. Transparente oder geschlossene Wahlkabinen: In der digitalen Ära sind offenbar beide gleichermaßen ungeeignet, das Wahlgeheimnis zu wahren.

Eine ganz neue, moderne Art der Wahlbeeinflussung könnte die Analyse von Massendaten sein, wie sie Barack Obama erstmals bei seiner Wiederwahl 2012 eingesetzt hat. Die bundesdeutsche SPD will aus dem amerikanischen Vorgehen ihre Lehren ziehen und hat den Berater des amerikanischen Präsidenten, Jim Messina, engagiert, um die Partei durch den Bundestagswahlkampf 2017 zu führen.[71] Mag die Grenze zwischen guter Wahlkampfrhetorik, die die richtigen Begriffe findet, mit denen sie die Wähler ins Mark trifft, und rechtswidriger Wahlbeeinflussung noch nicht überschritten sein, so müssen dieselben Grundsätze gelten wie für die generelle Gefahr, dass Suchmaschinen und soziale Netzwerke die Informationsfreiheit verletzen: Die Tatsache, dass die Wahlbeeinflussung durch Massendaten oder – in Zukunft – algorithmische Kontrollstrategien nur zu befürchten, aber noch nicht konkret erfolgt ist, spielt für die Beurteilung der Rechtsgefährdung keine Rolle. Freie und geheime Wahlen durchzuführen, ist für eine demokratische Gesellschaft von derartig großer Bedeutung, dass allein das Gefährdungspotenzial eines digitalen Eingriffs Auftrag an den Gesetzgeber sein muss, regulierend einzugreifen.

Parteien oder Kandidaten, die Massendaten-Analysen oder Kontrollstrategien einsetzen, um exklusives Wissen rund um die Wählerschaft zu gewinnen in der Absicht, das Wahlverhalten zu ihren Gunsten zu beeinflussen, erweisen der Demokratie einen Bärendienst. Das Vertrauen der Wähler ist ohnehin brüchig. Es wird weiter erodieren, wenn Wähler argwöhnen, ihre Wahlentscheidung werde nicht ernst genommen oder sei gar nicht mehr frei, weil algorithmisch beeinflusst und manipuliert.[72]

Gefährdete Demokratie: eine Zwischenbilanz

Jüngere Generationen, die in eine digitale Welt hineinwachsen, und generell alle Menschen, die die Digitalisierung für sich entdeckt und einige Medienkompetenz entwickelt haben, werden es nicht gerne hören: Die Digitalisierung ist kein Spielzeug, dem man mit verantwortungsvollem Umgang schon Herr werden könnte. Ein Kind, das mit einer vernetzten Barbie-Puppe spielt, die mit Sensoren und Spracherkennung ausgestattet ist, redet mit der Firma hinter der Puppe und nicht mit der Puppe selbst. Daran ändert sich auch nichts, wenn das Kind besonders intelligente Fragen stellt.

Die neuen digitalen Technologien und Geschäftsmodelle gefährden die demokratische Gesellschaft. Als Informationskapitalismus missachten sie die grundlegenden Rechte einer demokratischen Gesellschaft. Das ist die Zwischenbilanz einer Risiko- und Gefährdungsanalyse, zu der jeder Ingenieur verpflichtet wäre, der neue Technologien entwickelt und zur Marktreife bringt. Dass viele digitale Vorreiter aus Zeitgründen auf eine Risikoanalyse verzichten, ist vom Standpunkt der Gesellschaft aus betrachtet nachlässig, aus unternehmerischer Sicht verständlich, weil nur die schnelle Einführung digitaler Produkte, Dienstleistungen oder Technologien Wettbewerbsvorteile sichert.

Natürlich erfahren digitale Technologien und Geschäftsmodelle als Kulturleistung, als Wachstumsmotor der Wirtschaft eine hohe gesellschaftliche Akzeptanz. Trotz des mit
ihnen verbundenen Risikos gelingt es ihnen, die Gesellschaft
entscheidend umzubauen. Die Gesellschaft nimmt die Ausbeutung ihrer Freiheiten hin um vieler privatwirtschaftlicher Beteuerungen willen: Mehr Sicherheit, mehr Bequemlichkeit und Wirtschaftswachstum sind die Versprechen, auf
die sie vertraut. Sie werden sich nicht für alle Anwender erfüllen, weil sie nicht viel mehr als Werbebotschaften einer
perfiden Entwicklung der Informationsökonomie sind. Sie
dienen den Interessen einer Wirtschaftselite und in wachsender Zahl staatlichen Akteuren, die hinter den mächtigen Technologiegiganten der digitalen Ära nicht zurückste-
hen möchten. Solange wirtschaftliche und politische Eliten
der digitalen Wirtschaft, um des Wachstums willen, den
Vorrang gegenüber den Rechten der Menschen einräumen,
wird es schwer, die Weichen für eine humane digitale Zukunft zu stellen. Um die Digitalisierung in den Dienst des
Menschen zu stellen und eine humanere Form des Informationskapitalismus, dessen Standardmodell heute nichts als
die Überwachung kennt, zu finden, muss sich die Gesellschaft aus ihrer Lethargie erheben. Sie muss die Legitimation der digitalen Ausbeutung hinterfragen und die Hoheit
über ihre Rechte und Freiheiten zurückgewinnen. Sie ist
aufgerufen, die wirkungslosen Werkzeuge des 20. Jahrhunderts mit neuen, kreativen Instrumenten zu ergänzen, die
den Informationskapitalismus in seiner heutigen Gestalt in
ein sozial verträgliches Wirtschaftsmodell für das 21. Jahrhundert verwandeln.

AUF DEM WEG IN EINE HUMANE DIGITALE ZUKUNFT

Wie man den Umbau der Gesellschaft durch
die Digitalisierung menschenfreundlich macht:
Überlegungen zur demokratischen Legitimierung
algorithmischer Entscheidungen.

Die Herausforderung:
den Informationskapitalismus neu gestalten

Der Informationskapitalismus zu Beginn des 21. Jahrhunderts weist viele Ähnlichkeiten mit dem Hochimperialismus des ausgehenden 19. Jahrhunderts auf.

Auch die imperialistische Ausdehnung der Bourgeoisie hatte einst mit ökonomischem Expansionsstreben begonnen. Schon vor 150 Jahren bedeuteten die Erweiterung von Produktion und Handel wirtschaftliches Wachstum für eine industrialisierte Nation. Aber das Wachstum hatte Grenzen: die eigenen nationalen Landesgrenzen. Um neues Wachstum zu schaffen, exportierten die Finanzakteure des ersten Kapitalismus Kapital in die ganze Welt und breiteten sich geografisch über das eigene Volk und Land hinweg aus.

Das späte 19. Jahrhundert war geprägt von der »Überproduktion von Kapital«[1], das nach neuen Anlagemöglichkeiten suchte.[2] »Finanzskandale, Börsen- und Gründungsschwindel«[3], eine Zeit wirtschaftlicher Krisen, waren imperialistischen Bestrebungen vorausgegangen. Die Ausdehnung, die rein wirtschaftlich und nicht politisch getrieben war, fand zunächst ohne jede staatliche Kontrolle oder politische Einflussnahme statt. Diese musste der wirtschaftlichen Ausbreitung erst nachfolgen.

Heute, im frühen 21. Jahrhundert, liegen die Dinge ähnlich. Nach der Erschöpfung der drei fiktiven Güter des klassischen Kapitalismus – Arbeit, Boden, Geld –, nach globalen Banken-, Finanz- und Schuldenkrisen, in Zeiten moderaten Wirtschaftswachstums und von Betrugsskandalen wie Libor- und Währungspreismanipulationen ist die Einführung eines neuen fiktiven Gutes – Daten – neuer Hoffnungsträger. Daten verwickeln Menschen rund um den Globus in den Informationskapitalismus, die neueste Form der Ökonomie. Neu ist sein Mangel an Stofflichkeit. Neu für die Mehrheit der Menschen ist auch, dass sie zum ersten Mal in der Menschheitsgeschichte nicht nur mit ihrer menschlichen Arbeit, sondern auch mit ihren persönlichen Daten am Wirtschaften teilnehmen, auch wenn sich die Teilhabe am Informationskapitalismus des frühen 21. Jahrhunderts auf die Ausbeutung persönlicher Daten ohne Gegenleistung beschränkt.

Doch ganz langsam regt sich ein diffuses Gefühl des Unbehagens. Anwender nehmen wahr, dass sie »Produkt und nicht Kunde« der Informationsökonomie geworden und so einem Prozess der Depersonalisierung unterworfen sind.[4] Die »Dämonie der Zahl« bleibt nicht mehr ohne Widerspruch, weil sie in Konflikt zu Freiheits- und Bürgerrechten getreten ist. Trotzdem ist die Opposition gegen den Informationskapitalismus sehr verhalten und stark fragmentiert. Warnungen werden nicht als seriöse Risiko- und Gefährdungsanalyse wahrgenommen, sondern sind vom Vorurteil des »Kulturpessimismus« geprägt. Politische Gestaltungsversuche nehmen erst langsam zu. Sie schwanken zwischen Laissez-faire zugunsten größtmöglichen Wirtschaftswachstums und der Verpflichtung, eine humane informationskapitalistische Gesellschaftsordnung zu schaffen. Im Grunde ist der Informationskapitalismus in seinen heutigen Anfängen weitgehend unbehelligt und keinem ernst zu nehmenden Gegenwind ausgesetzt.

Soweit Daten und Informationen verarbeitet werden, die nicht humanen Ursprungs sind, bestehen kaum Bedenken am frühen Informationskapitalismus. Viele Anwendungen der Industrie 4.0 sind – mit einer wichtigen Ausnahme – für die Mehrheit der Menschen ungefährlich. Sensoren, die Flugzeugturbinen in Realzeit überwachen und feststellen, wann eine Wartung fällig ist, greifen nicht auf Humandaten zurück. Metasysteme aus Künstlicher Intelligenz – *Systems of Systems* –, die den Betrieb eines ganzen Netzwerks aus Industrieanlagen und ihren Sensoren überwachen und regeln, greifen nicht in die Freiheitsrechte der Person ein. Die eine große Bedrohung aber bleibt: Viele der neuen digitalen Technologien beinhalten ein enormes Rationalisierungspotenzial. Sie werden die Arbeitswelt großen Veränderungen unterwerfen. Dynamische statt fixe Wartungszyklen für Turbinen erlauben, »überschüssiges« Wartungspersonal abzubauen, das einmal für fest wiederkehrende Wartungszeiträume vorgehalten werden musste. Metasysteme für die vollautomatische Steuerung von Industrieanlagen machen Betriebsleiter entbehrlich. Befürworter der Rationalisierung jubeln bereits: Endlich wird Mensch die lästige Arbeit los. Dass viele Menschen auf Arbeit angewiesen sind, um ihren Lebensunterhalt zu sichern, oder ihre Identität aus ihrer Arbeit beziehen, bleibt bei der utopischen Vorstellung vom arbeitsfreien Paradies unberücksichtigt.

Systemrelevante Infrastruktur muss grundrechtssicher sein

Niemand wird bestreiten, dass digitale Technologien und Leistungen unverzichtbar sind. E-Mails sind unersetzlich sowohl für die private als auch die geschäftliche Kommunikation. Soziale Netzwerke ergänzen das gesellschaftliche Miteinander, wer nicht mitmacht, schließt sich aus. Das Internet und seine Inhalte, sie sind der Informations- und Wissenspool unserer Zeit. Der Zugang zu, die Formen von und die Teilhabe an digitalen Angeboten – inzwischen sind sie unerlässlich für das Gemeinwohl und, ähnlich wie Energieversorgung und Straßennetz, »Gegenstand der Daseinsvorsorge«.

Dass systemrelevante Infrastruktur grundrechtssicher verfügbar ist, dafür trägt der Staat die Verantwortung. Auch wenn der Staat die Bereitstellung privatisieren kann, ist er dennoch nicht von der Pflicht entbunden, für die Grundrechtssicherheit der digitalen Infrastruktur zu sorgen.[5] Doch nicht nur an der Grundrechtssicherheit hapert es. In Anbetracht zahlloser konkreter Eingriffe in die Rechte von Anwendern sowie generell abstrakter Rechtsgefährdungen stellt sich die Frage, ob es sinnvoll ist, globalen Unternehmen mit handfesten Wirtschaftsinteressen, die noch dazu ein anderes Verfassungs- und Rechtsverständnis

als das europäische pflegen, die primäre Gestaltung system-
relevanter digitaler Infrastruktur zu überlassen. Die Frage
könnte man vielleicht bejahen, wenn die aktuelle Entwicklung des Informationskapitalismus »wohlfahrtssteigernd«
wäre.[6] Die Formulierung erinnert sehr an die »unsichtbare
Hand« des Adam Smith und an Märkte, die sich selbst regulieren. Praktisch unterliegt der Informationskapitalismus
heute nur den Kräften der Selbstregulierung. Sie werden
ihn in einen (vorübergehenden) Zustand einer stabilisierenden Ordnung führen, wie es auch beim Finanzkapitalismus
und bei grundsätzlich allen komplexen dynamischen Systemen der Fall ist – allerdings ist höchst fraglich, ob dieser Zustand automatisch zu Ausgewogenheit und Balance
zwischen unternehmerischer Freiheit der Technologiegiganten und dem Gemeinwohl führen wird. Die Wahrscheinlichkeit, dass sich der Informationskapitalismus womöglich
um einen ganz anderen, gesellschaftsschädlichen Attraktor
stabilisiert, ist genauso hoch oder höher. Deshalb darf der
Staat schon aus systemischen Motiven nicht auf die normative Gestaltung verzichten – und noch weniger aus demokratischen Gründen.[7]

Das Umgebungsrecht ist eine Möglichkeit, die weitere
Entwicklung der Digitalisierung menschenfreundlicher zu
gestalten. Damit beschäftigen wir uns am Schluss dieses
Buches. Vorher gilt es, darüber nachzudenken, ob der Über-
griff des Informationskapitalismus auf die Freiheitsrechte
nicht auch mit unserem bisherigen Wissen und Waffenarsenal abgemildert werden kann. Vier kurze Impulse sollen zum Weiterdenken anregen.

Öffentlichkeit schaffen:
ein digitaler Raum, der allen gehört

Die demokratische Gesellschaft, erklärt Hannah Arendt
in ihrem Lebenswerk *Human Condition* 1958[8], braucht
öffentliche Räume. Im öffentlichen Raum kann eine neue
Welt entstehen, in der man wie in einem Weltmodell erfahren kann, wie die Welt funktioniert. Im öffentlichen
Raum sind die Mittel des Verstehens nicht Variablen und
ihre Zusammenhänge wie in einem Weltmodell, sondern
die Menschen selbst. Sie treten zueinander in Beziehung,
verbinden sich, werden gemeinsam kreativ und politisch
tätig, um die Gesellschaft mitzugestalten. Dazu gehören
aufmerksames Zuhören, der Respekt vor der anderen
Meinung, die erst die Pluralität einer Gesellschaft ausmacht, und das empathische Mitfühlen der anderen Auffassung.

In der Öffentlichkeit können Individuen Identifikation
und Solidarität herstellen, und zwar »von unten her«, *bottom up*, etwa so wie es bei Demonstrationen der Fall ist.
Jede Blockupy-Veranstaltung, jede Straßenblockade junger
Hongkong-Chinesen, die für mehr Demokratie plädieren,
schafft einen solchen öffentlichen Raum.

Wenn es um das Sichverbinden und um Kreativität geht,
könnte die wichtigste Infrastruktur digitaler Kommunikation, das Internet, öffentlicher Raum par excellence sein.
Öffentlicher Raum besteht nicht wie ein Wohnzimmer,
das Menschen betreten, um sich zu treffen und auszutauschen. Es verhält sich umgekehrt: Menschen verbinden sich
miteinander und schaffen so einen öffentlichen Raum. Im

öffentlichen Raum gestalten sie die Gesellschaft und werden politisch aktiv.

Doch der Raum des Internets ist nicht frei. Falls Sie einen bestimmten Browser verwenden und sich Zugang ins Internet über ein virtuelles privates Netzwerk (VPN) verschaffen, um so anonym zu bleiben, wird Facebook Ihnen nicht erlauben, auf Ihr Facebook-Konto zuzugreifen. Denn der im frühen Informationskapitalismus entstandene digitale Raum wird von kommerziellen Einrichtungen dominiert. Deshalb ist es auch die marktbeherrschende Stellung der Internetgiganten, die »Gestaltung und Nutzung« des digitalen Raums wesentlich bestimmt.[9] Deshalb glauben GAFAM, das Internet »gehöre« ihnen. Ihre Marktmacht allein genügt, den digitalen Raum zu korrumpieren und die Anwender politisch zu entmachten. Wo freier, ungestörter Zugang zu Information herrschen sollte, bestimmen algorithmische Filter und maschinell erstellte Anwenderprofile, was zu lesen, zu denken, zu fühlen und zu debattieren ist. Beziehungen zwischen Individuen, die Grundlage des öffentlichen Raums, sind nicht mehr fundiert, wenn es sich um »Freundschaften« in sozialen Netzwerken handelt. Algorithmische Filter und Profile fragmentieren die Gesellschaft und hindern sie daran, sich, vergleichbar dem Lumpenproletariat in der industriellen Revolution, zusammenzutun, um das Internet auch als öffentlichen Raum für sich zu reklamieren und seine Freiheit einzufordern. Das Internet könnte öffentlicher Raum sein und ist es dennoch nicht, weil die Voraussetzungen hierzu nicht gegeben sind – und das bei gleichzeitiger Überwachung durch staatliche Geheimdienste und Verhaltenskontrolle durch private Wirtschaftsgiganten.

Das Internet oder wenigstens einen Teil davon als freien öffentlichen Raum herzustellen, wäre vordringliche Aufgabe der Politik. Die Marktmacht der Internetgiganten und der Raum des Internets müssen entkoppelt werden. Entweder sind die Internetgiganten zu entmachten – oder man schafft sich einen zweiten unabhängigen digitalen Raum, jetzt primär aus politischem Willen statt aufgrund wirtschaftlicher Erwägungen. Dann käme es zu einer Art »dualem System« von öffentlichem und privatem Internet, selbst wenn ein öffentliches Internet »neben« dem privaten Raum der Wirtschaftsakteure jene nicht aus ihrer Verantwortung entlassen würde, zu Pluralismus und Meinungsvielfalt beizutragen.[10]

Die diffuse Beunruhigung der Menschen über ihre Depersonalisierung müsste dazu führen, ein öffentliches Internet einzufordern, weniger aufgrund abstrakter Überlegungen zur Freiheit oder zu sonstigen verfassungsrechtlichen Garantien. Was sie bewegen sollte, ist die Frage nach einem »guten Leben« in digitalen Zeiten.[11] Wie sieht das Narrativ für das 21. Jahrhundert aus? Wollen Menschen ohne Angst vor Totalkontrolle durch den Staat oder durch Private leben? Wollen sie Chancen auf Bildung und Wohlstand wahrnehmen können, ohne dass sie dafür ein bestimmtes Profil oder digitales Punktekonto nachweisen müssen? Wollen sie, dass ihre Leistungen und Bedürfnisse von Menschen statt Maschinen beurteilt werden? Wollen sie die soziale Vielfalt schützen, die Pluralität von Individuen und Meinungen?

Das »duale System« würde dem bundesdeutschen Konstrukt der öffentlich-rechtlichen Medien, die sich gegenüber den privaten Massenmedien durch besondere Unabhängigkeit, Manipulationsfreiheit und journalistische Sorgfalt auszeichnen sollen, ähneln. Sicher wäre eine große Herausforderung, einen digitalen Raum attraktiv zu gestalten, um auch für politische Öffentlichkeit ähnliche Netzwerkeffekte zu erzeugen, wie es den bestehenden kommerziellen Plattformen gelungen ist. Dass sie sich unter Umständen nicht einstellen, darf die Politik nicht davon abhalten, gestaltend einzugreifen. Mit Blick auf die Garantien einer grundrechtssicheren Infrastruktur ist sie sogar dazu verpflichtet. Öffentlichkeit mit garantierten Freiheiten ist Voraussetzung politischen Handelns. Handeln, sagt Hannah Arendt, ist genuin menschlich. Wer den Informationskapitalismus humanisieren will, muss eine freiheitliche digitale Öffentlichkeit ermöglichen.

Verantwortung zuweisen: Akteure bestimmen

Was geschieht eigentlich genau bei der digitalen Transformation? Wer sind die Akteure, was tun sie und warum? Darüber, was digitale Transformation bedeutet, welche Fortschritte denkbar sind, woran geforscht wird, was zur Produktreife gelangen kann und welche Auswirkungen die Digitalisierung und ihr ideologischer Begleiter, der Informationskapitalismus, auf das Leben der Menschen hat, darüber besteht in der Gesellschaft bis heute große Unklarheit. Demgegenüber gilt: Man kann nur regeln, was man kennt.

Die Unschärfe ist einer der Gründe, weshalb die Politik kaum eingreift und in der digitalen Transformation nur wenig gesetzlich geregelt ist. Sicher ist eines: Die Digitalisierung ist Kulturleistung und Menschenwerk, der Informationskapitalismus ihre Begleitmusik. Dass sie sich so vollziehen, wie wir es gerade beobachten, muss nicht zwingend der Fall sein. Es könnte alles anders kommen. Die Digitalisierung ist wie Lehm. Sie ist formbar, wir sollten uns die Hände schmutzig machen und daran mitformen.

Wer Digitalisierung und Informationskapitalismus verstehen und gestalten will, muss die Akteure beim Namen nennen. Wer in welchem Umfang Verantwortung trägt, definiert der Staat traditionell mithilfe von Gesetzen. Gesetze klären auch darüber auf, welche Sanktionen ausgesprochen werden, wenn Verantwortung nicht wahrgenommen wird. Doch der Staat definiert nicht nur Verantwortung, er ist selbst auch ihr Gegenstand. Mindestens ein Akteur der Digitalisierung steht deshalb fest: der Staat selbst. Im Auftrag der Daseinsvorsorge für seine Bürger hätte der Staat, wie soeben festgestellt, etwa den Auftrag, einen freien, ungestörten öffentlichen Raum für digitale Kommunikation und politisches Handeln herzustellen.

Der Staat ist nicht der einzige Akteur der digitalen Transformation. Seine staatlichen Machtmittel folgen denen nach, die schon lange vor ihm ökonomisch agiert haben. Wirtschaftsunternehmen und ihre Kapitalgeber sind an wirtschaftlicher Vormachtstellung in der digitalen Ära, aber nicht an Verantwortung für Bürger interessiert. Im Gegenteil, deren Rechten stehen sie »mit der radikalen Gleichgültigkeit und dem angeborenen Narzissmus des Finanzkapitalismus« gegenüber.[12] Den neuen Technologiegiganten ist das Humane zwangsläufig egal, sie scheuen sich nicht einmal, sich entsprechend zu äußern. Anwender nützen ihnen als Produktionsmittel, Anwender dienen ihnen, wenn sie unablässig Daten abwerfen. Ihr Blick auf die Menschen ist zwangsläufig utilitaristisch. Das Humane ist ihnen überflüssig, denn der Mensch, sagen sie, sei nur Maschine. Wer Menschen erst einmal überflüssig gemacht hat, kann sich jeglicher Verantwortung für den Menschen entziehen.

Und wie sieht es mit intelligenten Maschinen aus? Computer können Autofahrer sein, Betriebsleiter, Mediziner oder Altenpfleger. Treten sie als neue Akteure im 21. Jahrhundert auf, gilt es, Verantwortung zu definieren. Ist der Hersteller in der Verantwortung oder der Betreiber? Die Frage ist offen und bislang nur im Einzelfall zu beantworten. Wer in der Position ist, Nachteile zu vermeiden, wird größere Verantwortung für die Folgen maschineller Handlungen tragen als derjenige, der weder über Wissen noch Werkzeug verfügt, auf die Folgen maschineller Entscheidungen und Tätigkeiten einzuwirken.

In der digitalen Transformation tragen auch Individuen Verantwortung. Anwender sind dort eingeschränkt verantwortlich, wo die Nutzung digitaler Räume vorgegeben und ihre Freiheit beschränkt ist. Wo sie nicht mehr bloß Anwender digitaler Technologien sind, sondern stärker mit Maschinen einer zunehmenden Umgebungsintelligenz interagieren, kann auch die Verantwortung wachsen. Sind Individuen als Programmierer, Datenanalysten oder Softwareingenieure tätig, obliegt ihnen eine besondere Form der Verantwortung für die Gesellschaft, weil ihr Programmcode gestaltend inmitten der Gesellschaft wirkt. Der Rückzug auf Spezifikationen und fachliches Können dürfte als Ausflucht dann nicht mehr ausreichen.

Die Diskussion ist nicht nur akademischer Natur, sondern konkrete Aufforderung zum Handeln mit Blick auf den ersten tödlichen Autounfall, der sich im Mai 2016 mit der »Autopilot«-Funktion eines selbstfahrenden Tesla-Elektroautos ereignet hat. Ein autonomes Tesla Model S war bei trockenem Wetter ungebremst unter einen stehenden Sattelschlepper geraten, der auf einer Kreuzung stand, um links abzubiegen. Der Fahrer des Elektroautos kam ums Leben.

Die Schuldfrage ist nicht leicht zu beantworten. Wenigstens lassen sich die Akteure benennen: Tesla Motors Inc., sein israelischer Zulieferer von Sensorik, die amerikanische Straßenverkehrszulassungsbehörde und der Fahrer. Nach unserem bisherigen Rechtsverständnis ist das Roboterauto (noch) kein Akteur – es ist eine Sache, der keine Rechtspflichten auferlegt sind. Es ist aber denkbar, dass sich diese Auffassung im weiteren Verlauf des 21. Jahrhunderts ändert.

Tesla Model S ist eine Beta-Version, die unterschiedliche Sensortechnologien einsetzt, um die Straßenlage, in der sich das selbstfahrende Auto bewegt, zu beurteilen, darunter ein Radarsystem, Ultraschallsensoren sowie eine Frontkamera für die Bilderkennung.[13] Wer jemals eine Multisensor-Datenfusion implementiert hat, weiß, dass ein Restrisiko immer besteht: Das selbstfahrende Auto wird die Lage nur in, sagen wir, 99,5 Prozent aller Fälle richtig einschätzen. Das Restrisiko einer 0,5-prozentigen Fehleinschätzung bleibt bestehen, und es wird mit 100-prozentiger Sicherheit eintreten. Das kann etwa dann der Fall sein, wenn *sensor ambiguity* auftritt, die »mangelnde Eindeutigkeit« dessen, was die Sensordaten des Roboterautos tatsächlich bedeuten. Deshalb sollte man bei missionskritischen Systemen nie auf Monosensorik setzen, nur weil eine einzelne Sensortechnologie, etwa optische Bildverfahren, preiswerter ist als zusätzliche Erkennungsmöglichkeiten wie die Lasertechnologie. Wiewohl der Unfall vom Mai 2016 noch von der zuständigen Verkehrssicherheitsbehörde untersucht wird, ist wahrscheinlich, dass ein Fall von *sensor ambiguity* zu dem fatalen Crash geführt haben könnte.

Muss man Tesla dafür haftbar machen? Tesla wird darauf verweisen, dass man alle Fahrer auf das Restrisiko aufmerksam gemacht habe. Zudem hat Tesla stets darauf hingewiesen, dass es sich bei seinem »Autopilot« um ein Fahrerassistenzsystem handelt. Der Fahrer ist verpflichtet, dem Verkehr aufmerksam zu folgen und nötigenfalls manuell einzugreifen. Beim fraglichen Unfall, so sagte der betroffene Lkw-Fahrer aus, habe der Fahrer aber seiner Meinung nach einen Videofilm angesehen. Tatsächlich fand die Polizei einen tragbaren DVD-Spieler im Unfallwagen. Ob er während der Fahrt einen Film abspielte, bleibt allerdings offen.[14]

Trifft also den Unfallfahrer die Schuld, weil er das »System Roboterauto« anders genutzt hat als vom Hersteller vorgesehen? Wenn der Wagen in tausend kritischen Verkehrssituationen keinen Fehler macht, wird dann der Fahrer bei der nächsten angespannten Lage noch die Aufmerksamkeit aufbringen, die die Verkehrssituation eigentlich erfordert?

Wenn Autopiloten hundertprozentig sicher wären, bräuchte es auch im Flugzeug keinen menschlichen Offi-

zier mehr. Doch trotz Autopilot gilt der Beruf des Berufs-
piloten als Hochstressjob. Der Berufspilot wird trotz Autopilot wieder und wieder auf das von ihm zu bedienende
Luftfahrzeug trainiert. Er kann auch nicht einfach das Luftfahrzeug wechseln, also von einem Airbus auf eine Boeing
umsteigen. Braucht deshalb auch der Fahrer eines selbstfahrenden Autos in Zukunft eine Spezialausbildung für sein
Roboterauto?

Auch die Straßenverkehrsbehörde ist nicht unschuldig
am Unfall des Tesla Model S. Um die Innovationsfreudig-
keit der Automobilbranche nicht zu behindern, war sie sehr
liberal beim Umgang mit Zulassung, Test oder Betrieb der
neuen Systeme. Zu viel Regulierung behindere Innovation,
meinen auch viele Europapolitiker. Wer aber zulässt, dass
Anwender und Konsumenten zu Versuchskaninchen einer
technologischen Übergangsphase werden, muss mit dem
Schadenseintritt rechnen.

Wie die Zuweisung von Verantwortung im digitalen
Raum aussehen kann, hat ein Team von Wissenschaftlern
der Wirtschaftsuniversität Wien in Zusammenarbeit mit
Fachleuten aus der Praxis für die wirtschaftliche Nutzung
persönlicher Daten erforscht.[15] Die Wissenschaftler haben
vier Bereiche für die ökonomische Verwertung persönlicher
Daten identifiziert; aus den vier Anwendungsbereichen
lassen sich die jeweils Handelnden und ihre Tätigkeiten ableiten.

Im ersten Fall, mit dem viele Menschen vertraut sein
dürften, gehen Anwender mit einem Online-Unternehmen
eine geschäftliche Beziehung ein.[16] Sie kaufen online ein
Produkt oder eine Dienstleistung ein. Damit der Online-
Shop die Bestellung ausführen kann, benötigt er einige per-

sönliche Daten des Anwenders, mindestens Zustelladresse, Rechnungsadresse und Zahlungsinformationen. Doch schon über diese für die Erfüllung des Kaufgeschäfts unmittelbar notwendigen persönlichen Daten hinaus nutzen die globalen Internethändler zusätzlich die Online-Überwachung, um ein Profil des Anwenders zu berechnen. Überwachung und Profiling erlauben dem Online-Händler, in den Besitz weiterer Informationen über den Anwender zu gelangen: Die aktuelle Lage des Anwenders (Bonität, Interessen, sexuelle Orientierung, Charaktereigenschaften, politische Präferenzen, Äquivalenzklasse); das aktuelle Verhalten des Anwenders (abgeschlossener Kauf, abgebrochener Kauf) sowie das wahrscheinlich zukünftige Verhalten des Anwenders (Anwender wird sich wie die anderen Objekte derselben Äquivalenzklasse verhalten). Diese zusätzlichen Informationen über den Anwender befinden sich exklusiv im Zugriff des Online-Shops. Der Anwender selbst ist sich dessen kaum bewusst. Weder gibt man ihm Einblick in Zusatzinformationen, noch kann er sie kontrollieren – zum Beispiel berichtigen oder löschen –, noch wird ihm erklärt, wie genau die Informationen eigentlich zustande kommen. Sicher ist nur, dass er in die Berechnung und die weitere Verwendung der Zusatzinformationen eingewilligt hat, als er die Nutzungsbedingungen des Online-Shops akzeptiert hat. Zur weiteren Verwendung der Informationen gehören beispielsweise der Verkauf seiner Rohdaten durch den Online-Händler, der Verkauf der Lageinformation über den Anwender, der Verkauf seines Verhaltensprofils und – die Steuerung künftigen Anwenderverhaltens auf der Basis seines Profils. Spätestens mit der »weiteren Verwendung« geht das Elend los. Wenn Anwender hier immer noch sorglos abwinken, sollen sie sich bitte vorstellen, dass nicht ein Onlinehändler, sondern eine Schufa oder Creditreform tätig werden, weil dann schnell klar sein dürfte, dass die Gewinnung und der Weiterverkauf der geschürften Zusatzinformationen weitreichende Folgen für die finanzielle Souveränität des Anwenders haben.

Wenn man nur regeln kann, was man kennt, kann man schon beim einfachen Online-Kauf benennen, was denn geregelt werden muss: Es sind die Informationen über das Anwenderprofil; Informationen über das zukünftige Verhalten des Anwenders; der Umgang mit diesen Informationen, einschließlich Zugang und Verkauf, sowie die Manipulation des Anwenders, zum Beispiel mithilfe einer algorithmischen Kontrollstrategie. Und der Hauptakteur ist der Online-Shop, in dessen Zugriff die Informationen liegen.

Die drei anderen Fälle der Ökonomisierung persönlicher Daten, wie sie die Wiener Wissenschaftler definieren, seien der Vollständigkeit halber erwähnt. Es sind der »unternehmensseitige Datenverarbeitungsbereich« und die beiden neuen Monetarisierungsvarianten des »kundenseitigen Datenverarbeitungsbereichs« und des »offenen Volksdatenmarkts«.[17]

Und wie könnten gesetzliche Regeln eingreifen? Vom Verbot der Überwachung und Berechnung von Anwenderprofilen bis hin zur Ausweitung des Eigentumsbegriffs auf persönliche Daten ist hier vieles denkbar. All dessen nimmt sich nur in kleinen Teilen die EU-DSGVO an.

Doch wo die staatliche Regulierung hinterherhinkt, wirkt die Selbstregulierung. Wo staatliche Gesetze nicht existieren, regeln Spezifikationen, ungeschriebene Verhaltensnormen, allgemeine Geschäftsbedingungen und der Programmcode selbst, wie sich die digitale Transformation vollzieht. Die Vielzahl privater Normen bildet nicht nur einen Dschungel, sie sind weder nach politischer Debatte noch im demokratischen Verfahren in Kraft gesetzt worden. Als »innovative Ausfallbürgen« für hoheitlich gesetztes Recht haben sie sich nicht erwiesen.[18] Doch wer für eine humane digitale Zukunft sorgen will, muss verstehen, dass Digitalisierung formbar ist. Es sind ihre Akteure, die über die digitale Zukunft der Gesellschaft entscheiden. Was und wie sie es tun, gilt es auszuhandeln – im öffentlichen und demokratischen Diskurs. Seine Ergebnisse sind festzuhalten und förmlich in Kraft zu setzen.

Bestehendes positives Recht durchsetzen: Gesetze kontra Programmcode

Den Europäern gehört die Freiheit. Ihnen gehört die Selbstbestimmung. Ihr Verhalten gehört ihnen. Der Zugriff durch den Informationskapitalismus darf nicht so weit gehen, dass die fundamentalen Rechte der Europäer kompromittiert werden.

Doch es gibt Probleme. Europas schöne Grundrechte sind gegen den Informationskapitalismus nur schwer zu verteidigen. Dennoch hat Europa den Kampf aufgenommen. Es ist der Kampf Technologie gegen hoheitlich gesetztes Recht. Mit der EU-DSGVO hat er eine erste Kampfpause eingelegt. Die nächste Runde wird nicht lange auf sich warten lassen. Und es ist sogar sehr wahrscheinlich, dass die Technologie gewinnen wird. Denn der Kampf ist unfair und findet zwischen sehr ungleichen Gegnern statt. Technologie verschafft sich immer einen Vorsprung. Er ist groß genug, um das Recht immer wieder abzuhängen.

Zwei prominente Protagonisten, Apple und das FBI, sind in den Ring gestiegen, um den Kampf der ungleichen Gegner für alle anschaulich zu machen. Pikant an der Schlacht ist der Rollentausch. Zugegeben, sie findet nicht in Europa statt und wäre hier schwer vorstellbar, aber sie ist ein Lehrstück dafür, wie schwer es staatlichen Institutionen fällt, ihren Machtbereich dorthin auszudehnen, wohin sich die Informationskapitalisten bereits ausgebreitet haben. Im folgenden Fall hat sich Apple scheinbar auf die Seite der Anständigen begeben, das FBI ist der Bösewicht.

Die Firma Apple setzt Verschlüsselungstechnologien ein, um Anwenderdaten zu schützen, die sich auf einem iPhone befinden. Nur einen winzigen Spalt, die sogenannte *zero day reserve*, hat das Unternehmen belassen, durch den man sich in das iPhone hineinzwängen kann.

Bei einem *zero day* handelt es sich um eine geheim gehaltene Sicherheitslücke in einem Computerprogramm, die ein Staat, der Hersteller oder kriminelle Hacker für sich nutzen können. Für die amerikanische Regierung ist ein *zero day* eine strategische Waffe gegen andere Nationen, Institutionen und Individuen, die das Computerprogramm mit der Sicherheitslücke nutzen. Man lasse sich das auf der Zunge zergehen: Millionen europäischer Autos und Geräte nutzen amerikanische Betriebssysteme, potenziell oder höchstwahrscheinlich mit *zero day reserve*. Zig Millionen Endgeräte im Internet der Dinge basieren auf Programmcode aus Silicon Valley mit potenziellen vorsätzlichen Sicherheitslücken. Die amerikanische Regierung wendet ein, sie müsse das amerikanische Volk schützen und deshalb jederzeit Zugriff auf den Programmcode nehmen können. Tatsächlich erhöht die amerikanische Regierung die Vulnerabilität digitalisierter Nationen auf fast unverantwortliche Weise. Ihre Strategie der *zero day reserve* macht das Leben zahlloser Anwender innerhalb und außerhalb der Vereinigten Staaten zu einer ziemlich gefährlichen Angelegenheit. Sie werden verletzbarer. Denn *zero day reserves* sind nicht zwingend nur dem Staat bekannt. Das FBI hat die Kenntnisse über die besagte Sicherheitslücke im Apple-iPhone bei einem Dritten für 1,3 Millionen US-Dollar eingekauft.[19] Vielleicht bei einem kriminellen Hacker. Eigentlich müssten Institutionen wie das FBI dazu angehalten werden, für mehr Sicherheit zu sorgen, statt moralisch fragwürdig zu handeln.

Im Einzelfall kann der staatliche Zugriff auf persönliche Daten eines Apple-iPhones auf jeden Fall berechtigt sein, dann etwa, wenn eine Sicherheitsbehörde Ermittlungen gegen eine verdächtige Person einleiten und dieselbe abhören will. Danach sah es im Fall FBI gegen Apple auf den ersten Blick aus, als das FBI plante, das geschäftliche iPhone des Attentäters von San Bernandino, Syed Farook, zu knacken.

Lange war es der Behörde nicht gelungen, durch den schmalen Spalt, den Apples iOS offen ließ, einzudringen. Gegen die behördlichen Angriffe bot Apples bisherige Verschlüsselungstechnologie offenbar ausreichenden Schutz. Und Apple will es den Behörden künftig noch schwerer machen, in iPhones einzubrechen. Der kleine Spalt, er soll für immer geschlossen werden. Danach könnte nicht einmal mehr Apple selbst auf die Anwenderdaten zugreifen. Und wenn schon der Hersteller keinen Zugriff auf die Daten »seiner« Produkte hat, so die Hoffnung, dann noch weniger eine amerikanische Bundesbehörde.

Und wie sähe das Waffenarsenal der amerikanischen Behörden aus, sich gegen Apples technologische Einbruchssicherung zu wehren? Die Vereinigten Staaten könnten Apple gesetzlich verpflichten, die iPhone-Verschlüsselung so zu lockern, dass ein Eindringen der Behörde jederzeit möglich wäre. Nur über eine solche Hintertür könnte die Behörde auf iPhones zugreifen und einen Blick in die mobilen Minicomputer werfen.

Nur: Wie hoch ist die Wahrscheinlichkeit, dass eine Gesellschaft, die Edward Snowdens Enthüllungen über die ungesetzlichen geheimdienstlichen Umtriebe ihrer Nachrichtendienste noch ganz frisch in Erinnerung hat, einer weiteren staatlichen Sicherheitsbehörde Zugriff auf persönliche Daten erlaubt? Wie realistisch ist es, dass ein Parlament ein Gesetz verabschiedet, das Hintertüren digitaler Endgeräte oder womöglich anderer softwarebasierter Leistungen wie Rechnerwolken vorschreibt? Denn ist der Honigtopf einmal geöffnet, will der Staat immer mehr. Deshalb stehen die Chancen auf eine solche gesetzliche Regelung schlecht. Dem FBI bliebe nichts weiter übrig, als den Weg des richterlichen Beschlusses zu wählen.

Tatsächlich hatte Anfang 2016 der Rechtspfleger eines amerikanischen unteren Gerichts unter Berufung auf ein Gesetz aus dem Jahr 1789 entschieden, Apple müsse ein neues Betriebssystem »GovOS« entwickeln, das der Nutzungsanforderung des FBI entspricht.

Es geht also nicht nur um das iPhone eines einzigen Verdächtigen. Die Behörde will den Technologieriesen dazu zwingen, die Verschlüsselung so zu lockern, dass das FBI in jedes iPhone der Welt einbrechen kann. Apple soll ein neues Betriebssystem entwickeln. Das iOS soll durch ein »GovOS« abgelöst werden.[20]

Dagegen wehrte sich Apple und legte Rechtsmittel ein. Die Auslegung des Gesetzes durch das FBI verstoße gegen die amerikanische Verfassung; Bürgerrechte seien gefährdet; und das FBI habe keinerlei Recht, Firmen zu zwingen, ein bestimmtes Produkt zu entwickeln.

Wer das Szenario zu Ende denkt und nur einmal annimmt, das FBI könnte sich durchsetzen, wird schnell einsehen, dass Apples iPhone – genauso wie alle Investitionen in die Sicherheit der Kommunikation – rasch an Wert verlieren würde. Ehrliche Anwender des Unternehmens würden dem iPhone künftig misstrauen, während Verdächtige problemlos auf andere, öffentlich verfügbare und sehr leistungsfähige Verschlüsselungstechnologien ausweichen könnten. Solche und andere Szenarien, in denen ein potenziell zukünftiger Präsident Trump die amerikanischen Sicherheitsbehörden mit umfangreichen Überwachungs- und Zugriffsrechten ausstatten würde, sind ein Albtraum für die amerikanische Internetindustrie – und gleichzeitig ein Szenario für das mögliche Ende des Informationskapitalismus heutiger Färbung. Seine Fähigkeit, jeden einzelnen Anwender zu verfolgen und auszuspionieren, könnte sein Ende bedeuten, wenn die Bedürfnisse eines Überwachungsstaats zu Strategiewechseln von Technologiegiganten bis hin zu deren potenzieller Schrumpfung führten, weil Anwender nicht mehr zu kaufen bereit wären.

Jenseits des absurden Rollentauschs im Fall Apple gegen das FBI, in dem sich ausgerechnet Technologie zum Garanten amerikanischer Grundrechte aufschwingt, wird deutlich, dass hoheitlich gesetztes Recht nicht mehr dazu taugt, Technologie zu regulieren. Die Technologie ist stärker, der Kampf Recht gegen die Mathematik vorentschieden. Viel häufiger verletzt Technologie die Grund- und Bürgerrechte, statt sie zu wahren; es wäre die Aufgabe des positiven Rechts, Garantien gegen grundrechtliche Schmälerungen zu geben. Aber, so schreibt der ehemalige deutsche Verfassungsrichter Wolfgang Hoffmann-Riem, »das Recht allein hat nicht die Kraft, das Notwendige zu erreichen«[21].

Vielleicht muss sich die Gesellschaft im 21. Jahrhundert damit abfinden, Grundrechte, besonders das Recht auf Privatsphäre, zu lockern. Andernfalls kann das *Internet of Everything* mit seiner Umgebungsintelligenz, deren Profiling und Prognosefähigkeit, nicht funktionieren. Auf der anderen Seite zeigt der Fall Apple gegen das FBI, wie mächtig die Wirkung von Programmcode ausfallen kann. Bevor Grundrechte gelockert werden, weil sie gegenüber digitalen Technologien nicht auf herkömmlichen Wege durchsetzbar sind, gilt es zu fragen: Kann Programmcode das positive Recht ergänzen oder gar ersetzen? Kann nicht die Technologie selbst den Grundrechteschutz herstellen, wie es Apples iPhone-Verschlüsselung versucht? Kann, wo intelligente Technologie agiert, auch eine Art technisches Recht wirken?

Anders regulieren mit
digitalem Umgebungsrecht

Kann man den Mangel an Rechtsschutz in der digitalen Ära durch Programmcode statt durch positives Recht heilen? Nicht nur das Experiment mit der Künstlichen Intelligenz Ai zeigt, dass menschliches Verhalten mithilfe von Programcode forciert und durchaus effektiv geregelt werden kann. Nicht nur der Impuls einer intelligenten Kontrollstrategie, schon der rigorose Code einfachster Computerprogramme, wie es Cookies sind, wirkt, anders als positives Recht, Verträge oder soziale Normen, als unmittelbare Handlungsanweisung. Je nach Architektur einer digitalen Technologie werden Handlungen forciert oder unterbunden, erhalten Anwender Zugriff auf Leistungen oder nicht, wird die Gesellschaft so oder anders umgestaltet. Deshalb liegt nahe, auch den Programmcode selbst und die ihm zugrunde liegende Softwarearchitektur als neue Art der Regulierung im 21. Jahrhundert in Betracht zu ziehen.

Die Digitalisierung leistet ihren Beitrag zu Innovation und Wirtschaftswachstum, so weit, so gut. Hoheitlich gesetztes Recht, haben wir gesehen, hält mit ihren technischen Details nicht Schritt. Trotzdem ist es nicht überflüssig, denn es muss die Rahmenbedingungen (durch-)setzen, damit die Grundstrukturen des gesellschaftlichen Zusammenlebens trotz umwälzender technischer Veränderungen garantiert bleiben.

Die Europäische Union hat sich auf solche Grundstrukturen geeinigt, darunter den selbstbestimmten Menschen, die Herrschaftsform der Demokratie und die soziale Marktwirtschaft. Doch bisher sind die Erfolge, Anreize zu setzen, die die Einhaltung der europäischen Grundstrukturen in der digitalen Transformation gewährleisten, übersichtlich. Die Europäische Union setzt nach wie vor auf die »klassischen« Werkzeuge rechtlicher Regulierung, auf die Gesetzgebung des Europäischen Parlaments wie bei der EU-DSGVO und die Urteile des Europäischen Gerichtshofs zu Google und Facebook. Doch Digitalisierung und Informationskapitalismus nehmen weiter ihren Lauf, wie es ihre Hauptdarsteller aus Silicon Valley vorsehen und die US-amerikanischen Regierung mitgestaltet, die in ihrem eigenen Interesse durchaus regulierend eingreift, aber nicht so, wie es sich die Europäer wünschen.

Unter den vielen Ländern weltweit, die sich digital transformieren, sind die Vereinigten Staaten die Nation mit dem stärksten Durchgriff auf die Technologiegiganten, allein deshalb, weil sämtliche digitalen Lieblingsmarken in ihrem Staatsgebiet ansässig sind.

Wollte Europa die digitale Transformation humanisieren, müsste es ihr einen Ruck geben, damit sich eine europaverträgliche digitale Zukunft entwickelt und Anwender ihre Rechte behalten. Weil das positive Recht hierbei an Grenzen stößt, ist es die Anstrengung wert, ein neues Konzept in Erwägung zu ziehen, das *Code is law* entspricht.[22] Die Rechtswissenschaftlerin Mireille Hildebrandt nennt es

»Umgebungsrecht«.[23] Es stellt Rechtsschutz her, weil es direkt in die Technologie eingebaut ist, eine Eigenschaft, die Technologen auch als *value by design* bezeichnen.

Bliebe Europa stattdessen untätig, hieße das, die weitere digitale Entwicklung dem Markt zu überlassen – den Entwicklern und den Juristen von GAFAM, die mit Programmcode Recht setzen und selbstverpflichtende allgemeine Geschäftsbedingungen formulieren. Der Markt hat die digitale Transformation auf den Weg gebracht. So, wie die Dinge heute liegen, dient sie nicht den Interessen der europäischen Anwender.

Weder ratsam noch praktikabel: Technologieverbote

In der Auseinandersetzung Apple gegen das FBI hat sich die amerikanische Behörde für den Weg direkter Gewalt entschieden: Sie übt staatlichen Zwang auf Apple aus und will dem Unternehmen vorschreiben, das Betriebssystem iOS künftig so zu verschlüsseln, dass die Behörde jederzeit auf jedes beliebige iPhone zugreifen kann. Aus iOS soll »GovOS« werden.

Solch unmittelbarer Zwang läuft auf nichts anderes hinaus als das Verbot von Apples aktueller Verschlüsselungstechnologie, allgemein gesagt: Die amerikanische Regierung will eine Technologie verbieten. Stattdessen fordert die Behörde Apple auf, ein neues Softwareprodukt herzustellen, dessen Programmcode sich so verhält, wie es den Anforderungen der amerikanischen Regierung entspricht.

Ganz abgesehen davon, dass Apple fürchten muss, zahlreiche Anwender zu verlieren, und gegebenenfalls gezwungen wäre, sein Geschäftsmodell zu ändern, ist die unmittelbare Regulierung digitaler Technologien mit hoher Wahrscheinlichkeit wirkungslos.

Um das Problem der direkten Regulierung digitaler Technologien zu verdeutlichen, hilft es, sich Extreme zu vergegenwärtigen.

Erstens gilt: Wollte ein Gesetzgeber digitale Technologien direkt regulieren, würde sein Gesetzeskorpus rasch ausufern.

Und zweitens: Gerade digitale Technologien entwickeln und verändern sich in atemberaubendem Tempo. Kenner üben bereits Kritik an den sehr kurzen Aktualisierungszyklen für Softwareprogramme. Microsoft aktualisiert Produkte seiner Anwender einmal wöchentlich, Amazon betont, es aktualisiere minütlich. Selbst wenn ein Gesetz digitale Technologien unmittelbar regulieren könnte, müsste es mit den kurzen Entwicklungs- und Aktualisierungszeiträumen Schritt halten. Der Frequenz von fünf iOS-Aktualisierungen täglich müssten streng genommen fünf gesetzliche Anpassungen täglich entsprechen. Dazu ist ein Gesetz nicht in der Lage. Es ist auch nicht seine Aufgabe, eine derartige Granularität an den Tag zu legen. Ein Gesetz muss allgemein genug sein, damit sich technische Entwicklungen daran orientieren können.

Ein unmittelbares Technologieverbot wird an der Dynamik des komplexen Systems aus digitalen Akteuren scheitern, das sich mit Blick auf das Verbot in einen neuen Zustand begeben wird, den eine unmittelbare Regulierung weder voraussieht noch wünscht – ganz so, wie man es am bereits erwähnten Beispiel der Finanzmarktregulierung Reg NMS im Jahr 2006 beobachten konnte. Denn Softwareprogramme sind niemals komplett fertig, eine Tatsache, die gesetzliche Regulierung erschwert oder unmöglich macht.

Ungeachtet dessen ist es gar nicht ratsam, ausgerechnet die Entwicklung von Verschlüsselungstechnologien zu behindern. Digitale Technologien entfalten ihr innovatives Potenzial nicht nur bei Produkten und Dienstleistungen, die Anwender richtigerweise schick und originell finden, sondern genauso im kriminellen Umfeld. Tatsächlich nimmt die Zahl der Angriffe durch Schadsoftware zu, die Betroffenen sind immer wieder auch staatliche Einrichtungen selbst: der Deutsche Bundestag (2015), die Personalverwaltung der US-amerikanischen Regierung (2015), Stadtverwaltungen oder städtische Krankenhäuser (2016). In der digitalen Ära, die immer mehr Dinge und Menschen zur Umgebungsintelligenz vernetzt, steigt die Vulnerabilität der Gesellschaft gewaltig an, weil sich Angriffspunkte überall ergeben. Deshalb kommt es in Zukunft ganz besonders auf starke Verschlüsselung an. Stattdessen das Verbot einer Verschlüsselungstechnologie auszusprechen, wie es die US-amerikanische Regierung versucht, ist deshalb keine gute Idee. Legale Neuentwicklungen noch stärkerer, sicherer Verschlüsselungstechnologien würden behindert, während Kriminelle schnell auf öffentlich verfügbare alternative Verschlüsselungen ausweichen. Ein unmittelbares Technologieverbot würde nur zu einem Technologiedefizit führen und die Gesellschaft schwächen, könnte aber den »Cyber-Armageddon« nicht verhindern.[24]

Nutzenfunktion definieren

Positives Recht kann auf einer Metaebene aktiv werden und dort Ziele formulieren und Anreize schaffen, damit digitale Akteure motiviert werden, Anwenderrechte zu wahren. Technologiegiganten wären nicht gezwungen, sich auf die gewünschte Weise zu verhalten, sie sollen es freiwillig tun.

Die Antwort auf die Frage, welche Ziele eine digitale Gesellschaft verfolgt, kann demokratisch ausgehandelt werden. Soll Privatsphäre streng verwirklicht oder gelockert werden? Welchen Qualitätsmaßstäben sollen Wahlen in Zukunft folgen?

Hier geht es nicht um das Wie, es geht um das Was. Wer eine Liste aufstellt, welche Grundwerte auch in der digitalen Ära gelten sollen, wird Bewährtes erhalten, aber vielleicht auf Stand bringen wollen. Eine Aktualisierung gesellschaftlicher Ziele beantwortet allerdings nicht die Frage, wie digitale Akteure dazu motiviert werden können, einmal ausgehandelte Zielvorgaben auch tatsächlich einzuhalten.

Die Antwort ähnelt den Überlegungen, die wir schon vorher angestellt haben: Die Digitalisierung hält die Antwort auf die Probleme bereit, die sie selbst schafft. Technologie kann nur mit Technologie gezähmt werden.

Freiwillige Einhaltung von Vorgaben mithilfe von Zielformulierung – im Zusammenhang mit der Künstlichen Intelligenz haben wir sie Nutzenfunktion genannt – und Anreizsystem kann auf die Erkenntnisse der Spieltheorie zurückgreifen, einen Zweig der Ökonomie, den man entwickelt hat, um zwei oder nur wenig mehr Parteien zu einem bestimmten Verhalten zu motivieren. Später hat man die Anwendbarkeit der Spieltheorie auch bei Agenten im technischen Sinne, den Softwareagenten eines Multiagenten-Systems, erprobt. Multiagenten sind künstliches Leben, haben wir gesehen. Man kann die Realität als Multiagenten-System abbilden, um das Weltmodell einer Künstlichen Intelligenz wie Ai zu formulieren, oder den umgekehrten Weg gehen und Wissen über das Verhalten von Multiagenten-Systemen von der Theorie in die Praxis übertragen. Im Multiagenten-System können Softwareagenten die Individuen der Gesellschaft – Wähler, Technologiegiganten, Parteien oder Staatsorgane – repräsentieren, man kann aber auch umgekehrt die Gesellschaft als Multiagenten-System begreifen. Was wären dann Mittel und Wege, die Akteure der digitalen Transformation dazu zu bewegen, europäische Grundwerte oder Ziele zu verfolgen? Dazu müsste der Gesetzgeber in der Lage sein, die Aspekte der Umgebung, in der sich ein digitaler Akteur bewegt, spieltheoretisch so zu gestalten, dass jener motiviert wäre, die Grundregeln von Demokratie und sozialer Marktwirtschaft freiwillig zu befolgen – und auch Programmcode auf eine Weise zu implementieren, dass er mit europäischen Werten in Einklang steht. Das klingt ganz nach einem Fall für Ai.

In den frühen Jahren der Multiagenten-Forschung machten die Forscher eine interessante Beobachtung. Ihre ursprüngliche Annahme, Multiagenten würden grundsätzlich wohlwollend handeln und sich mit Blick auf ein gemeinsames Ziel gegenseitig aushelfen, bewahrheitete sich nicht. Denn wie sich im Laufe der Forschungsarbeiten herausstellte, war die gegenseitige Unterstützung, die Kooperation, die

Ausnahme und nicht die Regel. Unterstützung gab nur derjenige Agent, der sich durch Kooperation unmittelbar einen eigenen Vorteil verschaffen konnte.

Damit ähnelten die Multiagenten der frühen Forschungsjahre in der Tat menschlichen Individuen; auch der Mensch tritt als vollkommener Egoist in die Welt und entwickelt erst im Kindesalter Konzepte von Empathie und Kooperation. Auch Technologiegiganten handeln selbstsüchtig und im eigenen besten – finanziellen – Interesse. Die These egoistischen Verhaltens von Firmen ist berechtigt, denn ihre Ziele sind, Umsatz und Gewinn zu machen, aber nicht, das Gemeinwohl zu fördern. Zudem nehmen sie am Marktgeschehen teil und stehen inmitten einer Konkurrenzsituation. Konkurrenz fördert egoistisches Verhalten, aber es gilt auch umgekehrt: Soziopathen, die bessere Selbstdarsteller sind als andere, sich wenig hilfsbereit zeigen und stattdessen rücksichtsloser vorgehen, bringen es im Wirtschaftsleben weiter als die empathischen Zeitgenossen.

Bei der Spieltheorie geht es darum, herauszufinden, welche Aktionen ein Spieler setzen muss, um einen Gegenspieler dazu zu veranlassen, sich in bestimmter Art und Weise zu verhalten. Die klassische Spielstrategie legt dafür ein Spiel von nicht mehr als zwei rationalen Spielern zugrunde. Doch wie der Begriff vom Multiagenten-System nahelegt, handelt es sich dabei um ein Spiel mit vielen Teilnehmern, was sich nur unter großen Schwierigkeiten spieltheoretisch modellieren lässt. Mit etwas Modellierungsgeschick kann man das Problem multipler Spieler allerdings auf nur zwei Spieler reduzieren, indem ein Spieler eine Gruppe, ein zweiter Spieler eine andere Gruppe von Agenten repräsentiert. Übertragen auf die gesellschaftliche Realität würde das bedeuten:

Digitale Technologiegiganten bilden eine Gruppe, während der Gesetzgeber die Interessen der Anwender vertritt.

Während des Spiels kann ein Spieler auf eine Aktionsmenge zurückgreifen. Betrachtet man den Staat als Gegenspieler der digitalen Technologiegiganten, wären streng genommen auch der unmittelbare Zwang und das Technologieverbot eine von mehreren möglichen Handlungen, auf die der Gesetzgeber zurückgreifen könnte. Andere Aktionen könnten wirtschaftspolitische Eingriffe in Form von Subventionen, die Einräumung von Privilegien oder Zugangsregeln zu einem Markt sein.

Das alles ist nicht neu, richtig. Verbote, Subventionen, Privilegien dienen seit Menschengedenken dazu, gesellschaftliche Akteure zu einem bestimmten Verhalten zu bewegen. Ein moderner Gesetzgeber könnte aber spieltheoretische Techniken dazu nutzen, um ganz unterschiedliche Szenarien zu Interaktion und Verhalten digitaler Akteure zu simulieren – um im Anschluss an die Simulation den »richtigen« Anreiz zu setzen.

Vom Gesetzbuch zum Umgebungsrecht: Software mit Werteverständnis

Was geschieht, wenn ein Technologiegigant auf den positiven gesetzlichen oder politischen Anreiz, Umgebungsrecht zu setzen, reagiert?

Umgebungsrecht entsteht, wenn gesellschaftliche Werte unmittelbar in digitale Technologien eingeschrieben sind. Die Technologie selbst würde gesellschaftlichen Werten oder auch hoheitlich gesetztem Recht zur Durchsetzung verhelfen. Andernfalls bestünden auch die wertvollsten europäischen Grundwerte nur in der Theorie.

Schon im Programmcode ohne viel Intelligenz können Werte inskribiert sein. Plakatives Beispiel ist die Google-Suchmaschine in ihrer chinesischen Version bis 2010, dem Jahr, als sich Google aus China zurückzog. Das Unternehmen hatte in google.cn eine spezielle Suchroutine eingebaut und war damit der Aufforderung der chinesischen Regierung nachgekommen, die alle ausländischen Technologiegiganten im Land willkommen hieß, »vorausgesetzt, sie würden die Gesetze befolgen, welche die Zensur vorschreiben«[25]. Um auf das chinesische Recht Rücksicht zu nehmen, zeigte Google Webseiten, die die chinesische Regierung zu blockieren wünschte, gar nicht erst an. Die Anwender nahmen von der Informationssperre bei den Suchergebnissen sprichwörtlich keine Notiz, weil nichts, nicht einmal eine Randbemerkung, darauf schließen ließ, dass die angezeigten Informationen zensiert waren. Stattdessen sahen die Fundstellen aus wie jede beliebige andere Google-Ergebnisliste auch.

Grundsätzlich, das lehrt das Beispiel, ist es möglich, Technologie mit Grundwerten einer Gesellschaft in Einklang zu bringen. Die Motivation für Googles Selbstzensur war der chinesische Markt, der großes Wachstum für das Unternehmen verhieß. In den letzten Jahren und nachdem Google den Markt wieder verlassen hatte – als offizieller Grund wurden mehrere chinesische Hackerangriffe genannt –, wurden auch Facebook & Co. verbannt. Das protektionistische Verhalten Chinas ermöglichte es einheimischen chinesischen Unternehmen, eine eigene digitale Infrastruktur aufzubauen – mit Erfolg. Vor seinem Börsengang war der chinesische Internethändler Alibaba mehr als doppelt so umsatzstark wie Amazon.[26] Und unter den zehn wertvollsten digitalen Start-ups tummeln sich ebenfalls zwei chinesische Unternehmen, neben sechs amerikanischen und dem einzigen europäischen, RocketInternet/Zalando.[27]

Je intelligenter Software ist, desto komplizierter wird die Einbindung von Werten. Aber unmöglich ist sie nicht. Nimmt die Umgebungsintelligenz zu, kann trotzdem Umgebungsrecht geschaffen werden, indem technische Schutzschichten zwischen intelligente Maschinen und den Anwendern eingezogen werden. Solche Schutzschichten können aus Softwareagenten bestehen, die die Rechte »ihrer« Anwender wahren, so wie es schon bei der Profiling-Problematik erörtert wurde. Sie werden nur für den Anwender aktiv, aber nicht für den Anbieter einer digitalen Leistung. Softwareagenten können persönliche Daten verwalten, ihre Weitergabe kontrollieren oder informierte Zustimmungen in Vertretung ihres Anwenders erteilen, nachdem sie Nutzungsbedingungen eingesehen haben.[28] Welche Daten sie verwalten, welches Profil sie nutzen, definiert ausschließlich der Anwender und nicht die kommerzielle Einrichtung. Persönliche Daten und Profil bleiben so unter Kontrolle des Anwenders.

Und wie steht es um die Einbindung von Werten bei einer autonomen Künstlichen Intelligenz wie Ai? Werte erlauben einer Künstlichen Intelligenz, darüber zu entscheiden, was in einer bestimmten Situation zu tun ist. Nun liegt der Hauptzweck einer Künstlichen Intelligenz und ihrer Kontrollstrategie darin, Entscheidungen zu treffen. Wie sie eine

Entscheidung fällt, bestimmen sowohl ihre Entscheidungs-regeln als auch die Nutzenfunktion. Eine Kontrollstrategie, die Währungsrisiken im Unternehmen ausbalancieren soll, kann mit einer Nutzenfunktion ausgestattet sein, die sie entweder aggressiv macht oder sehr risikoscheu. Mindestens in operativ tätigen Kontrollstrategien herrscht derzeit kein anderes Wertesystem als das der Nutzenfunktion. Sie ist, wie sollte es anders sein, die Abbildung mathematischer Beziehungen zwischen Objekten.

Wenn aber Werte wie Demokratie, Gewaltenteilung und freie Wahlen in die Entscheidung einer Künstlichen Intelligenz eingebunden werden sollen, wird es endgültig schwierig. Für Technologen ist es ohnehin eine Herausforderung, menschliche Sprache in Maschinensprache zu übersetzen, ohne dass es zu inhaltlichen Verlusten, Fehlinterpretationen oder Verschiebungen kommt, die de facto zur inhaltlichen Änderung der fraglichen Rechtsnorm führen. Viele rechtliche Begriffe oder gesellschaftliche Werte sind für einen Programmierer so abstrakt, dass er sie nur schwer in eine Nutzenfunktion übersetzen kann.

Ist er nicht in der Lage, sie zu übersetzen, kann man auch vereinfachend sagen: Er kennt die Nutzenfunktion nicht. Nutzenfunktionen sind deshalb gut geeignet für die Verfolgung einfacher Ziele, aber an der Realisierung komplizierter Werte, die zu erläutern sich schon Menschen schwertun, sieht sich dieser Ansatz deutlichen Herausforderungen gegenüber.[29]

Was einer Künstlichen Intelligenz dann noch übrig bleibt, ist das Lernen durch Verstärkung. Beim Lernen durch Verstärkung baut die Künstliche Intelligenz selbstständig eine Bewertungsfunktion auf und verbessert ihr

Verhalten im Laufe der Zeit – genauer: mit der Anzahl ihrer Simulationsläufe –, weil sie nur dann eine Belohnung erhält, wenn sie einen gewünschten Zustand, eine Paarung Handlung/Zustand erreicht oder eine bestimmte Strategie verfolgt. Werte zu *verfolgen* bedeutet allerdings noch nicht, die Werte auch zu *erwerben*, doch so weit wollen wir hier nicht gehen und es dabei bewenden lassen, dass auch Künstliche Intelligenzen in der Lage sind, eine Vielzahl europäischer Grundwerte einzubinden, auch ohne dass sie konkrete Handlungsanweisungen oder auch nur die Rückmeldung eines Programmierers erhalten. Insofern sind lernende Maschinen diejenige technologische Innovation der Digitalisierung, die Umgebungsrecht mit der geringsten Verzerrung, wozu es durch die Interpretation eines menschlichen Programmierers ganz sicher käme, in ihrem selbstständig maschinell erzeugten Programmcode einbinden könnten.

Eine letzte Forderung an Umgebungsrecht bleibt bestehen. Mag es auch regulatorischen Anforderungen und Qualitätsansprüchen des Herstellers genügen, müsste es dennoch ausreichend transparent und anfechtbar sein, damit ein Anwender sein Recht auf Klage und einen fairen Prozess nicht verliert.

Die Frage nach der Transparenz einer maschinellen Entscheidung ist jedem vertraut, der täglich mit Künstlicher Intelligenz umgeht. Man wünscht sich mehr Einblick in den Entscheidungsprozess einer Künstlichen Intelligenz. Warum handelt sie so und nicht anders? Was motiviert sie, genau diese Entscheidung zu treffen, zumal ihre Entscheidung auf ihren inneren Aktivierungszustand zurückzuführen ist, der nicht einmal von ihrem Schöpfer ohne Umschweife interpretiert werden kann?

Hier verschaffen sogenannte »Erklärungskomponenten« Abhilfe: separate Systeme, die den Zustand einer Künstlichen Intelligenz in Echtzeit überwachen, interpretieren und in für den Menschen verständlicher Form – etwa im Rahmen eines Chats – ausgeben. Eine Erklärungskomponente wird aber nicht volle Transparenz in die Entscheidung einer Maschine geben können. In welchem Rahmen eine Maschine Entscheidungen treffen kann, hängt vom Design der Maschine ab, von ihrer Aktionsmenge, ihren Entscheidungsregeln. Damit ein außenstehender Experte die Qualität der maschinellen Entscheidung auch auf dieser Ebene nachvollziehen kann, sollte die Maschine aus Transparenzgründen nur mit einem Testdatenset ausgeliefert werden. Auf dem Testdatenset lässt sich auch von einem unabhängigen Experten die Entscheidungsfindung der Maschine nachvollziehen. Erst wenn sich das maschinelle Verhalten einer Maschine im operativen Betrieb und auf neuen, unbekannten Daten statistisch nicht vom Verhalten auf dem Testdatenset unterscheidet, kann man den Entscheidungen, die sie im realen Leben trifft, auch vertrauen.

Zudem sollten sämtliche maschinelle Zustände und Entscheidungen als rechtlich relevante Datenspuren in einem Logbuch gespeichert werden. Man ahnt schon, wie groß die globalen Speicherkapazitäten sein müssen, wenn sich die Umgebungsintelligenz weiter ausbreitet. Aber noch ist die Menschheit nicht an den Grenzen ihrer Speicherfähigkeit angelangt. Speicher ist gerade nicht das Problem. Eher stellt sich die Frage: Wenn Programmcode es bis zur Quasi-Gesetzgebung schafft, sollte er dann nicht auch die besonderen

Verfahren der Gesetzgebung einhalten? Wie eigentlich tritt Umgebungsrecht in Kraft?

Demokratische Legitimation: an Werte zurückgebundene Digitalisierung

Die Umgebungsintelligenz des Internet der Dinge, und dazu gehören auch Künstliche Intelligenzen vom Schlage einer Ai, wird mit fortschreitender Digitalisierung immer häufiger und tiefer in die Kontrolle des Einzelnen über sein Leben und die Gestaltung der Gesellschaft als Ganzes eingreifen. Je mehr wir unsere Umwelt in einen Computer umbauen, je öfter wir maschinelle Entscheidungen befolgen, desto stärker wird Programmcode zur beherrschenden Kraft unseres Alltags werden.

Programmcode kann, muss aber nicht, Werte wie den Schutz der Privatsphäre, mehr Sicherheit oder demokratische Prozesse implementieren. Moderne digitale Angebote können nur Umgebungsintelligenz enthalten oder bereits Umgebungsrecht setzen. Bisher tritt Umgebungsrecht allenfalls vereinzelt auf. Wenn Roboter beim Umgang mit Menschen Vorsicht walten lassen sollen oder Künstliche Intelligenzen zur Optimierung des innerstädtischen Lieferverkehrs automatisch die Arbeits- oder Pausenzeiten von Lkw-Fahrern einhalten, sind Werte oder Rechte kodiert und treten als Umgebungsrecht in Erscheinung. Großflächig ist die Verbreitung von Umgebungsrecht heute aber noch nicht. Die Digitalisierung hat erst eingesetzt, und die Einbindung von Werten oder Recht in Code ist kostspielig.

Allenfalls im Rahmen der Selbstregulierung bauen Techno-
logieanbieter bisher Werte oder Regeln in Code ein. Wie der
genaue Inhalt von Umgebungsrecht ist, wie und wann es in
Kraft tritt, entscheidet deshalb auf den ersten Blick allein
der Markt und eben jene Wirtschaftsakteure, die aus Daten und Information den größten finanziellen Nutzen ziehen. Nur: Soll man wirklich dem Markt überlassen, wie
und welches Umgebungsrecht gesetzt wird?

Umgebungsrecht, das zunehmend den Alltag der Menschen
beherrschen wird, muss wie jede andere Form der Herrschaft in einem Akt der Rechtsetzung gerechtfertigt werden.
Denn auch dort, wo Programmcode herrscht, ist Legitimität
ein demokratisches Erfordernis. Um demokratischen Prinzipien Genüge zu tun, müssen Bürger auch beim Umgebungsrecht aktiv mitbestimmen können. Allerdings stellt sich die
Frage, welche Form diese Mitbestimmung annimmt. Zwei
Arten sind denkbar: Umgebungsrecht kann empirisch oder
normativ legitimiert sein. Umgebungsrecht kann legitim
sein, weil es entweder eine bestimmte und gewünschte Wirkung erzielt oder an ein Gesetz zurückgebunden ist.[30]

Von normativer Legitimität sprechen wir, wenn Umgebungsrecht an die vom demokratischen Gesetzgeber gemachten Vorgaben angebunden ist.

In einer Demokratie können Bürger die Rechtsetzung
auf mehrere Arten beeinflussen. In Wahlen können sie sich
für dasjenige politische Gestaltungsversprechen entscheiden, das ihrem Willen am nächsten kommt. In der politischen Öffentlichkeit können sie an der Debatte zu einem
geplanten Gesetz teilnehmen. Und ist ein Gesetz erst ein-

mal in Kraft getreten, können Bürger gegen seine Verfassungsmäßigkeit Beschwerde führen. Generell erlaubt ihnen der Rechtsweg, sich gegen ein bestimmtes Gesetz zu wehren, und zwar immer dann, wenn sie behaupten, dass eine bestimmte Norm auf ihr Verhalten nicht anwendbar sei. Es sind eben jene zwei Eigenschaften, die demokratisch ausgehandeltes Recht ausweist: erstens, einen ordentlichen Akt des Inkrafttretens und, zweitens, die Möglichkeit der gerichtlichen Überprüfung.[31]

Es mag innovativ, aber trotzdem im Bereich des Möglichen sein, Künstliche Intelligenzen auch im politischen Betrieb einzusetzen. Man könnte sie als eine Art neuer politischer Institution installieren und sie mit Vollmachten und Transparenzerfordernissen ausstatten, vergleichbar mit der EZB, die als europäische Institution im Rahmen ihres Mandats Geldmarktpolitik betreibt und in sehr kurzen zeitlichen Zyklen wirtschaftspolitische Steuerungs- und Regelungsmaßnahmen treffen kann. Dass man ganz konkret Ai normativ legitimieren könnte, ist undenkbar, weil die Beeinflussung von Wahlen als Ziel unseres Experiments »Künstlicher Politiker« in einer Demokratie ohnehin hochproblematisch oder sogar illegal wäre. Künstliche Intelligenzen können aber auch andere, durchaus legale Regelungsziele verfolgen. Dann ist auch deren normative Legitimierung vorstellbar.

Bisher ist es noch nicht zur normativen Legitimierung von Umgebungsrecht gekommen. Die Mitwirkung der Bürger am Prozess der Legitimierung schließt das dennoch nicht aus; denn Umgebungsrecht kann auch ohne klassische Normierung rechtmäßig sein.

Beim Umgebungsrecht schaffen digitale Marktakteure

aus ökonomischem Antrieb heraus faktische Zwänge. Die Zwangspraxis »ihres« Umgebungsrechts erfolgt ohne jedes förmliche Inkrafttreten in der atemberaubenden Schnelligkeit sehr kurzfristiger Aktualisierungszyklen. Die Legitimation ihres Umgebungsrechts verschaffen sie sich trotzdem, und zwar empirisch durch große gesellschaftliche Akzeptanz, gefördert mit den Verlockungen der Kostenlosigkeit, die keinesfalls die Befreiung von einer Gegenleistung bedeuten. Empirische Legitimation von Umgebungsrecht findet deshalb auch dort statt, wo Programmcode durch die affirmative Einstellung und das zustimmende Verhalten der Anwender ein positives Feedback erfährt. Die soziologische Legitimität von Umgebungsrecht erfolgt also auch dann, wenn wir akzeptieren, dass wir von Programmcode und den Entscheidungen Künstlicher Intelligenzen durch das Leben geführt werden.

Technologiegiganten wissen, dass sie auf unser Akzeptanzverhalten zählen können, wenn sie ihre digitalen Angebote für mehr Optimierung, Bequemlichkeit und Spaß nur attraktiv genug gestalten. Unsere Mitbestimmung zu allem, was in ihrem Code an Werten oder Rechten implementiert ist (oder auch nicht), drückt sich dann nur noch darin aus, dass wir uns beteiligen und freiwillig mitmachen. Hier zählt die Wirkung von Umgebungsrecht: Wird das Gemeinwohl gefördert? Werden Probleme gelöst?

Natürlich beteiligen sich nicht alle Anwender an der empirischen Legitimierung von Umgebungsrecht nur deshalb, weil sie die algorithmische Entscheidungsunterstützung für attraktiv halten. Auch andere Motive führen zur Akzeptanz. Viele Anwender resignieren angesichts eigener Ohnmacht gegenüber globalen Technologieoligopolisten. Andere Bürger verhalten sich gleichgültig, solange ihre eigenen, individuellen Belange gewahrt scheinen.

Bei der empirischen Legitimierung von Umgebungsrecht muss uns eines klar sein: Das Umgebungsrecht, das wir akzeptieren, implementiert nicht notwendigerweise unsere europäischen Werte und Rechte. Wir lassen uns nicht von unseren eigenen nationalen oder europäischen Organisationen führen, sondern überwiegend von globalen Technologiegiganten mit Sitz in Silicon Valley. Nicht die von uns gewählten Repräsentanten führen uns, sondern die Privatwirtschaft – wieder der Markt –, die zudem auf einem außereuropäischen Verfassungs- und Rechtsverständnis fußt. Umgebungsrecht, heißt das, wird nicht mehr innerhalb nationaler Grenzen, ja nicht einmal mehr innerhalb Europas, gesetzt. Einmal mehr findet im digitalen Zeitalter sprichwörtlich Entgrenzung statt.

Denkt man die empirische Legitimierung von Umgebungsrecht weiter, wird man wohl feststellen müssen, dass unsere Akzeptanz überwiegend US-amerikanischer digitaler Angebote die Hegemonie der Vereinigten Staaten stärkt. Als Gegenleistung dafür, dass wir digitale Leistungen des Silicon Valley zum großen Teil kostenlos nutzen dürfen – ein Umstand, der uns zu *free-ridern*, zu »Trittbrettfahrern« jener US-amerikanischen Firmen macht, die sämtliche Forschungs- und Entwicklungskosten für Betriebssysteme, Internet-Suchmaschinen oder Plattformen übernommen haben –, akzeptieren wir die Kontrolle der Vereinigten Staaten, von Google bis zur NSA, über Datenströme und Netzwerkknoten.[32] Umgekehrt billigt man unser Akzeptanzverhalten als *free-rider*, weil es den Vereinigten Staaten auf diese Weise gelingt, global politische Ordnung und Stabilität herzustellen.[33] Über digitale Schlüsseltechnologien zu verfügen, ist also nicht nur eine Frage des internationalen Wettbewerbs; sie helfen auch bei der Umsetzung des politischen Willens, dominanter Staat auf dem Globus zu sein.

Weil die digitale Transformation die Gesellschaft rasch und mit bemerkenswerter gestalterischer Kraft umbaut, bleibt entscheidend, dass Bürger ihre Entwicklung mitbestimmen. Optimisten sprechen uns deshalb Trost zu und schlagen vor, dass wir im digitalen Zeitalter auch unser Verständnis von Demokratie überdenken sollten. An dem Showdown Recht gegen Technologie entzündet sich also auch eine Debatte der politischen Theorie, was mit Blick auf die Geschichte politischer Entwicklungen allerdings nicht Wunder nimmt. Wie können wir uns in Zeiten einer aktivierten Welt von Umgebungsintelligenz und Umgebungsrecht noch selbstbestimmt steuern und regeln?

Demokratie in digitalen Zeiten, lautet der Vorschlag, müsse partizipatorisch werden. Statt einer einzigen politischen Elite im System der repräsentativen, parlamentarischen Demokratie braucht es – ganz nach den Vorstellungen Hannah Arendts – viele öffentliche Räume, die sich »von unten her«, *bottom up*, um ein bestimmtes Interesse herum bilden, das jeweils spezifische Fragen der digitalen Transformation angeht, damit Betroffene gemeinsam mit anderen Akteuren, beispielsweise den Vertretern »durchsetzungsschwacher Interessen«[34], eine strategische Richtung entwickeln. Partizipatorische Demokratie versucht sich an einer mehr pluralistischen politischen Stellvertretung der Bürger, die sich nicht wie »ein Huhn oder eine Ratte« von einem politischen Establishment beherrschen lassen wollen, das glaubt, dass »Menschen in Think Tanks Denker seien«[35].

Partizipatorische Demokratie, der repräsentativen Demokratie gerne entgegengesetzt, schafft Räume, die allen Mitgliedern einer Gesellschaft erlauben, sich einzumischen. Das Teilnehmerfeld wird erweitert, die »Opposition von Experten und Laien, von Fachwissen und Erfahrung« aufgelöst.[36] Öffentlicher Raum im Sinne einer partizipatorischen Demokratie würde sich nicht beschränken auf Revolutionen, Demonstrationen und Versammlungen von Bürgern, die nichts weiter als ihre Unzufriedenheit mit dem politischen Establishment zum Ausdruck brächten. In den multiplen öffentlichen Räumen des frühen 21. Jahrhunderts würde es sich auch nicht nur um Debattenplattformen handeln. Menschen könnten sich in Fablabs versammeln. Fablabs sind offene Werkstätten, in denen sich Personen zusammenschließen, die – außerhalb der Forschungslabors der Technologiegiganten – gute Einfälle für die Weiterentwicklung der Digitalisierung haben. Sie entwickeln kreative Ideen zugunsten ihrer Kommune: Technologien zur sozialen Verwendung, für ein besseres Zusammenleben oder für bessere Bildung. Open-Innovation-Plattformen können Erfinder mobilisieren, lokale Beiträge zu leisten, die einen Richtungswechsel des Informationskapitalismus herbeiführen, sowohl im Sinne einer humanen Entwicklung als auch der Gesunderhaltung des Kapitalismus, dem es immer dann am besten ging, wenn er es mit Gegenspielern zu tun hatte: entweder einem anderen, nichtkapitalistische System oder mit demokratisch-regulatorischen Eingriffen.[37] Sie könnten sowohl Technikfolgenabschätzung leisten als auch Wege für alternative informationskapitalistische Entwicklungen öffnen. Das Internet würde alle Möglichkeiten digitaler öffentlicher Räume für eine »bürgerschaftliche Mitregentschaft« bieten[38], vorausgesetzt, das Internet wäre nicht überwiegend unter privater Kontrolle globaler Technologiegiganten und ihrer Überwachungsmethoden.

Und die Legitimation unter dem Regime einer partizipatorischen Demokratie? In den Nachkriegsjahrzehnten konnten sich Märkte legitimieren, weil sie sich zum Wohl der Bürger zur sozialen Marktwirtschaft regulieren ließen. Die Legitimation des Informationskapitalismus kann sich ähnlich vollziehen, wenn sich die ausgehandelten soziotechnischen Infrastrukturen, Innovationen, Technologien oder ökonomischen Prozesse an europäische Grundwerte zurückbinden. Das wird möglicherweise nicht mehr dem Mittel klassischer Normierung möglich sein. Ein partizipatorischer Prozess mit seinen zahlreichen Interessenvertretern und vielen Verfechtern, die dasselbe Anliegen haben, ist deshalb schwer verdaulich für Politiker und Juristen, die es gewohnt sind, Gesetzesvorlagen auf altbekanntem Wege einzubringen und parlamentarisch auszuhandeln. Für sie sind die nötigen Anpassungen an digitales Recht ein schmerzlicher Prozess, so wie es der Abschied von Geschäftsprozessen in Industrie Wirtschaft sind, die zunehmend intelligente Maschinen einsetzen, aber an alten Traditionen festhalten wollen.

Epilog

Emmy blinkt auf, und der Bildschirm blendet eine kurze Nachricht ein.

Emmy ist ein Softwareagent, Scott Mullers digitale Adjutantin und Ais kleine Schwester. Sie könnte auch Einstein heißen oder Braithwaite oder Tucker.

An der Entwicklung Künstlicher Intelligenzen sind nur wenige Frauen beteiligt. Im Silicon Valley ist man chauvinistisch, und wenn Frauen an *demo days* oder anderen großen Veranstaltungen, bei denen sich die IT-Industrie selbst feiert, teilnehmen, dann oft nur als leicht bekleidete Dekoration. Es ist ein Jammer. Emmy, deren Namensgeberin Emmy Noether als eine der wenigen Frauen in die Mathematikgeschichte eingegangen ist, soll wenigstens ein kleines Zeichen gegen die Diskriminierung setzen.

Emmy und ihresgleichen haben sich bereits in großer Zahl unter die Menschen gemischt – als lernende Kommunikationsroboter, als Gesundheitsarmband mit integriertem persönlichen Trainer, als intelligente Häuser, deren Rollos gelernt haben, wann ihr Hausbesitzer ausgeschlafen hat und selbstständig die Beleuchtung im Haus regeln, als digitale Diätberater und maschinelle Pflegeassistenten.

Emmy spielt einen kurzen Jingle ab.

»Zeit für eine Pause, Scott«, liest Emmy ihre Kurzmittei-

lung vor. Sie hat die Stimme von Beatrix »Black Mamba«
Kiddo aus dem Film *Kill Bill*.

Scott soll aus dem Bürostuhl aufstehen und sich dehnen,
damit die Muskulatur nicht unter dem langen Sitzen bei der
Arbeit leidet. Bitte auch gleich ein Glas Wasser trinken, erinnert Emmy weiter. Sie hat recht. Die umgewälzte Luft in
Scotts gläsernem Büro ist trocken. Bei jedem Atemzug spürt
Scott, wie die Luft an seinem Halsinneren entlangstreicht.
Nachdem er sich monatelang mit der Arbeit an Ai beschäftigt hat, sehnt er sich nach Sommerregen, nach Sonne, Wind
und den vielen Farben und Formen, die nur die Natur zu
bieten hat.

Ai zu entwickeln war eine intellektuelle und technische
Herausforderung. Sie hat großen Spaß gemacht. Aber das
sprichwörtlich zuvorkommende Verhalten ihrer digitalen Schwester Emmy täglich zu ertragen, ist anstrengen-
der. Bauen ja, benutzen nein, denkt Scott Muller. Haustiere
sind da anders. Sie leben mit und neben uns. Emmy und
ihre Gleichgesinnten haben sich eine Position *über* uns verschafft.

Völlig ungerührt über Scott Mullers Unbehagen, läuft Ai
im Labor summend vor sich hin. Über ihre Internetleitung
ist sie mit dem stetigen Datenstrom der Gesellschaft verbunden. Für sie sind Daten das Blut des Lebens. Die neu-
esten Nachrichten der Onlineblätter. Die aktuellsten europäischen Wahlumfragen. Wirtschaftsdaten. Menschliche
Analystenmeinungen, auch Scott Mullers eigene Einschätzung. Einen Blick wirft sie übrigens auch auf ihre früheren
Aktionen und was sie damit bewirkt hat. Ihre Sensoren verarbeiten den Überfluss an Massendaten vor, damit Ai, wenn
man es so nennen will, noch schneller die Lage der Union

berechnen und entscheiden kann, ob es sinnvoll ist, stimulierend einzugreifen, um Volkes Stimmung zu heben.

Ai ist längst nicht mehr Science-Fiction. Sie kann überraschende Dinge tun, die noch vor zehn Jahren nur Film- und Bücherhelden in Staunen versetzten. Noch vor ganz kurzer Zeit, eine nahe Erinnerung weit weg, durften nur die visionärsten unter den Wissenschaftlern auf Ai hoffen. Die Soziologen, die die Lust am Mitregieren gepackt hatte. Die Zukunftsforscher, für die mehr und intelligentere Technologie ein besseres, ein längeres Leben jedes einzelnen Menschen bedeutete. Dass aus der Zukunft längst Gegenwart geworden ist, davon legen die Emmys dieser Welt dienstfertig Zeugnis ab.

Emmy jingelt ein zweites Mal. Sie habe Scotts Nachmittagstermin auf nächste Woche verschoben, teilt sie beflissen mit. Scott sei müde, habe sie von seinem Gesundheitsarmband erfahren. Besser, wenn er sich für einige Stunden schlafen legte.

Mein zweiter Name ist Freiheit, denkt Scott und fragt sich, wie lange er Emmy und ihre verdammt guten Ratschläge noch ertragen kann. Wie lange sie seinen täglichen Ernährungsplan mit Einkaufsliste noch aufstellen soll. Wie lange er ihr noch gestatten wird, anhand seiner mobilen Online-Zahlungen zu kontrollieren, ob er von ihrer Einkaufsliste abgewichen ist und lieber ein Pfund Vollmilchschokolade statt Dinkelpuffer gekauft hat. Scott könnte sie austricksen und ein Komplott mit seinem Lieblingskonditor gegen die digitalen Aufpasser schmieden. Der Konditor würde Scotts fetteste Lieblingstorte backen, Scott Vollmilch für das Söhnchen seines Zuckerbäckers einkaufen – und anschließend würden die beiden Verschwörer ihre Natura-

lien austauschen. Sahnetorte gegen Babynahrung. Irgendwann würde sich Emmy wundern, weil die Sensorik von
Scott Mullers vernetztem smarten Kühlschrank keinen Zugang an frischer Milch registriert hat. Was also ist aus der
Milch geworden?

Wenn Emmy schon den kleinen Mann schikaniert, sollte
man dann nicht besser auf Ai die Große verzichten und den
Stecker ziehen?, schießt es Scott durch den Kopf.

Nicht nur die Bürger Europas haben Vertrauen in ihre
Institutionen verloren. Viele fühlen sich heute in einer schlimmeren Lage als vor zehn Jahren. Wenn es ihnen noch gut
geht, dann deshalb, weil sie Substanz aufzehren. Ihren Kindern, befürchten viele, werde es einmal schlechter gehen als
ihnen selbst.

Die Zukunftsangst ist zum ausgeprägten gesellschaftlichen Trend geworden. Im Kopf spielen sich Zukunftsszenarien ab, wie sie auch Ai im Demokratiesimulator gesehen
hat. Die Europäer fürchten den wirtschaftlichen Abstieg.
Offene Grenzen bedeuten ihnen Konkurrenz, nicht Kooperation. Der Komplexität einer hoch vernetzten Umwelt haben viele nichts entgegenzusetzen. Die ureigene »Marke«,
das Ich, die eigene Person, ist durch Wettbewerb und Riva-
lität einer globalen vernetzten Welt in Dauerstress geraten.
Das Leben ist unsicher bis chaotisch geworden, und persönliche Anstrengung korreliert nicht mit Erfolg. Die einzige
Möglichkeit, sich zu wehren, ist die demokratische Wahl.
Selbst die Hölle kennt keinen schlimmeren Zorn als den
eines verbitterten Wahlvolkes. Von den Abgründen seines
Herzens hat die politische Mitte Europas schon einen Vor-
geschmack bekommen und ist zugunsten radikaler Parteien

mit altertümlich anmutenden Parolen in einen Prozess beträchtlicher Schrumpfung geraten.

Auch ganz ohne Schwarzmalerei muss man die Zeichen der Zeit erkennen. Die europäischen Demokratien sind auf dem Prüfstand. Gerade unterziehen sie sich einem Stresstest. An seinem Ausgang zeigen sich auch die Autokraten des Ostens neugierig interessiert. Wenn sich die Europäer nicht zu Europa bekennen, wird die große, schöne Idee eines vereinten Europas, die Pax Europaea, Geschichte werden, und die Union wird implodieren. Was einen Anfang hat, kennt auch ein Ende.

Gemessen an der Größe des europäischen Projekts, ist der Vorschlag, ausgerechnet die neuen digitalen Technologien, Massendaten, Künstliche Intelligenzen und algorithmische Kontrollstrategien, als Gegenkräfte zur drohenden Implosion einzusetzen, unverschämt bis grotesk.

Ai, das kybernetische Regelungssystem, kann ein komplexes System algorithmisch und in Echtzeit steuern. Ai ist agnostisch, was ihren Einsatz anbelangt. Sie kann Echtzeitinformation im Unternehmen in die Echtzeitsteuerung des Unternehmens verwandeln. Sie kann den Lieferverkehr in urbanen Gegenden koordinieren und minimieren. Sie ist in der Lage, die Währungsvorräte einer Bank so auszubalancieren, dass Währungsverluste so klein wie möglich bleiben. Sie kann Information in europäischen Demokratien so steuern, dass die Abgabe proeuropäischer Stimmen in Wahlen und Abstimmungen maximiert wird. Im komplexen System europäischer Demokratien kann sie systematisieren und vollautomatisieren, was Präsidentschaftskandidaten aus dem Land der digitalen Wiege schon mit Erfolg praktiziert haben. Sie kontrolliert die Wahlen und verhindert das Schlimmste.

Bestimmt ist Ai noch keine allgemeine Künstliche Intelligenz. Im Experiment nimmt sie sich nur einer einzigen Frage der Demokratie an. Den frühen Konzepten Künstlicher Intelligenz ist sie trotzdem weit überlegen. Bis sie einen Intelligenzgrad erreicht haben wird, wie er menschlicher Intelligenz entspricht, wird es kein Menschenleben mehr dauern. Ai erinnert sich. Ai passt sich an veränderte Umweltbedingungen an. Und Ai lernt eine Strategie, wie eine Wahl zu gewinnen ist. Sie geht mit der Unsicherheit der europäischen Zukunft und ihrer Mehrheiten um. Sie stimuliert die Europäer, eine proeuropäische Meinung auszubilden und zu äußern. Auf dem Weg dahin sind ihre maschinellen Einzelaktionen nicht mehr als das Setzen eines einzelnen Steins auf dem Spielfeld des Brettspiels Go. Sie muss die Spielsequenz gewinnen und nicht mit jedem einzelnen Satz überlegen sein. Das erlaubt ihr, zwischendurch taktische Fehler zu machen, wenn sie die Lage falsch einschätzt. In der Abfolge ihrer Stimuli kann sie Fehler bereinigen. Und sie wird besser, je länger sie im Einsatz bleibt.

Ai ist kein Traum und keine wissenschaftliche Vision mehr. Als Experiment existiert Ai schon heute und verfügt über Fähigkeiten, die Europa helfen können. Doch die letzte Garantie, dass Europas Zentrum halten wird, kann auch sie nicht geben. Und ohne demokratische Legitimation ist auch Ai nur ein autokratisches System. Weil die Dystopie genauso wahrscheinlich eintreten kann wie die Utopie, besteht immer die Gefahr, dass Eliten Technologien wie Ai dazu benutzen, Menschen ganz neu zu Sklaven zu machen und mit ihren Rechten Handel zu treiben. Denn ohne demokratische Legitimation handelt Ai nicht nur autokratisch, sondern auch hierarchisch – von oben nach unten, *top down*.

Bei aller guten Absicht: Weil Ai und ihre digitalen Geschwister unmittelbar handlungsleitend wirken, bedrohen sie alles, was Europa lieb und teuer ist: die Selbstbestimmung, die Demokratie, die rechtsstaatliche Gewaltenteilung. Ai kann die öffentliche Moral beeinflussen und größere soziale Kontrolle herbeiführen, ganz im Sinne von Silicon Valley, das die menschlichen Lebensbedingungen auf paternalistischem Weg zu verbessern sucht. Da ist sie, die neue imperialistische digitale Elite, die ökonomisch denkt und politisch handelt, ohne dazu ermächtigt zu sein. Die Zwangslage würde sich nur dann zugunsten der Bürger auflösen, wenn sie Ai demokratisch legitimierten – als jüngste, als demokratisch eingesetzte digitale Institution Europas, ausgestattet mit einem Mandat und überwacht von einer Gruppe Menschen, die sich wirklich um die Zukunft sorgen und Ais Regulierungsvarietät mit Blick auf die europäischen Ziele weiter verstärken.

Bis es soweit ist, werde ich Ai vom Netz nehmen.

Scott trifft die Entscheidung spontan. Dennoch ist er fest davon überzeugt, dass die Zeit von Ai noch nicht gekommen ist.

Ich nehme sie vom Stromnetz und vom Internet und werde sie in einen Dornröschenschlaf versetzen, beschließt er. Ihre Geschwister dürfen nur dort aktiv bleiben, wo sie nicht in die Rechte der Menschen eingreifen. Wie bei der technischen Regelung von Industrieanlagen. Oder bei der vorausschauenden Wartung technischer Komponenten wie

Zugbremsen oder Flugzeugturbinen. Ai wird nicht mehr online gehen, bis die Bürger Europas selbst über das Schicksal ihrer Demokratien entschieden haben.

Die letzten Umdrehungen des Ventilators ihrer Hardware klingen wie ein langes Ausatmen. Ai wird still. So still, dass nichts auf ihre Existenz hindeutet. Draußen, vor den langen Glasfronten ihres Labors, ist das Leben weiter im Fluss. Daten und Informationen, Stimuli und Feedbacks, soziales Leben und Interaktion, alles geht weiter – auch ohne Ai. Vielleicht ist das die letzte Gemeinsamkeit der Künstlichen Intelligenz, so wie sie heute ist, mit dem Menschen: Sie scheidet so spurlos aus dem Leben wie die meisten von uns. Vielleicht erinnern wir uns noch eine Weile vage an sie, aber weil das Leben weitergeht und die Welt immer wieder neu erschafft, vergessen wir sie schnell.

Vielleicht für immer.

Anmerkungen

Die Zeugin

1 Der Topos dieser Kurzgeschichte ist weder neu noch originell, sondern tritt wiederholt sowohl in der Kunst als auch in der Realität auf. Im Kern geht es um die Mechanismen, mit denen totalitäre Herrschaft errungen oder ausgeübt wird. In der Literatur beschreiben Science-Fiction-Geschichten wie E.M. Forsters *The Machine Stops* (1909) als totalitäres Gesellschaftsideal die Zweiteilung der Gesellschaft in Anhänger und Andersgesinnte. Im Film greifen H.G. Wells' *Die Zeitmaschine* (1960) oder Vincent Lannoos *Stadt ohne Namen* (2015) die Teilung der Gesellschaft auf. Die Realität analysieren Lewis Mumford in *Der Mythos der Maschine* (1967/70) und die politische Theoretikerin Hannah Arendt in *Elemente und Ursprünge totaler Herrschaft* (zuerst erschienen 1951 in New York), ein großartiges Werk, mit dem Arendt eine Ex-post-Analyse des Nationalsozialismus vorlegte, dem nur »die Rasse« als lebenstauglich galt.
Inspiriert durch die Bemerkung eines Schülers – eines »Digital Native« – anlässlich eines Vortrags der Autorin in Berlin entstand »Die Zeugin« als einleitende Kurzgeschichte zu diesem Buch, die Formulierungen aus Hannah Arendts oben zitiertem Werk teilweise wörtlich übernimmt und in den Kontext von Aussagen stellt, die Google-Mitarbeiter gegenüber der Presse geäußert haben. Der Schüler konstatierte, seine Generation sei sehr glücklich mit den digitalen Angeboten und Geräten. Kritiker könnten sich doch zusammenschließen, damit man sie aus der digitalen Gesellschaft ausschließen und in eine andere Region verschicken könne,

etwa nach »Afrika«. Als der Schüler den Vorschlag aussprach, geriet er dann doch ins Stocken.
Aus Gründen der besseren Lesbarkeit sind einzelne Formulierungen, die auf Hannah Arendt zurückgehen, nicht eigens hervorgehoben. Sie können aber bei Arendts Analyse totalitärer Propaganda nachgelesen werden:
(Arendt, 2015), 726–766.

2 (Burton-Hill, 2016). Der Originaltext lautet: »Super-smart machines will work in tandem with human experts to potentially solve anything. ›Cancer, climate change, energy, genomics, macroeconomics, financial systems, physics: many of the systems we would like to master are getting so complex,‹ he argues. ›There's such an information overload that it's becoming difficult for even the smartest humans to master it in their lifetimes. How do we sift through this deluge of data to find the right insights? One way of thinking of AGI is as a process that will automatically convert unstructured information into actionable knowledge. What we're working on is potentially a meta-solution to any problem.‹«

3 (Matney, 2016). Google baut an seiner eigenen Virtual-Reality-Plattform mit der Bezeichnung *Daydream*.

4 (Bostrom, 2014), 179f.

Frankensteins Erbe

1 (Watson Foundation, 2016)

2 (dpa, 2016)

3 (Schmidhuber, 2015)

4 Ebd.

5 (Waldrop, 1992), 58

6 (Bishop S., 2011)

7 (Hildebrandt & Koops, The Challenges of Ambient Law and Legal Protection in the Profiling Era, 2010), 430

8 (Tretter, 2015)

9 (Frey, 2015)

10 (Web.de, 2015)

11 (Szilárd, 1945): »First, that you exercise your power as Comman-

der-in-Chief, to rule that the United States shall not resort to the use of atomic bombs in this war unless the terms which will be imposed upon Japan have been made public in detail and Japan knowing these terms has refused to surrender; second, that in such an event the question whether or not to use atomic bombs be decided by you in light of the considerations presented in this petition as well as all the other moral responsibilities which are involved.«

12 (Schanze, 2015), 57:15

13 Das war bei den Physikern, die an der Atombombe gebaut haben, genauso der Fall wie bei den Technikern, die ein digitales Abhörsystem für den US-amerikanischen Geheimdienst National Security Agency (NSA) implementierten. Sie waren die Ersten, die bemerkten, dass ihr System zur Massenüberwachung aller amerikanischen Bürger dienen und dass eine solche Massenüberwachung verfassungswidrig sein würde.

Die unverstandende Revolution

1 (svs./nab., 2015)

2 (Statista, 2015b)

3 (Initiative D21, 2015)

4 (Shapiro & Varian, 1999), 3

5 E-Mail-Verkehr der Autorin mit Prof. Dr. Nicole Fabisch von der University of Applied Sciences, Marketing und Internationales Management, EBC Hochschule, Campus Hamburg, vom 15. Juli 2015

6 Aus einem Briefwechsel der Autorin mit Prof. Dr. Hans-Peter Schwintowski, Humboldt-Universität zu Berlin. Schreiben an die Autorin vom 4. April 2016, Seite 2, Abschnitt Datenwertrechte.

7 (Oxford Dictionaries), vgl. *freedom*

8 Der Philosoph Prof. Dr. Christian Thies im Gespräch mit der Autorin anlässlich der Tagung »Verantwortung der Internet-Giganten« an der Hochschule der Medien in Stuttgart am 3. Dezember 2015

9 (Andreessen, 2011)

10 (Hildebrandt & Koops, The Challenges of Ambient Law and Legal Protection in the Profiling Era, 2010), 428

11 (Churchill, kein Datum)

12 (Andreessen, 2011)

13 Ein Vorschlag, den Facebook im Schriftwechsel anlässlich der gerichtlichen Auseinandersetzung mit Max Schrems vor dem EuGH zum Safe-Harbour-Abkommen mit den USA machte.

14 Der Gegensatz von Natur und Kultur gehört zu einer der europäischen Leitkategorien.

15 (Gabriel, 2015), 305

16 (Kant, Berliner Ausgabe 2013, 2. Auflage), 45

17 Dass auch die Hirnforschung und die Gentechnologie den Menschen auf das Biologistische reduziert, macht deutlich, wie Menschsein erodiert und die Person auch von anderen Technologien, nicht nur denen der Digitalisierung, reduziert wird. Zur Frage, ob der Mensch frei sei, vgl. (Gabriel, 2015), 28 ff. Auch die Wirtschaft hat den Menschen reduziert. Der Taylorismus, die Prozesssteuerung der Massenproduktion, behandelt alle Menschen gleich – in Bezug auf ihre Konsumbedürfnisse. Wenn Big Data verspricht, Angebote zu personalisieren, dann ist das nicht mehr als Augenwischerei. Die namhaften Online-Anbieter von Produkten oder Medienangeboten nutzen Klassifizierer, um Angebote vorgeblich zu individualisieren. Doch die Klassifizierung ist nichts anderes als die Zuordnung des Einzelnen zu einer Gruppe, deren Mitglieder mit einer Wahrscheinlichkeit P dieselben Bedürfnisse teilen. So reiht sich Big Data Analytics ein in die Liga der Technologien, die deutlich machen wollen: Eigentlich ist der Mensch nicht so etwas Besonders, wie er es von sich glaubt.

18 Ebd.

19 (Bitnation, kein Datum)

20 (Guardini, 1927), 81

21 (Piketty, 2014), 159

22 (Kocka, 2013), 13

23 (Zuboff, 2016)

24 (Radio Rottu Oberwallis, 2016)

25 (Statista, 2016b)

26 (Kissler & Schwennicke, 2016), 19

27 Das Monopol ist Mittel totaler Herrschaft, vgl. (Arendt, Elemente und Ursprünge totaler Herrschaft, 2015), 849

28 A.a.O., 817

29 A.a.O., 816

30 A.a.O., 818

31 Wie und dass Herrschaft Beziehungen stört, zeigt sich nicht nur in der Realität totalitärer Staaten. Auch die klassische Literatur beschäftigt sich mit der Frage, zum Beispiel Schillers Drama »Kabale und Liebe«, in dem ein Vater im Adelsstand und in Regierungsposition die unerwünschte Beziehung seines Sohnes zu einer Bürgerlichen stört.

32 (Arendt, Elemente und Ursprünge totaler Herrschaft, 2015), 837–849

33 A.a.O., 832

34 A.a.O., 847

35 (Arendt, 2015), 973

36 A.a.O., 856

37 (Stöcker, 2014)

38 Vgl. zur Frage der Strukturlosigkeit totalitärer Herrschaft (Arendt, Elemente und Ursprünge totaler Herrschaft, 2015), 827 ff.

39 (Kurzweil, Video, veröffentlicht März 2014. New York, NY)

40 Markowetz bezeichnet die Atomisierung als Fragmentierung: (Markowetz, 2015), 51–86

41 (Arendt, Elemente und Ursprünge totaler Herrschaft, 2015), 846

42 A.a.O., 820f.

43 (Arendt, Elemente und Ursprünge totaler Herrschaft, 2015), 828

44 »Macht beginnt immer dort, wo die Öffentlichkeit aufhört.« A.a.O., 840

45 (Nietzsche, 1882), Spruch 125

46 (Thiede, 2015), 44

47 (Gabriel, 2015), 309

48 Google motto 2004: Don't be evil Google motto 2010: Evil is tricky to define Google motto 2013: We make military robots. Brent Butt (@BrentButt), 16. Dezember 2013

49 (Guardini, 1927), 4

50 (Keen, 2015)

51 (Bostrom, Are You Living in a Computer Simulation?, 2003)

52 (Bostrom, Superintelligenz, 2014), 179

53 (Weinert, 2015)

54 (Thamers, 2004)

55 (Carstens, 2009)

56 (Kollender, 2014)

57 (Spiegel Online, 2015)

58 (Sjöström, 2015)

59 (Lobe, 2016)

60 (WikiLeaks, 2015)

61 Ebd.

62 (Lobe, 2016)

63 (Humpenöder, 2016)

64 »Im Oktober war ich mal auf einer Veranstaltung in Düsseldorf, wo auch das Smart-City-Konzept beworben wurde, an Sicherheit denkt man da weniger, eher schon daran, wie auch ein CDU-Stadtrat sagte, an die Überwindung des Datenschutzes, um die Start-ups mit Open Data zu versorgen.« Aus dem E-Mail-Verkehr der Autorin mit Florian Rötzer, Heise Zeitschriften Verlag GmbH & Co KG, Hannover, vom 20.1.2015.

65 Aussage eines jungen Studenten der ersten Digital-Natives-Generation, die auf wenig Geschichtskenntnis schließen lässt. Ohnehin kann man beobachten, dass die heute 25- bis 30-Jährigen wahre Kontrollfreaks sind und die Totalüberwachung befürworten. Die heute 15-Jährigen sind wieder kritischer.

66 (Wiegel, 2015)

67 (Albrecht, et al., 2011), 219 Ziffer 8

68 Am 30. Juni 2016 wurde bekannt, dass ein teilautonomes Auto der US-amerikanischen Firma Tesla in einen tödlichen Unfall verwickelt war. Bei dem Auto handelte es sich um ein Fahrerassistenzsystem. Die Vermutung, der Fahrer habe das Fahren ausschließlich dem Wagen überlassen und während der Teilnahme am Straßenverkehr einen Videofilm angesehen, ist unbestätigt.

69 Eine autobiografische Geschichte über die letzten Schreibmaschinen erzählt auch der Soziologe Armin Nassehi, nur stellt er sie in einen anderen Zusammenhang: Die Babyboomer des Jahrgangs 1964 sind die erste digitale Generation, die *digital immigrants*. Sie teilen viele Erfahrungen, nicht nur die der »digitalen Textproduktion«: die Modelleisenbahn, den Toast Hawaii – und die Nutznießung, nicht die Aneigung der »Dreieinigkeit von Marktwirtschaft, Menschenrechten und Rechtsstaat.« Vgl. (Nassehi, 2014), 31–38; 42–44.

70 (YouGov, 2015)

71 (Lewis, 2014), 109 ff.

72 (SIFMA Research Department, 2015)

73 (uh/tp, 2014)

74 (Mitra & Mitra, 2011), 23

75 Sehr ausführlich dazu (Bostrom, Superintelligenz, 2014)

76 (Nestler, 2014)

77 So beschrieb Norbert Wiener die Kybernetik anlässlich eines Gastvortrags in Hannover im Jahr 1960. Wiener war Amerikaner und übersetzte den Begriff *Control* als »Kontrolle«. Richtig ist »Steuerung« oder »Regelung«.

78 Nur aus sprachlichen Gründen macht der Text an manchen Stellen keinen Unterschied zwischen »steuern« und »regeln«. Doch der Unterschied ist signifikant. Die Steuerungs- und Regelungstechniker bieten zwei Beispiele an, die den Unterschied verdeutlichen sollen. Ein Heizungsthermostat regelt die Umgebungstemperatur. Es misst die Raumluft, vergleicht deren Temperatur, den Ist-Zustand, mit einer Soll-Temperatur und öffnet oder schließt die Heizungsventile entsprechend. Damit ein System geregelt werden kann, ist der geschlossene Regelkreis kontinuierlicher Anreize und Reaktionen (*stimulus and response*) erforderlich. Anders verhält es sich etwa bei der Saunasteuerung: Ein Saunagänger stellt die Temperatur der Sauna manuell auf 95 Grad Celsius ein. Wird die Saunatür geöffnet und betreten zwei kühlere Körper die Sauna, fällt die Temperatur auf zum Beispiel 88 Grad Celsius ab. Eine Saunasteuerung regelt die Saunatemperatur nicht selbstständig nach. Der Saunagänger muss manuell an der Temperatureinstellung ausprobieren, wie die gewünschte Saunatemperatur zu erreichen ist. Bei der Steuerung fehlt der geschlossene Regelkreis.

79 (Oxford Dictionaries): vgl. *control*: The power to influence or direct people's behaviour or the course of events.

80 (Fox, 2009), 291

81 (Brandlhuber, 2012), 8

82 (Singer, 2012)

83 (Kahneman & Tversky, 1979)

84 (CDU Deutschlands; CSU-Landesleitung; SPD, 2013), 105

85 (Dunz, 2014)

86 Ebd.
87 (Derman, Schluss mit der Manipulation! , 2013)
88 (Heinig, 2014)

Vernetzt? Komplex!

1 Mathematiker wären mit dieser Formulierung nicht einverstanden. In der Mathematik ist die Symmetrie nicht gleichbedeutend
   mit der Invarianz. Hier gilt die Symmetrie, vorwiegend verwendet
   im mathematischen Teilgebiet der Geometrie, höchstens als Un-
   terfall der Invarianz.
2 (Polynoid, 2015)
3 (Festo Holding GmbH, 2015)
4 Vgl. (Muller, 2007)
5 Bei dem inspirierenden Buch handelt es sich um (Waldrop, 1992)
6 (Lewis, 2014), 214
7 Die Darstellung ist vereinfacht. Die Forschung nimmt sich auch
   der Frage nach der Kausalität in nichtlinearen komplexen Systemen an.
8 (de Maizière, 2014), 4

Weltmodell

1 In der Steuerungs- und Regelungstechnik wird zwischen »steuern« und »regeln« ein deutlicher Unterschied gemacht. Im nach-
   folgenden Kapitel geht es um die kybernetische, algorithmische
   Lenkung einer Gesellschaft. Weil man die Wortfolge »die Gesellschaft regeln« so interpretieren wird, dass die Regelung durch
   Gesetz erfolgt – eben das ist in diesem Kapitel ausdrücklich nicht
   gemeint –, wird der Begriff »steuern« ausnahmsweise synonym
   zu »regeln« genutzt.
2 (Maas, 2015)
3 Grundsätzlich ist es möglich, komplexe dynamische Systeme mit
   Differentialgleichungssystemen zu modellieren. Doch je nachdem, wie viele Zufallskomponenten im System eine Rolle spielen,
   kann die analytisch-mathematische Modellierung beliebig kompliziert werden.

Bei der Modellierung missionskritischer Systeme führt oft kein Weg an der klassischen mathematischen Modellierung vorbei. Der Grund: Im Gegensatz zur Künstlichen Intelligenz können analytische Modellierungen genau untersucht und verstanden werden. Weil für die Modellierung der meisten Effekte in komplexen dynamischen Systemen keine Standardmodelle verfügbar sind, wird die klassische Modellierung häufig proprietär sein und die Frage aufwerfen: Wie nah kommt das mathematische Modell an die Wirklichkeit heran? Oft passiert es, dass ein klassisches mathematisches Modell nur die Grobeffekte eines komplexen dynamischen Systems wiedergeben kann, aber Feinheiten nicht abgebildet werden. Ein plakatives Beispiel hierfür ist die Modellierung der Anfahrtdynamik eines Triebwagens an einer Steigung. Hier ist die klassische mathematische Modellierung sehr aufwendig, weil sie von zahlreichen Variablen abhängt. Wie viele Waggons hängen am Triebwagen? Wie hoch ist die Reibung? Hängen schwere Güterwaggons weiter vorne oder weiter hinten am Zug? Sind sie voll beladen oder nicht? Wie lang ist der Zug insgesamt, wie stark ist die Steigung? Wer aus allen gegebenen Variablen einer Anfahrtdynamik einen Ausbildungssimulator für Zugführer bauen soll und nicht genau die Nuancen der realen Zugdynamik trifft, wird schnell feststellen, dass den Auszubildenden auffällt: Ein Triebwagen verhält sich in der Wirklichkeit ganz anders als im Ausbildungssimulator.

Demgegenüber steht das große Versprechen von Big Data: Auf die großen Messdatenmengen, die man beim Betrieb eines realen Zuges aufzeichnet und speichert, wird eine Künstliche Intelligenz trainiert, um die Zugdynamik in all ihren Feinheiten zu erlernen.

4 (internetlivestats.com, 2016)
5 (Cook, How Complex Systems Fail, 2000), 2
6 (Der Westen, 2015)
7 (Harford, 2011)
8 Der ganze Beitrag unter: (Amiri, 2015)
9 Ebd.
10 (Ball, 2012), 14
11 (Köhl, 2015)
12 (Schelling, 1969), 490
13 (Ball, 2012), 14

14 (Meyer, 2015)

15 (Görlich, 2015)

16 (Christakis, 2010)

17 Mt 25,29

18 (Keese, 2014), 20. Die Firma Siemens AG erwägt die Strategie, zum Finanzinvestor zu werden. Die Telekom AG verfolgt offenbar dieselbe Strategie, was sich schön nach der Entscheidung des EU-Parlaments zur Netzneutralität zeigte. Start-ups, die schnelles Internet für ihr Geschäftsmodell bräuchten, so die Telekom AG, könnten mit Unternehmensanteilen zahlen.

19 (Döhle & Schulz, 2015), 43

20 (Aigner, 2015): »IBM hat Richtung weisende Entscheidungen getroffen, die uns für den Wirtschaftsstandort München und damit auch für den Wirtschaftsstandort Bayern sehr freuen. Das Unternehmen investiert in München und schafft rund 1000 neue, werthaltige Arbeitsplätze. Damit gewinnen wir auch einen starken Motor für die Digitalisierung unserer bayerischen Industrie, der für Bewegung sorgen wird. Das hat Aufmerksamkeit verdient: Denn für uns ist das, was Arbeitsplätze, Innovationskraft und Strahlkraft angeht, einer der größten Ansiedlungserfolge der vergangenen Jahre!«

21 (Amiri, 2015)

22 (Dobbert & Oberhuber, 2015)

23 (Geinitz, 2015)

24 (Bundesamt für Migration und Flüchtlinge, 2015)

25 (Will, 2015), 74:12:
Anne Will: »Hätten wir das Flüchtlingsthema gar nicht, wenn Deutschland sich nicht so überfreundlich gezeigt hätte?«
Johanna Mikl-Leitner: »In der Runde sind wir uns einig, dass zu viele Flüchtlinge zu uns kommen. Wenn man natürlich ein Signal seitens Europa sendet: Es sind alle willkommen, wenn dann noch solche Signale kommen wie von Deutschland, braucht man sich nicht wundern, dass sich viele hier willkommen fühlen.
Ich denke zurück an den 25. August 2015, als damals die Ankündigung, die Information vom Bundesamt für Migration und Flüchtlinge kam, wo es geheißen hat, Syrer werden nicht mehr zurückgebracht in andere europäische Staaten.«
Anne Will: »Das war der Tweet, den das Bundesamt für Migra-

tion und Flüchtlinge damals durch die Welt geschickt hat. ›#Dublin-Verfahren syrischer Staatsangehöriger werden zum gegenwärtigen Zeitpunkt von uns weitestgehend faktisch nicht weiter verfolgt.‹ Da sagen Sie, das sei der Auslöser.«

Johanna Mikl-Leitner: »Das hat natürlich viele Hoffnungen geweckt und Zehntausende von Menschen auf den Weg gebracht. Nach sechs Tagen waren Tausende von Menschen am Bahnhof in Budapest. Und dann sind sie gekommen und gekommen. Sie haben sich alle eingeladen gefühlt. Da muss natürlich auch irgendwann einmal sagen, wir müssen weg von der grenzenlosen Willkommenskultur hin zu einer Kultur mit Augenmaß.«

Anne Will: »Sie sagen, das deutsche Verhalten, etwa dieser Tweet des Bundesamts für Migration und Flüchtlinge, auch die Entscheidung der Bundeskanzlerin in der Nacht vom 4. September 2015, nämlich die Flüchtlinge aus Ungarn nach Deutschland zu lassen, eben nicht zu riskieren, dass ihnen auf der Autobahn etwas passiert, das war eines der Motive, das sehen Sie als, ich spitze zu, ›Hauptfluchtursache‹.«

Johanna Mikl-Leitner: »Es hat die Migrationswelle verstärkt. Schuld sind selbstverständlich die Terroristen, aber Signale erzeugen auch eine Wirkung. Wenn ich signalisiere, es wird kein Syrer mehr zurückgebracht in andere europäische Länder, dann ist das natürlich eine Sogwirkung und wird so verstanden: Alle sind willkommen in Deutschland. Es wurde nie dementiert, nie zurückgenommen.«

Thomas Oppermann: »Wäre es Ihnen lieber gewesen, das Bundesamt hätte diesen Tweet nicht ausgegeben und hätte weiter versucht, Flüchtlinge aus Syrien in den sicheren Drittstaat Österreich zurückzuschicken? Wäre Ihnen das lieber gewesen? Oder sollen wir zu der Praxis zurückkehren?«

Johanna Mikl-Leitner: »Eines ist schon wichtig zu sagen, dass derartige Ansagen auch Hoffnungen machen. Dann muss irgendwann einmal irgendwer auf die Stopptaste drücken und sagen, wir haben da nicht so gemeint.«

Thomas Oppermann: »Aber das ist nicht Österreich. Sie wenden das Dublin-Verfahren ja nicht an. Sie leiten ja nur durch. Sie schicken sie weiter nach Deutschland.«

Johanna Mikl-Leitner: »Diese Kritik kann ich jetzt nicht so stehen lassen, denn wenn man sich die Belastung der verschiedenen Länder anschaut, dann weiß man ganz genau, dass Österreich auf tausend Einwohner 6,5 Asylanträge hat, während Deutschland auf tausend Einwohner nur 3,8 Asylanträge hat. Dass wir hier nur durchrouten und Asylanträge nicht annehmen, das stimmt schlicht nicht. Wir haben eine Doppelbelastung: Zum einen, dass wir Transitland sind, und zum anderen, dass wir vor allem auch Zielland sind. Dass [täglich, Anm. der Verf.] über viertausendvierhundert Menschen in Österreich eingereist oder durchgereist sind; und davon stellen täglich fünfhundert bis sechshundert Menschen einen Asylantrag. Deswegen auch die hohe Quote. Selbstverständlich wenden wir Dublin an. Wir haben immer gesagt, Österreich hält an Dublin fest, und auch wenn jemand aus Slowenien oder Kroatien kommt und bei uns einen Asylantrag stellt, muss er damit rechnen, dass er im Laufe des Verfahrens nach Kroatien oder Slowenien zurückgeschickt wird. Österreich hält an Dublin fest.«

26 (aar/dpa/AFP, 2015)
27 (Bishop R. , 2011), 114
28 (Cook, Resilience In Complex Adaptive Systems, 2013)
29 (Bieber & Laszlo, 2015)
30 Ebd.
31 (Bostrom, Superintelligenz, 2014), 260 ff.
32 (sun/dpa/AFP, 2015)
33 (Pramstaller, 2013)
34 (Amt für Veröffentlichungen der Europäischen Union, 2010), Art. 2
35 (Winkler, 2015), 20
36 A.a.O., 22
37 (Fry, 2012)
38 (AFP/ith, 2015)
39 Auch die Vereinigten Staaten haben die Idee ihrer Gründerväter korrumpiert. Die Kontrolle der Volksvertreter – des Kongresses – sollte beim Volk allein liegen, »be dependent on the people alone«, vgl. (Madison, 1788). Inzwischen und seit der Industriellen Revolution haben die Vereinigten Staaten längst den Weg in die Plutokratie eingeschlagen. Eine bewegender Vortrag hierzu unter (Lessig, We the People, and the Republic we must reclaim, 2013)
40 (Hetzler, 2010), 50 ff.

41 (feb/dpa, 2011)

42 (Hetzler, 2010), 129 ff.

43 (Irving, 1982), Zusammenfassung unter: http://www.psysr. org/about/pubs_resources/groupthink%20overview.htm#- Annotated%20Bibliography (abgerufen am 22. Dezember 2015)

44 (Diamond, 2005), 537

45 A.a.O., 138 ff.

46 A.a.O., 199–224

47 Der Tweet vom 21. Dezember 2015 lautet im Original in englischer Sprache: »Historic. Imagine a world where elections are more than a choice between one and the other. Congratulations, Spain!«

48 (TNS Opinion & Social, 2015), 10

49 A.a.O., 11

50 (Kolster & Detjen, 2016)

51 (ZDF, 2015), Polen: Sieht aus wie Machtergreifung.

52 (ZDF, 2015), Krisenjahr 2015: EU auf Bewährungsprobe.

53 (Schröder & Vaut, 2011), 2

54 (Stiglitz, 2014), 36

55 (OECD, 2016c)

56 (Grabka & Westermeier, 2014)

57 So der Soziologe Heinz Bude in seiner Rede »Zwischenruf: Verräter und Lügenpresse – Die Erosion des Vertrauens in demokratische Institutionen« bei der Denk-ich-an-Deutschland-Konferenz der Alfred-Herrhausen-Stiftung am 18. September 2015 (Mitschrift der Autorin)

58 (Piketty, 2014), 14

59 (Horstmann, 2014), 75, 77

60 (Statista, 2015c)

61 (Morgenroth, 2014), 108

62 Zitiert nach (AFP, Datum nicht veröffentlicht)

63 Das Verfahren ist nicht fiktional. In militärischen Anwendungen hat es sich bereits als nützlich erwiesen.

64 (Waldrop, 1992), 136 ff.

65 Ebd.

66 (Derman, Sie wollen alles vorhersagen, 2013)

67 Dazu näher (Ilachinski, 2004), 25–48

68 (Gassmann, 2015)

69 Dazu umfassend (Dörr & Natt, 2014)

70 (BVerfG 57, 295, 1981), 320

71 (BVerfGE 90, 60, 1994), 87

72 (BVerfG 57, 295, 1981), 320

73 (Hofstetter, Zeigt uns die Quellen!, 2015)

74 Das Problem stellte sich unter anderem im Fall einer 13-jährigen russisch-stämmigen Schülerin, die am 11. Januar 2016 dreißig Stunden lang als vermisst galt. Während im Netz millionenfach kolportiert wurde, die Schülerin sei von Flüchtlingen vergewaltigt worden, widersprachen Staatsanwaltschaft und Anwalt des Mädchens dieser Darstellung. Vgl. dazu (AFP, 2016)

75 (sreu./dpa/AFP, 2016)

76 Details in: (FAZ-Grafik Niebel, 2016)

77 (Waldrop, 1992), 176–179

Kollaps

1 Der Begriff ist einem Vortrag von Heinz Bude entlehnt.

2 (Amt für Veröffentlichungen der Europäischen Union, 2010), Art. 3

3 (Europäische Union, 2015)

4 (Dams, 2015)

5 (Bank of England, 1931), 89. Für den 21. September 1931 hält das Protokoll fest: »Under these circumstances, the Bank consider that, having regard to the above commitments and to contingencies that may arise, it would be impossible for them to meet the demands for gold with which they would be faced on withdrawal of support from the New York and Paris exchanges.« Weiter heißt es im Text: »The Bank therefore feel it their duty to represent that, in their opinion, it is expedient in the national interest that they should be relieved of their obligation to sell gold under the provisions of [the Gold Standard Act 1925].«
Das Protokoll ist erst im Januar 2015 von der Bank of England veröffentlicht worden.

6 (Bayern 2 radioWissen, 2013)

7 Das folgende Zitat wird Mark Twain zugeschrieben: »Die Geschichte wiederholt sich nicht, aber sie reimt sich.«

8 So auch der Vorschlag des Briten Lord Mervyn Allister King vom Februar 2016: »Germany faces a terrible choice. Should it support the weaker brethren in the euro area at great and unending cost to its taxpayers, or should it call a halt to the project of monetary union across the whole of Europe? The attempt to find a middle course is not working. One day, German voters may rebel against the losses imposed on them by the need to support their weaker brethren, and undoubtedly the easiest way to divide the euro area would be for Germany itself to exit.« (King, 2016)

9 Deutschland exportiert seit 60 Jahren mehr Güter, als es importiert.

10 (OECD, 2016d)

11 (Funk, 1969), 52

12 Ebd., 55

13 (OECD, 2016d)

14 (Schumann, 2015)

15 (Gersemann, 2014), 192

16 (Flassbeck, 2015), 167f.

17 Ebd.

18 (Amt für Veröffentlichungen der Europäischen Union, 2008), Art. 126

19 (OECD, 2016d), Tabelle: Trade in goods and services

20 (ifo Institut, 2015)

21 So der Ökonom Professor Heiner Flassbeck anlässlich eines Vortrags beim Wissenschaftsverein Kärnten der Alpen-Adria-Universität Klagenfurt vom 8. Oktober 2015

22 (King, 2016)

23 (Schumann, 2015)

24 (Plickert & Jahn, 2016)

25 Mario Draghi bei seiner Dankesrede anlässlich der Verleihung des Europapreises für politische Kultur 2015 am 8. August 2015 in Ascona/Schweiz

26 Stand 3. Quartal 2015, vgl. (OECD, 2016d), Tabelle: Current account balance

27 Der digiFranc ist eine von der Autorin erdachte Währung.

28 (Edelman, 2015)

29 Das übrigens ist ein gutes Argument gegen die Abschaffung des

Bargelds. Kriminelle oder Steuerbetrüger können andere Mittel des Tauschs finden. Bitcoin & Co. sind als Alternative zum Fiat-Geld sehr geeignet. Noch haben Staaten keinen Zugriff auf die Bitcoin-Transaktionen.

30 (Wadhwa, 2016)

31 Diese realen Zahlen sind einem konkreten Geschäft über einen Fremdwährungskredit entnommen. Der Kredit wurde 2003 in Schweizer Franken aufgenommen. Der Grund: Die Zinsbelastung für einen Schweizer-Franken-Kredit war nur halb so hoch wie für einen Kredit, der in Euro denominiert war. Bei Auftreten der Lehman-Krise 2008/9 stieg der Wert des Schweizer Franken gegenüber dem Euro plötzlich erstmals unerwartet hoch an, um dann wieder auf seinen niedrigsten Stand zu fallen. Im Zuge der folgenden Eurokrise avancierte der Schweizer Franken wieder stärker zum »sicheren Hafen«. Wegen der starken Nachfrage nach dem Schweizer Franken stieg sein Wert immer weiter an, bis die Schweizer Nationalbank Euro-Stützungskäufe tätigte, um den Kurs bei 1,20 EURCHF zu stabilisieren, ein Vorgang, der sich *pegging*, »Kursabstützung«, nennt. Als die Schweizer Nationalbank am 15. Januar 2015 die Währungsbindung ohne jede Vorankündigung aufgab, waren von einer Minute auf die andere Schweizer Gehälter, wenn man sie in der Eurozone ausgab, 23 Prozent mehr wert, aus Sicht ausländischer Kunden war der Kauf Schweizer Waren um 23 Prozent teurer geworden.

32 (OECD, 2016b)

33 Die Kaufkraftparität wird geschätzt. Nach den Schätzungen des IWF oder der OECD liegt die Kaufkraftparität für die Vereinigten Staaten etwas unterhalb des BIP pro Kopf und bei ca. 53 000 US-Dollar. Des besseren Verständnisses wegen verzichtet die Autorin an dieser Stelle auf diese Feinheit, die allerdings jeder Data Scientist auf das Genaueste in seinen Modellen berücksichtigen müsste.

34 (OECD, 2016a)

35 Eigene Berechnungen, basierend auf OECD-Daten und einem durchschnittlichen jährlichen USDEUR-Wechselkurs von 0,7538 im Jahr 2014.

36 (EXE Technologies, Inc, 2002)

37 (Keese, 2014), 165–192

38 A.a.O., 167

39 Besser bekannt unter ihren Originalbezeichnungen *Same-day-Delivery* (SDD) und *Point-to-Point.*
40 (Hoffmann-Riem, 2016), 615
41 (Amling, 2015)
42 (Europäische Kommission, 2014), 7
43 (Bahners, 2016)
44 (Jungholt, 2016)
45 Aus einem Schreiben der Stadt Marseille vom 10. April 2015, das der Autorin in Kopie vorliegt.
46 Logistiker sprechen vom Merge-in-Transit und von Cross-Dock-Operationen.
47 (Dobbs, Manyika, & Jonathan, 2015)
48 (Ballweg, 2013)
49 (Sieren, 2015)
50 (Bureau of Labor Statistics, 2016), 1
51 (Federal Reserve Bank of St. Louis, 2015)
52 (OECD, 2016e)
53 (Brossardt, 2015), Vorwort
54 (Strack & andere, 2015)
55 (Barsh, Brown, & Kian, 2016)
56 Ebd.
57 (Piketty, 2014), 108
58 A.a.O., 121
59 A.a.O., 122
60 (OECD, 2016f)
61 (OECD, 2016g)
62 (History – ABC Radio National Podcast, 2011)
63 (Brossardt, 2015), 13
64 (OECD, 2016h)
65 (Matthews, 2016)
66 (Gersemann, 2014), 139
67 (Hanauer, 2014)
68 (Kochhar, 2015): Mittlere Einkommen, so definiert das Pew Research Center, sind Einkommen zwischen 10 und 20 US-Dollar täglich und pro Kopf.
69 (Brynjolfsson & McAfee, The Second Machine Age, 2014)
70 (rad./Reuters/dpa , 2016)
71 (Manyika, et al., 2016), 10

72 (Pennekamp, 2016)

73 (Manyika, et al., 2016), 75

74 A.a.O., 62

75 A.a.O., 43

76 (Brynjolfsson, The key to growth? Race with the machines, 2013)

77 (Osborne & Frey, 2013), 57–72

78 (Ruesch, 2015)

79 (Arbeitsagentur, 2015)

80 (Andreessen, 2011): »My own theory is that we are in the middle
    of a dramatic and broad technological and economic shift in
    which software companies are poised to take over large swathes
    of the economy (...) – from movies to agriculture to national
    defense. Many of the winners are Silicon Valley-style entrepre-
    neurial technology companies that are invading and overturning
    established industry structures. Over the next 10 years, I expect
    many more industries to be disrupted by software, with new
    world-beating Silicon Valley companies doing the disruption in
    more cases than not. (...) Over the next 10 years, the battles
    between incumbents and software-powered insurgents will be
    epic.«

81 (Brzeski & Burk, 2015)

82 (Osborne & Frey, 2013) 57–72

83 (Spiegel Online, 2015)

84 (Posen, 2013)

85 (ZEIT ONLINE, dpa, AFP, sah, 2016)

86 (APA/Red, 2016)

87 (Maetzke, 2016)

Demokratie am Ende?

1 (Schmidhuber, 2015)

2 Vgl. dazu das Kapitel Deep-Q-Network erkundet die Welt, das
   die Geschichte der tiefen Netze zusammenfasst:
   (Schlieter, 2015), 92 ff.

3 (Schmidhuber, 2015)

4 (Christl, 2014), 16

5 A.a.O., 19 f.

6   (Statista, 2016a)

7   (Hofstetter, Zeigt uns die Quellen!, 2015)

8   (Morozov, 2014)

9   (Weiss, 2012)

10 (Munzinger, 2015)

11 (Thesing, 2007), 214 f.

12 (Helbing, 2015)

13 (Zuboff, 2016)

14 (Leendertz, 2015), 4

15 (Wagner, 2016)

16 (Schießl, 2016), 80 f.

17 Am Schwarzen Montag, dem 19. Oktober 1987, erfolgte der erste Crash an der Wall Street, nachdem Ronald Reagan und Margaret Thatcher die Finanzmärkte liberalisiert hatten.

18 (Hooker, 2011), 27

19 (Waldrop, 1992), 315 ff.

20 Ebd.

21 (Waldrop, 1992), 300

22 https://bitnation.co/notary/

23 (Lobe, 2016)

24 Ebd.

25 (Hoffmann-Riem, 2016), 641–669

26 (Arendt, Das Recht auf Revolution. Gespräch zwischen Prof. Dr. Carlo Schmid und der Philosophin Hannah Arendt, 1965)

27 http://izquotes.com/quote/219565

28 (Wefing, 2015)

29 (Hildebrandt & Koops, The Challenges of Ambient Law and Legal Protection in the Profiling Era, 2010), 432

30 A. a. O., 431

31 Vgl. Richtlinie 2014/92/EU über die Vergleichbarkeit von Zahlungskontoentgelten, den Wechsel von Zahlungskonten und den Zugang zu Zahlungskonten mit grundlegenden Funktionen vom Juli 2015.

32 (Vâsek & Vâsek, 2016), 53

33 (Die Mitgliedsstaaten der Europäischen Union, 2012), 47–50

34 (Hildebrandt, Smart Technologies and the End(s) of Law., 2015), 12

35 (Vašek & Vašek, 2016), 54

36 Ebd.

37 Ebd.
38 (Dylus, 2007), 162 f.
39 Ebd.
40 (Morozov, 2014)
41 (Schmidt & Cohen, 2013), 13
42 (Streeck, Wie wird der Kapitalismus enden? Teil I, 2015), 109
43 (Streeck, Wie wird der Kapitalismus enden? Teil II, 2015), 99
44 (Polanyi, [1957], 2001), 69
45 (Hofstetter, Sie wissen alles, 2014), 175 ff.
46 (BBC News, 2010)
47 (Zuboff, 2016)
48 (Ushpiz, 2015), 1:27:27
49 (Ushpiz, 2015), 1:26:53
50 (Arendt, On Violence, [1969], 2014), 38
51 In Anlehnung an ein Zitat der Theresa von Avila: »Gott allein ge-
    nügt.«
52 Die demokratischen Standards beschreibt der Transformations-
    index der Bertelsmann Stiftung in seiner Zusammenfassung der
    Ergebnisse: (Bertelsmann Stiftung, 2016), 3–5
53 (Hildebrandt & Koops, The Challenges of Ambient Law and Le-
    gal Protection in the Profiling Era, 2010), 439
54 A.a.O., 431
55 (Zuboff, 2016)
56 Vgl. Art. 22 Abs. 1 Europäische Datenschutzgrundverordnung
    (EU-DSGVO)
57 (Hildebrandt & Koops, The Challenges of Ambient Law and Le-
    gal Protection in the Profiling Era, 2010), 440
58 Beide Beispiele wurden vorgetragen von Strategieberatung Tho-
    mas Werning im Rahmen einer Tagung zu Datenschutz und Inter-
    netmarketing am 10. März 2016.
59 (Christl, 2014), 62
60 (Citron, 2007), 1274
61 (Grothoff & Porup, 2016)
62 (Grothoff & Porup, 2016)
63 Vgl. Art. 47 der Charta der Grundrechte der Europäischen Union
64 (Citron, 2007), 1249
65 (Feiner, 2016)
66 (Statista, 2014a)

67 (Strathmann, 2016)
68 (Statista, 2016b)
69 (Hoffmann-Riem, 2016), 628
70 Ebd.
71 (Munzinger, 2015)
72 (Schallaböck, 2015), 143–145

Auf dem Weg in eine humane digitale Zukunft

1 (Arendt, Elemente und Ursprünge totaler Herrschaft, 2015), 308
2 (Münkler, 2005), 38
3 (Arendt, Elemente und Ursprünge totaler Herrschaft, 2015), 308
4 Vergleiche (Lanier, 5. Auflage 2014), der zutreffend im Untertitel seines Buchs zusammenfasst: »Du bist nicht der Kunde der Internetkonzerne. Du bist ihr Produkt.«
5 Zur Frage der staatlichen Daseinsvorsorge und Privatisierung: (Hoffmann-Riem, 2016), 642
6 A.a.O., 638
7 A.a.O., 660 f.
8 Der Titel der deutschen Ausgabe von 1960 lautet *Vita activa*.
9 (Hoffmann-Riem, 2016), 641
10 Vgl. (Dörr, 2016)
11 Die Fragestellung ging auf einen Impuls von Heinz Bude zurück. Für die Gesellschaft sind Freiheitsbegriffe abstrakt. Damit die Debatte um Freiheit in digitalen Zeiten griffig wird, soll der Umweg über die Frage nach einem »guten Leben« gewählt werden.
12 (Zuboff, 2016)
13 (Ziegler, 2016)
14 (Reuters, 2016)
15 Vgl. den Überblick bei (Spiekermann & Novotny, 2015)
16 Ebd.
17 Ebd.
18 Vgl. zur Selbstregulierung (Hoffmann-Riem, 2016), 665
19 (Edwards, 2016)
20 (Eden, 2016)
21 (Hoffmann-Riem, 2016), 693
22 (Lessig, Code is Law: On Liberty in Cyberspace, 2000)

23 (Hildebrandt & Koops, The Challenges of Ambient Law and Legal Protection in the Profiling Era, 2010), 451 ff.

24 S (Lessig, Code Version 2.0, 2006), 76

25 (Wauters, 2010)

26 (Statista, 2014b)

27 (Statista, 2016c)

28 Zustimmungsagenten, die Zustimmung zu Nutzungsbedingungen automatisieren, nachdem sie die Präferenzen ihres Anwenders mit den Bedingungen eines Anbieters verglichen haben: (Spiekermann & Novotny, 2015), 462

29 (Bostrom, Superintelligenz, 2014), 260 ff.

30 (Hoffmann-Riem, 2016), 703

31 (Hildebrandt, Smart Technologies and the End(s) of Law., 2015), 445

32 (Menzel, 2015), 54–58

33 A.a.O., 42 f.

34 (Hoffmann-Riem, 2016), 247

35 (Arendt, On Violence [1969], 2014), 83

36 (Hildebrandt, 2015), 458

37 Vgl. dazu ausführlich (Helbing, 2015)

38 (Arendt, [1969], 2014), 83

Bibliografie

aar/dpa/AFP. (2015). *Aufnahme von Flüchtlingen: Tschechien weist Vorwurf mangelnder Solidarität zurück.* Hamburg: SPIEGELnet GmbH; SpiegelOnline. Abgerufen am 23. Dezember 2015 von http://www.spiegel.de/politik/ausland/fluechtlinge-tschechien-wehrt-sich-gegen-vorwurf-mangelnder-solidaritaet-a-1069237.html

AFP. (2016). *Polizei widerspricht Bericht über Vergewaltigung.* Frankfurt am Main: Frankfurter Allgemeine Zeitung. Abgerufen am 27. Januar 2016 von http://www.faz.net/aktuell/gesellschaft/kriminalitaet/polizei-widerspricht-bericht-ueber-vergewaltigung-von-maedchen-14024393.html

AFP. (Datum nicht veröffentlicht). *Obst schadet Rauchern.* Abgerufen am 17. Februar 2016 von http://www.fitforfun.de/beauty-wellness/gesundheit/krebsrisiko-obst-schadet-rauchern_aid_7409.html

AFP/ith. (2015). *Gabriel hält Merkel für »schlagbare« Gegnerin.* Berlin: Axel Springer SE; Die Welt. Abgerufen am 21. Dezember 2015 von http://www.welt.de/politik/deutschland/article144996192/Gabriel-haelt-Merkel-fuer-schlagbare-Gegnerin.html

Aigner, I. (2015). *IBM in München.* Otterfing: Ilse Aigner. Abgerufen am 23. Dezember 2015 von http://www.ilse-aigner.de/politisches/ibm-in-muenchen.html

Albrecht, H.-J., Brunst, P., De Busser, E., Grundies, V., Kilchling, M., Rinceanu, J.,... Tauschwitz , M. (2011). *Gutachten der kriminologischen Abteilung des Max-Planck-Instituts für ausländisches und internationales Strafrecht im Auftrag des Bundesamtes für Justiz zu möglichen Schutzlücken durch den Wegfall der Vorratsdatenspeicherung.* Freiburg im Breisgau: Max-Planck-Institut.

Amiri, N. (2015). *Report München: Europa vor dem nächsten Flüchtlingsstrom.* Video, veröffentlich 01. Dezember 2015. München:

Bayerischer Rundfunk. Abgerufen am 15. Dezember 2015 von http://www.br.de/fernsehen/das-erste/sendungen/report-muenchen/videos-und-manuskripte/afghanen-iran-fluechtlinge-100.html

Amling, A. (2015). *My Way Highway – the future of delivery in our new on-demand economy.* Video, veröffentlicht August 2015. New York, NY: Ted Conferences LLC; Ted@UPS. Abgerufen am 04. Februar 2016 von http://www.ted.com/watch/ted-institute/ted-ups/alan-amling-the-my-way-highway

Amt für Veröffentlichungen der Europäischen Union. (2008). *Vertrag über die Arbeitsweise der Europäischen Union (»AEU-Vertrag«).* Konsolidierte Fassung aufgrund des am 13. Dezember 2007 in Lissabon unterzeichneten und am 01. Dezember 2009 in Kraft getretenen Vertrags von Lissabon. Luxemburg: Amt für Veröffentlichungen der Europäischen Union. Abgerufen am 03. Januar 2016 von http://dejure.org/gesetze/AEUV

Amt für Veröffentlichungen der Europäischen Union. (2010). *Vertrag über die Europäische Union (»EU-Vertrag«).* Konsolidierte Fassung aufgrund des am 13. Dezember 2007 in Lissabon unterzeichneten und am 1. Dezember 2009 in Kraft getretenen Vertrags von Lissabon. Luxemburg: Amt für Veröffentlichungen der Europäischen Union. Abgerufen am 22. Dezember 2015 von http://dejure.org/gesetze/EU

Andreessen, M. (2011). *Why Software is Eating the World.* New York, NY: Wall Street Journal. Abgerufen am 01. Dezember 2015 von http://genius.com/Marc-andreessen-why-software-is-eating-the-world-annotated

anst./dpa/Reuters. (2016). *Warum Apple sich mit dem FBI anlegt.* Frankfurt am Main: Frankfurter Allgemeine Zeitung. Abgerufen am 15. März 2016 von http://www.faz.net/aktuell/wirtschaft/unternehmen/apple-verwehrt-fbi-zugang-zu-iphones-der-san-bernardino-attentaeter-14075130.html

APA/Red. (2016). *BP-Wahlanfechtung: VfGH lädt 90 Zeugen.* Wien: Verlagsgruppe NEWS Gesellschaft m.b.H.; Profil. Abgerufen am 23. Juni 2016 von http://www.profil.at/oesterreich/bp-wahl-vfgh-zeugen-donnerstag-6436326

Arbeitsagentur. (2015). *Arbeitsmarkt im Überblick – Die aktuellen Entwicklungen in Kürze – Juni 2015.* Nürnberg: Arbeitsagentur. Abgerufen am 07. Juli 2015 von http://statistik.arbeitsagentur.de/Navi-

gation/Statistik/Statistik-nach-Themen/Arbeitsmarkt-im-Ueberblick/
Arbeitsmarkt-im-Ueberblick-Nav.html

Arendt, H. ([1969], 2014). *On Violence.* Seattle, WA: Stellar Classics.

Arendt, H. (1965). *Das Recht auf Revolution. Gespräch zwischen Prof. Dr. Carlo Schmid und der Philosophin Hannah Arendt.* Zeitschrift für politisches Denken, Bd. 7, Nr. 1 (2013). Berlin: Berlin Arendt Networking Group. Abgerufen am 08. März 2016 von http://www.hannaharendt.net/index.php/han/article/view/296/423

Arendt, H. (2015). *Elemente und Ursprünge totaler Herrschaft.* 18. Auflage. München/Berlin: Piper Verlag GmbH.

Bahners, P. (2016). *Eine harte Probe für den Verfassungspatriotismus.* Frankfurt am Main: Frankfurter Allgemeine Zeitung. Abgerufen am 05. Februar 2016 von http://www.faz.net/aktuell/feuilleton/debatten/papier-will-verfassungsklage-gegen-merkel-14014289.html

Ball, P. (2012). *Why Society is a Complex Matter.* Berlin/Heidelberg: Springer-Verlag.

Ballweg, S. (2013). *Chinas Familienpolitik: Aus eins mach zwei.* Köln/Peking: Deutsche Welle. Abgerufen am 05. Juli 2015 von http://dw.com/p/1ARbK

Bank of England. (1931). *Minutes of the Bank's Court.* London: Bank of England. Abgerufen am 03. Januar 2016 von http://www.telegraph.co.uk/finance/commodities/11330611/How-the-Bank-of-England-abandoned-the-gold-standard.html

Barsh, J., Brown, L., & Kian, K. (2016). *Millennials: Burden, blessing, or both?* New York, NY: McKinsey&Company. Abgerufen am 25. Februar 2016 von http://www.mckinsey.com/business-functions/organization/our-insights/Millennials-Burden-blessing-or-both?cid=orgfuture-eml-alt-mkq-mck-oth-1602

Bayern 2 radioWissen. (2013). *Der Euro und die Wechselkurse. Gespäch mit Prof. Dr. Peter Spahn.* Audio, veröffentlicht am 24. Juni 2013. München: Bayerischer Rundfunk. Abgerufen am 03. Januar 2016 von http://www.ivoox.com/der-euro-und-die-wechselkurse-gesprach-mit-audios-mp3_rf_4804570_1.html

BBC News. (2010). *Internet access ›a human right‹.* London: BBC. Abgerufen am 15. März 2016 von http://news.bbc.co.uk/go/pr/fr/-/2/hi/technology/8548190.stm

Bertelsmann Stiftung. (2016). *BTI 2016: Transformationsindex der*

Bertelsmann Stiftung (Executive Summary). Gütersloh: Verlag Bertelsmann Stiftung.

Bieber, F., & Laszlo, K. (2015). *Intelligente Roboter werden vom Leben fasziniert sein. Interview mit Jürgen Schmidhuber*. Frankfurt am Main: Frankfurter Allgemeine Zeitung. Abgerufen am 23. Dezember 2015 von http://www.faz.net/aktuell/feuilleton/forschung-und-lehre/die-welt-von-morgen/juergen-schmidhuber-will-hochintelligenten-roboter-bauen-13941433.html?printPagedArticle=true#pageIndex_2

Bishop, R. (2011). *Metaphysical and Epistemological Issues in Complex Systems*. (D. M. Gabbay, P. Thagard, & J. Woods, Hrsg.) In: Philosophy of Complex Systems, S. 105-136. Oxford/Amsterdam/Waltham, MA: Elsevier.

Bishop, S. (2011). *Global Computing for Our Complex World. FuturICT Overview*. London: University College London (UCL). Abgerufen am 27. Dezember 2015 von http://futurict.inn.ac/information-tion-for-the-media/

Bitnation. (kein Datum). *Governance 2.0: Borderless. Decentralized. Voluntary*. Abgerufen am 23. Februar 2016 von bitnation.co: https://bitnation.co/main/

Bostrom, N. (2003). *Are You Living in a Computer Simulation?* In: The Philosophical Quarterly, Vol. 53, Nr. 211, S. 243-255. Hoboken, NJ: Wiley-Blackwell. Abgerufen am 20. Juni 2016 von http://www.simulation-argument.com/

Bostrom, N. (2014). *Superintelligenz*. Deutsche Ausgabe, erste Auflage 2014. Berlin: Suhrkamp Verlag.

Brandlhuber, C. (2012). *Defining The Algorithmic Core For Seven-Zero*. München: Teramark Technologies GmbH.

Brossardt, B. (2015). *Arbeitslandschaft 2040*. München: Prognos AG; vbw Bayern.

Brynjolfsson, E. (2013). *The key to growth? Race with the machines*. Video, veröffentlicht Februar 2013. New York, NY: TED Conferences, LLC. Abgerufen am 29. Februar 2016 von http://www.ted.com/talks/erik_brynjolfsson_the_key_to_growth_race_em_with_em_the_machines/transcript?language=en#t-692790

Brynjolfsson, E., & McAfee, A. (2014). *The Second Machine Age*. Audio CD, published 2014. Grand Haven, MI: Brilliance Publishing Inc.

Brzeski, C., & Burk, I. (2015). *Die Roboter kommen. Folgen der Automatisierung für den deutschen Arbeitsmarkt.* Frankfurt am Main: Diba.

Bundesamt für Migration und Flüchtlinge. (25. August 2015). *@BAMF_Dialog.* Abgerufen am 20. Dezember 2015 von https://twitter.com/BAMF_Dialog: https://twitter.com/BAMF_Dialog/status/636138495468285952

Bureau of Labor Statistics. (2016). *News Release: The Employmnet Situation – January 2016.* Washington: U.S. Department of Labor.

Burton-Hill, C. (2016). *The superhero of artificial intelligence: can this genius keep it in check?* London: Guardian News and Media Limited; The Guardian. Abgerufen am 09. Juni 2016 von https://www.theguardian.com/technology/2016/feb/16/demis-hassabis-artificial-intelligence-deepmind-alphago

Busse, N. (2015). *Wenn die Bürger der EU kündigen.* Frankfurt am Main: Frankfurter Allgemeine Zeitung. Abgerufen am 03. Januar 2016 von http://www.faz.net/aktuell/politik/europaeische-union/wenn-die-buerger-der-eu-kuendigen-kommentar-von-nikolas-busse-13986360.html

BVerfG 57, 295. (16. Juni 1981). *3. Rundfunkentscheidung.* Abgerufen am 27. Januar 2016 von http://sorminiserv.unibe.ch:8080/tools/ainfo.exe?Command=ShowPrintText&Name=bv057295

BVerfGE 90, 60. (8. Februar 1994). *8. Rundfunkentscheidung.* Abgerufen am 27. Januar 2016 von http://sorminiserv.unibe.ch:8080/tools/ainfo.exe?Command=ShowPrintText&Name=bv090060

Carstens, P. (2009). *Braune Kellergeister.* Frankfurt am Main: Frankfurter Allgemeine Zeitung. Abgerufen am 01. Mai 2015 von http://www.faz.net/aktuell/politik/inland/vergangenheitsbewaeltigung-beim-verfassungsschutz-braune-kellergeister-1922025.html?printPagedArticle=true#pageIndex_2

CDU Deutschlands; CSU-Landesleitung; SPD. (2013). *Deutschlands Zukunft gestalten: Koalitionsvertrag zwischen CDU, CSU und SPD.* Rheinbach: Union Betriebs-GmbH.

Christakis, N. (2010). *The hidden influence of social networks.* Video, veröffentlicht Februar 2010. New York, NY: TED Conferences, LLC. Abgerufen am 20. Dezember 2015 von http://www.ted.com/talks/nicholas_christakis_the_hidden_influence_of_social_networks#t-1070492

Christl, W. (2014). *Kommerzielle digitale Überwachung im Alltag.* Wien: Cracked Labs/Institut für Kritische Digitale Kultur.

Churchill, W. (kein Datum). *BrainyQuote.com.* Abgerufen am 23. Februar 2016 von http://www.brainyquote.com/quotes/quotes/w/winstonchu111316.html

Citron, D. K. (2007). *Techological Due Process.* In: Washington University Law Review, Vol. 85, S. 1249-1313. Washington: Washington University. Abgerufen am 18. März 2016 von http://papers.ssrn.com/sol3/papers.cfm?abstract_id=1012360

Cook, R. I. (2000). *How Complex Systems Fail.* Chicago, IL: Cognitive Technologies Lab (CTLab).

Cook, R. I. (2013). *Resilience In Complex Adaptive Systems.* Video, veröffentlicht 15. Oktober 2013 anläßlich der Velocity New York 2013 Conference. Sebastopol, CA: O'Reilly Media, Inc. Abgerufen am 23. Dezember 2015 von https://www.youtube.com/watch?v=PGLYEDpNu6o

Dams, J. (2015). *Janis Varoufakis wegen Hochverrats angezeigt.* Berlin: Axel Springer SE; Die Welt. Abgerufen am 18. Februar 2016 von http://www.welt.de/wirtschaft/article144622141/Janis-Varoufakis-wegen-Hochverrats-angezeigt.html

de Maizière, T. (2014). *Keynote.* Berlin: Alfred Herrhausen Gesellschaft. Abgerufen am 23. Dezember 2015 von https://www.foresightproject.net/de/deutschland/denkichandeutschland2014.htm#tab_programm

Der Westen. (2015). *Regierung fährt finanziell »auf Sicht«.* Essen: Funke Medien NRW GmbH; Der Westen. Abgerufen am 16. Dezember 2015 von http://www.derwesten.de/politik/regierung-faehrt-finanziell-auf-sicht-aimp-id11320541.html

Derman, E. (2013). *Schluss mit der Manipulation.* Frankfurt am Main: Frankfurter Allgemeine Zeitung. Abgerufen am 28. Januar 2016 von http://www.faz.net/aktuell/feuilleton/modelle-die-sich-nicht-benehmen/kolumne-von-emanuel-derman-schluss-mit-der-manipulation-12537112.html

Derman, E. (2013). *Sie wollen alles vorhersagen.* Frankfurt am Main: Frankfurter Allgemeine Zeitung. Abgerufen am 26. Januar 2016 von http://www.faz.net/aktuell/feuilleton/modelle-die-sich-nicht-benehmen/kolumne-von-emanuel-derman-sie-wollen-alles-vorhersagen-12647653.html

Diamond, J. (2005). *Kollaps*. Frankfurt am Main: S. Fischer Verlag GmbH.

Die Mitgliedsstaaten der Europäischen Union. (2012). *Charta der Grundrechte der Europäischen Union*. In: Amtsblatt der Europäischen Union, C 3262012, S. 391-407. Luxemburg: Amt für Veröffentlichungen der Europäischen Union. Abgerufen am 11. März 2016 von http://eur-lex.europa.eu/legal-content/DE/TXT/HTML/?uri=CELEX:12012P/TXT&rid=1

Dobbert, S., & Oberhuber, N. (2015). *Haben wir wirklich keinen Platz mehr in Deutschland?* Hamburg: Zeitverlag Gerd Bucerius, Zeit Online. Abgerufen am 22. Dezember 2015 von http://www.zeit.de/wirtschaft/2015-08/fluechtlinge-deutschland-mythen?

Dobbs, R., Manyika, J., & Jonathan, W. (2015). *The four global forces breaking all the trends*. New York, NY: McKinsey & Company; McKinsey Global Institute. Abgerufen am 07. Juli 2015 von http://www.mckinsey.com/insights/strategy/the_four_global_forces_breaking_all_the_trends?cid=other-eml-ttn-mip-mck-oth-1506

Döhle, P., & Schulz, B. (2015). *Geldmaschine*. In: Brandeins 12/15 (Zack Zack Ruck Zuck Wozu). Hamburg: brand eins Medien AG.

Dörr, D. (2016). *Der Algorithmus ist mit der Suchmaschine gleichzusetzen*. Berlin: Goldmedia Political & Staff Advising GmbH; medienpolitik.net. Abgerufen am 10. Juli 2016 von http://www.medienpolitik.net/2016/03/medienpoliti8k-der-algorithmus-ist-mit-der-suchmaschine-gleichzusetzen/

Dörr, D., & Natt, A. (2014). *Suchmaschinen und Meinungsvielfalt – Ein Beitrag zum Einfluss von Suchmaschinen auf die demokratische Willensbildung*. In: ZUM-Zeitschrift für Urheber- und Medienrecht. S. 829-853. Baden-Baden: Nomos Verlagsgesellschaft.

dpa. (2016). *Ein wichtiger Schritt für Roboterautos*. Frankfurt am Main: Frankfurter Allgemeine Zeitung. Abgerufen am 11. Februar 2016 von http://www.faz.net/aktuell/wirtschaft/neue-mobilitaet/in-amerika-ein-wichtiger-schritt-fuer-roboterautos-14062270.html

Dunz, K. (2014). *Merkel bastelt an einer neuen Strategie*. Köln: Ströer Content Group; T-Online.de. Abgerufen am 29. Januar 2016 von http://www.t-online.de/nachrichten/deutschland/parteien/id_70761758/angela-merkel-bastelt-an-einer-neuen-strategie-wirksam-regieren-.html

Dylus, A. (2007). *Die christliche Sozialethik in Polen nach dem Systemwandel.* (C. Böhr, & S. Raabe, Hrsg.) In: Eine neue Ordnung der Freiheit. S. 147-170. Osnabrück: fibre Verlag.

Edelman. (2015). *2015 Edelman Trust Barometer Executive Summary.* New York, NY: Edelman Public Relations. Abgerufen am 14. Januar 2016 von http://www.edelman.com/insights/intellectual-property/2015-edelman-trust-barometer/

Eden, J. (2016). *Why Apple is right to resist the FBI.* New York, N.Y.: AOL Inc.; TechCrunch. Abgerufen am 24. März 2016 von http://techcrunch.com/2016/03/13/why-apple-is-right-to-resist-the-fbi/?ncid=tcdaily

Edwards, J. (2016). *FBI paid more than $1.3 million to break into San Bernardino iPhone.* London: Thomson Reuters. Abgerufen am 24. April 2016 von http://www.reuters.com/article/us-apple-encryption-fbi-idUSKCN0XI2IB

Europäische Kommission. (2014). *Report from the Commission to the European Parliament and the Council.* Brüssel: Europäische Kommission.

Europäische Union. (2015). *Fakten und Zahlen. Die Wirtschaft.* Abgerufen am 03. Januar 2016 von Europäische Union: http://europa.eu/about-eu/facts-figures/economy/index_de.htm

EXE Technologies, Inc. (2002). *EXE Technologies Launches Intelligent Agent Based Supply Chain Process Management Suite EXceed SNx Makes Supply Chain More Adaptable by Improving Fulfillment Speeds and Reducing Costs.* Dallas: EXE Technologies, Inc. Abgerufen am 05. Februar 2016 von http://news.thomasnet.com/fullstory/Supply-Chain-Software-automates-routine-processes-16869

FAZ-Grafik Niebel. (2016). *Bilderstrecke zu: Allensbach-Analyse: Die Angst vor Veränderung.* Frankfurt am Main: Frankfurter Allgemeine Zeitung. Abgerufen am 28. Januar 2016 von http://www.faz.net/aktuell/politik/inland/allensbach-analyse-die-angst-vor-veraenderung-14035557/infografik-zukunftsaengste-14036084.html

feb/dpa. (2011). *Sprachkritik: »Alternativlos« ist das Unwort des Jahres.* Hamburg: SPIEGELnet GmbH; SpiegelOnline. Abgerufen am 16. Februar 2016 von http://www.spiegel.de/kultur/gesellschaft/sprachkritik-alternativlos-ist-das-unwort-des-jahres-a-740096.html

Federal Reserve Bank of St. Louis. (2015). *Labor Force Participation:*

The U.S. and Its Peers. Abgerufen am 25. Februar 2016 von Federal Reserve Bank of St. Louis: https://www.stlouisfed.org/on-the-economy/2015/june/labor-force-participation-the-us-and-its-peers

Feiner, S. (2016). *The death of Instagram for brands*. New York, NY: AOL Inc., TechCrunch. Abgerufen am 21. März 2016 von http://techcrunch.com/2016/03/20/the-death-of-instagram-for-brands/?ncid=tcdaily

Festo Holding GmbH. (2015). *eMotionButterflies*. Video, veröffentlicht am 15. März 2015. Esslingen: Festo Holding GmbH. Abgerufen am 23. Dezember 2015 von https://www.youtube.com/watch?v=1gu3z7w4Vc8

Flassbeck, H. (2015). *Die Eurokrise und die Krise des ökonomischen Urteilsvermögens*. In: Betrifft Justiz. Bd. 124. S. 165-171. Mühltal: Betrifft Justiz e.V.

Fox, J. (2009). *The Myth of The Rational Market*. New York, NY: Harper Business.

Frey, B. (2015). *Wissenschaft ohne Menschlichkeit*. In: ZEIT Wissen. Nr. 02 Februar/März 2015. S. 31. Hamburg: Zeit Verlag Gerd Bucerius GmbH.

Fry, H. (2012). *Is Life Really That Complex?* Video, veröffentlicht Juni 2012. London: Ted Conferences LLC.; TEDxUCL. Abgerufen am 23. September 2014 von http://www.ted.com/talks/hannah_fry_is_life_really_that_complex

Funk, W. (1969). *Export als Ersatz-Nationalismus. Interview mit Herbert Giersch am 19. Mai 1969*. In: Der Spiegel. 21/1969. S. 52-57. Hamburg: SPIEGEL-Verlag Rudolf Augstein GmbH & Co. KG. Abgerufen am 01. Februar 2016 von http://www.spiegel.de/spiegel/print/d-45702242.html

Gabriel, M. (2015). *Ich ist nicht Gehirn*. Berlin: Ullstein Buchverlage GmbH.

Gassmann, M. (2015). *Deutschland versagt in der Schlüsselbranche*. Berlin: Axel Springer SE; WELT Edition App. Abgerufen am 16. Januar 2016 von http://hd.welt.de/article149044625/

Geinitz, C. (2015). *Der doppelte Flüchtlingsstrom vom Balkan*. Frankfurt am Main: Frankfurter Allgemeine Zeitung. Abgerufen am 20. Dezember 2015 von http://www.faz.net/aktuell/wirtschaft/menschen-wirtschaft/asylbewerber-in-mazedonien-fluechtlingsstrom-vom-balkan-13717708.html

Gersemann, O. (2014). *Die Deutschlandblase*. München: Deutsche Verlagsanstalt.

Görlich, K. (2015). *Ein Flüchtling und sein Smartphone*. Freiburg: Online Verlag GmbH Freiburg. Abgerufen am 16. Dezember 2015 von http://fudder.de/artikel/2015/10/08/ein-fluechtling-und-sein-smartphone/

Grabka, M., & Westermeier, C. (2014). *Anhaltend hohe Vermögensungleichheit in Deutschland*. In: DIW Wochenbericht. Nr. 9. S. 151–164. Berlin: Deutsches Institut für Wirtschaftsforschung e.V.

Grothoff, C., & Porup, J. M. (2016). *The NSA's SKYNET program may be killing thousands of innocent people*. London: The Condé Nast Publications Ltd; arstechnica UK. Abgerufen am 23. Februar 2016 von http://arstechnica.co.uk/security/2016/02/the-nsas-skynet-program-may-be-killing-thousands-of-innocent-people/

Guardini, R. (1927). *Briefe vom Comer See*. Mainz: Matthias-Grünewald-Verlag.

Hanauer, N. (2014). *Beware, fellow plutocrats, the pitchforks are coming*. Video, veröffentlicht August 2014. New York, NY: TED Conferences LLC; TEDSalon NY2014. Abgerufen am 29. Februar 2016 von http://www.ted.com/talks/nick_hanauer_beware_fellow_plutocrats_the_pitchforks_are_coming#t-201948

Harford, T. (2011). *Trial, error and the God complex*. Video, veröffentlicht Juli 2011. New York, NY: TED Conferences, LLC. Abgerufen am 19. Dezember 2015 von http://www.ted.com/talks/tim_harford

Heinig, H. M. (2014). *Is there an Ethics of Nudging?* Berlin: Verfassungsblog.de. Abgerufen am 28. Januar 2016 von http://verfassungsblog.de/gibt-es-eine-ethik-des-nudging/#.Vh1Efry5mRs

Helbing, D. (2015). *Demokratie am Scheideweg: Programmierte Bürger und automatisierte Gesellschaft oder Entscheidungsfreiheit und Pluralität?* Zürich: ETH Zürich.

Hetzler, S. (2010). *Real-Time Control für das Meistern von Komplexität*. Frankfurt/Main: Campus Verlag GmbH.

Hildebrandt, M. (2015). *Smart Technologies and the End(s) of Law*. Cheltenham: bepress. Abgerufen am 11. März 2016 von http://works.bepress.com/mireille_hildebrandt/61/

Hildebrandt, M., & Koops, B.-J. (2010). *The Challenges of Ambient Law and Legal Protection in the Profiling Era*. In: The Modern Law Review. Bd. 3. Ausg. 3. S. 428-460. Oxford: Blackwell Publishing. Abgerufen am 13. Februar 2016 von http://works.bepress.com/mireille_hildebrandt/32/

History – ABC Radio National Podcast. (2011). *Malthus and the New World*. Audio, veröffentlicht 29. Oktober 2011. Sidney: Australian Broadcasting Corporation. Abgerufen am 05. Juli 2015 von http://www.podcast.de/episode/2936385/Malthus+and+the+New+World

Hoffmann-Riem, W. (2016). *Innovation und Recht Recht und Innovation*. Tübingen: Mohr Siebeck.

Hofstetter, Y. (2014). *Sie wissen alles*. München: C. Bertelsmann Verlag.

Hofstetter, Y. (2015). *Zeigt uns die Quellen!* Hamburg: Zeit-Verlag Gerd Bucerius. Abgerufen am 27. Januar 2016 von http://www.zeit.de/2014/49/anonymitaet-im-internet-daten-quellen

Hooker, C. (2011). *Introduction to Philosophy of Complex Systems: A*. (D. M. Gabbay, P. Thagard, & J. Woods, Hrsg.) In: Philosophy of Complex Systems. S. 3-90. Oxford/Amsterdam/Waltham, MA: Elsevier.

Horstmann, U. (2014). *Alles, was Sie über Das Kapital im 21. Jahrhundert von Thomas Piketty wissen müssen*. München: Münchner Verlagsgruppe GmbH; FinanzBuch Verlag.

Humpenöder, U. (2016). *Was will Googles Eric Schmidt im Pentagon?* Frankfurt am Main: Frankfurter Allgemeine Zeitung. Abgerufen am 20. Juni 2016 von http://www.faz.net/aktuell/feuilleton/debatten/was-will-googles-eric-schmidt-im-pentagon-14103946.html

ifo Institut. (2015). *2016: Deutsche Industrie will sechs Prozent mehr investieren (Vorabergebnisse)*. München: ifo Institut (ifo Zentrum für Konjunkturforschung und Befragungen). Abgerufen am 03. Januar 2016 von http://www.cesifo-group.de/de/ifoHome/presse/Pressemitteilungen/Pressemitteilungen-Archiv/2015/Q4/pm-20151228_investment_survey.html

Ilachinski, A. (2004). *Artificial War*. Singapore: World Scientific Publishing Co. Pte. Ltd.

Initiative D21. (2015). *D21-Digital-Index 2015: Die Gesellschaft in der digitalen Transformation*. Durchgeführt von TNS Infratest. Berlin: Initiative D21 e. V.

internetlivestats.com. (2016). *Internet users*. Dadax; Worldometer.com. Abgerufen am 18. Dezember 2015 von http://www.internet-livestats.com/watch/internet-users/

Irving, J. L. (1982). *Groupthink*. Boston: Houghton-Mifflin.

Jungholt, T. (2016). *Alternativlos ist nur der Rechtsstaat*. Berlin: Axel Springer SE; Die Welt. Abgerufen am 05. Februar 2016 von http://www.welt.de/print/welt_kompakt/print_politik/article150985210/Alternativlos-ist-nur-der-Rechtsstaat.html

Kahneman, D., & Tversky, A. (1979). *Prospect Theory: An Analysis of Decision under Risk*. In: Econometrica. Vol. 47. No. 2, März 1979. S. 263–292. Malden, MA: John Wiley & Sons Inc. doi:10.2307/1914185

Kant, I. (Berliner Ausgabe 2013, 2. Auflage). *Grundlegung zur Metaphysik der Sitten*. Berlin: Michael Holzinger. Abgerufen am 19. Januar 2016 von http://www.zeno.org/Philosophie/M/Kant,+Immanuel/Grundlegung+zur+Metaphysik+der+Sitten

Keen, A. (2015). *The Internet Is Not The Answer*. London: Atlantic Books Limited.

Keese, C. (2014). *Silicon Valley. Was aus dem mächtigsten Tal der Welt auf uns zukommt*. München: Albrecht Knaus Verlag.

King, M. (2016). *Lord Mervyn King: ›Forgive them their debts‹ is not the answer*. London: Telegraph Media Group Limited; The Telegraph. Abgerufen am 29. Februar 2016 von http://www.telegraph.co.uk/business/2016/02/28/lord-mervyn-king-forgive-them-their-debts-is-not-the-answer/

Kissler, A., & Schwennicke, C. (2016). *»Das kann nicht gut gehen.« Interview mit Peter Sloterdijk*. In: Cicero 2/2016. S. 14 ff. Berlin: Ringier Publishing GmbH.

Kluge, A. (2012). *Das Gehirn braucht so viel Strom wie die Glühbirne. Interview mit Wolf Singer*. Berlin: Axel Springer SE; Die Welt. Abgerufen am 15. Februar 2016 von http://www.welt.de/kultur/article112018610/Das-Gehirn-braucht-so-viel-Strom-wie-die-Gluehbirne.html

Kochhar, R. (2015). *A Global Middle Class Is More Promise than Reality: From 2001 to 2011, Nearly 700 Million Step Out of Poverty, but Most Only Barely*. Washington, D.C.: Pew Research Center. Abgerufen am 10. Juli 2015 von http://www.pewglobal.org/2015/07/08/a-global-middle-class-is-more-promise-than-reality/

Kocka, J. (2013). *Geschichte des Kapitalismus*. München: Verlag C. H. Beck oHG.

Köhl, B. (2015). *Die Politik fühlt sich alleingelassen*. Bonn: General-anzeiger. Abgerufen am 15. Dezember 2015 von http://www.gene-ral-anzeiger-bonn.de/bonn/bad-godesberg/Die-Politik-fuehlt-sich-alleingelassen-article1593859.html

Kollender, E. (2014). *NSU-Prozess: Rolle des Verfassungsschutzes bleibt fragwürdig*. Bonn: Bundeszentrale für politische Bildung. Abgerufen am 01. Mai 2015 von http://www.bpb.de/gesellschaft/migration/newsletter/191054/nsu-prozess

Kolster, M., & Detjen, S. (2016). *Forum Politik: Michaela Kolster und Stephan Detjen im Gespräch mit Andreas Voßkuhle, Verfas-sungsgerichts-Präsident*. Bonn: Phoenix. Abgerufen am 25. Januar 2016 von https://www.phoenix.de/content/phoenix/tv_programm/forum_politik/1032236

Krons, M. (2016). *Hans-Werner Sinn zu Gast bei Michael Krons*. Vi-deo, veröffentlicht 11. März 2016. Bonn: Phoenix. Abgerufen am 14. März 2016 von http://www.phoenix.de/content/phoenix/die_sendungen/diskussionen/1062390

Kurzweil, R. (2014). *Get ready for hybrid thinking*. Video, veröffent-licht März 2014. New York, NY: TED Conferences, LLC. Abgeru-fen am 18. Februar 2016 von http://www.ted.com/talks/ray_kurz-weil_get_ready_for_hybrid_thinking/transcript?language=en

Lanier, J. (5. Auflage 2014). *Wem gehört die Zukunft?* Hamburg: Hoffmann und Campe Verlag.

Leendertz, A. (2015). *Das Komplexitätssyndrom: Gesellschaftliche »Komplexität« als intellektuelle und politische Herausforderung in den 1970er-Jahren*. Köln: Max-Planck-Institut für Gesellschafts-forschung.

Lesch, H. (2015). *Wolf im Schafspelz: Das Böse in uns*. Video, veröf-fentlicht 24. März 2015. Wiesbaden: Zweites Deutsches Fernsehen ZDF. Abgerufen am 29. März 2016 von http://www.zdf.de/leschs-kosmos/harald-lesch-in-leschs-kosmos-ueber-das-das-boese-moer-der-aggression-und-gene-35235138.html?mediaType=Video

Lessig, L. (2000). *Code is Law: On Liberty in Cyberspace*. In: Har-vard Magazine Januar/Februar 2000. Cambridge, MA. Abgeru-fen am 31. März 2016 von http://harvardmagazine.com/2000/01/code-is-law-html

Lessig, L. (2006). *Code Version 2.0*. New York, NY: Basic Books.

Lessig, L. (2013). *We the People, and the Republic we must reclaim*.

Video, veröffentlicht Februar 2013. New York, NY: TED Conferences, LLC. Abgerufen am 30. Dezember 2015 von http://www.
ted.com/talks/lawrence_lessig_we_the_people_and_the_republic_
we_must_reclaim

Lewis, M. (2014). *Flash Boys. Revolte an der Wall Street*. Frankfurt
am Main: Campus Verlag GmbH.

Lobe, A. (2016). *Zugang erhält nur, wer sich normkonform verhält*.
Frankfurt am Main: Frankfurter Allgemeine Zeitung. Abgerufen
am 15. Februar 2016 von http://www.faz.net/aktuell/feuilleton/
debatten/die-digital-debatte/biometrische-daten-als-passwort-er-
satz-14059042.html?GEPC=s5

Maas, H. (2015). *Unsere digitalen Grundrechte*. Hamburg: Zeitverlag Gerd Bucerius, Zeit Online. Abgerufen am 12. Dezember 2015
von http://www.zeit.de/2015/50/internet-charta-grundrechte-da-
tensicherheit

Madison, J. (1788). *The House of Representatives*. In: Federalist. Bd.
52. Philadelphia: The New York Packet. Abgerufen am 30. Dezember 2015 von http://www.foundingfathers.info/federalistpa-
pers/fed52.htm

Maetzke, H. (2016). *»Um Europa ist ein Feuerring entstanden«. Interview mit Wolfgang Ischinger*. München: Verlag Bayernkurier; Bayernkurier. Abgerufen am 23. Juni 2016 von https://www.bayernku-
rier.de/ausland/10154-um-europa-ist-ein-feuerring-entstanden

Manyika, J., Lund, S., Bughin, J., Woetzel, J., Stamenov, K., & Dhrin-
gra, D. (2016). *Digital Globalization: The new era of global flows*.
New York, NY: McKinsey & Company.

Markowetz, A. (2015). *Digitaler Burnout*. München: Droemer Knaur
GmbH & Co. KG.

Matney, L. (2016). *Yes, Google is actually building its own Daydream
virtual reality headset*. New York, NY: AOL Inc.; TechCrunch. Von
http://techcrunch.com/2016/05/19/yes-google-is-actually-building-
its-own-daydream-virtual-reality-headset/ abgerufen

Matthews, C. (2016). *The End of Economic Growth in America*.
New York N.Y.: Time Inc.; Fortune. Abgerufen am 29. Februar
2016 von http://fortune.com/2016/02/02/end-of-growth/

Menzel, U. (2015). *Die Ordnung der Welt*. Berlin: Suhrkamp.

Meyer, M. (2015). *UN-Flüchtlingshilfe braucht mehr Geld*. Frankfurt
am Main: Frankfurter Rundschau. Abgerufen am 18. Dezember

2015 von http://www.fr-online.de/flucht-und-zuwanderung/unhcr-un-fluechtlingshilfe-braucht-mehr-geld-,24931854,32042918.html

Mitra, G., & Mitra, L. (Hrsg.). (2011). *The Handbook of News Analytics in Finance*. Chichester: John Wiley and Sons Ltd.

Morgenroth, M. (2014). *Sie kennen dich! Sie haben dich! Sie steuern dich!* München: Droemer Verlag.

Morozov, E. (2014). *Wir ahnungslosen Versuchskaninchen*. Frankfurt am Main: Frankfurter Allgemeine Zeitung. Abgerufen am 11. März 2016 von http://www.faz.net/aktuell/feuilleton/debatten/die-digital-debatte/digitale-ueberwachung-wir-ahnungslosen-versuchskaninchen-13069122.html?printPagedArticle=true#pageIndex_2

Muller, S. J. (2007). *Asymmetry: The Foundation of Information*. Berlin/Heidelberg: Springer-Verlag GmbH & Co. KG.

Münkler, H. (2005). *Imperien*. 4. Auflage. Berlin: Rowohlt.

Munzinger, P. (2015). *Großmeister der Wähler-Durchleuchtung*. München: Süddeutscher Verlag; Süddeutsche Zeitung. Abgerufen am 11. März 2016 von http://www.sueddeutsche.de/politik/obama-berater-jim-messina-grossmeister-der-waehler-durchleuchtung-1.2344019

Nassehi, A. (2014). Die erste digitale Generation. In: Kursbuch 178–1964. S. 31–52. Hamburg: Sven Murmann Verlagsgesellschaft mbH.

Nestler, F. (2014). *Facebooks Psycho-Experiment war wohl nicht erlaubt*. Frankfurt am Main: Frankfurter Allgemeine Zeitung. Abgerufen am 15. Februar 2016 von http://www.faz.net/aktuell/wirtschaft/netzwirtschaft/der-facebook-boersengang/facebooks-psycho-experiment-zu-emotionen-war-wohl-nicht-erlaubt-13020769.html

Nietzsche, F. (1882). *Die fröhliche Wissenschaft*. Leipzig: Verlag von E. W. Fritzsch. Abgerufen am 26. Juni 2016 von http://www.nietzschesource.org/#eKGWB/FW-125

OECD. (2016a). *Purchasing power parities (Indikator)*. doi:10.1787/1290ee5a-en

OECD. (2016b). *Gross Domestic Product (Indikator)*. doi:10.1787/dc2f7aec-en

OECD. (2016c). *Income inequality (Indikator)*. doi:10.1787/459aa7f1-en

OECD. (2016d). *Current account balance*. doi:10.1787/b2f74f3a-en

OECD. (2016e). *Youth unemployment rate (Indikator)*. doi:10.1787/c3634df7-en

OECD. (2016f). *Hours worked (Indikator)*. doi:10.1787/47be1c78-en

OECD. (2016g). *Fertility rates (Indikator)*. doi:10.1787/8272fb01-en

OECD. (2016h). *Real GDP forecast (Indikator)*. doi:10.1787/1f84150b-en

Osborne, M. A., & Frey, C. B. (2013). *The Future of Employment: How Susceptible Are Jobs to Computerisation?* Oxford: Oxford University: Oxford Martin School.

Oxford Dictionaries. (kein Datum). *Definition von control in Englisch*. Abgerufen am 23. Dezember 2015 von oxforddictionaries.com: http://www.oxforddictionaries.com/definition/english/control

Parsons, S., & Wooldridge, M. (2002). *Game Theory and Decision Theory in Multi-Agent Systems*. In: Autonomous Agents and Multi-Agent Systems, Vol. 5, Ausgabe 3, S. 243-254. Dordrecht: Kluwer Academic Publishers.

Pennekamp, J. (2016). *Erleben wir gerade das Ende der Globalisierung?* Frankfurt am Main: Frankfurter Allgemeine Zeitung. Abgerufen am 26. Februar 2016 von http://www.faz.net/aktuell/wirtschaft/welthandel-die-globalisierung-stoesst-an-grenzen-14007124.html

Piketty, T. (2014). *Das Kapital im 21. Jahrhundert*. Deutsche Ausgabe, 2. Auflage 2014. München: Verlag C. H. Beck.

Plickert, P., & Jahn, J. (2016). *EZB-Notprogramm wird zum Machtkampf der höchsten Gerichte*. Frankfurt am Main: Frankfurter Allgemeine Zeitung. Abgerufen am 19. Februar 2016 von http://www.faz.net/aktuell/wirtschaft/eurokrise/bundesverfassungsgericht-entscheidet-ueber-ezb-notprogramm-14070005.html

Polanyi, K. ([1957], 2001). *The Great Transformation. The Political and Economic Origins of Our Time*. Boston: Beacon Paperback.

Polynoid. (2015). *Greenpeace – New bees*. Video, veröffentlicht 2015. Berlin: Woodblock GmbH & Co. KG. Abgerufen am 23. Dezember 2015 von http://foresight-filmfestival.de/portfolio/greenpeace-new-bees/

Posen, A. S. (2013). *Deutschlands Exportsucht zerstört die Euro-Zone*. Berlin: Axel Springer SE; Die Welt. Abgerufen am 29. Februar 2016 von http://www.welt.de/wirtschaft/article117134282/Deutschlands-Exportsucht-zerstoert-die-Euro-Zone.html

Pramstaller, C. (2013). *Flickwerk Flüchtlingspolitik*. Hamburg: Zeit-verlag Gerd Bucerius; Zeit Online. Abgerufen am 20. Dezember 2015 von http://www.zeit.de/politik/ausland/2013-10/EU-Asyl-Migration

rad./Reuters/dpa . (2016). *Experte für Künstliche Intelligenz ist neuer Google-Chefsucher*. Frankfurt: Frankfurter Allgemeine Zeitung. Abgerufen am 26. Februar 2016 von http://www.faz.net/aktuell/wirtschaft/netzwirtschaft/google/ki-experte-john-giannandrea-wird-chef-bei-googles-such-sparte-14051314.html

Reuters. (2016). *Florida investigators found laptop in Tesla involved in fatal crash*. New Jersey, NJ: Reuters Group plc. Abgerufen am 10. Juli 2016 von http://www.cnbc.com/2016/07/07/florida-investigators-found-laptop-in-tesla-involved-in-fatal-crash.html

RRO. (2016). *Das war die Google I/O 2016*. Visp, Oberwallis: Radio Rottu Oberwallis. Abgerufen am 17. Juni 2016 von rro digital: https://rro.ch/digital/2016/05/19/das-war-die-google-io-2016/

Ruesch, M. (2015). *Wovon wir morgen leben werden, wenn intelligente Maschinen und Algorithmen unsere Arbeit machen*. Eltville: Future Management Group. Abgerufen am 06. Juli 2015 von http://www.futuremanagementgroup.com/loesungen/market-foresights/die-digitale-jobvernichtung.html

Schallaböck, J. (2015). *Manipulierbare Demokratie*. In: Das Netz 2014/2015. Jahresrückblick Netzpolitik. S. 143–145. Berlin: iRights Media.

Schanze, J. (2015). *Von Computern und anderen Menschen*. Video, veröffentlicht 14. April 2015. München: Mascha Film, Bayerischer Rundfunk BR. Abgerufen am 19. April 2015 von http://www.br.de/mediathek/video/sendungen/dokumentarfilm/von-computern-und-anderen-menschen-100.html

Schelling, T.C. (1969). *Models of Segregation*. In: The American Economic Review, Vol. 59. Nr. 2. Papers and proceedings of the Eighty-first Annual Meeting of the American Economic Association. S. 488-493. Nashville, TN: American Economic Association.

Schießl, M. (2016). *Im Showbusiness*. In: Der Spiegel. 9/2016. S. 80f. Hamburg: Spiegel-Verlag Rudolf Augstein GmbH & Co. KG.

Schlieter, K. (2015). *Die Herrschaftsformel*. Frankfurt am Main: Westend.

Schmidhuber, J. (2015). *Critique of Paper by »Deep Learning Conspi-racy« (Nature 521 p 436)*. Lugano: IDSIA. Abgerufen am 27. Juni 2016 von http://people.idsia.ch/~juergen/deep-learning-conspiracy.html

Schmidt, E., & Cohen, J. (2013). *Die Vernetzung der Welt: Ein Blick in unsere Zukunft*. Reinbek: Rowohlt Verlag GmbH.

Schröder, W., & Vaut, S. (2011). *Demokratie in Deutschland 2011*. Bonn: Friedrich-Ebert-Stiftung.

Schumann, H. (2015). *Marine Le Pen hat viele Helfer in Berlin*. Berlin: Verlag Der Tagesspiegel GmbH. Abgerufen am 03. Januar 2016 von http://www.tagesspiegel.de/politik/deutschlands-wirt-schaftsmodell-staerkt-den-front-national-marine-le-pen-hat-viele-helfer-in-berlin/12717892.html

Selden, J. (1892). *Table Talk of John Selden*. (S.H. Reynolds, Hrsg.) London: Oxford University Press Warehouse. Abgerufen am 30. März 2016 von https://archive.org/details/cu31924097508828

Shapiro, C., & Varian, H.R. (1999). *Information Rules*. Boston, MA: Harvard Business School Press.

Sieren, F. (2015). *Sierens China: Babyflop statt Babyboom*. Köln/Peking: Deutsche Welle. Abgerufen am 05. Juli 2015 von http://dw.com/p/1EPYv

SIFMA Research Department. (2015). *2015 Fact Book*. New York, NY: Securities Industry and Financial Markets Association. Abgerufen am 01. Dezember 2015 von http://www.sifma.org/fact-book/

Sjöström, M. (2015). *Das Handy: Die mobile Revolution der Welt*. Video, veröffentlicht 24. Dezember 2015. Mainz: Zweites Deutsches Fernsehen ZDF. Abgerufen am 26. Dezember 2015 von http://www.zdf.de/ZDFmediathek#/beitrag/video/2630650/Das-Handy-die-mobile-Revolution-der-Welt (online verfügbar bis 31.12.2015)

Spiegel Online. (2015). *BND-Affäre: Generalbundesanwalt prüft Verdacht einer Straftat*. Hamburg: SPIEGELnet GmbH; Spiegel-Online. Abgerufen am 01. Mai 2015 von http://www.spiegel.de/politik/deutschland/geheimdienst-bnd-generalbundesanwalt-prueft-straftat-a-1031686.html

Spiegel Online. (2015). *Teilzeit, Befristungen, Minijobs: Reguläre Jobs werden seltener*. Hamburg: SPIEGELnet GmbH; SpiegelOn-line. Abgerufen am 05. Juli 2015 von http://www.spiegel.de/wirt-

schaft/soziales/teilzeit-befristungen-minijobs-atypische-jobs-neh-
men-zu-a-1029642.html

Spiekermann, S., & Novotny, A. (2015). *Personenbezogene Daten
privat-wirtschaftlich nachhaltig nutzen.* Datenschutz und Daten-
sicherheit (DuD) 7/2015, S. 460–464. Wiesbaden: Springer Gab-
ler Verlag.

sreu./dpa/AFP. (2016). *Toter Flüchtling vor Berliner Lageso existiert
nicht.* Frankfurt am Main: Frankfurter Allgemeine Zeitung. Abgerufen am 28. Januar 2016 von http://www.faz.net/aktuell/politik/
fluechtlingskrise/toten-fluechtling-am-berliner-lageso-gibt-es-laut-
polizei-nicht-14038277.html

Statista. (2014a). *Welchem dieser Medien würdest Du bei wider-
sprüchlicher Berichterstattung am ehesten vertrauen?* Abgerufen am 21. März 2016 von Statista – Das Statistik-Portal: http://
de.statista.com/statistik/daten/studie/208481/umfrage/vertrauen-
von-jugendlichen-in-die-berichterstattung-der-medien/

Statista. (2014b). *Alibaba im Vergleich.* Abgerufen am 28. März 2016
von Statista – Das Statistik-Portal: https://de.statista.com/infogra-
fik/2206/umsatz-gewinn-von-amazon-ebay-und-alibaba/

Statista. (2015b). *Umfrage zur Bekanntheit des Begriffs »Internet der
Dinge« in Deutschland 2015.* Von Statista – Das Statistik-Portal:
http://de.statista.com/statistik/daten/studie/448713/umfrage/ver-
staendnis-des-begriffs-internet-der-dinge-in-deutschland/ abgerufen

Statista. (2015c). *Welche der folgenden politischen und sozialen Werte
sind für Sie persönlich am wichtigsten?* Abgerufen am 28. Januar
2016 von Statista – Das Statisktik-Portal: http://de.statista.com/
statistik/daten/studie/151354/umfrage/meinung-ueber-die-wich-
tigsten-werte/

Statista. (2016a). *Wer Big Data-Analysen einsetzt.* Abgerufen am
11. März 2016 von Statista – Das Statistik-Portal: https://de.statista.
com/infografik/4372/nutzung-von-fortgeschrittenen-datenanalysen/

Statista. (2016b). *Google trackt mehr als 6 von 10 Seitenaufrufen.*
Abgerufen am 21. März 2016 von Statista – Das Statistik-Portal:
https://de.statista.com/infografik/4393/unternehmen-nach-reich-
weite-ihres-online-trackings/

Statista. (2016c). *Die wertvollsten Startups der Welt.* Abgerufen
am 28. März 2016 von Statista – Das Statistik-Portal: https://
de.statista.com/infografik/2041/die-wertvollsten-startups-der-welt/

Stiglitz, J. (2014). *Der Preis der Ungleichheit*. Deutsche Ausgabe 2014. München: Siedler Verlag.

Stöcker, C. (2014). *Google-Manager bei Tech-Konferenz SXSW: Die Welt des Eric Schmidt*. Hamburg: SPIEGELnet GmbH; Spiegel-Online. Abgerufen am 18. Februar 2016 von http://www.spiegel.de/netzwelt/netzpolitik/eric-schmidt-und-jared-cohen-bei-sxsw-2014-in-austin-a-957656.html

Strack, R., & andere. (2015). *Die halbierte Generation*. Boston, MA/Düsseldorf: Boston Consulting Group.

Strathmann, M. (2016). *Malware führte zum Blackout*. Hamburg: Zeitverlag Bucerius, Zeit Online. Abgerufen am 21. März 2016 von http://www.zeit.de/digital/internet/2016-01/stromausfall-hacker-ukraine-blackenergy

Streeck, W. (2015). *Wie wird der Kapitalismus enden? Teil I*. In: Blätter für deutsche und internationale Politik. 3/2015. S. 100–111. Bonn: Pahl-Rugenstein Verlag.

Streeck, W. (2015). *Wie wird der Kapitalismus enden? Teil II*. In: Blätter für deutsche und internationale Politik. 4/2015. S. 109–120. Bonn: Pahl-Rugenstein Verlag.

sun/dpa/AFP. (2015). *Neuer Rechtskurs: Polens Nationalkonservative entmachten Verfassungsgericht*. Hamburg: SPIEGELnet GmbH; SpiegelOnline. Abgerufen am 23. Dezember 2015 von http://www.spiegel.de/politik/ausland/polen-nationalkonservative-pis-partei-entmachtet-verfassungsgericht-a-1069229.html

svs./nab. (2015). *Digitalisierung? Nicht mein Ding!* Frankfurt am Main: Frankfurter Allgemeine Zeitung. Abgerufen am 13. September 2015 von http://www.faz.net/aktuell/beruf-chance/arbeitswelt/digitalisierung-industrie-4-0-in-der-modernen-arbeitswelt-13694605.html

Szilárd, L. (1945). *Petition to the President*. Record Group 77, Records of the Chief of Engineers, Manhattan Engineer District, Harrison-Bundy File, Folder #76. Washington, D.C.: U.S. National Archives. Abgerufen am 21. April 2015 von http://www.dannen.com/decision/45-07-17.html

Thamer, H.-U. (2004). *Nationalismus II: Die Pogromnacht am 9./10. November 1938*. Bonn: Bundeszentrale für politische Bildung. Abgerufen am 01. Mai 2015 von http://www.zukunft-braucht-erinnerung.de/die-pogromnacht-am-9-10-november-1938

Thesing, J. (2007). *Christliche Weltverantwortung heute. Herausforderungen für christlich-demokratische Politik in der Globalisierung.* (C. Böhr, & S. Raabe, Hrsg.) In: Eine neue Ordnung der Freiheit. S. 211–221. Osnabrück: fibre Verlag.

Thiede, W. (2015). *Digitaler Turmbau zu Babel.* München: oekom Gesellschaft für ökologische Kommunikation mbH.

TNS Opinion & Social. (2015). *Standard-Eurobarometer 83. Frühjahr 2015. Die öffentliche Meinung in der Europäischen Union. Erste Ergebnisse.* Brüssel: Europäische Kommission, Generaldirektion Kommunikation. Abgerufen am 22. Dezember 2015 von http://ec.europa.eu/public_opinion/archives/eb/eb83/eb83_en.htm

Tretter, F. (2015). *Workshop: »Homo informaticus«. Concept of men in information society.* Wien: Conference »Information Society at the Crossroads«.

uh/tp. (2014). *Finma ermittelt gegen UBS-Banker.* Karlsruhe: finanzen.net GmbH. Abgerufen am 20. Juni 2016 von http://www.finanzen.ch/nachrichten/aktien/Finma-ermittelt-gegen-UBS-Banker-1000371702

Ushpiz, A. (2015). *Hannah Arendt und die Pflicht zum Ungehorsam.* Video, veröffentlicht 9. März 2016. Köln: Westdeutscher Rundfunk WDR. Abgerufen am 25. März 2016 von http://www.arte.tv/guide/de/053331-000-A/hannah-arendt-und-die-pflicht-zum-ungehorsam/

Vašek, M., & Vašek, T. (2016). *»Das Befreiende an Normen ist, dass wir sie brechen können.« Interview mit Christoph Möllers.* In: Hohe Luft. 4/2016. S. 53-57. Hamburg: Hohe Luft Verlag UG.

Wadhwa, V. (2016). *Is Bitcoin's Promise Going Up In Smoke?* New York, NY: AOL Inc., TechCrunch. Abgerufen am 24. Januar 2016 von http://techcrunch.com/2016/01/19/is-bitcoins-promise-going-up-in-smoke/?ncid=tcdaily

Wagner, G. (2016). *Komplex heißt heute immer zu komplex.* Frankfurt am Main: Frankfurter Allgemeine Zeitung. Abgerufen am 08. März 2016 von http://www.faz.net/aktuell/wissen/mensch-gene/komplexitaet-karriere-einer-vokabel-14068889.html

Waldrop, M. (1992). *Complexity. The Emerging Science at the Adge of Order and Chaos.* New York, NY: Simon & Schuster Paperbacks.

Watson Foundation. (2016). *Watson For President.* New York, NY:

501

Watson Foundation. Abgerufen am 13. Februar 2016 von http://www.watson2016.com/

Wauters, R. (2010). *Google China Employees Given Holiday Leave, Networks Being Scrutinized.* New York, NY: AOL Inc., TechCrunch. Abgerufen am 28. März 2016 von http://techcrunch.com/2010/01/14/google-china-holiday-leave/

Web.de. (2015). *Albert Einstein: seine besten Sprüche.* Abgerufen am 25. Dezember 2015 von http://web.de/magazine/wissen/60-todestag-albert-einstein-beste-sprueche-30577016

Wefing, H. (2015). *Darf's auch etwas mehr sein?* Hamburg: Zeitverlag Gerd Bucerius, Zeit Online. Abgerufen am 11. März 2016 von http://www.zeit.de/2015/50/fluechtlinge-starker-staat/komplettansicht

Weinert, C. (2015). *Hindenburg. Der Mann, der Hitler zum Kanzler machte.* Video, veröffentlicht 27. April 2015. Bonn: Phoenix.

Weiss, H. (2012). *Obama: Wahlsieg dank Big Data und Analytics.* München: NetMediaEurope Deutschland GmbH. Abgerufen am 11. März 2016 von silicon.de: http://www.silicon.de/41575201/obama-wahlsieg-dank-big-data-und-analytics/

Wiegel, M. (2015). *Attentat auf zwei Kirchen vereitelt.* Frankfurt am Main: Frankfurter Allgemeine Zeitung. Abgerufen am 01. Mai 2015 von http://www.faz.net/aktuell/politik/ausland/europa/paris-attentat-auf-zwei-kirchen-vereitelt-13552303.html

Wikileaks. (2015). *NSA Untersuchungsausschuss. 26. Sitzung des 1. Untersuchungsausschuss.* Abgerufen am 20. Juni 2016 von https://wikileaks.org/:https://www.wikileaks.org/bnd-nsa/sitzungen/26_01/page-93.html

Will, A. (2015). *Zäune, Transitzonen, Abschiebungen – Ist das die richtige Flüchtlingspolitik?* Video, veröffentlicht 04. November 2015. Hamburg: Norddeutscher Rundfunk NDR. Abgerufen am 01. Dezember 2015 von http://www.ardmediathek.de/tv/Anne-Will/Z%C3%A4une-Transitzonen-Abschiebungen-Ist/Das-Erste/Video?documentId=31466050&bcastId=328454 (verfügbar bis 04. November 2016)

Winkler, H. A. (2015). *Was den Westen zusammenhält.* Rede anlässlich der Konferenz Denk ich an Deutschland am 18. September 2015. Berlin: Alfred Herrhausen Gesellschaft.

YouGov. (2015). *Haben die Deutschen ihre Manieren verloren?* Ab-

gerufen am 21. Januar 2016 von YouGov.de: https://yougov.de/
news/2015/04/20/generationen-sind-sich-einig-sachen-hoflichkeit/

ZDF. (2015). *Morgenmagazin. Polen: »Sieht aus wie Machtergrei-fung«*. Video, veröffentlicht 21. Dezember 2015. Mainz. Abgerufen am 21. Dezember 2015 von http://www.zdf.de/ZDFmediathek#/beitrag/einzelsendung/2632452/Morgenmagazin-vom-21-Dezem-ber-2015

Zeit Online, dpa, AFP, sah. (2016). *Alexander Van der Bellen zum Bundespräsidenten gewählt*. Hamburg: Zeitverlag Gerd Buce-rius; Zeit Online. Abgerufen am 24. Juni 2016 von http://www.zeit.de/politik/ausland/2016-05/alexander-van-der-bellen-zum-bundespraesidenten-oesterreichs-gewaehlt

Ziegler, P.-M. (2016). *Fahrprüfung*. In: c't 2/2016. S. 60 ff. Hannover: Heise Medien GmbH & Co. KG. Abgerufen am 10. Juli 2016 von http://www.heise.de/ct/ausgabe/2016-2-Mit-dem-Autopiloten-im-Tesla-Model-S-unterwegs-3058508.html

Zuboff, S. (2016). *Wie wir Googles Sklaven wurden*. Frankfurt am Main: Frankfurter Allgemeine Zeitung. Abgerufen am 07. März 2016 von http://www.faz.net/aktuell/feuilleton/debatten/die-di-gital-debatte/shoshana-zuboff-googles-ueberwachungskapitalis-mus-14101816.html?printPagedArticle=true#pageIndex_2

Register

508